U0485804

中国义务教育地理

时空结构、预警与均衡发展

GEOGRAPHY
of Compulsory Education in China
Space-time Structure, Early Warning and Balanced Development

潘玉君　姚　辉　张谦舵　等◎著

科 学 出 版 社

北　京

内 容 简 介

本书遵循马克思主义基本理论，运用从定性到定量综合集成法、人地关系地域系统理论等，从空间尺度和时间尺度两个方面研究了我国各地区、各省份义务教育发展水平与发展条件的空间差异及均衡调控问题，提出了义务教育与区域经济社会协调发展的对策建议。

本书可供义务教育管理人员、研究者和政府部门人员阅读，也可供教育学专业的博士生、硕士生参考。

图书在版编目（CIP）数据

中国义务教育地理：时空结构、预警与均衡发展/潘玉君等著. —北京：科学出版社，2023.12
ISBN 978-7-03-071115-1

Ⅰ. ①中⋯ Ⅱ. ①潘⋯ Ⅲ. ①义务教育-研究-中国 Ⅳ. ①G522.3

中国版本图书馆CIP数据核字（2021）第270563号

责任编辑：朱丽娜　高丽丽 / 责任校对：郑金红
责任印制：徐晓晨 / 封面设计：润一文化

科学出版社 出版
北京东黄城根北街 16 号
邮政编码：100717
http://www.sciencep.com

北京建宏印刷有限公司 印刷
科学出版社发行　各地新华书店经销
*
2023 年 12 月第 一 版　开本：720×1000　1/16
2023 年 12 月第一次印刷　印张：25 3/4
字数：492 000

定价：158.00 元
（如有印装质量问题，我社负责调换）

国家自然科学基金项目（41671148）
云南省万人计划教学名师潘玉君工作室
国家本科生一流课程和省课程思政课程
云南省博士生优质课程
云南省重点支持建设学科（地理学）
云南省重点支持建设学科（教育学）
云南师范大学地理学博士点
云南师范大学教育学博士点

编委会成员

主　编　潘玉君　姚　辉
副主编　张谦舵　高庆彦　马佳伸　刘　化　苏　慧
编　委　潘玉君　韩丽红　韩　磊　高庆彦　晏祥选　姚　辉
　　　　　俞颖笑　郝君倩　周　毅　林晓婉　林昱辰　张谦舵
　　　　　汪顺美　辛会杰　谷峥霖　吴菊平　杨　倩　杨晓霖
　　　　　李晓莉　李可可　李玉琼　李　佳　何洪飞　苏　慧
　　　　　孙　俊　刘　虹　刘　玉　刘　化　华红莲　吕赛鸪
　　　　　马佳伸　马立呼　丁文荣

前　言

　　中华人民共和国成立特别是改革开放以来，我国义务教育整体上取得了长足进步，有效地促进了区域社会经济发展。但是，我国义务教育的区域差距（如民族地区与非民族地区之间的差距、不同主体功能区之间的差距、省域差距、市域差距、县域差距等）明显，这势必影响我国社会经济发展。科学、系统地揭示我国义务教育空间结构变化规律，提出区域均衡发展对策，是我国义务教育规划特别是义务教育空间规划要考虑的重要方面。

　　现阶段，我国义务教育的区域发展状态已从协调"量"的均衡转向寻求"质"的均衡。要实现区域义务教育从"量"到"质"的均衡发展方式的转变，一方面需要从注重教育资源投入转向资源优化配置与有效利用，从注重资源配置均衡转向教育质量均衡；另一方面需要重新审视义务教育在区域社会经济发展中的杠杆作用，通过区域义务教育的均衡调控，实现区域社会经济协调发展的目标。

　　在寻求我国义务教育区域"质"的均衡的过程中，国家和各级政府对区域义务教育发展的调控不能仅是关于义务教育发展水平的单一调控，而应将义务教育的调控置于整个社会经济大系统中，进行关于区域社会经济发展基本构成要素及其要素间关系的综合调控。综合调控诉求使得义务教育区域均衡发展研究必须探索新的研究视角或学科视角，教育地理学视角就是其中之一。教育地理学是教育学和地理学两个主要学科在深化发展过程中形成的交叉学科。该学科以教育地域系统为研究对象，研究教育地理的整体性、分异性和关联性。整体性是反映区域教育之间、区域教育内部的整体关系，以及其在区域发展过程中担负的教育功能；

分异性是指教育在地理空间中的布局差异、布局实况乃至布局规律；关联性是指教育内部构成要素与地理环境要素之间的隐性或显性的相关关系。

在教育地理学科视角下，我们构建了如下指数：由教育设施、教育人员和教育经费指标构成的义务教育发展指数（Ⅰ）；由体现义务教育与区域相关关系的义务教育个人需求度、义务教育区域需求度和义务教育国家支持度构成的空间布局影响指数（Ⅱ）；由学前教育学段与义务教育学段、高中教育学段与义务教育学段相比对而形成的前后学段关系指数（Ⅲ）。本书通过对这三个指数之间关系的科学研判，进行区域义务教育发展水平与发展条件关系的探讨。同时，我们立足区域城乡尺度，探讨一定时段内我国各地区、各省份发展进程中，义务教育城镇化对区域城镇化的响应态势。最后，基于义务教育发展水平与发展条件的关系、义务教育城镇化对区域城镇化的响应态势，对促进我国义务教育区域均衡发展提出建议。需要特别说明的是，由于原始数据位数较多，本书中进行了数值修约，但年增长率平均值、极差等指标均是根据原始数据计算得出的。另外，因统计数据缺失，本书的研究对象不包含港澳台地区。

由于我们的研究水平所限，本书难免存在一些疏漏和不足，诚请有关专家、学者和读者批评指正。

潘玉君

目 录

前言

第一章 中国义务教育研究的问题与认知 …………………………………… 1
    第一节 中国义务教育研究的既有认知 …………………………………… 1
    第二节 中国义务教育发展的政策梳理 …………………………………… 6
    第三节 中国义务教育发展的关系特征 ………………………………… 15

第二章 中国义务教育研究的理论与模型 ………………………………… 19
    第一节 中国义务教育研究的理论基础 ………………………………… 19
    第二节 中国义务教育研究的理论应用 ………………………………… 22
    第三节 中国义务教育研究的实证模型 ………………………………… 24

第三章 中国义务教育研究的指标及算法 ………………………………… 34
    第一节 指标遴选与指标体系构建 ……………………………………… 34
    第二节 指标解释及计算方法 …………………………………………… 37
    第三节 数据来源及测算方法 …………………………………………… 49

第四章　全国义务教育发展水平的基本态势与结构特征 ………………… 51
第一节　全国义务教育发展指数的基本态势与结构特征 ……………… 51
第二节　全国义务教育资源供给指数及其分指数的基本态势与结构特征 … 52
第三节　全国义务教育资源质量指数及其分指数的基本态势与结构特征 … 62

第五章　各地区义务教育发展指数的基本态势与结构特征 ……………… 72
第一节　各地区义务教育资源供给指数及其分指数的基本态势与结构特征 …………………………………………………………… 74
第二节　各地区义务教育资源质量指数及其分指数的基本态势与结构特征 …………………………………………………………… 90

第六章　各省份义务教育发展水平的基本态势与结构特征 ……………… 108
第一节　各省份义务教育发展指数的基本态势与结构特征 …………… 108
第二节　各省份义务教育资源供给指数及其分指数的基本态势与结构特征 …………………………………………………………… 111
第三节　各省份义务教育资源质量指数及其分指数的基本态势与结构特征 …………………………………………………………… 134

第七章　全国义务教育发展条件的基本态势与结构特征 ………………… 158
第一节　全国义务教育空间布局影响指数的基本态势与结构特征 …… 158
第二节　全国义务教育前后学段关系指数的基本态势与结构特征 …… 171

第八章　各地区义务教育发展条件的基本态势与结构特征 ……………… 178
第一节　各地区义务教育空间布局影响指数的基本态势与结构特征 … 178
第二节　各地区义务教育前后学段关系指数的基本态势与结构特征 … 201

第九章　各省份义务教育发展条件的基本态势与结构特征 ……………… 215
第一节　各省份义务教育空间布局影响指数的基本态势与结构特征 … 215

第二节　各省份义务教育前后学段关系指数的基本态势与结构特征……… 242

第十章　全国义务教育城镇化区域响应的基本态势与结构特征……… 257
　　第一节　全国城镇化指数的基本态势与结构特征……………………… 257
　　第二节　全国义务教育城镇化指数的基本态势与结构特征…………… 265
　　第三节　全国义务教育城镇化与区域城镇化关系指数的基本态势
　　　　　　与结构特征……………………………………………………… 271

第十一章　各地区义务教育城镇化区域响应的基本态势与结构特征………… 273
　　第一节　各地区城镇化指数及其分指数的基本态势与结构特征……… 273
　　第二节　各地区义务教育城镇化指数的基本态势与结构特征………… 289
　　第三节　各地区义务教育城镇化区域响应关系及响应类型的基本态势
　　　　　　与结构特征……………………………………………………… 302

第十二章　各省份义务教育城镇化区域响应的基本态势与结构特征………… 304
　　第一节　各省份城镇化指数的基本态势与结构特征…………………… 304
　　第二节　各省份义务教育城镇化指数的基本态势与结构特征………… 342
　　第三节　各省份义务教育城镇化与区域城镇化关系指数的基本态势
　　　　　　与结构特征……………………………………………………… 361

**第十三章　全国、各地区、各省份义务教育综合发展指数的基本态势
　　　　　　与结构特征**……………………………………………………… 365
　　第一节　全国义务教育综合发展指数的基本态势与结构特征………… 365
　　第二节　各地区义务教育综合发展指数的基本态势与结构特征……… 367
　　第三节　各省份义务教育综合发展指数的基本态势与结构特征……… 370

第十四章　我国省域义务教育发展差距预警……………………………… 375
　　第一节　2003年我国省域义务教育发展差距的时空结构……………… 375

第二节 2008年我国省域义务教育发展差距的时空结构 ………………… 377

第三节 2013年我国省域义务教育发展差距的时空结构 ………………… 379

第四节 2017年我国省域义务教育发展差距的时空结构 ………………… 380

第十五章 中国义务教育区域均衡发展的因子关系 ……………………… 383

第一节 中国义务教育发展的因子反馈关系 …………………………… 383

第二节 中国义务教育发展的因子实证关系 …………………………… 385

第十六章 中国义务教育区域均衡发展的思路与举措 …………………… 387

第一节 中国义务教育区域均衡发展的价值导向 ……………………… 387

第二节 中国义务教育区域均衡发展的决策流程 ……………………… 389

第三节 中国义务教育区域均衡发展的推进举措 ……………………… 391

参考文献 ……………………………………………………………………… 394

第一章 中国义务教育研究的问题与认知

我国是 20 世纪中叶以来世界上义务教育发展较为迅速和时空结构较为复杂的国家之一，有丰富的义务教育地理资源，是开展义务教育地理的理论研究与实证研究较为理想和重要的天然实验室之一。对义务教育地理进行研究可以发现义务教育的时空格局，促进教育地理学这一新兴领域的发展，丰富我国人文地理学的研究议题和学科旨趣。同时，我国义务教育时空结构特别是区域差距的合理性问题日趋突出，在揭示我国义务教育时空格局的基础上提出有效的调控方案，对于促进我国社会经济的协调发展具有重要意义。特别是我国是统一的多民族国家特征规定了义务教育的区域评估必须考虑民族区域这一因素，充分重视和系统考虑民族地理因素在义务教育时空结构中的重要作用。

第一节 中国义务教育研究的既有认知

目前，学界对中国义务教育地理的一系列研究主要集中在理论研究、实证研究和范式探索三个方面。其中，理论研究聚焦于教育地理学学科理论问题，实证研究侧重于义务教育的时空结构演变，范式探索则主要解决教育地理研究框架的建构问题。

一、理论研究：教育地理学学科理论研究进展

教育地理学的学科建构在国外始于 1950 年（Eisen，1951；McNee，1966；Ryba，1968），20 世纪 50—70 年代的研究议题集中于多尺度、跨文化的教育现象分布和变异，以及教育空间扩散的地理因素、学校位置和教学区的确定等。20 世纪 90 年代以来，我国关于教育地理学的研究不断增多（罗明东，2000，2001a，2001b，2003）。从学科渊源的层面上看，国外 20 世纪 50 年代的学科建构和我国 20 世纪 90 年代的教育地理学的兴起主要是尝试从地理学中获得理解和研究教育地理问题的资源，注重对教育的空间进行研究。20 世纪 90 年代以后，由于地理学家的参与，研究者更广泛地采用社会科学方法研究教育的地理问题，出现了"教育社会地理"（social geographies of education）（Collins，Coleman，2008）、"教育情感地理"（geographies of emotion education）（Hemming，2007；Kenway，Youdell，2011）、"儿童地理"（children geographies）（Holloway et al.，2011）等议题，使地方与空间概念成为联结教育地理问题与社会科学和人文学科的桥梁，更注重教育的地方研究。2007 年《都市研究》（*Urban Studies*）的专辑"教育地理"（Geographies of Education）（Butler，Hamnett，2007），2013 年《加拿大地理学家》（*The Canadian Geographer*）的专辑"教育地理评论"（Critical Geographies of Education）（McCreary et al.，2013），以及主流地理学期刊《人文地理学进展》（*Progress in Human Geography*）（Holloway et al.，2011）和《英国地理学家学会会刊》（*Transactions of the Institute of British Geographers*）（Holloway，Jöns，2007；Kraftl，2013）所刊教育地理文章均反映了教育地理学与社会科学和人文科学在研究议题和方法上的共振，可用"文化转向""空间转向""地方转向"来表达教育地理学研究旨趣的转变。教育学主流期刊《比较教育》（*Comparative Education*）（Apple，2001；Brock，2013a，2013b；Taylor et al.，2013）、《牛津教育评论》（*Oxford Review of Education*）（Taylor，2009）和《教育历史》（*History of Education*）（Burke，2010）等所刊教育地理学文章亦大致说明了如上转变趋势。

目前，约翰斯顿等编的《人文地理学词典》第三版到第五版均有"教育地理学"词条（Johnston et al.，2006），国内出版的《地理学名词》中也有"教育地理学"词条（地理学名词审定委员会，2007）。特别是比较教育学家尝试从比较教育中暗含的空间和地方层面上建构包括从个体到国际层面、从心理到客观世界、从个人微观关系到国际教育环境、从家庭到社会、从校内到校外的地理研究框架（Brock，1976，1984，1992，2010，2013a，2013b；Kraftl，2013；杨颖等，2016；

Taylor，2009；Taylor et al.，2013）。

二、实证研究：中国义务教育时空结构演变研究进展

我国义务教育的发展已从量的均衡转变为质的均衡（国家教育督导团，2006，2009；翟瑛，2010；中央教育科学研究所教育督导评估研究中心，2010；于建福，2002），构建适宜于评价我国义务教育空间均衡与公平的指标体系，研究我国义务教育在质上的均衡与未来发展，成为教育均衡研究的关键点（袁振国，2003；翟博，2006；彭世华等，2012），并应在县域、市域、省域和国家层面上协同推进（教育部基础教育一司等，2012a，2012b，2012c，2012d）。

近年来，我国义务教育空间均衡研究指标体系主要涉及入学率、经费投入、学校占地（建筑）面积、多媒体普及化程度、教师合格率（翟博，2006；柳海民，杨兆山，2007；柳海民，周霖，2007；楼世洲，2012；傅禄建等，2013）、教师学历结构（朱益明，贺绍禹，2000；张谦舵，2014）和要素的时空结构演变等。在研究类型上，主要包括民族地区与非民族地区比较研究（张谦舵等，2014a，2014c；潘玉君等，2014）、农村地区与城镇地区比较研究（财政部教科文司等，2005）、不同空间尺度上的均衡研究（校际研究，如安晓敏，2012；市域研究，如卢晓旭等，2010，2011；县域研究，如周守军，2013；多尺度研究，如张珏，张振助，2011；田芬，2004；翟博，2013；刘生旺，陈鑫，2012；高庆彦，2014）等。

在我国不同地区义务教育发展态势的研究方面，成果主要集中于西部地区和民族地区的研究（王秀云，从春侠，2001；王嘉毅，吕国光，2006；杜育红，2011；王根顺，饶慧，2012），需要加强协同东、中、西部，民族地区与非民族地区的综合研究。我国是统一的多民族国家，民族地区间或民族间义务教育的均衡对于我国社会未来发展具有重要的意义（王凌，曹能秀，2000）。但目前对义务教育时空结构演变的研究多集中于个别民族地区（特别地集中于云南省，冯春林，赵治国，1995；常锡光，2008；谢旭辉，2009；马丽娟，2009；普成林等，2010；赵新国，毛晓玲，2012；李官，王凌，2013；刘芳，李劲松，2013；李文钢，2013；张谦舵，2014；伍秋婵，2014；彭义敏，2014）或个别民族的研究（黄澄，2008），也偶见区域协同关系研究的案例（成巧云，施涌，2005）。因而，民族地区义务教育均衡发展是一个急需加强研究的领域。关于民族地区义务教育均衡机制和对策方面，目前的研究注重挖掘民族文化与教育的内容，以及教育基础设施和经济支持的保障（袁晓文，2003；王嘉毅，吕国光，2006；杨军，2006；孟小军，2007；田琳，于·布仁巴雅尔，2008；王传三，2008；刘明新，2012；苏

德，2013）。

在教育地图研究和编制方面，目前主要有《中国教育地图集》（《中国教育地图集》编纂委员会，上海科学技术出版社，1995）、《中国教育地图集》（《中国教育地图集》编纂委员会，中国地图出版社，2009）、《北京教育地图》（中国地图出版社，2000）、《上海市教育地图集》（《上海市教育地图集》编纂委员会，中国地图出版社、中华地图学社，2003）等。近年来，随着地理信息系统（geographic information system，GIS）技术的快速发展，关于教育地理信息系统（geographical system of education information）亦有了初步的案例性研究（赵芳等，2011），但尚需要在区域层面、全国层面进行教育地理信息系统的开发和建设。

三、范式探索：教育地理研究框架的建构

2000年至今，国内外学者系统地进行了以空间为核心的教育研究框架探索，这一框架能为义务教育地理的研究框架的确定提供支撑，但对于义务教育的空间问题，亦当探索其特殊性。总体而言，当前教育地理已建构起了从全球、区域、国家、省区、社区到个体的空间尺度研究框架（Brock，2013a，2013b），概而言之，可分为微观、中观、宏观三个尺度。

微观研究能够在学习者、学习空间、学校与社区的地理研究中观察到。微观研究成为近年来教育研究的主要导向之一，地理学方面有英国皇家地理学会[The Royal Geographical Society（with IBG）]的"儿童地理学"工作组关注儿童入学中的地域身份选择以及学校中的身份认同（Reay，2007；Vanderbeck，2005），即教育活动中的心理地理。学习空间方面的研究关注学生活动的特殊空间构造（或称"隐藏地理"，hidden geographies），比如，学校中的种族空间（Valentine et al.，2002）、吸烟区（Collins，2006）、宗教空间（Valentine et al.，2002），以及其他因素导致的群体排斥（Thomas，2005）。值得注意的是，学习空间的含义正在泛化，家、托儿所、课外俱乐部等场所亦被认为是与正式教育直接相关的因素，而且这些因素具有众源、伸展、渗透三种空间特征，对学习者的身心会产生巨大的影响（Duncan，Smith，2002；Holloway，1998；Kraftl，2013；Smith，Barker，2004）。学校与社区的研究关注影响特殊学校空间特征的社会因素，主要包括种族、民族、收入差异、职业差异等造成的学生生源的差异及其缔造的特殊社区景观，如士绅化这种典型的学区景观（Witten et al.，2001；Lees et al.，2007；Smith，2008）。

中观尺度主要包括区域和国家，区域尺度上的研究以地方教育部门的政策地理为主要关注点。有研究者通过研究4个不同地方教育局的规模、政策管理、位

置和历史，探究了权力分配改变后学校和地方教育局之间出现的新关系形式以及地方教育局新的组织文化和实践（Radnor，Ball，1996）。研究发现，当前地方教育局与学校呈现多样的"合作关系"，这与地方教育部门的政策管理和历史、组织文化和规模相关。Johnston 等（2006）研究了英格兰学校的种族隔离程度，分析了这一隔离是否比居住地隔离程度更高。研究表明，比起邻里间种族隔离的程度，学校的隔离程度更高，尤其是在小学和有种族群体的学校，影响种族隔离程度的主要因素是教育政策。这是一项区域性层次的比较研究，并且包含了农村和城市的变化。基于地方尺度的成绩差异研究，例如，Byrne 和 Williamson（1971）研究了地方教育局的政策对教育成绩的影响，认为在教育社会学中地方政策的影响被忽视，政策这一变量对教育成绩有决定作用，对地方教育政策类型的追踪可以解释教育成就的多样模式。在地方性质的学校（学区）内，影响学习方式的主要因素是教师的教学方式以及教师之间的协作方式，学校间学习网络的发展、教学与学习之间有密切的联系（Lee et al.，2012）。Taylor（2001）研究了英格兰新教育市场选择的多样化地理影响因素，通过学校供给多样化和家长选择两个关键因素分析了英国教育市场发展的不均衡。研究发现，在英格兰和威尔士，中等教育市场并非均衡，不仅体现在家长能选择的学校类型上，也体现在家长作为消费者对提供的新教育市场的应对上。

中国学者在区域尺度的研究上也取得了系列成果，可分为如下类型：民族地区与非民族地区比较研究（张谦舵等，2014a，2014c；潘玉君，2001；潘玉君等，2014）、农村地区与城镇地区比较研究（财政部教科文司等，2005）、不同空间尺度上的均衡研究（校际，如安晓敏，2012；市域，如卢晓旭等，2010，2011；县域，如周守军，2013；多尺度，如张珏，张振助，2011；田芬，2004；翟博，2013；刘生旺，陈鑫，2012；高庆彦，2014）、西部地区或叠加西部民族地区的研究（王秀云，从春侠，2001；王嘉毅，吕国光，2006；杜育红，2011；王根顺，饶慧，2012）等，综合性的研究亦已有见（成巧云，施涌，2005）。

国家尺度层面的分析主要来自英国的研究者，这与英国的政治体制有关。Brock（2013a，2013b）分析了 18 世纪 50 年代至 20 世纪 50 年代英国学校供给的社会和空间差异。另外，20 世纪 90 年代，对国家政策的发展以及教育"内部网络"的分析重新成为英国研究者的关注对象。教育政策实施过程中具有一定的局限性，在教育政策延续上，公民社会组织发挥着强有力的作用（Rees，2005；Phillips，2003；Taylor et al.，2013）。

宏观尺度的研究主要源于全球化的发展使教育空间进一步扩张。在研究方法和理论基础方面，有学者把空间分析的方法运用到教育全球化研究中。Lingard 等

（2005）运用布尔迪厄的"社会场域"（social field）概念研究了全球化背景下的教育政策循环。在教育全球化的过程和影响方面，Ashton 和 Green（1996）研究了国际层面的教育培训系统的发展模式，深入和多角度地调查了当代经济和教育培训系统之间的连接，发现教育在当代已构成了国际社会的经济增长点之一。Epstein 等（2008）采用明显的跨领域的视角研究了全球化背景下的高等教育内在的空间、历史和经济的联系，研究内容包括大学的生产和再生产、知识供给、需求及跨国学术交流，强调知识和权利的相互关系。

在宏观尺度上研究大学生的迁移是教育与地理环境之间关系研究的重要内容，例如，学生的迁移对迁出地与迁入地的影响，这种迁移建立起了什么样的跨国网络，以及学生迁移与社会再生产是什么关系。Waters（2006）研究了迅速发展的教育国际化对社会和空间的影响，一方面，东亚的上层中产阶级通过获得"西方教育"保护自己的社会地位，从而在"学生国际化流动"形成的社会问题中产生了新的社会排斥地理。另一方面，加拿大的中小学得以利用国际化的利益消除新自由主义教育改革的消极影响，从而促进当地的社会再生产。Waters 据此认为，教育国际化转变了社会再生产的尺度。其后他们进一步对东亚、欧洲学生的流动做了研究，以学生的视角研究留学生的留学动机、目标和经历，指出高等教育在国际化的同时，也存在区域选择的问题，形成了高等教育在国际层面上的区域聚集效应（Brooks，Waters，2011）。

分析如上不同尺度的研究，要注意两个问题：第一，不同尺度的划分只是相对的，尺度之间并不互斥或独立，尺度与教育活动相互作用，对于一种教育活动，可以在多个尺度上分析，最终表现为教育活动的尺度耦合性；第二，不同尺度的教育地理研究均注重从教育与其他社会要素之间的空间关系来解析影响教育活动的空间因素，教育空间被看成是与经济、社会、文化、政治等相互塑造的空间（杨颖等，2016）。

第二节　中国义务教育发展的政策梳理

经过对研究时段内（2000—2020 年）义务教育均衡发展政策的整理，我们筛选出相关政策 47 项，以下从时序演变和要素特征两方面对这些政策进行简单归纳和梳理。

一、中国义务教育发展相关政策的时序演变

在已梳理的47项关于我国义务教育均衡政策的文件中，2001年、2004年、2007年和2008年的相关政策数量为0，2012年最多达到7项，整体来看政策数量呈增长趋势（图1-1）。

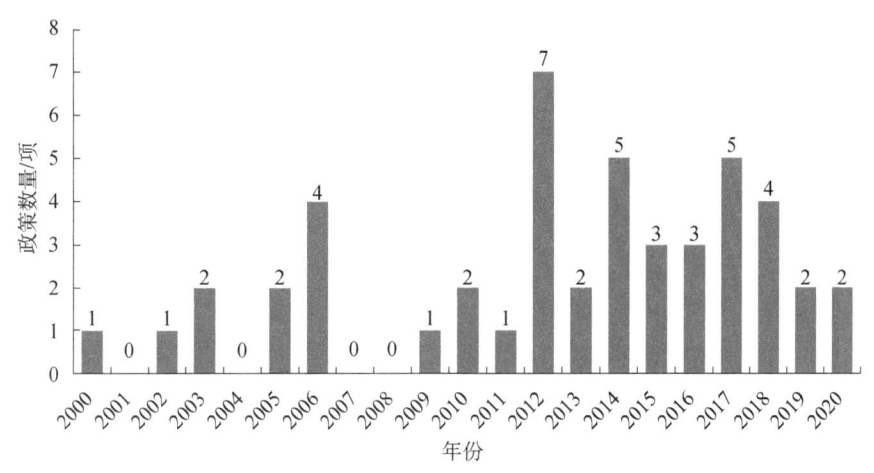

图1-1 2000—2020年中国义务教育均衡发展相关政策的分布

1）2000年，《关于东西部地区学校对口支援工作的指导意见》发布，提出了支援学校选派教师和管理人员到受援学校进行教学和管理，受援学校选派中青年教师到支援学校学习和培训，支援学校向受援学校无偿提供闲置的教学仪器设备、教具和图书资料等多种形式的对口支援。

2）2002年，《国务院办公厅关于完善农村义务教育管理体制的通知》发布，提出明确各级政府责任，加强对农村义务教育的领导和管理；建立义务教育经费保障机制，保证农村义务教育投入；完善人事编制管理制度，加强农村中小学教师队伍建设；建立健全监督机制，保证农村义务教育健康发展。

3）2003年，《教育部、国家发展改革委、财政部关于实施〈农村中小学现代远程教育工程试点工作方案〉的通知》发布，提出探索农村中小学现代远程教育工程三种模式在不同的经济社会发展地区、不同的地理环境下工程建设、应用、运行机制和管理方式，检验三种模式技术配置的适用性和经济性，探索建立有效保障运行和维护的长效机制。同年，《国务院办公厅转发教育部等部门关于进一步做好进城务工就业农民子女义务教育工作意见的通知》印发，提出进城务工就业

农民流入地政府负责进城务工就业农民子女接受义务教育工作,以全日制公办中小学为主;流入地政府要制定有关行政规章,协调有关方面,切实做好进城务工就业农民子女接受义务教育工作;充分发挥全日制公办中小学的接收主渠道作用,建立进城务工就业农民子女接受义务教育的经费筹措保障机制;采取措施,切实减轻进城务工就业农民子女教育费用负担。进城务工就业农民流出地政府要积极配合流入地政府做好外出务工就业农民子女义务教育工作,加强对以接收进城务工就业农民子女为主的社会力量所办学校的扶持和管理,加强宣传引导,营造全社会关心和支持进城务工就业农民子女义务教育工作的良好氛围。

4)2005年,《教育部关于进一步推进义务教育均衡发展的若干意见》印发,提出统一思想认识,把推进义务教育均衡发展摆在重要位置;采取积极措施,逐步缩小学校办学条件的差距;统筹教师资源,加强农村学校和城镇薄弱学校师资队伍建设;建立有效机制,努力提高每一所学校的教育教学质量;落实各项政策,切实保障弱势群体学生接受义务教育;建立监测评估体系,切实推进义务教育均衡发展。同年,《国务院关于深化农村义务教育经费保障机制改革的通知》印发,提出全部免除农村义务教育阶段学生学杂费,对贫困家庭学生免费提供教科书并补助寄宿生生活费;提高农村义务教育阶段中小学公用经费保障水平;建立农村义务教育阶段中小学校舍维修改造长效机制;巩固和完善农村中小学教师工资保障机制等措施。

5)2006年,《教育部关于做好落实农村义务教育经费保障新机制若干工作的紧急通知》印发,提出农村义务教育经费保障机制改革的新要求,严格规范义务教育学校收费行为,及时研究解决改革实施过程中出现的新情况、新问题。同时,为加强对全国农村义务教育经费保障机制改革工作的领导,国务院决定成立全国农村义务教育经费保障机制改革领导小组。同年,《教育部关于实事求是地做好农村中小学布局调整工作的通知》印发,针对有的地方工作中存在简单化和"一刀切"情况,脱离当地实际撤销了一些交通不便地区的小学和教学点,造成新的上学难;有的地方盲目追求调整的速度,造成一些学校大班额现象严重,教学质量和师生安全难以保证;有的地方寄宿制学校建设滞后,学生食宿条件较差,生活费用超出当地群众的承受能力,增加了农民负担;有的地方对布局调整后的学校处置不善,造成原有教育资源的浪费和流失等问题,提出了督促解决的各项要求。同年,《教育部、国家发展和改革委员会、财政部关于制定2007年度农村中小学现代远程教育工程实施方案的通知》发布,确保实现农村中小学现代远程教育工程式基本覆盖的战略目标。同年,《国务院办公厅关于成立全国农村义务教育经费保障机制改革领导小组的通知》印发,目的是加强对全国农村义务教育经费保障机制改革工作的领导。

6）2009年，《教育部 财政部 人力资源社会保障部 中央编办关于继续组织实施"农村义务教育阶段学校教师特设岗位计划"的通知》印发，提出要深入实施"特岗计划"，鼓励引导高校毕业生到农村学校任教；提前做好服务期满特岗教师的工作安排；采取有力措施，创新教师补充机制，建设高素质教师队伍；认真履行职责、密切配合、相互支持，切实做好"特岗计划"实施工作；大力加强"特岗计划"宣传，形成良好的环境氛围。

7）2010年，《教育部关于贯彻落实科学发展观 进一步推进义务教育均衡发展的意见》印发，提出按照《中华人民共和国义务教育法》的要求，将推进均衡发展作为义务教育改革与发展的重要任务；以提高教育质量、促进内涵发展为重点，推进义务教育均衡发展；加强制度建设，依法建立和完善推进义务教育均衡发展的有效工作机制。同年，《教育部关于治理义务教育阶段择校乱收费问题的指导意见》印发，提出规范招生入学秩序、完善招生入学政策、加快薄弱学校建设、合理配置师资力量、共享优质教育资源、支持发展民办教育、加大舆论引导力度、持续做好专项治理、健全完善督导制度、务求每年有新成效10项工作要求。

8）2011年，《教育部办公厅关于做好2011年秋季开学进城务工人员随迁子女义务教育就学工作的通知》印发，提出确保符合条件的随迁子女有学上，确保随迁子女义务教育经费到位，确保随迁子女不因家庭经济困难失学，对以接收随迁子女为主的学校进行帮扶，对随迁子女就学工作进行专项督查5项工作内容。

9）2012年，教育部、国家发展和改革委员会、审计署印发《治理义务教育阶段择校乱收费的八条措施》，提出制止通过办升学培训班方式招生和收费的行为；制止跨区域招生和收费的行为；制止通过任何考试方式招生和收费的行为；规范特长生招生，制止通过招收特长生方式收费的行为；严禁收取与入学挂钩的捐资助学款；制止公办学校以民办名义招生和收费的行为；加强招生信息和学籍管理；加大查处力度8项规范措施。同年，教育部印发《县域义务教育均衡发展督导评估暂行办法》，提出建立县域义务教育均衡发展督导评估制度，开展义务教育发展基本均衡县（市、区）的评估认定工作。同年，财政部、教育部印发了《农村义务教育学生营养改善计划专项资金管理暂行办法》，从资金安排、资金拨付、资金使用、资金管理与监督等方面保障农村义务教育学生营养改善计划有效实施。同年，《国务院办公厅转发教育部等部门关于做好进城务工人员随迁子女接受义务教育后在当地参加升学考试工作意见的通知》印发，提出充分认识做好随迁子女升学考试工作的重要性，做好随迁子女升学考试工作的主要原则，因地制宜制定随迁子女升学考试具体政策，统筹做好随迁子女和流入地学生升学考试工作，加强组织领导和协调配合5项工作原则与要求。同年，《国务院关于深入推进义务教育均衡发展的意见》印发，提出充分认识义务教育均衡发展的重要意义，明确指导思想和基本目标，推动优质教育资源共享，均衡配置办学资源，合理配置教师资源，保障特殊群体平等接受义务教育，全面提高义务教育质量，加强和改进学校管理，加强组织领导和督导评估9项工作原则与要求。同年，《国务院办公厅关于规范农村义务教育学校布局调整的意见》印发，提出依据农村义务教育学校布局的总体要求科学制定农村义务教育学校布局规划，严格规范学校撤并程序和行为，办好村小学和教学点，解决学校撤并带来的突出问题，开展农村义务教育学校布局调整专项督查等多项政策要求。同年，《教育部 中央编办 国家发展改革委 财政部 人力资源社会保障部关于大力推进农村义务教育教师队伍建设的意见》印发，提出扎实推进农村义务教育教师队伍建设、探索建立农村义务教育教师补充新机制、编制配备切实保证农村学校师资需求、多渠道扩充农村优质师资来源、大力促进农村教师专业发展、建立健全城乡教师校长轮岗交流制度、切实保障农村教师待遇、大力表彰在农村长期从教的优秀教师、建立分工明确协调配合的工作机制9项工作意见。

10）2013年，《教育部等5部门关于加强义务教育阶段农村留守儿童关爱和教育工作的意见》印发，提出高度重视留守儿童工作、明确留守儿童工作的基本原则、切实改善留守儿童教育条件、不断提高留守儿童教育水平、逐步构建社会关爱服务机制等工作要求。同年，《教育部 国家发展改革委 财政部关于全面改善贫困地区义务教育薄弱学校基本办学条件的意见》印发，提出充分认识改善贫困地区义务教育薄弱学校基本办学条件的重要意义、改善贫困地区义务教育薄弱学校基本办学条件的总体要求、改善贫困地区义务教育薄弱学校基本办学条件的重点任务，以及提出了各项工作的实施要求。

11）2014年，《关于进一步做好小学升入初中免试就近入学工作的实施意见》印发，提出合理划定招生范围、有序确定入学对象、规范办理入学手续、全面实行阳光招生、逐步减少特长招生、做好随迁子女就学、大力推进均衡发展、试行学区化办学、加强组织领导、加强宣传引导等多项工作要求。同年，《教育部办公厅关于进一步做好重点大城市义务教育免试就近入学工作的通知》印发，提出进一步明确重点大城市入学工作的目标任务、进一步纠正影响重点大城市入学工作的违规行为、加强重点大城市入学工作的组织领导的工作推进措施。同年，《关于进一步做好县域义务教育均衡发展督导评估工作的通知》印发，提出进一步明确督导评估的对象和范围、进一步完善督导评估体系、进一步规范督导评估申报材料和数据的使用、进一步完善督导评估相关工作制度的工作推进要求。同年，《教育部办公厅 国家发展改革委办公厅 财政部办公厅关于制定全面改善贫困地区义务教育薄弱学校基本办学条件实施方案的通知》印发，提出高度重视全面改善贫困地区义务教育薄弱学校实施方案制定工作，全面改善贫困地区义务教育薄弱学校实施方案主要内容、工作程序和工作要求。同年,《教育部 财政部 人力资源和社会保障部关于推进县(区)域内义务教育学校校长教师交流轮岗的意见》印发,提出加快实现校长教师交流轮岗的工作目标、合理确定校长教师交流轮岗的人员范围、不断创新校长教师交流轮岗的方式方法、建立健全校长教师交流轮岗的激励保障机制、全面推进义务教育教师队伍"县管校聘"管理改革、切实落实校长教师交流轮岗工作的责任主体的工作要求和工作内容。

12)2015 年,《教育部关于进一步做好全面改善贫困地区义务教育薄弱学校基本办学条件有关工作的通知》印发,提出进一步明确办学标准、进一步完善项目规划、进一步落实优惠政策、进一步落实公开公示、进一步加强安全管理、进一步强化省级统筹的工作推进要求。同年,《国务院关于加快发展民族教育的决定》印发,提出民族地区义务教育发展规划、资源布局应主动适应扶贫开发、生态移民、城镇化建设等需要。大力推进民族地区义务教育学校标准化建设,全面改善贫困地区义务教育薄弱学校基本办学条件,缩小城乡差距和校际差距。因地制宜保留并办好必要的村小学和教学点。以提高教学质量为重点,实施民族地区中小学理科教学质量提升计划,深化课程和教学改革,开齐开足国家课程,开设具有民族特色的地方课程和学校课程;依法保障农业转移人口和其他进城务工人员随迁子女平等接受义务教育的权利;切实解决"大班额""大校额"问题。依法履行控辍保学职责,降低辍学率;建立健全农村留守儿童关爱服务机制;保障女童入学。同年,《国务院关于进一步完善城乡义务教育经费保障机制的通知》印发,提出统一城乡义务教育"两免一补"政策、统一城乡义务教育学校生均公用经费基准定额、巩固完善农村地区义务教育学校校舍安全保障长效机制、巩固落实城乡义务教育教师工资政策等具体工作内容。

13)2016 年,《国务院关于统筹推进县域内城乡义务教育一体化改革发展的若干意见》印发,提出同步建设城镇学校、努力办好乡村教育、科学推进学校标准化建设、实施消除大班额计划、统筹城乡师资配置、改革乡村教师待遇保障机制、改革教育治理体系、改革控辍保学机制、改革随迁子女就学机制、加强留守儿童关爱保护等多项工作内容。同年,《教育部办公厅关于农村义务教育学校布局调整有关问题的通报》印发,提出要切实高度重视、要严格撤并条件、要规范撤并程序、要强化督促检查的工作要求。同年,财政部、教育部印发《城乡义务教育补助经费管理办法》,提出 20 条管理办法规范城乡义务教育补助经费管理,提高经费使用效益。

14)2017 年,教育部印发《县域义务教育优质均衡发展督导评估办法》,提出县域义务教育优质均衡发展督导评估的总则、评估内容与标准、评估程序和评估结果。同年,《教育部办公厅 中国残联办公厅关于做好残疾儿童少年义务教育招生入学工作的通知》发布,提出进一步保障适龄残疾儿童少年接受义务教育的权利,高度重视,统筹安排,认真组织入学前登记,"一人一案"落实教育安置,加强条件保障,加大社会宣传力度等促进措施。同年,《教育部 财政部关于进一步加强全面改善贫困地区义务教育薄弱学校基本办学条件中期有关工作的通知》印发,提出为深入贯彻落实中央打赢脱贫攻坚战总体部署和《教育脱贫攻坚"十三五"规划》要求,切实做好全面改薄中期有关实施工作,确保如期实现全面改薄任务目标,提出进一步完善工程规划、进一步加快实施进度、进一步强化资金落实、进一步加强质量管理、进一步加大公开力度、进一步加强督导检查的工作要求。同年,《国务院办公厅关于进一步加强控辍保学提高义务教育巩固水平的通知》印发,提出坚持依法控辍,建立健全控辍保学工作机制;提高质量控辍,避免因学习困难或厌学而辍学;落实扶贫控辍,避免因贫失学辍学;强化保障控辍,避免因上学远上学难而辍学;加强组织领导,狠抓工作落实等工作内容和工作机制。同年,《教育部关于印发〈义务教育学校管理标准〉的通知》发布,从基本理念、基本内容、实施要求三个方面规范了义务教育学校管理标准。

15)2018年,《教育部办公厅等四部门关于切实减轻中小学生课外负担开展校外培训机构专项治理行动的通知》印发,提出治理行动的指导思想、治理任务和整改要求、治理分工、治理步骤以及组织实施的具体内容和办法。同年,《教育部办公厅关于利用管理信息系统做好〈义务教育学校管理标准〉实施推进工作的通知》印发,要求各地区全面做好对标研判工作,认真做好核查确认工作,切实提高区域内学校管理水平。同年,《教育部办公厅关于切实做好校外培训机构专项治理整改工作的通知》发布,提出切实增强做好整改工作的紧迫感,抓紧完善校外培训机构设置标准,依标研判完善台账加快整改,认真做好学科类培训备案审核,严格掌握教师资格条件,健全整改信息通报制度,纳入中小学开学检查工作,强化责任落实和督导考核等方面工作内容。同年,《教育部等九部门关于印发中小学生减负措施的通知》发布,涵盖规范学校办学行为、严格校外培训机构管理、家庭履行教育监护责任、强化政府管理监督四方面的工作内容。

16)2019年,《中共中央 国务院关于深化教育教学改革全面提高义务教育质量的意见》印发,提出坚持立德树人,着力培养担当民族复兴大任的时代新人;坚持"五育"并举,全面发展素质教育;强化课堂主阵地作用,切实提高课堂教学质量;按照"四有好老师"标准,建设高素质专业化教师队伍;深化关键领域改革,为提高教育质量创造条件;加强组织领导,开创新时代义务教育改革发展新局面等方面的工作要求和内容。同年,《教育部 国家发展改革委 财政部关于切实做好义务教育薄弱环节改善与能力提升工作的意见》印发,为进一步巩固全面改善贫困地区义务教育薄弱学校基本办学条件工作成果提出了指导思想、总体要求、重点任务和工作要求。

17）2020年,《关于进一步加大支持力度持续做好义务教育有保障工作的通知》印发,提出聚焦深度贫困挂牌督战,加大义务教育投入保障力度;强化政策资金跟踪问效,提高教育扶贫资金使用绩效;落实地方主体责任,探索建立解决相对贫困的长效机制三个方面的促进意见。同年,《教育部等十部门关于进一步加强控辍保学工作健全义务教育有保障长效机制的若干意见》印发,提出把握总体要求、打好攻坚决战、突出工作重点、加强组织保障的工作内容和工作思路。

二、中国义务教育发展相关政策的要素特征

笔者对2000—2020年我国义务教育均衡的相关政策进行梳理后发现,既有政策对区域义务教育的调控方式主要包括教育设施的调控、教育人员(教师、教育管理人员等)的调控、教育经费的调控、学生补助的调控、教育管理方式的调控、校点布局的调控、班额布局的调控、入学机会的调控、特殊群体的调控等内容。从调控方式的演变来看,我国义务教育均衡政策逐步从"数量"的调控转向"质量"的调控,逐步从"单向"的调控转向"整体"的调控,逐步从"对象"的调控转向"对象与机制综合"的调控(表1-1)。

表1-1 中国义务教育相关均衡政策梳理(2000—2020年)

序号	政策名称	发布日期
1	教育部等十部门关于进一步加强控辍保学工作健全义务教育有保障长效机制的若干意见	2020-06-19
2	关于进一步加大支持力度持续做好义务教育有保障工作的通知	2020-04-16
3	教育部 国家发展改革委 财政部关于切实做好义务教育薄弱环节改善与能力提升工作的意见	2019-07-08
4	中共中央 国务院关于深化教育教学改革全面提高义务教育质量的意见	2019-06-23
5	教育部等九部门关于印发中小学生减负措施的通知	2018-12-28
6	教育部办公厅关于切实做好校外培训机构专项治理整改工作的通知	2018-08-31
7	教育部办公厅关于利用管理信息系统做好《义务教育学校管理标准》实施推进工作的通知	2018-06-14
8	教育部办公厅等四部门关于切实减轻中小学生课外负担开展校外培训机构专项治理行动的通知	2018-02-13
9	教育部关于印发《义务教育学校管理标准》的通知	2017-12-04
10	国务院办公厅关于进一步加强控辍保学提高义务教育巩固水平的通知	2017-07-28
11	教育部 财政部关于进一步加强全面改善贫困地区义务教育薄弱学校基本办学条件中期有关工作的通知	2017-06-29
12	教育部办公厅 中国残联办公厅关于做好残疾儿童少年义务教育招生入学工作的通知	2017-04-20
13	教育部关于印发《县域义务教育优质均衡发展督导评估办法》的通知	2017-04-19
14	财政部 教育部关于印发《城乡义务教育补助经费管理办法》的通知	2016-11-11
15	教育部办公厅关于农村义务教育学校布局调整有关问题的通报	2016-10-09
16	国务院关于统筹推进县域内城乡义务教育一体化改革发展的若干意见	2016-07-02

续表

序号	政策名称	发布日期
17	国务院关于进一步完善城乡义务教育经费保障机制的通知	2015-11-25
18	国务院关于加快发展民族教育的决定	2015-08-11
19	教育部关于进一步做好全面改善贫困地区义务教育薄弱学校基本办学条件有关工作的通知	2015-05-11
20	教育部 财政部 人力资源和社会保障部关于推进县（区）域内义务教育学校校长教师交流轮岗的意见	2014-08-13
21	教育部办公厅 国家发展改革委办公厅 财政部办公厅关于制定全面改善贫困地区义务教育薄弱学校基本办学条件实施方案的通知	2014-04-23
22	关于进一步做好县域义务教育均衡发展督导评估工作的通知	2014-03-07
23	教育部办公厅关于进一步做好重点大城市义务教育免试就近入学工作的通知	2014-01-28
24	关于进一步做好小学升入初中免试就近入学工作的实施意见	2014-01-14
25	教育部 国家发展改革委 财政部关于全面改善贫困地区义务教育薄弱学校基本办学条件的意见	2013-12-31
26	教育部等5部门关于加强义务教育阶段农村留守儿童关爱和教育工作的意见	2013-01-04
27	教育部 中央编办 国家发展改革委 财政部 人力资源社会保障部关于大力推进农村义务教育教师队伍建设的意见	2012-09-20
28	国务院办公厅关于规范农村义务教育学校布局调整的意见	2012-09-06
29	国务院关于深入推进义务教育均衡发展的意见	2012-09-05
30	国务院办公厅转发教育部等部门关于做好进城务工人员随迁子女接受义务教育后在当地参加升学考试工作意见的通知	2012-08-30
31	财政部、教育部关于印发《农村义务教育学生营养改善计划专项资金管理暂行办法》的通知	2012-07-24
32	教育部关于印发《县域义务教育均衡发展督导评估暂行办法》的通知	2012-01-20
33	教育部、发展改革委、审计署关于印发《治理义务教育阶段择校乱收费的八条措施》的通知	2012-01-20
34	教育部办公厅关于做好2011年秋季开学进城务工人员随迁子女义务教育就学工作的通知	2011-08-25
35	教育部关于治理义务教育阶段择校乱收费问题的指导意见	2010-10-13
36	教育部关于贯彻落实科学发展观 进一步推进义务教育均衡发展的意见	2010-01-04
37	教育部 财政部 人力资源社会保障部 中央编办关于继续组织实施"农村义务教育阶段学校教师特设岗位计划"的通知	2009-02-23
38	教育部、国家发展和改革委员会、财政部关于制定2007年度农村中小学现代远程教育工程实施方案的通知	2006-10-24
39	教育部关于实事求是地做好农村中小学布局调整工作的通知	2006-06-09
40	国务院办公厅关于成立全国农村义务教育经费保障机制改革领导小组的通知	2006-03-09
41	教育部关于做好落实农村义务教育经费保障新机制若干工作的紧急通知	2006-01-17
42	国务院关于深化农村义务教育经费保障机制改革的通知	2005-12-24
43	教育部关于进一步推进义务教育均衡发展的若干意见	2005-05-25
44	教育部、国家发展改革委、财政部关于实施《农村中小学现代远程教育工程试点工作方案》的通知	2003-12-25

续表

序号	政策名称	发布日期
45	国务院办公厅转发教育部等部门关于进一步做好进城务工就业农民子女义务教育工作意见的通知	2003-09-13
46	国务院办公厅关于完善农村义务教育管理体制的通知	2002-04-14
47	关于东西部地区学校对口支援工作的指导意见	2000-04-22

资料来源：中华人民共和国教育部门户网站

第三节 中国义务教育发展的关系特征

教育地理学是地理学特别是人文地理学的重要组成部分，也是亟待发展的分支学科之一。教育地理学的思想渊源和萌芽，可以追溯到古代地理学时期，但因教育地理的跨学科属性等原因，在近现代地理学时期发展滞缓。作为重要人文事物之一的教育具有鲜明的空间属性，决定了应该从地理学角度研究、探索、揭示和阐明义务教育以及教育的地理空间规律。改革开放以来，我国义务教育整体上得到长足发展，促进了社会经济发展，但是，我国义务教育的区域差距（如民族地区与非民族地区之间的差距、不同主体功能区之间的差距、省域差距、市域差距、县域差距等）仍然明显，势必影响社会经济发展。科学、系统地揭示我国义务教育空间结构变化规律，提出区域均衡发展对策，是解决我国义务教育规划特别是义务教育空间规划问题要考虑的重要方面。

一、中国义务教育发展的时间关系特征

义务教育在时间尺度上遵循教育发展的一般规律，在不同时期、不同教育发展阶段产生了特定的教育问题。这些问题由教育发展的阶段特征引起，也受其约束。自1986年我国义务教育制度开始实施至今已30余年，我国义务教育开始制度初设，并持续进行义务教育资源投入，着眼解决义务教育办学的场地问题、校舍问题、教学设施问题、师资问题等，义务教育的均衡更多地停留在"受教育机会"均衡层面，即解决区域义务教育适龄人口"有学上"的问题。随着经济社会的持续发展，以及在此过程中对区域义务教育的不间断投入，我国义务

教育的均衡发展逐步从受教育机会的均衡转向其他层面的更为广泛的均衡，区域义务教育均衡的内涵得到延伸和拓展。这一阶段的义务教育发展更为关注"教育资源"投入的均衡，即义务教育阶段的学生享有教育资源的均衡。现阶段，我国义务教育均衡发展已是一个综合性的社会问题，既包括义务教育投入的均衡，也包括义务教育质量的均衡，还包括义务教育与区域经济社会协调发展的均衡。

二、中国义务教育发展的空间关系特征

我国义务教育存在区域差距，这里的区域差距包括义务教育各地区、省份义务教育分指数的空间结构差异、义务教育总指数的空间结构差异，所以在分析中应充分重视和系统考虑民族地理因素对指数及指数空间结构的影响作用。

1）民族地区之间、非民族地区之间以及二者之间义务教育空间结构的年度态势和历史过程、预警、发展趋势研究。主要研究：各个民族地区之间义务教育发展空间结构年度态势和历史过程、预警、发展趋势；各个非民族地区之间义务教育发展空间结构年度态势和历史过程、预警、发展趋势；民族地区与非民族地区之间义务教育发展空间结构年度态势和历史过程、预警、发展趋势。

2）高发展水平省域之间、中发展水平省域之间、低发展水平省域之间、极低发展水平省域之间以及四者之间义务教育空间结构年度态势和历史过程、预警、发展趋势研究。主要研究：各高发展水平省域之间义务教育发展空间结构年度态势和历史过程、预警、发展趋势；各中发展水平省域之间义务教育发展空间结构年度态势和历史过程、预警、发展趋势；各低发展水平省域之间义务教育发展空间结构年度态势和历史过程、预警、发展趋势；各极低发展省域之间义务教育发展空间结构年度态势和历史过程、预警、发展趋势；四类省域之间义务教育发展空间结构年度态势和历史过程、预警、发展趋势。

3）优化开发区之间、重点开发区之间、限制开发区之间以及三者之间义务教育空间结构的年度态势和历史过程、预警、发展趋势研究。主要研究：各优化开发区之间义务教育发展空间结构年度态势和历史过程预警、发展趋势；各重点开发区之间义务教育发展空间结构年度态势和历史过程、预警、发展趋势；各限制开发区之间义务教育发展空间结构年度态势和历史过程、预警、发展趋势；三类开发区之间义务教育发展空间结构年度态势和历史过程、预警、发展趋势。

三、中国义务教育发展的要素关系特征

按照系统科学的观点，社会是一个大系统，在这个大系统中，有经济、政治、文化、教育等多个子系统。义务教育作为教育这个子系统的一部分，与整个社会大系统及其他子系统之间存在必然联系。同时，义务教育又是一个特殊的社会子系统，它的运行除了与整个社会大系统和社会其他子系统的活动存在内在的必然联系，遵循教育的外部关系规律，还要遵循其本身的特殊规律。在以要素关系论述义务教育发展的要素关系时，我们先做以下假设：首先，在国家尺度和省域尺度进行探讨；其次，以"人""财""物"3个要素作为义务教育系统的基本构成要素，且不考虑其他要素，即义务教育系统由教育人员、教育经费和教育设施3个基本要素构成；最后，以义务教育的"个人需求""区域支持""国家支持"3个要素作为教育的外部系统要素，即影响教育的外部系统由教育个人需求度、教育区域需求度和教育国家支持度3个基本要素构成。

在义务教育内部系统的构成要素中，教育人员、教育经费和教育设施的要素水平和要素结构在不同时段与不同地区间存在差异。其中，国家、省份的3个义务教育内部系统构成要素的水平和比例在不同时期存在变化；省份之间的3个义务教育内部系统构成要素的水平和比例存在差异。同样，在义务教育外部系统的构成要素中，教育个人需求度、教育区域需求度、教育国家支持度的要素水平与要素结构也存在上述变化和差异。

我国义务教育内外部构成要素的组合关系呈现出以下三个基本特征。①区域义务教育的"分散"特征显著。这里的"分散"是相对于"集聚"而言的，借鉴韦伯的工业区位观点，教育的"集聚"是因为个人教育成本的降低而形成的优势，"分散"则是引起个人教育成本增加的劣势，区域义务教育的"分散"特征主要受教育个人需求的"分散"格局的影响。我国"胡焕庸线"西北侧的地区和省份，地广人稀、人口密度较低，因此区域内人口对教育的需求在空间布局上较为分散，难以实现教育的规模集聚效应，单位教育成本远高于其他地区。②中西部地区义务教育的教育发展阶段较低。这里的教育发展阶段是指区域教育发展的综合水平，包括教育发展水平及其条件水平。教育发展阶段随时间变化，遵循从低阶段向高阶段演进的规律。在较长时期内，我国中西部地区的区域经济社会一直处于后发达状态，区域为教育提供的支持程度较低，使得义务教育的投入水平相对较低。义务教育的"低发展阶段"并非指中西部地区义务教育的发展状态不好，而是指义务教育的基础条件与发展水平的组合形态尚处于较低阶段。③中西部地区义

教育的"追赶式"发展态势显著。中西部地区义务教育相对于其他地区义务教育的"低发展阶段"不是固定不变的，地区间义务教育的发展阶段差距也并非不可调控，关键在于外部干预。在地区和省份的义务教育发展阶段差距调控中，国家的干预——国家教育支持尤为重要。国家层面通过义务教育资源投入、义务教育政策倾斜等对地区间、省份间义务教育的发展进行调控，既能有效调控地区间、省份间的教育差距，也能缩小区域发展差距。

第二章　中国义务教育研究的理论与模型

中国义务教育研究的开展以地理学和教育学的相关理论、规律为基础，在学科交叉原则下探讨教育地理视角下的中国义务教育发展问题，尝试将义务教育发展问题置于区域空间之中，既研究义务教育的空间结构问题，又研究义务教育的要素结构问题。

第一节　中国义务教育研究的理论基础

我们对中国义务教育时空结构、均衡预警及对策的研究，借鉴了既有成果的视角、观点或方法，主要包括系统论、人地关系地域系统理论、教育内外部关系规律和义务教育演进规律。

一、系统论

"系统"一词来源于古希腊语，意思是由部分构成整体。系统论是研究系统的一般模式、结构和规律的学问。它研究各种系统的共同特征，用数学方法定量地描述其功能，寻求并确立适用于一切系统的原理、原则和数学模型，是具有逻辑和数学性质的一门科学。系统论认为，开放性、自组织性、复杂性、整体性、关联性、等级结构性、动态平衡性、时序性等是所有系统的共同基本特征。这些既是系统论本身所包含的基本思想，也是系统方法的基本原则，表现了系统论是反映客观规律的科学理论，具有科学方法论的含义，这正是系统论这门学科的特点。将系统论应用于社会科学领域进行综合研究由来已久，它对于研究由社会要素构成的复杂系统结构和解决社会复杂系统中的具体问题都具有指导意义。

二、人地关系地域系统理论

关于人地关系地域系统中的地域系统，有两个理解的角度：要素关系和地域关系（潘玉君，2009）。在要素关系角度，人地关系地域系统中的地域系统是指某一地域内的各种地理要素（自然地理要素、经济地理要素和人文地理要素）之间通过能量流、物质流和信息流等和各种因果反馈关系而形成和维持的系统，其中，等级较高的是这个地域内的人的群体活动子系统与这个地域内的资源和环境子系统之间的"人-地关系"。在地域关系角度，人地关系地域系统中的地域系统是指某一个地域和与其有关的其他地域——背景地域、相关地域和次级地域——之间通过能量流、物质流和信息流等和各种因果反馈关系而形成与维持的系统。

三、教育内外部关系规律

1980 年，厦门大学潘懋元教授到湖南大学讲学时正式提出教育的两条基本规律：一条是教育的外部关系规律，另一条是教育的内部关系规律，合称教育的内外部关系规律（潘懋元，王伟廉，1995）。其主要内容如下。

教育的外部关系规律是指教育系统作为一个子系统与整个社会系统及其他子系统的相互关系的规律。此规律的要旨是教育要与社会的发展相适应。适应分两个方面：一是教育要受社会经济、政治、文化等的制约；二是教育对社会经济、政治、文化等的发展起作用。简言之，"适应"就是"受制约"和"起作用"。

教育的内部关系规律是指作为一个相对独立的系统，教育内部各个因素或子系统之间的关系的规律。此规律的具体内容包括：教育与教育对象身心发展以及个性特征的关系；人的全面发展教育的各个组成部分——德育、智育、体育、美育等之间的关系；在教育过程中，教育者（教师）、教育对象（学生）、教育影响（教育载体、媒体）等诸要素之间的关系。

就教育的两条规律的关系来讲，内部关系规律的运行受外部关系规律的制约，外部关系规律发挥作用需要通过内部关系规律来实现，教育的内部关系规律和外部关系规律相互作用。具体而言，只有在社会经济、政治、文化条件的支持下，培养人的目标才能够实现；反过来，教育主要是通过培养人来满足社会各方面的需要。

在运用教育内外部关系规律时，特别是处理教育与社会的关系时，要求教育要主动适应而不是被动适应社会发展。

四、义务教育演进规律

在前期相关研究中，研究者总结了义务教育区域发展的演进规律，也是本书研究开展的认知基础。所谓演进，即指事物阶段性发展的规律，事物在不同的发展阶段具备不同的状态特征，这一状态特征可以由事物的结构构成要素来表达，也可以由事物所属空间之间的状态关系来表达（姚辉，2021b）。

1）地域演进。所谓义务教育发展的地域演进，是指两个或多个同级的相关地域义务教育的发展（或资源配置）水平从低形态地域向高形态地域反复波动、逐步提升的过程。地域形态的高低，以地域内义务教育的发展水平和阶段进行度量。例如，图 2-1 中的地域 R 所辖的各层级地域 R_1、R_2 和 R_3，R_{31}、R_{32} 和 R_{33} 之间的地域形态有差异，R_1 和 R_{31} 为高形态地域，R_{33} 为低形态地域。随着义务教育资源要素的不断增加，存在 R_3 地域向 R_1 地域（E_1）、R_{33} 地域向 R_{31} 地域（E_2）的形态过渡，且 R 地域内的义务教育发展从低水平状态向高水平状态演进。此外，义务教育的投入状态存在地域上的竞争和互补关系。义务教育在地域 R_1 和 R_{31}、R_2 和 R_{32} 中同为适应状态时，地域间义务教育状态存在相似性，产生空间竞争关系；义务教育在地域 R_1 和 R_3、R_{31} 和 R_{33} 状态时，地域间义务教育状态存在补偿性，产生空间互补关系；义务教育状态总是不断在地域竞争和地域互补关系中转换。

2）要素演进。所谓义务教育发展的要素演进，是指义务教育某构成要素的发展变化，以及它和其他义务教育构成要素间的渐变或突变关系。图 2-2 中的 S 为义务教育某构成要素随时间（t）变化而产生的要素水平（l）变化，t_0—t_1 时期为要素 S 的低速率产生阶段，t_1—t_3 时期为要素 S 的高速率发展阶段，t_3 时期以后为要素 S 的低速率稳定阶段。S' 为义务教育的其他构成要素随时间（t）变化而产生的要素水平（l）变化，t_0—t_1、t_0—t_2 两个时期内要素 S 和 S' 变化速率低，结构稳定；t_1—t_3、t_2—t_4 两个时期内要素 S 和 S' 变化速率高，结构不稳定；t_3 和 t_4 以后时期内要素 S 和 S' 变化速率低，结构稳定。义务教育各构成要素所处的变化时段不同，会直接影响其义务教育的结构稳定性。

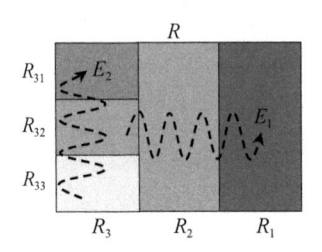

图 2-1　义务教育发展的区域演进示意图 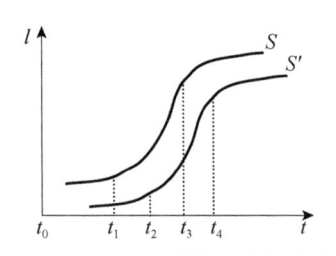　　图 2-2　义务教育发展的要素演进示意图

第二节　中国义务教育研究的理论应用

在中国义务教育研究的相关理论支撑下，我们从教育地理的学科视角出发形成了本书研究的理论预设，并依此规范了研究方法和技术路线。

一、理论预设

义务教育发展问题研究中存在两个不同又彼此关联的研究视角：从教育学视角出发进行教育问题的提出、分析和解决的过程；从非教育学（其他学科）视角出发进行教育问题的提出、分析和解决的过程。前一个视角更为关注义务教育内部结构，尝试通过义务教育问题的解决，促进义务教育的发展；后一个视角更为关注义务教育外部结构，尝试通过义务教育问题的解决，促进区域问题的解决。

1. 义务教育内部结构

一般意义上的义务教育内部结构是指义务教育的诸多构成要素及要素间的关系，按照宏观结构体系划分，义务教育的宏观结构包括学段结构、科目结构、形式结构和管理体制结构。研究意义上的义务教育结构从资源视角出发，教育活动或教育组织中存在教育资源及其结构之间的矛盾。按照教育评价的一般分类，我们将教育（学校）的构成要素划分为人、财、物三个方面，即教育人员（包括专任教师及教辅人员等）、教育经费（中央财政经费和地方财政经费以及其他经费——校办企业收入、社会捐赠等）和教育设施（学校占地面积、建筑面积、仪器设备、校藏图书等）。教育资源结构问题，表现为教育人员、教育经费和教育设施的相对发展水平和构成结构。

2. 义务教育外部关系

教育是培养人的社会活动，包含如下含义：教育是培养人的活动，人是教育的对象，教育促进人的发展；教育是社会活动，教育活动在一定的社会环境中进行，社会为教育活动提供必要的条件；教育培养人的过程是将社会的知识、生活方式、行为规范、意识形态等不断地内化于教育对象，使个体社会化；教育通过培养人（劳动力、公民、专门人才）来为社会服务，促进社会的发展。一般意义上的教育外部关系主要指教育与区域经济社会（文化）之间的相关关系。既有研究中也较多地讨论了义务教育与经济、义务教育与人口、义务教育与文化、义务教育与社会的关系等单一或综合问题。

在研究意义上，我们对义务教育的外部关系进行了重新梳理，认为影响区域义务教育发展的主要外部因素为空间布局影响因素和前后学段关系因素。其中，空间布局影响因素是指约束或促进义务教育规模和结构的外部因素，包括教育个人需求度、教育区域需求度和教育国家支持度；前后学段关系影响因素是度量区域义务教育发展水平和质量的外部因素，包括学前教育与义务教育的关系因素和高中教育与义务教育的关系因素。

3. 义务教育发展状态综合评判

我们可以从内部结构协调和外部结构适应两方面对区域义务教育发展状态进行综合评判。如图2-3所示，x_1为区域教育结构状态，x_{11}为区域义务教育结构状态，y为区域结构状态。区域义务教育的内部结构协调是指x_{11}内的义务教育构成要素——教育人员、教育设施和教育经费之间的结构协调；区域义务教育的外部结构适应既包括x_{11}和x_1之间关系的适应，也包括x_{11}和y之间关系的适应；内部结构协调和外部结构适应两方面的因素共同决定了区域义务教育的发展状态。

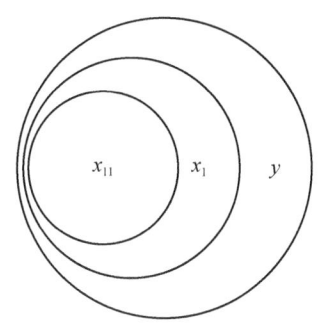

图 2-3 义务教育内外部关系状态评判示意图

二、研究方法

本书除了综合运用地理学、教育学和人口学等多种研究方法外，遵循"从定性到定量综合集成"，还使用了地理考察法、资料分析法、比较法、地图分析法、地理模型法、地理区划法、SWOT①分析法、指标法和归纳法以及情景分析法等地理实证研究方法。第一，对中国义务教育的空间结构系统研究而言，主要运用GIS空间分析方法；第二，对中国义务教育的发展过程与规律等研究而言，主要运用历史分析和情景分析等方法；第三，对中国义务教育预警和发展趋势等研究而言，主要运用情景分析和模拟方法；第四，对教育地理学范式和方法理论探索研究而言，主要采用科学哲学中库恩的范式论和波普的理论方法进行。

三、技术路线

在实证研究方面，本书遵循马克思主义教育理论和人地关系思想，按照人地关系地域系统理论和（既有的）教育地理、区域发展等理论与方法，运用GIS空间分析、综合考察、区域调查、文献研究和模型预警等多种方法，对中国义务教育空间结构、变化过程与规律、预警和趋势进行实证研究并提出对策建议。在理论研究方面，遵循科学哲学一般原理特别是波普尔的"客观知识的生产模式"和库恩的"学科范式理论"，探索教育地理学的学科范式和方法等问题。

第三节 中国义务教育研究的实证模型

中国义务教育研究的实证模型包括义务教育结构分类模型和义务教育监测预警模型。义务教育结构分类模型依据模糊数学方法对义务教育综合发展指数、义务教育空间布局影响指数、义务教育前后学段关系指数、义务教育发展指数、区域城镇化与教育城镇化关系指数、区域城镇化指数和义务教育城镇化指数进行了

---

① S（strength）是优势，W（weakness）是劣势，O（opportunity）是机会，T（threat）是威胁。

结构分类的模型设计。义务教育监测预警模型从义务教育发展的监测要素和义务教育发展的水平判定出发，依据区域义务教育监测预警的原理形成了区域义务教育监测预警的方案，并区分了区域义务教育监测预警的警态与警级标准。

一、义务教育结构分类模型

义务教育结构分类模型是依据模糊数学的基本方法，以区域内构成义务教育某一综合指数的分指数的结构特征为依据，进行义务教育结构特征的划分。

1. 义务教育综合发展指数

根据全国或各地区某一年份义务教育综合发展指数的分指数，即义务教育发展指数、空间布局影响指数、前后学段关系指数值的指标值相对大小，将该年份全国或各地区义务教育综合发展指数划分为3种类型，分别为空间布局影响主导型、前后学段关系主导型和义务教育发展主导型。不同主导类型可在时间尺度上度量全国或各地区义务教育综合发展水平的影响因素——空间布局、前后学段及其对义务教育的影响程度和作用态势。

根据各省份某一年份义务教育综合发展指数的分指数，即空间布局影响指数、前后学段关系指数和义务教育发展指数的值高于或低于省份平均水平的情况，将该年份各省份义务教育综合发展指数划分为8种类型。具体区域类型分别为：一类地区，空间布局影响指数、前后学段关系指数和义务教育发展指数均高于平均水平的省份；二类地区，空间布局影响指数、前后学段关系指数高于平均水平，义务教育发展指数低于平均水平的省份；三类地区，空间布局影响指数、义务教育发展指数高于平均水平，前后学段关系指数低于平均水平的省份；四类地区，前后学段关系指数、义务教育发展指数高于平均水平，空间布局影响指数低于平均水平的省份；五类地区，空间布局影响指数高于平均水平，前后学段关系指数、义务教育发展指数低于平均水平的省份；六类地区，前后学段关系指数高于平均水平，空间布局影响指数、义务教育发展指数低于平均水平的省份；七类地区，义务教育发展指数高于平均水平，空间布局影响指数、前后学段关系指数低于平均水平的省份；八类地区，空间布局影响指数、前后学段关系指数和义务教育发展指数均低于平均水平的省份。在这些具体类型中，一类地区义务教育综合发展指数状态最优，八类地区义务教育综合发展指数状态最劣；二、三和四类地区分别有两个分指数高于平均水平，五、六和七类地区分别有一个分指数高于平均水平，所以二、三和四类地区的义务教育综合发展指数状态优于五、六和七类地区（表2-1）。

表 2-1　各省份义务教育综合发展指数的分指数构成类型

区域类型	义务教育综合发展指数		
	空间布局影响指数	前后学段关系指数	义务教育发展指数
一类地区	A	A	A
二类地区	A	A	B
三类地区	A	B	A
四类地区	B	A	A
五类地区	A	B	B
六类地区	B	A	B
七类地区	B	B	A
八类地区	B	B	B

注：A（above）为该指数高于各省份平均水平，B（below）为该指数低于各省份平均水平。下同

2. 义务教育空间布局影响指数

根据全国或各地区某一年份空间布局影响指数的分指数，即教育个人需求度、教育区域需求度和教育国家支持度的指标值相对大小，将该年份全国或各地区义务教育空间布局影响指数划分为 3 种类型，分别为教育个人需求主导型、教育区域需求主导型和教育国家支持主导型。不同主导类型可在时间尺度上度量全国或各地区义务教育空间布局影响因素——个人、区域和国家的影响程度和作用态势。

根据各省份某一年份义务教育空间布局影响指数的分指数，即教育个人需求度、教育区域需求度和教育国家支持度的值高于或低于各省份平均水平的情况，将该年份各省份义务教育空间布局影响指数划分为 8 种类型。具体区域类型分别为：一类地区，教育个人需求度、教育区域需求度和教育国家支持度均高于平均水平的省份；二类地区，教育个人需求度、教育区域需求度高于平均水平，教育国家支持度低于平均水平的省份；三类地区，教育个人需求度、教育国家支持度高于平均水平，教育区域需求度低于平均水平的省份；四类地区，教育区域需求度、教育国家支持度高于平均水平，教育个人需求度低于平均水平的省份；五类地区，教育个人需求度高于平均水平，教育区域需求度、教育国家支持度低于平均水平的省份；六类地区，教育区域需求度高于平均水平，教育个人需求度、教育国家支持度低于平均水平的省份；七类地区，教育国家支持度高于平均水平，教育个人需求度、教育区域需求度低于平均水平的省份；八类地区，教育个人需求度、教育区域需求度和教育国家支持度均低于平均水平的省份。在这些具体类型中，一类地区义务教育空间布局影响指数状态最优，八类地区义务教育空间布局影响指数状态最劣；二、三和四类地区分别有两个分指数高于平均水平，五、六和七类地区分别有一个分指数高于平均水平，所以二、三和四类地区的义务教

育空间布局影响指数状态优于五、六和七类地区（表 2-2）。

表 2-2　各省份义务教育空间布局影响指数的分指数构成类型

区域类型	义务教育空间布局影响指数		
	教育个人需求度	教育区域需求度	教育国家支持度
一类地区	A	A	A
二类地区	A	A	B
三类地区	A	B	A
四类地区	B	A	A
五类地区	A	B	B
六类地区	B	A	B
七类地区	B	B	A
八类地区	B	B	B

3. 义务教育前后学段关系指数

根据全国或各地区某一年份义务教育前后学段关系指数的分指数，即学前教育发展指数和高中教育发展指数的指标值相对大小，将该年份全国或各地区义务教育前后学段关系指数划分为两种类型，分别为学前教育发展主导型和高中教育发展主导型。不同主导类型可在时间尺度上度量全国或各地区义务教育前后学段关系的影响因素——学前和高中阶段教育的影响程度和作用态势。

根据各省份某一年份义务教育前后学段关系指数的分指数，即学前教育发展指数和高中教育发展指数的值高于或低于各省份平均水平的情况，将该年份各省份义务教育前后学段关系指数划分为 4 种类型。具体区域类型分别为：一类地区，学前教育发展指数和高中教育发展指数均高于平均水平的省份；二类地区，学前教育发展指数高于平均水平，高中教育发展指数低于平均水平的省份；三类地区，高中教育发展指数高于平均水平，学前教育发展指数低于平均水平的省份；四类地区，学前教育发展指数和高中教育发展指数均低于平均水平的省份。在这些具体类型中，一类地区义务教育前后学段关系指数状态最优，四类地区义务教育前后学段关系指数状态最劣（表 2-3）。

表 2-3　各省份义务教育前后学段关系指数的分指数构成类型

区域类型	义务教育前后学段关系指数	
	学前教育发展指数	高中教育发展指数
一类地区	A	A
二类地区	A	B
三类地区	B	A
四类地区	B	B

4. 义务教育发展指数

根据全国或各地区某一年份义务教育发展指数的分指数，即义务教育资源供给指数和义务教育资源质量指数的指标值相对大小，将该年份全国或各地区义务教育发展指数划分为两种类型，分别为义务教育资源供给主导型和义务教育资源质量主导型。不同主导类型可在时间尺度上度量全国或各地区义务教育发展水平的影响因素——义务教育资源供给和义务教育资源质量的影响程度和作用态势。

根据各省份某一年份义务教育发展指数的分指数，即义务教育资源供给指数和义务教育资源质量指数的值高于或低于各省份平均水平的情况，将该年份各省份义务教育发展指数划分为4种类型。具体区域类型分别为：一类地区，义务教育资源供给指数和义务教育资源质量指数均高于平均水平的省份；二类地区，义务教育资源供给指数高于平均水平，义务教育资源质量指数低于平均水平的省份；三类地区，义务教育资源质量指数高于平均水平，义务教育资源供给指数低于平均水平的省份；四类地区，义务教育资源供给指数和义务教育资源质量指数均低于平均水平的省份。在这些具体类型中，一类地区义务教育发展指数状态最优，四类地区义务教育发展指数状态最劣（表2-4）。

表2-4 各省份义务教育发展指数的分指数构成类型

区域类型	义务教育发展指数	
	义务教育资源供给指数	义务教育资源质量指数
一类地区	A	A
二类地区	A	B
三类地区	B	A
四类地区	B	B

5. 区域城镇化与义务教育城镇化关系指数

根据全国或各地区某一年份区域城镇化与义务教育城镇化关系指数的分指数，即区域城镇化指数和义务教育城镇化指数的指标值相对大小，将该年份全国或各地区区域城镇化与义务教育城镇化关系指数划分为两种类型，分别为区域城镇化主导型和义务教育城镇化主导型。不同主导类型可在时间尺度上度量全国或各地区区域城镇化与义务教育城镇化关系的影响因素——区域城镇化和义务教育城镇化的影响程度和作用态势。

根据各省份某一年份区域城镇化与义务教育城镇化关系指数的分指数，即区域城镇化指数和义务教育城镇化指数的值高于或低于各省份平均水平的情况，将该年份各省份区域城镇化与义务教育城镇化关系指数划分为4种类型。具体区域类型分别为：一类地区，区域城镇化指数和义务教育城镇化指数均高于平均水平的省份；二类地区，区域城镇化指数高于平均水平，义务教育城镇化指数低于平均水平的省份；三类地区，义务教育城镇化指数高于平均水平，区域城镇化指数低于平均水平的省份；四类地区，区域城镇化指数和义务教育城镇化指数均低于平均水平的省份。在这些具体类型中，一类地区区域城镇化与义务教育城镇化关系指数状态最优，四类地区区域城镇化与义务教育城镇化关系指数状态最劣（表2-5）。

表2-5 各省份区域城镇化与义务教育城镇化关系指数的分指数构成类型

区域类型	区域城镇化与义务教育城镇化关系指数	
	区域城镇化指数	义务教育城镇化指数
一类地区	A	A
二类地区	A	B
三类地区	B	A
四类地区	B	B

6. 区域城镇化指数

根据全国或各地区某一年份区域城镇化指数的分指数，即区域城镇化规模指数和区域城镇化结构指数的指标值相对大小，将该年份全国或各地区区域城镇化指数划分为两种类型，分别为区域城镇化规模主导型和区域城镇化结构主导型。不同主导类型可在时间尺度上度量全国或各地区区域城镇化的影响因素——区域城镇化规模和区域城镇化结构的影响程度和作用态势。

根据各省份某一年份区域城镇化指数的分指数，即区域城镇化规模指数和区域城镇化结构指数的值高于或低于各省份平均水平的情况，将该年份各省份区域城镇化指数划分为4种类型。具体区域类型分别为：一类地区，区域城镇化规模指数和区域城镇化结构指数均高于平均水平的省份；二类地区，区域城镇化规模指数高于平均水平，区域城镇化结构指数低于平均水平的省份；三类地区，区域城镇化结构指数高于平均水平，区域城镇化规模指数低于平均水平的省份；四类地区，区域城镇化规模指数和区域城镇化结构指数均低于平均水平的省份。在这些具体类型中，一类地区区域城镇化指数状态最优，四类地区区域城镇化指数状态最劣（表2-6）。

表2-6 各省份区域城镇化指数的分指数构成类型

区域类型	区域城镇化指数	
	区域城镇化规模指数	区域城镇化结构指数
一类地区	A	A
二类地区	A	B
三类地区	B	A
四类地区	B	B

7. 义务教育城镇化指数

根据全国或各地区某一年份义务教育城镇化指数的分指数，即义务教育城镇化规模指数和义务教育城镇化结构指数的指标值相对大小，将该年份全国或各地区义务教育城镇化指数划分为两种类型，分别为义务教育城镇化规模主导型和义务教育城镇化结构主导型。不同主导类型可在时间尺度上度量全国或各地区义务教育城镇化的影响因素——义务教育城镇化规模和义务教育城镇化结构的影响程度和作用态势。

根据各省份某一年份义务教育城镇化指数的分指数，即义务教育城镇化规模指数和义务教育城镇化结构指数的值高于或低于各省份平均水平的情况，将该年份各省份义务教育城镇化指数划分为4种类型。具体区域类型分别为：一类地区，义务教育城镇化规模指数和义务教育城镇化结构指数均高于平均水平的省份；二类地区，义务教育城镇化规模指数高于平均水平，义务教育城镇化结构指数低于平均水平的省份；三类地区，义务教育城镇化结构指数高于平均水平，义务教育城镇化规模指数低于平均水平的省份；四类地区，义务教育城镇化规模指数和义务教育城镇化结构指数均低于平均水平的省份。在这些具体类型中，一类地区义务教育城镇化指数状态最优，四类地区义务教育城镇化指数状态最劣（表2-7）。

表2-7　各省份义务教育城镇化指数的分指数构成类型

教育类型	义务教育城镇化指数	
	义务教育城镇化规模指数	义务教育城镇化结构指数
一类地区	A	A
二类地区	A	B
三类地区	B	A
四类地区	B	B

二、义务教育监测预警模型

在充分考虑中国义务教育发展的监测要素和时间、空间尺度的基础上，在此选取耦合协调模型对中国义务教育时空发展状况进行监测和预警。同时，根据中国义务教育发展的影响因素和义务教育发展指数建立水平测度模型：

$$CU = \sum_{i=1}^{m} W_i X_i$$

$$LU = \sum_{j=1}^{n} W_j Y_j$$

式中，CU 和 LU 分别为义务教育发展的影响因素和义务教育发展指数加权求和得到的综合评价指数，设 $X_i(i=1,2,3,\cdots,m)$ 为义务教育发展的影响因素指标标准化值，$Y_j(j=1,2,3,\cdots,n)$ 为义务教育发展指数的标准化值，W_i、W_j 为对应的权重值。

耦合度是指两个或两个以上的体系或运动形式通过各种相互作用而彼此影响的现象（孙东琪等，2013），是对系统或要素间的关联程度的度量。由于义务教育发展水平和影响因素的耦合关系具有差异性、复杂性，本书借鉴区域协调发展理论及资源配置理论来建构耦合度模型，将义务教育发展水平与影响因素之间的关系定义为耦合协调关系，并利用耦合类型、耦合特征等对其关系进行判定，进而实现区域义务教育发展的监测和预警目标。建构的模型如下：

$$C = \frac{2\sqrt{CU \times LU}}{CU + LU}$$

式中，CU 和 LU 分别为义务教育发展的影响因素和义务教育发展指数加权求和得到的综合评价指数。C 为耦合度，$C \in [0,1]$，C 值大小由义务教育发展的影响因素和义务教育发展的水平之间的关系决定，C 值越大，表明两系统之间相互影响、作用的程度越高。耦合度可以划分为四种类型，如表 2-8 所示。

表 2-8　义务教育影响因素和义务教育发展水平耦合度类型划分

耦合度（C值）	耦合类型	耦合特征
[0—0.4]	低水平耦合区	二者之间存在着一定的联系，但相互作用较小，当 $C=0$ 时，两者呈现无关联、无序状态发展
(0.4—0.6]	拮抗型耦合区	二者的相互作用加强并呈现一定的相关性，具有复杂的拮抗作用
(0.6—0.8]	磨合型耦合区	二者之间联系较为密切，并处于不断适应与磨合的状态
(0.8—1.0]	高水平耦合区	二者相互作用较强且呈发展同步状态，当 $C=1$ 时，两者处于有序状态

耦合度只能揭示义务教育影响因素和义务教育发展水平之间相互作用与影响的程度，不能体现二者之间的协调发展状态及各自的发展水平，即两者的相互作用关系是低水平的相互制约还是高水平的相互促进。在此建立义务教育影响因素和义务教育发展水平之间的耦合协调度模型：

$$T = \alpha \times CU + \beta \times LU$$
$$D = \sqrt{C \times K}$$

式中，T 为协调指数，D 为义务教育影响因素和义务教育发展水平之间的耦合协调度，K 为义务教育影响因素和义务教育发展水平的综合评价指数，α 和 β 为影响因素与发展水平的待定系数，即两者对区域发展的贡献程度，在此设定 $\alpha = \beta = 0.5$，CU、LU 分别为义务教育影响因素和义务教育发展水平的序列值。义务教育影响因素和义务教育发展水平之间的耦合协调关系具体细化为 10 种类型（表 2-9）。

表 2-9　义务教育影响因素和义务教育发展水平耦合协调度等级划分标准

协调大类区间	耦合协调度（D值）	协调等级	耦合协调程度	相对发展度（E值）	对比类型
失调衰退区间	[0—0.1]	Ⅰ	极度失调	$E>1$	极度失调水平滞后型
				$E=1$	极度失调同步型
				$E<1$	极度失调条件滞后型
	(0.1—0.2]	Ⅱ	严重失调	$E>1$	严重失调水平滞后型
				$E=1$	严重失调同步型
				$E<1$	严重失调条件滞后型
	(0.2—0.3]	Ⅲ	中度失调	$E>1$	中度失调水平滞后型
				$E=1$	中度失调同步型
				$E<1$	中度失调条件滞后型
	(0.3—0.4]	Ⅳ	轻度失调	$E>1$	轻度失调水平滞后型
				$E=1$	轻度失调同步型
				$E<1$	轻度失调条件滞后型
过度调和区间	(0.4—0.5]	Ⅴ	濒临失调	$E>1$	濒临失调水平滞后型
				$E=1$	濒临失调同步型
				$E<1$	濒临失调条件滞后型
	(0.5—0.6]	Ⅵ	勉强协调	$E>1$	勉强协调水平滞后型
				$E=1$	勉强协调同步型
				$E<1$	勉强协调条件滞后型
协调发展区间	(0.6—0.7]	Ⅶ	初级协调	$E>1$	初级协调水平滞后型
				$E=1$	初级协调同步型
				$E<1$	初级协调条件滞后型
	(0.7—0.8]	Ⅷ	中级协调	$E>1$	中级协调水平滞后型
				$E=1$	中级协调同步型
				$E<1$	中级协调条件滞后型
	(0.8—0.9]	Ⅸ	良好协调	$E>1$	良好协调水平滞后型
				$E=1$	良好协调同步型
				$E<1$	良好协调条件滞后型
	(0.9—1.0]	Ⅹ	优质协调	$E>1$	优质协调水平滞后型
				$E=1$	优质协调同步型
				$E<1$	优质协调条件滞后型

由于耦合协调度模型较难测度义务教育影响因素和义务教育发展水平的相对协调程度，为度量义务影响因素与义务发展水平在某一个时期内的协调状况以及

判断两者间变动方向和速度的同步性问题，在此建立相对发展度模型：

$$E = \frac{CU}{LU}$$

式中，E 为相对发展度，CU 为义务教育影响因素综合评定值，LU 为义务教育发展水平综合评定值。

第三章　中国义务教育研究的指标及算法

指标及算法是实现从"定性研究"到"定量研究"的重要承接内容，它既反映了"定性"研究的理论预设，将理论问题、理论模型用更为具体的"指标"表现出来，又通过指标运算结果验证了理论预设。

第一节　指标遴选与指标体系构建

根据理论预设，我们在义务教育发展水平、义务教育发展条件、义务教育与区域间发展关系的范围内进行指标遴选，遵循内涵准确性、结构完整性、量化可行性和尺度贯通性原则，经过指标海选、专家评分、数据比对和指标修正的过程确定研究使用的末级指标，最终确立研究的指标体系。

一、指标遴选范围

区域义务教育研究中衍生出了很多量化指标，这些指标以义务教育学校所处的区域整体为研究对象或研究单元，开展区域内和区域间义务教育发展的相关研究。这些量化指标可以归为义务教育发展水平、义务教育发展条件、义务教育与区域之间发展关系三种具体类型。

1. 义务教育发展水平的量化指标

上述三种指标类型中，义务教育发展水平的量化指标在既有研究中的应用最为广泛。根据《县域义务教育优质均衡发展督导评估办法》，义务教育资源配置评估通过7项指标，重点评估县域义务教育学校在教师、校舍、仪器设备等方面的配置水平，同时评估这些指标的校际均衡情况。这些指标包括每百名学生拥有高于规定学历教师数、每百名学生拥有县级以上骨干教师数、每百名学生拥有体育和艺术（美术、音乐）专任教师数、生均教学及辅助用房面积、生均体育运动场馆面积、生均教学仪器设备值和每百名学生拥有网络多媒体教室数。此外，还可以根据义务教育资源的需求、供给和配置状况进行指标设置。其中，义务教育资源的需求状态通过在校生数和学龄人口数来反映，义务教育资源的供给状态由教育设施（校舍面积、固定资产、校藏图书等）、教育人员（师生比、教师学历、教师职称、教师年龄结构、教师培训水平等）、教育经费（生均预算内教育经费、教育经费收入结构、教育经费支出结构等）、教育信息化（生均计算机拥有量、生均多媒体教室数、生均数字资源占有量等）等指标来反映，义务教育资源的配置状态由义务教育学校的校点布局、班额布局等指标来反映。

在既有义务教育发展水平量化指标的基础上，我们从资源视角出发，选取较为经典和得到广泛认同的教育设施、教育人员和教育经费3类指标。

2. 义务教育发展条件的量化指标

在探讨教育与区域之间的关系时，经常涉及教育与经济的关系、教育与人口的关系、教育与社会的关系等，常用指标主要涉及GDP、产业结构、从业结构、城镇化水平、交通状况、医疗卫生基础设施状况等关于区域的指标，以及收入状况、支出结构、年龄结构、受教育结构、就业结构等关于居民的指标。

义务教育的发展以区域发展为基础或依托，但二者的关系并非简单的"教育与区域""教育与人"的关系，也非"教育与经济""教育与人口"的关系。义务教育与区域之间的关系是更深层次的，既要反映义务教育发展对所依托区域的需求和影响，也要反映区域对义务教育的诉求和约束。我们在既有成果和前期研究的基础之上，提出教育个人需求度、教育区域需求度和教育国家支持度3个指标，用以针对性地测度义务教育发展的区域条件。

3. 义务教育与区域之间发展关系的量化指标

义务教育与区域之间发展关系的量化指标主要为"看法"或"算法"，即如何去引导和如何去计量二者之间的关系。在既有成果的基础上，我们做出综合研判，将义务教育与区域之间的关系划分为"区域内的关系""区域间的关系"两种类型。区域内的关系是指某研究区域内部义务教育发展与区域发展的关系，包括速率比对关系、适应性关系等。区域间的关系是指多个研究区域之间义务教育发展水平和结构的差异，表现为均衡或非均衡关系，如基尼系数、泰尔指数、变异系数等。区域间的关系还表现为多个研究区域之间义务教育发展条件和发展水平关系的差异状况，通常使用协调度、耦合度等指标或计算方法表达。

二、指标遴选原则

根据研究预设，我们在对研究指标进行遴选时设置了4个基本原则，即内涵准确性原则、结构完整性原则、量化可行性原则和尺度贯通性原则。

1. 内涵准确性原则

内涵准确性原则要求所遴选指标有确切的概念内涵和价值指向，使得所选指标既能反映研究问题的某一特定构成要素，同时也能表明该构成要素在指向上的"优劣"。

2. 结构完整性原则

结构完整性原则是指在指标遴选中，上一层级的指标可以由次一层级的指标完整反映，或者次一层级指标的集合可以得出上一层级的指标。

3. 量化可行性原则

量化可行性原则要求所遴选指标既符合定性的要求，同时也满足定量的要求，即指标须有确切的资料、数据等材料支撑，可以对其进行量化运算。

4. 尺度贯通性原则

本书研究具有特定的空间尺度和时间尺度，空间尺度涉及我国的国家、地区、省份3个层次，时间尺度横跨近20年，因此遴选的指标既符合空间尺度要求，又满足时间尺度要求。

三、指标遴选过程

指标遴选过程包括指标海选、专家评分、数据比对和指标修正4个环节。在实施过程中，首先进行指标海选，其次同时开展专家评分和数据比对，最后依据专家评分和数据比对结果进行指标修正。

1. 指标海选

通过文献梳理，从已有关于义务教育发展水平、义务教育发展条件、义务教育与区域之间发展关系的 40 余项量化指标中进行海选，并根据指标构建的基本原则剔除相关性较差和不适用的指标 11 项，初步确定用于中国义务教育研究的末级指标并将其体系化。

2. 专家评分

请相应研究领域的专家对初步构建的指标体系进行论证，就指标的科学性和相关度做主观评判。其中，科学性是指所选指标是否合适，有没有其他更好的指标进行替代进而使得整个指标体系更为合理；相关度是指所选指标与需要量化问题之间的相近程度，原则上保留相关程度较高的指标，同时将相关程度作为指标权重赋值的重要依据。

3. 数据比对

经过对 107 项、2140 列、79 180 个基础数据的筛查比对，在保证数据结构完整、尺度贯通的前提下，对已有数据库进行了整理和精炼，最终保留 94 项、1880 列、69 560 个基础数据。

4. 指标修正

依据专家评分结果和最终保留可供运算的数据库，我们对初步确定的末级指标进行了指标修正，包括指标替代、指标删除和指标优化。其中，指标替代是指选取性质相近或指向相同的指标进行替代使用，指标删除是指将数据不全或设置不合理的指标删除，指标优化是指对已有指标的内涵进一步明确且在算法上进行优化。

第二节　指标解释及计算方法

在指标体系构建过程中，我们使用"义务教育综合发展指数"来测度中国义务教育的整体状态。"义务教育综合发展指数"是一个集成指数，综合考虑了区域（国家尺度、地区尺度和省域尺度）、经济、社会等空间布局因素对义务教育发展的影响，同时将义务教育与它前后学段（学前教育学段和高中教育学段）教育的规模和结构相比较，反映区域义务教育相对的、综合的发展状态（表 3-1）。义务教育综合发展指数的计算公式为

$$A = \frac{B}{C+D} \times 2$$

式中，A 为区域义务教育综合发展指数，B 为区域义务教育发展指数，C 为区域义务教育发展的空间布局影响指数，D 为区域义务教育发展的前后学段关系指数。

一、空间布局影响指数及其构成

作为一种社会活动，义务教育活动具体在一定区域内依托学校和相关机构开展。一方面，教育需要区域经济社会条件的支撑，为其提供场所、经费、人员等资源或条件；另一方面，教育也作为社会服务的"供给侧"满足区域的发展需求。在教育与区域的互动关系中，教育与区域经济社会发展水平的相对一致是较为协调的发展状态，区域经济社会发展水平在很大程度上影响了教育的规模和结构。依据区域与义务教育发展之间的关系，可以将区域对义务教育的影响因素划分为3种类型，包括义务教育个人需求度、义务教育区域需求度和义务教育国家支持度，空间布局影响指数由这3种类型的影响因素共同决定（表3-1），其计算公式如下：

$$C = C_1 + C_2 + C_3$$

式中，C 为区域义务教育发展的空间布局影响指数，C_1 为义务教育个人需求度，C_2 为义务教育区域需求度，C_3 为义务教育国家支持度。

1. 义务教育个人需求度

区域义务教育实施的直接对象是个体和群体，因此在区域义务教育供给和区域人口教育需求之间存在供需关系。我国的义务教育发展已经由数量的均衡转向质量的均衡，从资源视角来审视，区域人口对义务教育的需求已从"受教育机会"转向"受教育质量"。因此，在这一组供需关系中，区域人口的生活质量越高，相应地对区域义务教育资源配置水平的要求越高。义务教育个人需求度的计算公式如下：

$$C_1 = C_{11} \times r_{11} + C_{12} \times r_{12}$$

式中，C_1 为义务教育个人需求度，C_{11} 为区域人均收入水平，C_{12} 为区域人均受教育年限，r 为各指标的权重系数。

（1）区域人均收入水平

人均收入水平是区域人口生活质量的重要度量指标之一。应然状态下，区域人口的收入水平越高，其支出结构中用于教育支出的部分也越多，而较高的教育支出必然会对区域义务教育的资源配置水平提出更高的要求。

$$C_{11} = \frac{I}{P}$$

式中，C_{11} 为区域人均收入水平，I 为区域人口总收入，P 为区域人口数量。

（2）区域人均受教育年限

除经济、社会等外部影响因素之外，区域人口自身的受教育状况也影响着区域义务教育的资源配置水平，表现为在人均受教育水平较高的区域中，人口对义务教育资源配置水平的要求更高。区域人均受教育年限的计算公式如下：

$$C_{12} = \frac{\sum_{i=1}^{6} P_i \times Y_i}{P}$$

式中，C_{12} 为区域人均受教育年限，P 为区域人口数量，P_i 为第 i 类学历类型的人口数，Y_i 为第 i 类学历类型的受教育年限赋值。受教育年限的类型及其赋值方式为：小学学历赋值为 6 年，初中学历赋值为 9 年，高中（含中职）学历赋值为 12 年，专科学历赋值为 15 年，本科学历赋值为 16 年，研究生学历赋值为 19 年。

2. 义务教育区域需求度

从教育功能出发，教育最基本的两个功能在于满足人的发展需求和社会的发展需求。就某一个具体区域而言，义务教育的资源配置水平应和区域的发展水平保持一致。从区域系统出发，在区域构成的经济社会系统中，教育是基本构成要素，因此义务教育的资源配置水平应与系统的其他构成要素之间保持协调。义务教育发展的区域需求度反映了区域对义务教育资源配置水平的需求程度，且这一需求程度由区域的其他构成要素综合决定。义务教育区域需求度计算公式如下：

$$C_2 = C_{21} \times r_{21} + C_{22} \times r_{22} + C_{23} \times r_{23} + C_{24} \times r_{24} + C_{25} \times r_{25} + C_{26} \times r_{26}$$

式中，C_2 为义务教育区域需求度，C_{21} 为区域人均 GDP，C_{22} 为区域产业结构系数，C_{23} 为区域恩格尔系数，C_{24} 为区域建成区面积比，C_{25} 为区域交通通达度，C_{26} 为区域人均医疗人员指数，r 为各指标的权重系数。

（1）区域人均 GDP

人均 GDP 是国家或地区在一定时期（1 年）内所生产的按人口平均计算的社会最终产品和劳务的总值，该指标是衡量经济发展状况和人们生活水平的重要宏观经济指标。区域人均 GDP 的计算方法如下：

$$C_{21} = \frac{G}{P}$$

式中，C_{21} 为区域人均 GDP，G 为区域国内生产总值（GDP），P 为区域人口数量。

（2）区域产业结构系数

产业结构是指产业内部各生产要素之间的比例关系，其中，三次产业之间的结构变化趋势可以在一定程度上反映区域产业结构状态，一般来说，第二、第三产业比重较大区域的产业结构较好。区域产业结构系数计算公式如下：

$$C_{22} = \frac{in_2 + in_3}{in}$$

式中，C_{22} 为区域产业结构系数，in 为区域总产值，in_2 和 in_3 分别为区域第二、第三产业产值。

（3）区域恩格尔系数

恩格尔系数是食品支出总额占个人消费支出总额的比例。德国统计学家恩格尔对消费结构的变化得出一个规律，即家庭收入越少，家庭收入中用来购买食物的支出所占的比例就越高，随着家庭收入的增加，家庭收入中用来购买食物的支出比例则会下降。同样，在一个区域内，随着恩格尔系数的减小，居民收入中用于食品支出的部分减少，可用于教育部分的支出则会增加。区域恩格尔系数计算公式如下：

$$C_{23} = \frac{I_f}{I}$$

式中，C_{23} 为区域恩格尔系数，I 为区域人口总支出，I_f 为区域人口总支出中用于食品消费的部分。

（4）区域建成区面积比

建成区面积是指城市行政区内实际已成片开发建设、市政公用设施和公共设施基本具备的区域，建成区的范围一般是指建成区外轮廓线所能包括的地区，也就是这个城市实际建设用地的面积。建成区面积是区域经济社会发展特别是城镇化发展的重要度量指标。区域建成区面积比计算公式如下：

$$C_{24} = \frac{L_b}{L}$$

式中，C_{24} 为区域建成区面积比，L 为区域面积，L_b 为区域建成区面积。

（5）区域交通通达度

区域交通通达度是衡量区域内部交通通达难易程度的指标，即综合考虑区域内的航空、铁路、内河航运、公路等交通设置条件，通过密度计算的方法反映区域内交通通达状况。在此仅考虑区域内公路里程数对通达状态的影响。区域交通通达度计算公式如下：

$$C_{25} = \frac{H}{L}$$

式中，C_{25} 为区域交通通达度，L 为区域面积，H 为区域公路里程数。

（6）区域人均医疗人员指数

度量区域医疗卫生状态最核心的要素指标为区域卫生人员数量，即考虑单位人口拥有的卫生人员数。在地域系统中，同一层级区域的医疗卫生水平和义务教育资源配置水平应保持一致。区域人均医疗人员指数计算公式如下：

$$C_{26} = \frac{P_d}{P}$$

式中，C_{26} 为区域人均医疗人员指数，P 为区域人口数量，P_d 为区域卫生人员数量。

3. 义务教育国家支持度

自1986年第六届全国人民代表大会第四次会议通过《中华人民共和国义务教育法》以来，我国一直大力推进义务教育政策的实施。在实施过程中，国家要求省（自治区、直辖市）根据该地区经济、文化发展状况，确定推行义务教育的步骤。同时，国家也通过政策倾斜、经费支持等措施宏观调控各地区义务教育发展的差距。国家对地区义务教育的支持程度也会在空间上影响义务教育资源配置的状态。义务教育国家支持度计算公式如下：

$$C_3 = \frac{F_c}{F}$$

式中，C_3 为义务教育国家支持度，F 为区域义务教育总经费，F_c 为区域义务教育经费中的中央教育经费投入部分。

二、前后学段关系指数及其构成

我国义务教育的实施并非脱离教育体系独立完成的。在义务教育实施的前后学段中，学前教育是区域义务教育实施的"源头"，在很大程度上决定了义务教育阶段学生最初的生源质量状况。同样，高中教育是区域义务教育实施的"去向"，高中教育阶段的教育规模和教育结构也影响着义务教育学段的资源配置及教育质量。义务教育以及它的前后学段共同构筑了我国的基础教育学段体系，以整个基础教育学段的培养效益来考量，义务教育学段的资源配置水平应当与前后学段保持一致。义务教育前后学段关系指数计算公式如下：

$$D = D_1 + D_2$$

式中，D 为义务教育前后学段关系指数，D_1 为学前教育发展指数，D_2 为高中教育发展指数。

1. 学前教育发展指数

之所以说学前教育是区域义务教育实施的"源头"，是因为学前教育是义务教育的前期培养学段，是整个基础教育阶段的起始，学前教育的教育资源配置水平在很大程度上决定了区域教育的起点。从资源视角出发，对于区域学前教育学段的教育资源，可以从供给指数和质量指数来探讨，前者测度区域学前教育资源"够不够"，后者则测度学前教育资源"好不好"。学前教育发展指数的计算公式如下：

$$D_1 = D_{11} \times r_{11} + D_{12} \times r_{12}$$

式中，D_1 为学前教育发展指数，D_{11} 为学前教育资源供给指数，D_{12} 为学前教育资源质量指数，r 为相应指数的权重系数。其中，学前教育资源供给指数、学前教育资源质量指数的计算方法与义务教育资源供给指数、义务教育资源质量指数相同。

2. 高中教育发展指数

高中学段是区域义务教育实施的"去向"，资源配置水平较高、教育质量较好的高中学段教育体系会以目标导向的方式对区域义务教育发展提出诉求，引导区域义务教育向好发展。高中教育发展指数由高中教育资源供给指数和高中教育资源质量指数合成得出。高中教育发展指数计算公式如下：

$$D_2 = D_{21} \times r_{21} + D_{22} \times r_{22}$$

式中，D_2 为高中教育发展指数，D_{21} 为高中教育资源供给指数，D_{22} 为高中教育资源质量指数，r 为相应指数的权重系数。其中，高中教育资源供给指数、高中教育资源质量指数的计算方法与义务教育资源供给指数、义务教育资源质量指数相同。

三、义务教育发展指数及其构成

在资源视角下，区域义务教育的发展受教育资源的供给水平和供给质量的影响，义务教育资源供给水平主要测度"生均"资源水平，即区域义务教育投入给单位学生的教育资源数量；义务教育资源供给质量则主要测度教育资源的"结构"状态，即投入区域义务教育之中的教育资源在结构上的优劣程度（表3-1）。义务教育发展指数的计算公式如下：

$$B = B_1 + B_2$$

式中，B 为义务教育发展指数，B_1 为义务教育资源供给指数，B_2 为义务教育资源质量指数。

1. 义务教育资源供给指数

从类型上划分，区域义务教育投入给单位学生的教育资源包括"人""财""物"3种类型，即教育人员、教育经费和教育设施。义务教育资源供给指数是对投入义务教育的各类资源的综合测度。义务教育资源供给指数计算公式如下：

$$B_1 = B_{11} + B_{12} + B_{13}$$

式中，B_1 为义务教育资源供给指数，B_{11} 为义务教育设施供给指数，B_{12} 为义务教育人员供给指数，B_{13} 为义务教育经费供给指数。

（1）义务教育设施供给指数

在资源视角下，教育设施是指开展教育工作所必需的物质资料，包括教育工作开展所需要的空间、环境，以及教育教学设备等。在此选取生均校舍面积、生均固定资产值和生均校藏图书量对区域义务教育的教育设施供给情况进行测度。义务教育设施供给指数计算公式如下：

$$B_{11} = B_{111} + B_{112} + B_{113}$$

式中，B_{11} 为义务教育设施供给指数，B_{111} 为生均校舍面积，B_{112} 为生均固定资产值，B_{113} 为生均校藏图书量。其中，生均校舍面积计算公式如下：

$$B_{111} = \frac{BA}{S} \times r_{111}$$

式中，B_{111} 为生均校舍面积，BA 为区域义务教育校舍建筑面积，S 为区域义务教育在校生数，r 为指标权重系数。生均固定资产值计算公式如下：

$$B_{112} = \frac{FA}{S} \times r_{112}$$

式中，B_{112} 为生均固定资产值，FA 为区域义务教育固定资产总值，S 为区域义务教育在校生数，r 为指标权重系数。生均校藏图书量计算公式如下：

$$B_{113} = \frac{SC}{S} \times r_{113}$$

式中，B_{113} 为生均校藏图书量，SC 为区域义务教育校藏图书总量，S 为区域义务教育在校生数，r 为指标权重系数。

（2）义务教育人员供给指数

义务教育阶段学校的教育人员包括专任教师及行政、教辅和工勤人员等，其中又以专任教师的配备水平最为重要。对区域义务教育专任教师的测度中，我们将专任教师以"实体"和"虚体"进行划分。其中"实体"是指专任教师数量的配备情况，即师生比[①]；"虚体"是指专任教师的受教育情况，即单位学生所能享有的教师受教育年限。教育人员供给指数计算公式如下：

$$B_{12} = B_{121} + B_{122}$$

式中，B_{12} 为义务教育人员供给指数，B_{121} 为师生比，B_{122} 为生均师资教育年限。师生比计算公式如下：

$$B_{121} = \frac{T}{S} \times r_{121}$$

式中，B_{121} 为师生比，T 为区域义务教育专任教师数，S 为区域义务教育在校生数，r 为指标权重系数。生均师资教育年限计算公式如下：

$$B_{122} = \frac{\sum_{i=1}^{5} T_i \times Y_i}{S} \times r_{122}$$

[①] 相关研究中也有"生师比"的概念，在此是对专任教师作为教育资源中的人员情况进行考量，故使用师生比概念。

式中，B_{122} 为生均师资教育年限，T_i 为区域义务教育学校第 i 类教师数量，S 为区域义务教育在校生数，Y_i 为第 i 类学历的受教育年限[①]，r 为指标权重系数。

（3）义务教育经费供给指数

义务教育经费是指义务教育活动所需要的一切费用，包括基建费用，教学设备、教学仪器、图书资料等的购置与维修费用和教辅人员的培训、工资、福利费用等。区域义务教育经费是衡量教育投入水平的重要指标，义务教育经费供给指数计算公式如下：

$$B_{123} = \frac{F}{S} \times r_{123}$$

式中，B_{123} 为义务教育经费供给指数，F 为区域义务教育的教育经费总量，S 为区域义务教育在校生数，r 为指标权重系数。

2. 义务教育资源质量指数

义务教育资源质量指数是对投入义务教育的各类资源本身结构优劣的测度。义务教育资源质量指数计算公式如下：

$$B_2 = B_{21} + B_{22} + B_{23}$$

式中，B_2 为义务教育资源质量指数，B_{21} 为义务教育设施质量指数，B_{22} 为义务教育人员质量指数，B_{23} 为义务教育经费质量指数。

（1）义务教育设施质量指数

区域间义务教育阶段的教育设施在结构上存在差异，根据教育设施的结构属性，在此选取学校容积率、固定资产结构指数和校舍危房比进行教育设施结构差异的度量。义务教育设施质量指数计算公式如下：

$$B_{21} = B_{211} + B_{212} + B_{213}$$

式中，B_{21} 为义务教育设施质量指数，B_{211} 为区域义务教育学校容积率，B_{212} 为区域义务教育的固定资产结构指数，B_{213} 为区域义务教育学校的校舍危房比。

容积率（建筑面积毛密度）是指一个小区的地上总建筑面积与用地面积的比率。容积率直接涉及居住的舒适度，一般而言，住宅容积率越低，居住的舒适度越高。学校容积率表示义务教育学校在一定占地面积的前提下，其内部的建筑密度。根据该指标的性质和发展水平，我们在研究中认为，建筑密度越大，则义务教育的教育设施条件越好。区域义务教育学校容积率计算公式为

$$B_{211} = \frac{BA}{SA} \times r_{211}$$

式中，B_{211} 为区域义务教育学校容积率，BA 为区域义务教育校舍建筑面积，SA 为

[①] 教师学历的受教育年限的赋值方式为：高中以下学历赋值为 9 年，高中学历赋值为 12 年，专科学历赋值为 15 年，本科学历赋值为 16 年，研究生学历赋值为 19 年。

区域义务教育学校占地面积，r 为指标权重系数。区域义务教育固定资产结构指数计算公式如下：

$$B_{212} = \frac{FT}{FA} \times r_{212}$$

式中，B_{212} 为区域义务教育固定资产结构指数，FA 为区域义务教育固定资产总值，FT 为区域义务教育教学仪器设备值，r 为指标权重系数。区域义务教育学校的校舍危房比计算公式如下：

$$B_{213} = \frac{DH}{BA} \times r_{213}$$

式中，B_{213} 为区域义务教育学校的校舍危房比，BA 为区域义务教育校舍建筑面积，DH 为区域义务教育学校危房面积，r 为指标权重系数。

（2）义务教育人员质量指数

区域义务教育学校的教育人员在构成上也存在差异，主要体现为专任教师学历、职称结构的差异以及学校职工结构中专任教师占比的差异。义务教育人员质量指数计算公式如下：

$$B_{22} = B_{221} + B_{222}$$

式中，B_{22} 为义务教育人员质量指数，B_{221} 为区域义务教育的教师职称结构指数，B_{222} 为区域义务教育的教育人员结构指数。其中，区域义务教育的教师职称结构指数计算公式如下：

$$B_{221} = \frac{TH}{T} \times r_{221}$$

式中，B_{221} 为区域义务教育的教师职称结构指数，TH 为区域义务教育高级职称教师数，T 为区域义务教育学校专任教师数，r 为指标权重系数。区域义务教育的教育人员结构指数计算公式如下：

$$B_{222} = \frac{T}{SF} \times r_{222}$$

式中，B_{222} 为区域义务教育的人员结构指数，SF 为区域义务教育学校教职工总数，T 为区域义务教育学校专任教师数，r 为指标权重系数。

（3）义务教育经费质量指数

区域义务教育的教育经费投入水平的评判标准不仅跟投入经费的总量相关，也与区域经济发展水平相关，即在考虑区域经济发展水平的前提下评判义务教育经费的投入比例。义务教育经费质量指数计算公式如下：

$$B_{23} = \frac{F}{G} \times r_{23}$$

式中，B_{23} 为区域义务教育经费质量指数，F 为区域义务教育经费总量，G 为地区生产总值（GDP），r为指标权重系数。

四、义务教育城镇化与区域城镇化关系指数及其构成

教育与区域发展的互动关系众所周知，但就具体区域而言，在一定时段内是教育先于区域发展，还是区域在发展过程中带动教育发展，取决于教育城镇化与区域城镇化之间的关系（表3-2）。义务教育城镇化与区域城镇化关系指数计算公式如下：

$$K = \frac{E}{L}$$

式中，K为义务教育城镇化与区域城镇化关系指数，E为区域义务教育城镇化指数，L为区域城镇化指数。当$K>1$时，区域义务教育城镇化水平高于区域城镇化水平，当$K=1$时，区域义务教育城镇化水平与区域城镇化水平相当，当$K<1$时，区域义务教育城镇化水平低于区域城镇化水平。

1. 区域城镇化指数

城镇化是人口持续向城镇集聚的过程，包括人口职业布局的转变、产业结构的转变、土地及地域空间利用格局等一系列变化过程。在此通过区域城镇化规模和区域城镇化结构两组指数共同反映区域城镇化程度。区域城镇化指数计算公式如下：

$$L = L_1 + L_2$$

式中，L为区域城镇化指数，L_1为区域城镇化规模指数，L_2为区域城镇化结构指数。其中，区域城镇化规模指数的计算公式为

$$L_1 = L_{11} \times r_{11} + L_{12} \times r_{12} + L_{13} \times r_{13}$$

式中，L_1为区域城镇化规模指数，L_{11}为人口城镇化规模指数（城镇人口数），L_{12}为经济城镇化规模指数（第二、第三产业产值），L_{13}为社会城镇化规模指数（城镇居民人均收入、建成区面积和城镇居民恩格尔系数），r为指标权重系数。区域城镇化结构指数的计算公式为

$$L_2 = L_{21} \times r_{21} + L_{22} \times r_{22} + L_{23} \times r_{23}$$

式中，L_2为区域城镇化结构指数，L_{21}为人口城镇化结构指数（城镇人口占比），L_{22}为经济城镇化结构指数（城镇产业结构系数），L_{23}为社会城镇化结构指数（城镇居民人均收入占比、建成区面积比、城镇居民恩格尔系数与区域居民恩格尔系数的比值），r为指标权重系数。

2. 义务教育城镇化指数

义务教育城镇化在教育资源上体现为教育经费、教育硬件设施、师资等向城镇的集中，以及城镇教育理念、教育制度等向农村地区的扩散。义务教育城镇化在地域空间上表现为农村学校撤并和规模缩减，以及城镇学校数量的增加和学校规模的扩大，乡村学校布局调整导致乡村学校衰落。义务教育城镇化指数计算公式如下：

$$E = E_1 + E_2$$

式中，E 为义务教育城镇化指数，E_1 为义务教育城镇化规模指数，E_2 为义务教育城镇化结构指数。其中，义务教育城镇化规模指数计算公式如下：

$$E_1 = E_{11} \times r_{11} + E_{12} \times r_{12}$$

式中，E_1 为义务教育城镇化规模指数，E_{11} 为城镇教师数，E_{12} 为城镇在校生数，r 为指标权重系数。义务教育城镇化结构指数计算公式如下：

$$E_2 = E_{21} \times r_{21} + E_{22} \times r_{22}$$

式中，E_2 为义务教育城镇化结构指数，E_{21} 为城镇教师比，E_{22} 为城镇在校生比，r 为指标权重系数。

五、指标体系构建

根据理论模型和实证模型，结合指标遴选过程中所确立的量化指标，我们构建了"中国义务教育时空结构、预警与均衡发展对策系统研究"指标体系（表3-1）。在指标体系中，各层级指数在横向上存在整体与部分的合成关系，在纵向上存在类型比较的关系。考虑到义务教育与区域之间关系的另一种形态——义务教育城镇化与区域城镇化之间的关系，我们在已构建的"中国义务教育时空结构、预警与均衡发展对策系统研究"指标体系中筛选出"义务教育城镇化指数""区域城镇化指数"指标，构建了用以测度义务教育城镇化与区域城镇化关系的指标体系（表3-2）。

表3-1 "中国义务教育时空结构、预警与均衡发展对策系统研究"指标体系

总指数	Ⅰ级指数	Ⅱ级指数	Ⅲ级指数	分指标	指标正负属性	指标权重
义务教育综合发展指数（A）	空间布局影响指数（C）	义务教育个人需求度（C_1）	人均收入水平（C_{11}）		+	0.1667
			人均受教育年限（C_{12}）		+	0.1667
		义务教育区域需求度（C_2）	人均GDP（C_{21}）		+	0.0556
			产业结构系数（C_{22}）		+	0.0556
			恩格尔系数（C_{23}）		−	0.0556
			建成区面积比（C_{24}）		+	0.0556

续表

总指数	Ⅰ级指数	Ⅱ级指数	Ⅲ级指数	分指标	指标正负属性	指标权重
义务教育综合发展指数（A）	空间布局影响指数（C）	义务教育区域需求度（C_2）	交通通达度（C_{25}）		+	0.0556
			人均医疗人员指数（C_{26}）		+	0.0556
		义务教育国家支持度（C_3）	国家教育经费比例		+	0.3333
	前后学段关系指数（D）	学前教育发展指数（D_1）	学前教育资源供给指数（D_{11}）		+	0.2500
			学前教育资源质量指数（D_{12}）		+	0.2500
		高中教育发展指数（D_2）	高中教育资源供给指数（D_{21}）		+	0.2500
			高中教育资源质量指数（D_{22}）		+	0.2500
	义务教育发展指数（B）	义务教育资源供给指数（B_1）	义务教育设施供给指数（B_{11}）	生均校舍面积（B_{111}）	+	0.0556
				生均固定资产值（B_{112}）	+	0.0556
				生均校藏图书量（B_{113}）	+	0.0556
			义务教育人员供给指数（B_{12}）	师生比（B_{121}）	+	0.0833
				生均师资教育年限（B_{122}）	+	0.0833
			义务教育经费供给指数（B_{13}）	生均教育经费支出	+	0.1667
		义务教育资源质量指数（B_2）	义务教育设施质量指数（B_{21}）	学校容积率（B_{211}）	+	0.0556
				固定资产结构指数（B_{212}）	+	0.0556
				校舍危房比（B_{213}）	−	0.0556
			义务教育人员质量指数（B_{22}）	教师职称结构指数（B_{221}）	+	0.0833
				教育人员结构指数（B_{222}）	+	0.0833
			义务教育经费质量指数（B_{23}）	教育经费占GDP比	+	0.1667

表 3-2 义务教育城镇化与区域城镇化关系指数

总指数	Ⅰ级指数	Ⅱ级指数	Ⅲ级指数	权重
义务教育城镇化与区域城镇化关系指数（K）	区域城镇化指数（L）	区域城镇化规模指数（L_1）	人口城镇化规模指数（L_{11}）	0.1667
			经济城镇化规模指数（L_{12}）	0.1667
			社会城镇化规模指数（L_{13}）	0.1667

续表

总指数	Ⅰ级指数	Ⅱ级指数	Ⅲ级指数	权重
义务教育城镇化与区域城镇化关系指数（K）	区域城镇化指数（L）	区域城镇化结构指数（L₂）	人口城镇化结构指数（L₂₁）	0.1667
			经济城镇化结构指数（L₂₂）	0.1667
			社会城镇化结构指数（L₂₃）	0.1667
	义务教育城镇化指数（E）	义务教育城镇化规模指数（E₁）	义务教育城镇教师数（E₁₁）	0.2500
			义务教育城镇在校生数（E₁₂）	0.2500
		义务教育城镇化结构指数（E₂）	义务教育城镇教师比（E₂₁）	0.2500
			义务教育城镇在校生比（E₂₂）	0.2500

第三节 数据来源及测算方法

一、数据来源

如无特殊说明，所有量化指标的基础数据均来源如下。

1)《中国教育统计年鉴（2004—2018年）》。
2)《中国统计年鉴（2004—2018年）》。
3)《中国教育经费统计年鉴（2004—2018年）》。
4)《中国人口与就业统计年鉴（2004—2018年）》。
5)中华人民共和国第四、第五次人口普查数据。
6)教育部统计数据和文献数据。
7)国家统计局统计数据和文献数据。

二、测算方法

（一）数据标准化方法

$$x' = \frac{x_0}{X_0}\left(1 + \frac{x_n - x_0}{x_0}\right) \times n$$

式中，x'为某地区某年份标准化后的指标值，x_0为某地区起始年份的指标值，X_0为各地区某年份指标的平均值，x_n 为某地区末年的指标值，n 为区域个数，$n=31$（不包含港澳台地区）。

（二）逆指标正向化处理方法

将待处理逆向指标的数列值按升序排列，则有

$$x_1' = \left(\max_{(x)} - \min_{(x)}\right)\left(1 + \frac{x_1}{\max_{(x)} - \min_{(x)}}\right)$$

$$x_{n+1}' = x_n' - \left(\max_{(x)} - \min_{(x)}\right)\left(\frac{x_{n+1}}{\max_{(x)} - \min_{(x)}} - \frac{x_n}{\max_{(x)} - \min_{(x)}}\right)$$

式中，x_1' 为第一个正向化处理后的指标数，$\max_{(x)}$ 为数列中的最大值，$\min_{(x)}$ 为数列中的最小值，$1 \leq n \leq 31$。

第四章 全国义务教育发展水平的基本态势与结构特征

我国义务教育的整体发展可以从义务教育发展水平和义务教育发展结构两个维度进行观测与度量,其中义务教育发展水平是考量义务教育综合发展态势的基础性要素,微观层面聚焦在义务教育资源的供给与教育资源的质量两个方面进行量化统筹。

第一节 全国义务教育发展指数的基本态势与结构特征

义务教育综合发展指数是一个集成指数,它综合考虑了全国经济、社会等空间布局因素对义务教育发展的影响,同时将义务教育与它前后学段(学前教育学段和高中教育学段)教育的规模与结构相比较,反映区域义务教育相对的、综合的发展状态。2003—2017 年,全国义务教育发展指数整体呈增长趋势,由 2003 年的 0.0474 增长到 2017 年的 0.0948,总体增长了 100.00%,年增长率平均值[①]为 5.12%(表 4-1,图 4-1)。

表 4-1 2003—2017 年全国义务教育发展指数

年份	2003	2004	2005	2006	2007	2008	2009	2010
指标值	0.0474	0.0489	0.0508	0.0517	0.0557	0.0580	0.0574	0.0602
年份	2011	2012	2013	2014	2015	2016	2017	
指标值	0.0664	0.0731	0.0782	0.0821	0.0859	0.0895	0.0948	

---

① 文中所出现的年增长率平均值为各年份较上一年增长率的多年平均值,特此说明。

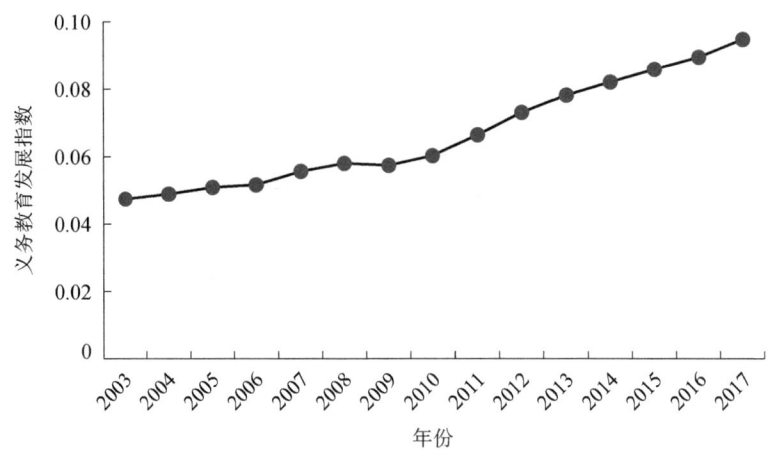

图 4-1 2003—2017 年全国义务教育发展指数的变化趋势

根据全国义务教育发展指数的两个分指数的指标值相对大小，我们将全国义务教育发展指数划分为两种基本类型，即教育资源供给主导型和教育资源质量主导型。全国义务教育发展指数在不同时段的类型有显著变化，以研究监测的 4 个时间截面来看，2003 年全国义务教育综合发展指数的类型为教育资源质量主导型，2008 年该指数类型为教育资源质量主导型，2013 年该指数类型为教育资源供给主导型，2017 年该指数类型为教育资源供给主导型。全国义务教育综合发展指数整体从教育资源质量主导型向教育资源供给主导型转变。这一类型变化反映出我国义务教育资源供给指数对义务教育综合发展指数的影响程度和作用态势在逐步加大。

第二节 全国义务教育资源供给指数及其分指数的基本态势与结构特征

一、全国义务教育资源供给指数的基本态势

2003—2017 年，全国义务教育资源供给指数呈现稳定增长的趋势，指数值由 2003 年的 0.0179 增长到 2017 年的 0.0546。从指数的时段变化情况看，2003—2017 年，全国义务教育资源供给指数总体增长 205.03%，年增长率平均值为 8.34%。从

各年度增长的情况看，2003—2013 年，全国义务教育资源供给指数增长率相对较高，2013 年以后该指数增长速度稍微放缓（表 4-2，图 4-2）。

表 4-2　2003—2017 年全国义务教育资源供给指数

年份	2003	2004	2005	2006	2007	2008	2009	2010
指标值	0.0179	0.0190	0.0205	0.0218	0.0239	0.0259	0.0283	0.0307
年份	2011	2012	2013	2014	2015	2016	2017	
指标值	0.0338	0.0382	0.0423	0.0450	0.0478	0.0504	0.0546	

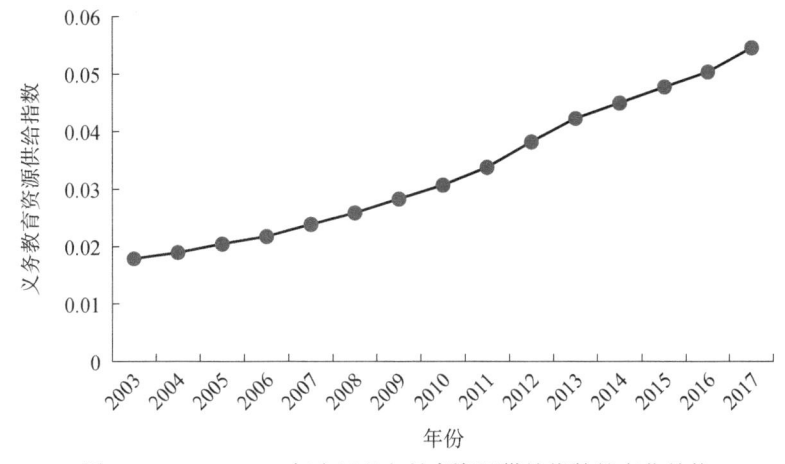

图 4-2　2003—2017 年全国义务教育资源供给指数的变化趋势

二、全国义务教育设施供给指数的基本态势

2003—2017 年，全国义务教育设施供给指数呈现稳定增长的趋势，指数值由 2003 年的 0.0068 增长到 2017 年的 0.0177。从指数的时段变化情况看，2003—2017 年，全国义务教育设施供给指数总体增长 160.29%，年增长率平均值为 7.13%。从各年度增长的情况看，2003—2012 年，全国义务教育设施供给指数增长率相对较高，2012 年以后该指数增长速度稍微放缓（表 4-3，图 4-3）。

表 4-3　2003—2017 年全国义务教育设施供给指数

年份	2003	2004	2005	2006	2007	2008	2009	2010
指标值	0.0068	0.0071	0.0077	0.0081	0.0085	0.0088	0.0094	0.0101
年份	2011	2012	2013	2014	2015	2016	2017	
指标值	0.0106	0.0118	0.0135	0.0145	0.0155	0.0166	0.0177	

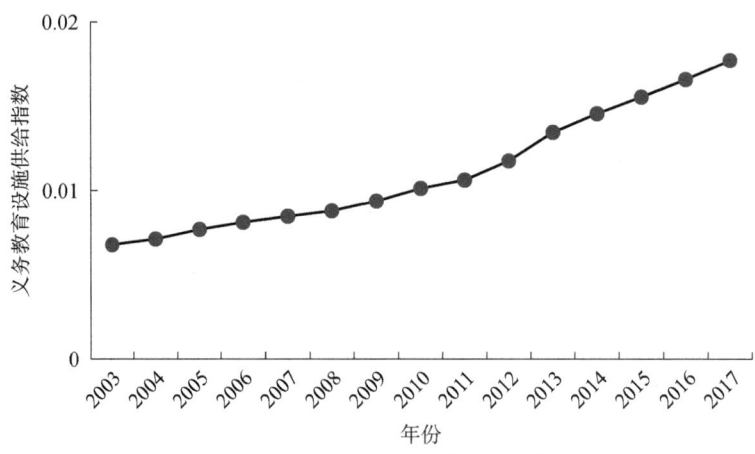

图 4-3　2003—2017 年全国义务教育设施供给指数的变化趋势

（一）义务教育生均校舍面积

校园校舍是义务教育学校办学和开展教学活动最基础的设施条件，生均校舍面积反映了地区义务教育的教育设施水平，是区域义务教育均衡评价的基础指标之一。2012 年，教育部印发《县域义务教育均衡发展督导评估暂行办法》，确定将"生均教学及辅助用房面积""生均体育运动场馆面积"等 8 项指标作为衡量县域间义务教育均衡的监测指标。本书中的"校舍面积"是教学及辅助用房、行政办公用房和生活用房面积的加总。

区域义务教育发展水平、区域学龄人口规模、区域人口聚集程度（表现为区域内的学校布局密度以及单个学校的服务半径）等因素共同影响着区域生均校舍面积指标的水平。就我国义务教育发展阶段而言，生均校舍面积仍保持量的持续增长，且逐步向质的提升转变。故此，在不考虑其他影响因素的前提下，生均校舍面积的指标值越高，表明区域教育设施水平越高。

我国义务教育学校生均校舍面积呈持续增长趋势，从 2003 年的 4.9808 平方米增加至 2017 年的 9.3628 平方米，总增长率为 87.98%，年增长率平均值为 4.63%（表 4-4，图 4-4）。在影响我国 2003—2017 年生均校舍面积变动的两个基础数据中，全国义务教育学校的校舍建筑面积呈持续增长趋势，从 2003 年的 91 189.18 万平方米增长至 2017 年的 136 095.20 万平方米，增长了 49.24%。在满足义务教育教学需求的前提下，研究时段（2003—2017 年）内义务教育学校的校舍建筑面积仍需保持一定幅度的增长。

表 4-4　2003—2017 年全国义务教育生均校舍面积　　单位：平方米

年份	2003	2004	2005	2006	2007	2008	2009	2010
指标值	4.9808	5.2416	5.5386	5.8026	5.9960	6.1644	6.4297	6.6985
年份	2011	2012	2013	2014	2015	2016	2017	
指标值	6.8337	7.3756	8.1261	8.4752	8.7399	9.0428	9.3628	

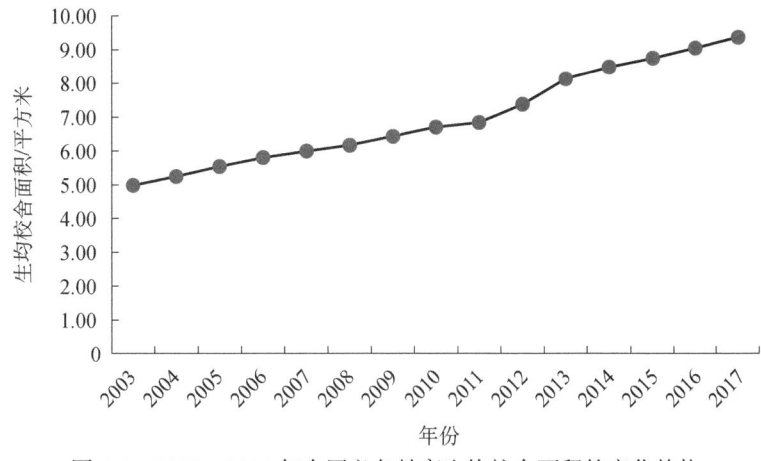

图 4-4　2003—2017 年全国义务教育生均校舍面积的变化趋势

（二）义务教育生均固定资产值

固定资产同样是义务教育学校办学和开展教学活动最基础的设施条件，生均固定资产值同样反映了地区义务教育的教育设施水平，亦是区域义务教育均衡评价的基础指标之一。2012 年，教育部印发的《县域义务教育均衡发展督导评估暂行办法》确定将"生均教学仪器设备值""每百名学生拥有计算机台数"等 8 项指标作为衡量县域间义务教育均衡的监测指标。区域义务教育的中央财政支持、地方财政支持以及其他社会捐赠支持等因素共同影响了区域"生均固定资产值"指标的水平。就我国义务教育发展阶段而言，生均固定资产值仍保持量的持续增长，且逐步向质的提升转变。故此，在不考虑其他影响因素的前提下，生均固定资产值的指标值越高，表明区域义务教育设施水平越高。

我国义务教育学校生均固定资产值呈持续增长趋势，其指标值从 2003 年的 2863 元增加至 2017 年的 12 625 元，增长率为 340.97%，年增长率平均值为 11.27%（表 4-5，图 4-5）。在影响我国 2003—2017 年生均固定资产变动的两个基础数据中，全国义务教育学校的总固定资产值呈持续增长趋势，从 2003 年的

5241.26 万元增长至 2017 年的 18 351.54 万元,增长了 250.14%。但义务教育学校的在校生数量呈先下降后增长的趋势,从 2003 年的 18 308.16 万人持续下降至 2013 年的 13 800.67 万人,下降了 24.62%。此后,义务教育学校的在校生数量又开始缓慢增长,至 2017 年,已增长为 14 535.76 万人,较 2013 年增长了 5.33%。显然,在人口的增长特别是学龄人口的增长,以及 2016 年开始新的生育政策的影响下,我国义务教育学校的在校生数量会迎来一个新的增长时段。在满足义务教育教学需求的前提下,该时段内,义务教育学校的固定资产值仍需保持一定幅度的增长。

表 4-5 2003—2017 年全国义务教育生均固定资产值　　　单位:元

年份	2003	2004	2005	2006	2007	2008	2009	2010
指标值	2 863	2 971	3 315	3 648	3 940	4 182	4 792	5 601
年份	2011	2012	2013	2014	2015	2016	2017	
指标值	5 995	6 650	8 075	9 240	10 317	11 400	12 625	

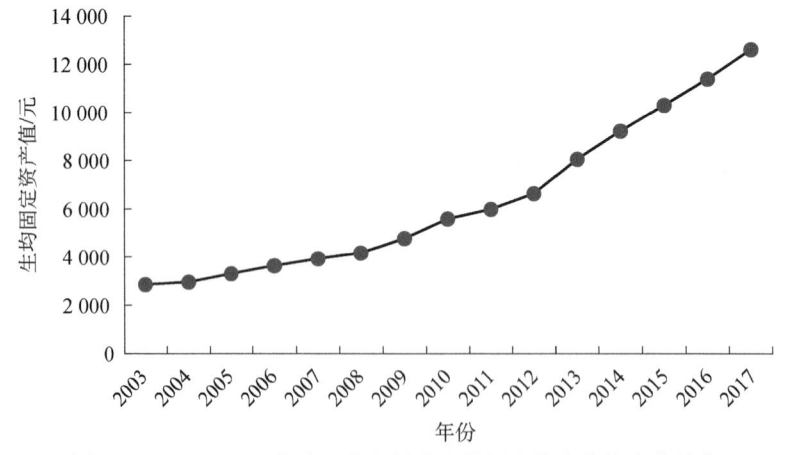

图 4-5 2003—2017 年全国义务教育生均固定资产值的变化趋势

(三)义务教育生均校藏图书量

图书是义务教育学校办学和开展教学活动最基础的设施条件,生均校藏图书量反映了地区义务教育的教育设施水平,是区域义务教育均衡评价的基础指标之一。2012 年,教育部印发的《县域义务教育均衡发展督导评估暂行办法》确定将"生均图书册数"等 8 项指标作为衡量县域间义务教育均衡的监测指标。

我国义务教育学校生均校藏图书量呈持续增长趋势，其指标值从 2003 年的 12.19 册增加至 2017 年的 26.64 册，增长率为 118.54%，年增长率平均值为 5.79%（表 4-6，图 4-6）。在影响我国 2003—2017 年生均校藏图书量变动的两个基础数据中，全国义务教育学校的校藏图书总量呈持续增长趋势，从 2003 年的 22 3111.31 万册增长至 2017 年的 38 7173.12 万册，增长了 73.53%。总之，在满足义务教育教学需求的前提下，该时段内，义务教育学校的校藏图书量仍需保持一定幅度的增长。

表 4-6　2003—2017 年全国义务教育生均校藏图书量　　　单位：册

年份	2003	2004	2005	2006	2007	2008	2009	2010
指标值	12.19	12.82	13.84	14.28	14.73	15.20	15.62	16.39
年份	2011	2012	2013	2014	2015	2016	2017	
指标值	17.26	19.62	21.92	23.03	24.13	25.43	26.64	

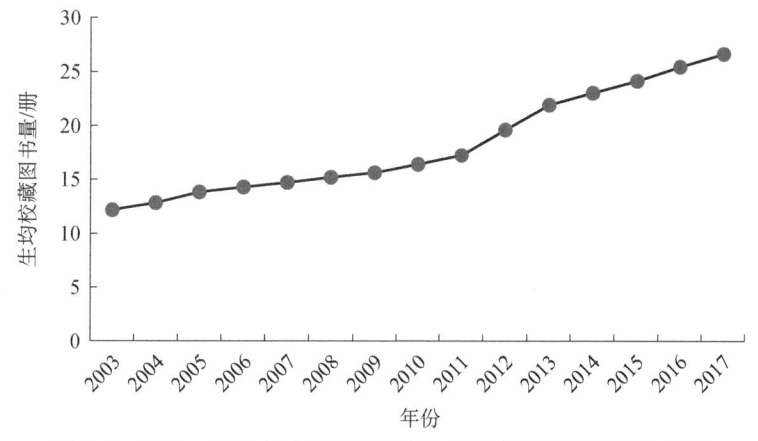

图 4-6　2003—2017 年全国义务教育生均校藏图书量的变化趋势

三、义务教育人员供给指数的基本态势

义务教育阶段学校的教育人员包括专任教师、行政人员、教辅人员和工勤人员等，其中又以专任教师的配备水平最为重要。

2003—2017 年，全国义务教育人员供给指数呈现稳定增长的趋势，指数值由 2003 年的 0.0087 增长到 2017 年的 0.0128。从指数的时段变化情况看，2003—2017 年，全国义务教育人员供给指数总体增长 47.13%，年增长率平均值为 2.79%。从各年度增长的情况来看，2003—2013年，全国义务教育人员供给指数增长率相对较高，2013年以后该指数增长速度稍微放缓（表4-7，图4-7）。

表4-7　2003—2017年全国义务教育人员供给指数

年份	2003	2004	2005	2006	2007	2008	2009	2010
指标值	0.0087	0.0091	0.0095	0.0098	0.0101	0.0104	0.0108	0.0111
年份	2011	2012	2013	2014	2015	2016	2017	
指标值	0.0115	0.0120	0.0126	0.0127	0.0127	0.0127	0.0128	

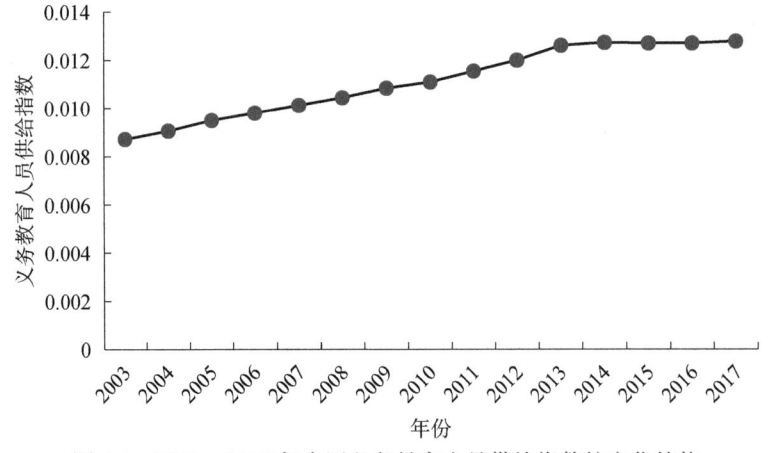

图4-7　2003—2017年全国义务教育人员供给指数的变化趋势

（一）义务教育师生比

师生比是指专任教师总数与在校学生人数比，是影响义务教育质量的重要结构性指标，普遍作为我国义务教育质量考察的替代性指标，即学校教师人数与培养学生人数的比例关系。国家按照规定的师生比，下达学校教师编制。不同国家和同一国家在不同时期，由于经济、教育发展状况和体制不同，对师生比的要求也不同；各级各类学校的培养目标、教学内容及教学手段不同，师生比亦不同。

我国义务教育学校师生比指数呈持续增长趋势，其指标值从2003年的0.0559增加至2017年的0.0821，增长率为46.87%，年增长率平均值为2.97%（表4-8，图4-8）。2003—2010年，全国义务教育师生比指数呈较缓慢的上升态势，增长率为25.22%；2011—2013年上升幅度显著提高，2013—2017年呈先缓慢增长后略下降的趋势，其中2015年和2016年的义务教育学校师生比指数略有下降，且2015

年的师生比和 2016 年的师生比指数相同。在影响我国 2003—2017 年师生比指数变动的两个基础数据中，学校的专任教师总数呈持续增长趋势，从 2003 年的 10 240 060 人增长至 2017 年的 11 929 949 人，增长了 16.50%，但基于前述我国在校生数量呈先下降后增长的趋势，2011—2013 年师生比大幅度增长的态势较符合两个基础指标的实际比例情况。因此，在保证师生比科学合理配备的基础上，各级相关部门应积极应对学龄人口的增长趋势，在满足义务教育教学需求的前提下，应保持专任教师数量有一定幅度的增长，从而实现教育人力资源优化配置。

表 4-8　2003—2017 年全国义务教育师生比

年份	2003	2004	2005	2006	2007	2008	2009	2010
指标值	0.0559	0.0581	0.0608	0.0627	0.0646	0.0664	0.0686	0.0700
年份	2011	2012	2013	2014	2015	2016	2017	
指标值	0.0742	0.0771	0.0810	0.0818	0.0816	0.0816	0.0821	

图 4-8　2003—2017 年全国义务教育师生比的变化趋势

（二）义务教育生均师资教育年限

我国义务教育学校生均师资教育年限呈持续增长趋势，其指标值从 2003 年的 0.6946 年增加至 2017 年的 1.0197 年，增长率为 46.8%，年增长率平均值为 4.63%（表 4-9，图 4-9）。在影响我国 2003—2017 年生均师资教育年限变动的两个基础数据中，全国义务教育学校的专任教师教育年限①总体呈上涨趋势，从 2003 年的 12 717.20 万年增长至 2017 年的 14 822.52 万年，增长了 16.55%。但义务教育学校

---
① 专任教师教育年限为专任教师数与专任教师受教育年限的乘积。

的在校生数量呈先下降后增长的趋势，从 2003 年的 18 308.16 万人持续下降至 2013 年的 13 800.67 万人，下降了 24.62%。此后，义务教育学校的在校生数量又开始缓慢增长，至 2017 年，已增长为 14 535.76 万人，较 2013 年增长了 5.33%。显然，在人口的增长特别是学龄人口的增长，以及 2016 年开始新的生育政策影响下，我国义务教育学校的在校生数量会迎来一个新的增长时段。在满足义务教育教学需求的前提下，该时段内，义务教育学校生均师资教育年限仍需保持一定幅度的增长。

表 4-9　2003—2017 年全国义务教育生均师资教育年限　　单位：年

年份	2003	2004	2005	2006	2007	2008	2009	2010
指标值	0.6946	0.7239	0.7603	0.7856	0.8136	0.8417	0.8767	0.8997
年份	2011	2012	2013	2014	2015	2016	2017	
指标值	0.9196	0.9556	1.0046	1.0145	1.0117	1.0123	1.0197	

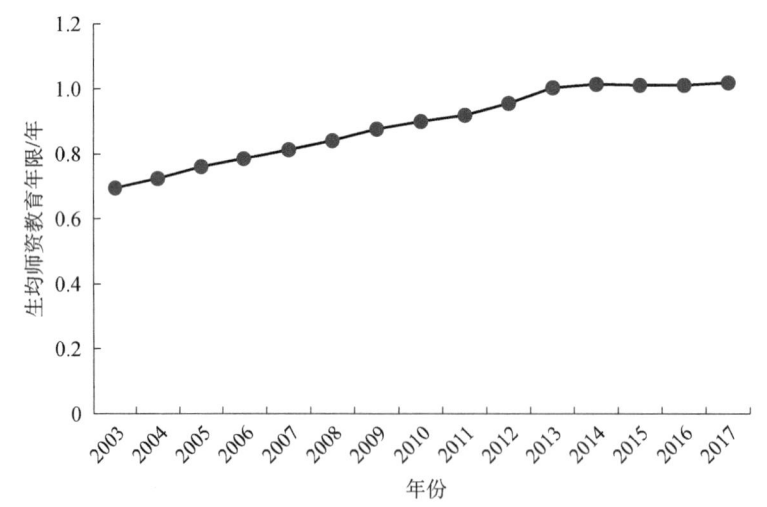

图 4-9　2003—2017 年全国义务教育生均师资教育年限的变化趋势

四、义务教育经费供给指数的基本态势

义务教育经费是指义务教育活动所需要的一切费用，包括基建费用，教学设备、教学仪器、图书资料等的购置与维修费用和教辅人员的培训、工资、福利费用等。区域义务教育经费是衡量教育投入水平的重要指标，教育经费供给指数具

体是指在特定权重系数关系下的特定区域义务教育在校生享有的区域义务教育经费总量分配。

我国义务教育经费供给指数呈持续增长趋势，其指标值从 2003 年的 0.0024 增加至 2017 年的 0.0241，增长率为 904.17%，年增长率平均值为 4.63%（表 4-10，图 4-10）。2003—2006 年，全国义务教育经费供给指数呈缓慢上升态势，2007—2017 年的全国教育经费供给指数呈线性上升趋势。这是由于在影响我国 2003—2017 年全国义务教育经费供给指数变动的两个基础数据中，全国义务教育学校的教育经费总量指数同样呈持续上涨趋势，从 2003 年的 0.0105 增长至 2017 年的 0.0135，增长了 28.57%，而 2003—2013 年义务教育学校的在校生数量呈先下降后增长的趋势，因此，相对于教育经费总量而言，义务教育经费供给指数在此期间显著上涨。区域教育经费供给是特定区域内用于发展各级教育事业，以货币的形式支付的教育费用，是办学必不可少的财力条件，为保证教育财力资源均衡配置、满足义务教育教学需求及增加义务教育经费的供给，则需要政府、教育相关部门通力合作，拓宽渠道，采取多种形式提高教育经费总量。

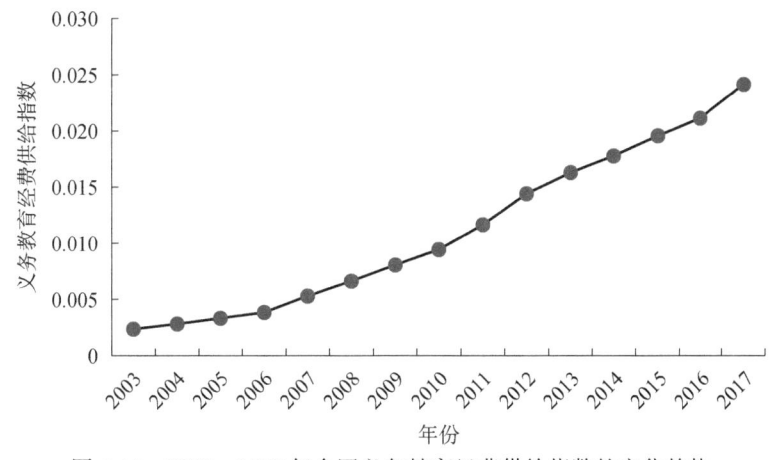

表 4-10　2003—2017 年全国义务教育经费供给指数

年份	2003	2004	2005	2006	2007	2008	2009	2010
指标值	0.0024	0.0028	0.0033	0.0038	0.0053	0.0066	0.0080	0.0094
年份	2011	2012	2013	2014	2015	2016	2017	
指标值	0.0116	0.0144	0.0163	0.0178	0.0196	0.0211	0.0241	

图 4-10　2003—2017 年全国义务教育经费供给指数的变化趋势

第三节 全国义务教育资源质量指数及其分指数的基本态势与结构特征

一、义务教育资源质量指数的基本态势

义务教育资源质量指数是对投入义务教育中的各类资源本身结构优劣的测度，是衡量义务教育资源科学配备的核心指标，是义务教育设施质量指数、义务教育人员质量指数及义务教育经费质量指数的综合可量化指标。

我国义务教育资源质量指数呈持续增长趋势，其指标值从2003年的0.0295增加至2017年的0.0401，增长率为35.93%，年均增长率为2.31%（表4-11，图4-11）。在影响我国2003—2017年义务教育资源质量指数变动的3个基础数据中，义务教育人员质量指数呈现出持续稳定增长的趋势，从2003年的0.0091增长至2017年的0.0120，增长了31.87%。但义务教育设施质量指数和义务教育经费质量指数均呈现先下降后增长的趋势，义务教育设施质量指数从2003年的0.0099下降至2009年的0.0069，此后，义务教育设施质量指数又开始缓慢增长，至2017年，已增长为0.0147，较2003年增长了48.48%；义务教育经费质量指数从2003年的0.0105下降至2006年的0.0091，此后，义务教育经费质量指数又开始缓慢增长，至2017年，已增长为0.0135，较2003年增长了28.57%。显然，我国义务教育资源质量指数的发展变化是义务教育人员质量指数、义务教育设施质量指数和义务教育经费质量指数3个指标综合作用的结果，对其发展变化的影响较大。

表4-11 2003—2017年全国义务教育资源质量指数

年份	2003	2004	2005	2006	2007	2008	2009	2010
指标值	0.0295	0.0299	0.0303	0.0299	0.0318	0.0322	0.0292	0.0296
年份	2011	2012	2013	2014	2015	2016	2017	
指标值	0.0326	0.0349	0.0358	0.0370	0.0381	0.0391	0.0401	

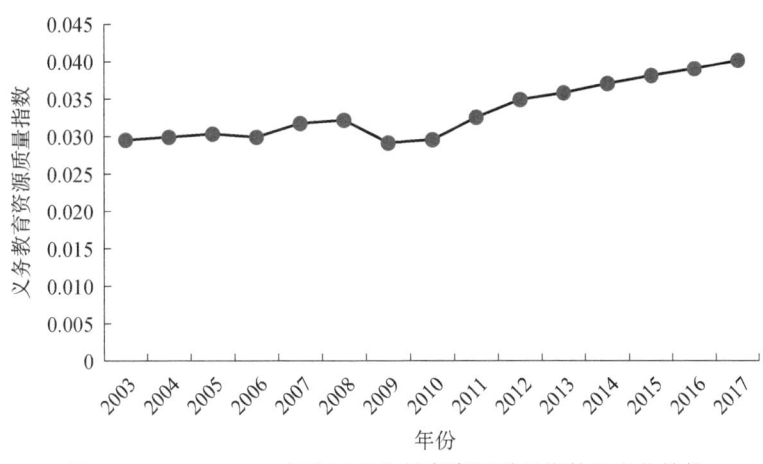

图 4-11　2003—2017 年全国义务教育资源质量指数的变化趋势

二、义务教育设施质量指数的基本态势

教育设施是指开展教育工作所必需的物质资料，主要包括教育工作所需要的空间、环境，以及有关的教育教学设备，即教育基建、学校设备和社会教育设施。区域间的义务教育设施在结构上存在差异，根据教育设施的结构属性，在此选取学校容积率、固定资产结构指数和校舍危房比进行教育设施结构差异的度量。教育设施质量指数是对义务教育学校容积率、义务教育固定资产结构指数及义务教育校舍危房比的综合考量。

我国义务教育设施质量指数从 2003 年的 0.0099 增加至 2017 年的 0.0147，增长率为 48.48%，年增长率平均值为 3.90%（表 4-12，图 4-12）。在影响我国 2003—2017 年义务教育质量指数变动的 3 个基础数据中，义务教育学校容积率呈持续增长趋势，从 2003 年的 0.2190 增长至 2017 年的 0.3482，增长了 59.0%。义务教育固定资产结构指数和义务教育校舍危房比均呈现波动变化的发展趋势：义务教育固定资产结构指数从 2003 年的 0.0991 下降至 2010 年的 0.0822，下降了 0.0169，此后又开始缓慢增长，至 2017 年，已增长为 0.1311，较 2003 年增长了 32.29%；义务教育校舍危房比从 2003 年的 0.0549 下降至 2008 年的 0.0391，下降了 0.0158；2009 年，义务教育校舍危房比突然激增到最大值 0.1464，此后又开始呈现出逐年下降的趋势，至 2017 年，已降至 0.0070。显然，我国义务教育设施质量指数的发展变化是义务教育学校容积率、义务教育固定资产结构指数和义务教育校舍危房比综合作用的结果，其发展趋势大体与义务教育设施质量指数保持一致。

表 4-12 2003—2017 年全国义务教育设施质量指数

年份	2003	2004	2005	2006	2007	2008	2009	2010
指标值	0.0099	0.0104	0.0110	0.0105	0.0109	0.0107	0.0069	0.0075
年份	2011	2012	2013	2014	2015	2016	2017	
指标值	0.0098	0.0111	0.0122	0.0130	0.0136	0.0143	0.0147	

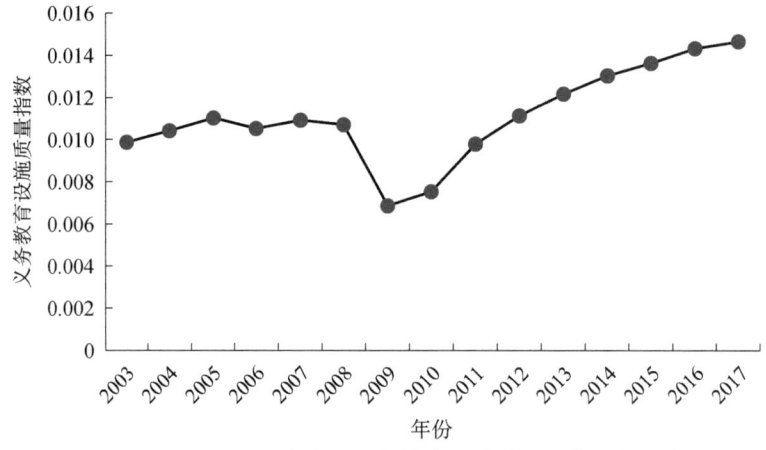

图 4-12 2003—2017 年全国义务教育设施质量指数的变化趋势

（一）义务教育学校容积率

容积率（建筑面积毛密度）是指一个小区的地上总建筑面积与用地面积的比率。容积率直接涉及居住的舒适度，一般而言，住宅容积率越低，居住的舒适度越高。义务教育学校容积率表示义务教育学校在一定占地面积的前提下，其内部的建筑密度，根据该指标的性质和发展水平，建筑密度越大，则义务教育学校的教育设施条件越好。学校容积率关键指标包含区域义务教育校舍面积与区域义务教育学校占地面积。

我国义务教育学校容积率呈持续增长趋势，其指标值从 2003 年的 0.2190 增加至 2017 年的 0.3482，增长率为 59.00%，年增长率平均值为 4.63%（表 4-13，图 4-13）。在影响我国 2003—2017 年义务教育学校容积率变动的两个基础数据中，全国义务教育学校的总校舍建筑面积呈持续增长趋势，从 2003 年的 91 189.18 万平方米增长至 2017 年的 136 095.20 万平方米，增长了 49.24%。因此，该研究时段内，义务教育学校容积率与义务教育校舍建筑面积发展趋势大体保持一致。随着我国义务教育学校的在校生数量不断增长，在满足义务教育教学需求的前提下，区域义务教育学校占地面积及校舍建筑面积也会相应增加，义务教育学校容积率仍需保持一定幅度的增长。

表 4-13　2003—2017 年全国义务教育学校容积率

年份	2003	2004	2005	2006	2007	2008	2009	2010
指标值	0.2190	0.2247	0.2300	0.2390	0.2441	0.2489	0.2593	0.2672
年份	2011	2012	2013	2014	2015	2016	2017	
指标值	0.2732	0.2844	0.2958	0.3098	0.3220	0.3359	0.3482	

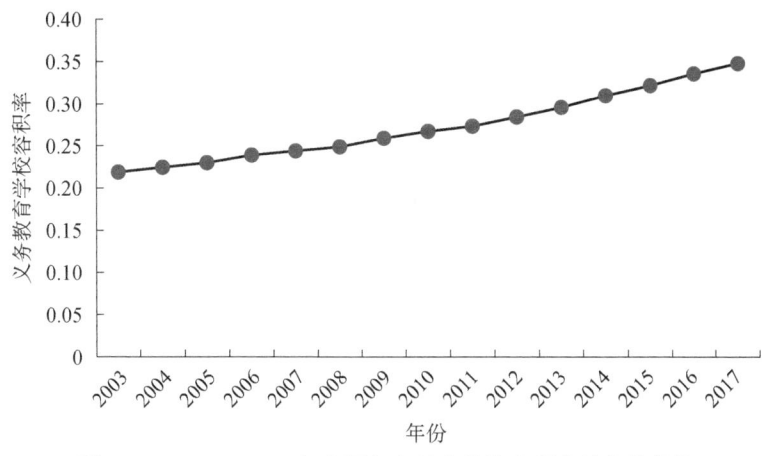

图 4-13　2003—2017 年全国义务教育学校容积率的变化趋势

（二）义务教育固定资产结构指数

教育固定资产是指学校为生产产品、提供劳务、出租或者经营管理而持有的、使用时间超过 12 个月的、价值达到一定标准的非货币性资产，包括房屋、建筑物、机器、机械、运输工具以及其他与教育活动有关的设备、器具、工具等。固定资产是学校教育的劳动手段，也是学校赖以运转的主要资产。从会计的角度划分，固定资产一般分为生产用固定资产、非生产用固定资产、租出固定资产、未使用固定资产、不需用固定资产、融资租赁固定资产、接受捐赠固定资产等。义务教育固定资产结构指数具体涉及与特定指标权重系数相关联的义务教育固定资产总值及义务教育教学仪器设备值。

我国义务教育学校固定资产结构指数呈先上升后下降再增长的趋势，其指标值从 2003 年的 0.0991 增加至 2017 年的 0.1311，增长率为 32.29%，年增长率平均值为 4.63%（表 4-14，图 4-14）。2003—2010 年，我国义务教育学校固定资产结构指数先缓慢上升后下降至最低值 0.0822，随后逐渐增长至 2017 年的最高点（0.1311）。在影响我国 2003—2017 年义务教育学校固定资产结构指数变动的两个基础数据中，全国义务教育教学仪器设备值及固定资产总值均呈持续增长趋势，其中义务教育教学仪器设备值从 2003 年的 519.35 亿元增长至 2017 年的 2405.05

亿元，固定资产总值从 2003 年的 5241.26 亿元增长至 2017 年的 18 351.54 亿元，其增长幅度均较大。

表 4-14　2003—2017 年全国义务教育固定资产结构指数

年份	2003	2004	2005	2006	2007	2008	2009	2010
指标值	0.0991	0.1011	0.1059	0.0928	0.0900	0.0901	0.0883	0.0822
年份	2011	2012	2013	2014	2015	2016	2017	
指标值	0.1051	0.1093	0.1162	0.1208	0.1222	0.1269	0.1311	

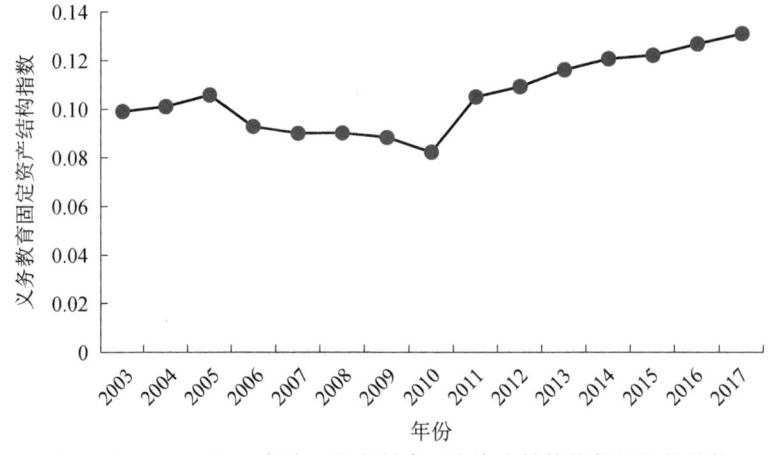

图 4-14　2003—2017 年全国义务教育固定资产结构指数的变化趋势

（三）义务教育校舍危房比

校舍危房即学校危险房屋。根据《城市危险房屋管理规定》中的定义，危险房屋是指结构已严重损坏或承重构件已属危险构件，随时有可能丧失结构稳定和承载能力，不能保证居住和使用安全的房屋。影响校舍危房比的关键要素主要包括义务教育校舍建筑面积与义务教育学校危房面积。

2003—2005 年，我国义务教育校舍危房比呈下降趋势，2006 年略有上升，2007 年略有下降，2008 年略有上升，但从 2010 年开始，呈逐年下降趋势（表 4-15，图 4-15）。在影响我国 2003—2017 年义务教育校舍危房比的两个基础数据中，全国义务教育学校危房总面积呈逐年下降趋势，在学龄人口持续增长的态势下，义务教育校舍建筑面积从 2003 年的 91 189.18 万平方米增长至 2017 年的 136 095.20 万平方米，增长了 49.24%。因此，在保证学校建筑面积既增加又科学地满足义务教育需求的基础上，应该严格把控各级各类学校的危房监管力度，建立健全固定资产调配及使用制度，加强各类学校建筑的验收及定期检验，从而实现义务教育物力资源的优化配置。

表 4-15 2003—2017 年全国义务教育校舍危房比

年份	2003	2004	2005	2006	2007	2008	2009	2010
指标值	0.0594	0.0489	0.0385	0.0429	0.0313	0.0391	0.1464	0.1252
年份	2011	2012	2013	2014	2015	2016	2017	
指标值	0.0876	0.0592	0.0412	0.0272	0.0167	0.0107	0.0070	

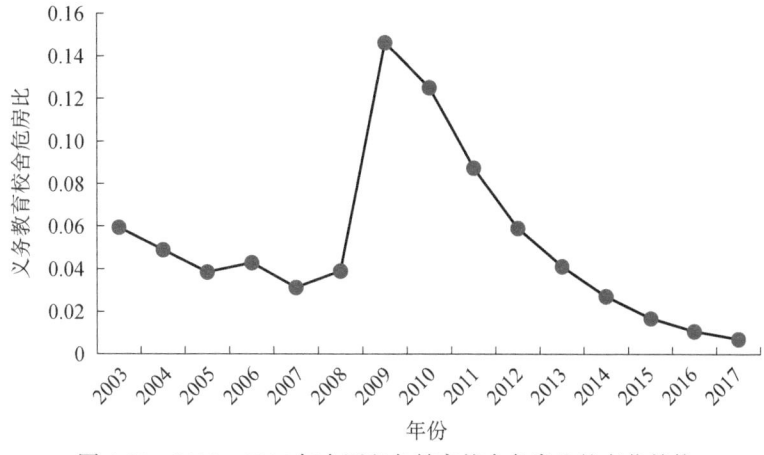

图 4-15 2003—2017 年全国义务教育校舍危房比的变化趋势

三、义务教育人员质量指数的基本态势

义务教育人员包括义务教育学校专任教师与义务教育学校后勤人员等两种类型，义务教育人员质量是衡量义务教育学校师资结构的重要指标，也是学校教育中的教师专业发展基础量化评定的核心内容。

我国义务教育人员质量指数呈持续增长趋势，其指标值从 2003 年的 0.0091 增加至 2017 年的 0.0120，增长率为 31.87%，年增长率平均值为 1.95%（表 4-16，图 4-16）。从各年度增长的情况看，2003—2012 年，全国义务教育人员质量指数增长率相对较高，2012 年以后该指数增长速度稍微放缓。

表 4-16 2003—2017 年全国义务教育人员质量指数

年份	2003	2004	2005	2006	2007	2008	2009	2010
指标值	0.0091	0.0095	0.0099	0.0103	0.0106	0.0109	0.0112	0.0113
年份	2011	2012	2013	2014	2015	2016	2017	
指标值	0.0118	0.0119	0.0120	0.0120	0.0121	0.0121	0.0120	

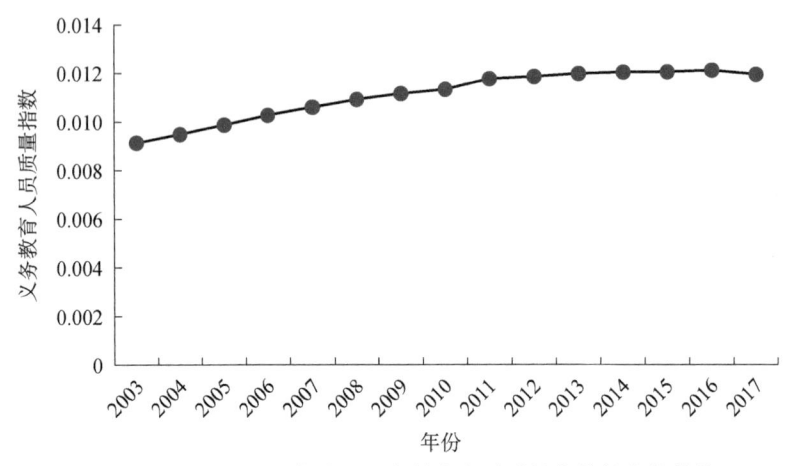

图 4-16 2003—2017 年全国义务教育人员质量指数的变化趋势

（一）义务教育人员结构指数

义务教育人员结构是指义务教育学校内专任教师与其他教职工的比例。义务教育学校教职工结构中专任教师的比例越高，则表明义务教育学校的人员队伍结构越好。

我国义务教育人员结构指数呈持续增长趋势，其指标值从 2003 年的 0.8713 增加至 2017 年的 0.9630，增长率为 10.52%，年增长率平均值为 0.72%（表 4-17，图 4-17）。在影响我国 2003—2017 年义务教育人员结构指数变动的两个基础数据中，义务教育学校专任教师数呈持续增长趋势，从 2003 年的 10 240 060 人增长至 2017 年的 11 929 949 人，增长了 16.50%，而义务教育学校教职工总数呈先增长后下降再增长的趋势，从 2003 年的 11 752 720 人持续增长至 2012 年的 11 940 144 人，增长了 1.59%，2013 年出现下降，为 11 897 233 人，之后义务教育学校教职工总数又开始缓慢增长，至 2017 年，已达到 12 388 468 人，较 2003 年增长了 5.41%。显然，专任教师的增长是影响教育人员结构的核心要素，在学校教职工总数稳步增长的态势下，研究时段内义务教育人员结构指数仍需保持一定幅度的增长。

表 4-17 2003—2017 年全国义务教育人员结构指数

年份	2003	2004	2005	2006	2007	2008	2009	2010
指标值	0.8713	0.8729	0.8744	0.8768	0.8808	0.8843	0.8881	0.8905
年份	2011	2012	2013	2014	2015	2016	2017	
指标值	0.9306	0.9337	0.9399	0.9464	0.9517	0.9585	0.9630	

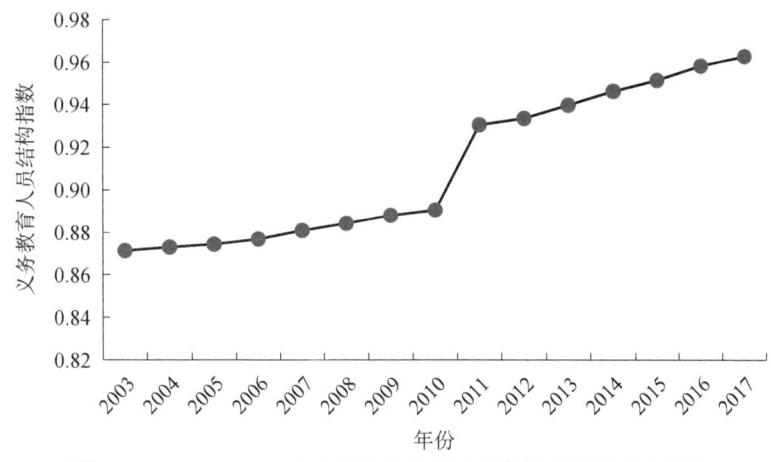

图 4-17　2003—2017 年全国义务教育人员结构指数的变化趋势

（二）义务教育教师职称结构指数

义务教育教师职称结构指数是衡量义务教育教师专业素质与能力的重要标尺，是学校人才激励机制的核心部分。职称具体分为高级教师、一级教师、二级教师和三级教师，教师职称结构指数是衡量已评职称教师数占在职教师总数比例的结构性指标。

我国义务教育教师职称结构指数总体呈增长趋势，其指标值从 2003 年的 0.2424 增加至 2017 年的 0.3852，其中，2014 年全国义务教育教师职称结构指数达到最高值 0.3973，2017 年稍有下降，年增长率平均值为 4.63%（表 4-18，图 4-18）。在影响我国 2003—2017 年义务教育教师职称结构指数的基础数据中，义务教育教师高级职称数量整体呈持续增长趋势，从 2003 年的 2 222 705 人增长至 2017 年的 3 657 334 人，增长了 64.54%。近年来，为切实提升义务教育师资队伍质量，我国已将义务教育专任教师招聘准入条件逐步提升为本科及以上学历，师资队伍学历结构不断优化，并采取多种形式鼓励教师参与职称评定、培训，多渠道、多手段地提升教师的教学能力和职业素养。但随着"全面二孩"政策的实施、城市化进程导致的人口流动，义务教育人力资源仍处于供不应求状态，培育、培养专业性的义务教育人才已成为促进教育改革发展的重要途径。

表 4-18　2003—2017 年全国义务教育教师职称结构指数

年份	2003	2004	2005	2006	2007	2008	2009	2010
指标值	0.2424	0.2642	0.2877	0.3123	0.3316	0.3504	0.3640	0.3743

年份	2011	2012	2013	2014	2015	2016	2017	
指标值	0.3868	0.3913	0.3962	0.3973	0.3963	0.3972	0.3852	

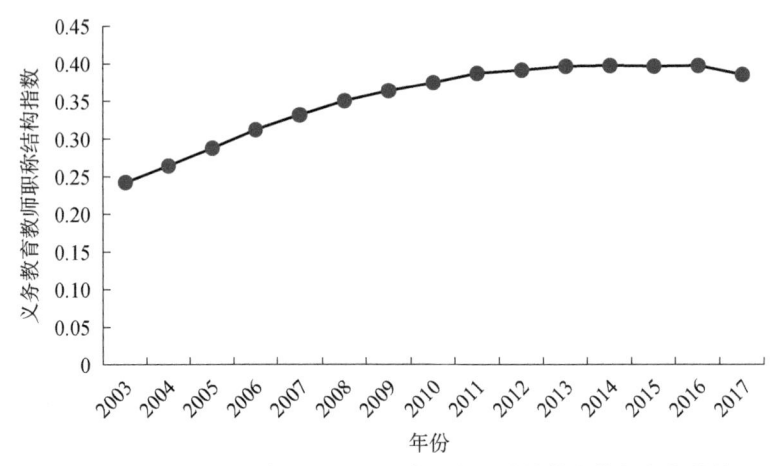

图 4-18　2003—2017 年全国义务教育教师职称结构指数的变化趋势

四、义务教育经费质量指数的基本态势

教育经费是指中央和地方财政部门的财政预算中实际用于教育的费用。教育经费包括教育事业费（即各级各类学校的人员经费和公用经费）和教育基本建设投资费（建筑校舍和购置大型教学设备的费用）等。教育经费是以货币的形式支付的教育费用，是办学必不可少的财力条件。在中国，教育经费主要是指国家用于发展各级教育事业的费用。区域义务教育经费投入水平的评判标准不仅跟投入经费的总量相关，也与区域经济发展水平相关，即在考虑区域经济发展水平的前提下评判义务教育经费的投入比例。义务教育经费质量指数具体包含义务教育经费总量与国民收入总值两个关键指标。

我国义务教育经费质量指数呈不规律变化趋势，2003—2006 年，全国义务教育经费质量指数逐年下降，2007—2009 年又呈逐年增长趋势，2009—2010 年呈下降趋势，2010—2012 年又呈上升趋势，2012—2013 年呈下降趋势，2013—2017 年又呈逐年上升趋势（表 4-19，图 4-19）。在影响我国 2003—2017 年义务教育经费质量指数的两个基础数据中，义务教育经费总量呈线性增长趋势，从 2003 年的 25 255 万元增长至 2017 年的 203 317 万元，增长幅度较大，可见我国义务教育经费质量指数与义务教育经费总量发展趋势保持一致。各级政府及教育相关部门应多管齐下增加教育经费总量，在不断提高国家财政投入的前提下，采取各种措施鼓励社会力量积极参与对教育经费的投入，从而提高教育经费投入总量，同时积极拓展其他筹资渠道，在科学、合理地调整教育经费分配结构的基础上，采取积极的措施提高有限教育经费的使用效率。

表 4-19　2003—2017 年全国义务教育经费质量指数

年份	2003	2004	2005	2006	2007	2008	2009	2010
指标值	0.0105	0.0100	0.0094	0.0091	0.0102	0.0105	0.0111	0.0107
年份	2011	2012	2013	2014	2015	2016	2017	
指标值	0.0110	0.0119	0.0116	0.0119	0.0124	0.0126	0.0135	

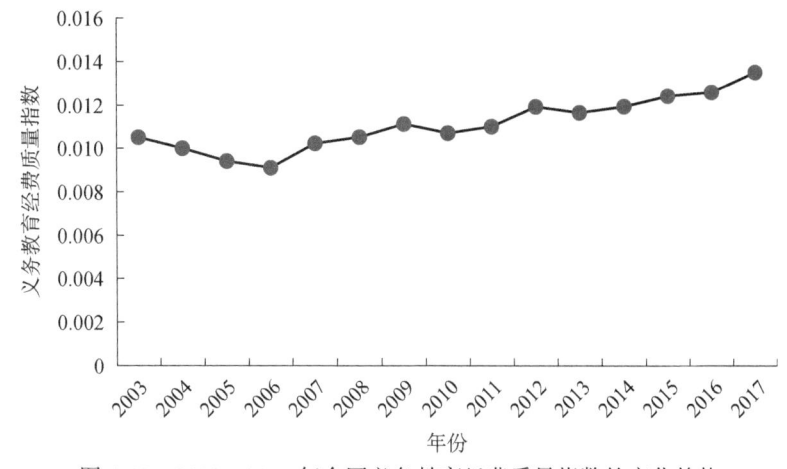

图 4-19　2003—2017 年全国义务教育经费质量指数的变化趋势

第五章　各地区义务教育发展指数的基本态势与结构特征

我国义务教育发展指数在地区上存在差异，在此选取以经济社会发展为区分度的东、中、西部地区，以及以民族聚居为区分度的民族地区、非民族地区进行实证分析。

我国义务教育发展指数在不同地区存在区域差异。在义务教育发展指数的东部地区、中部地区和西部地区差异中，2003年，东部地区义务教育发展指数的指标值最高，中部地区次之，西部地区最低。东部地区义务教育发展指数为0.3793，中部地区义务教育发展指数为0.3143，西部地区义务教育发展指数为0.3064。至2017年，东部地区义务教育发展指数的指标值最高，西部地区次之，中部地区最低，东部地区义务教育发展指数为0.3438，西部地区义务教育发展指数为0.3383，中部地区义务教育发展指数为0.3179。2003—2017年，全国东部地区、中部地区和西部地区义务教育发展指数的年增长率平均值分别为-0.70%、0.09%和0.71%，西部地区义务教育发展指数与中部地区和东部地区的差距不断缩小（表5-1，图5-1）。

表5-1　2003—2017年各地区义务教育发展指数

年份	2003	2004	2005	2006	2007	2008	2009	2010
东部地区	0.3793	0.3804	0.3793	0.3741	0.3771	0.3712	0.3731	0.3738
中部地区	0.3143	0.3128	0.3150	0.3197	0.3173	0.3157	0.3092	0.3023
西部地区	0.3064	0.3068	0.3056	0.3062	0.3057	0.3130	0.3177	0.3239
民族地区	0.4951	0.4957	0.4945	0.4908	0.4971	0.5051	0.5001	0.5084
非民族地区	0.5049	0.5043	0.5055	0.5092	0.5029	0.4949	0.4999	0.4916

年份	2011	2012	2013	2014	2015	2016	2017	
东部地区	0.3724	0.3636	0.3600	0.3561	0.3540	0.3495	0.3438	
中部地区	0.3033	0.3111	0.3158	0.3158	0.3135	0.3158	0.3179	
西部地区	0.3243	0.3253	0.3242	0.3281	0.3325	0.3348	0.3383	
民族地区	0.5066	0.5018	0.5001	0.4997	0.5071	0.5132	0.5218	
非民族地区	0.4934	0.4982	0.4999	0.5003	0.4929	0.4868	0.4782	

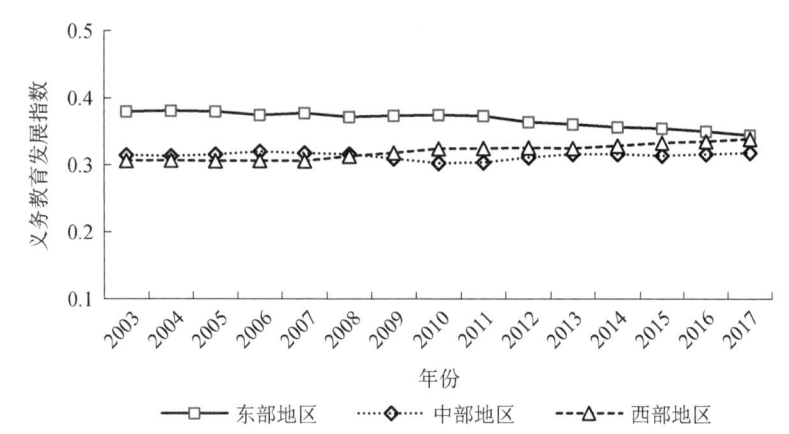

图 5-1 2003—2017 年全国东、中、西部地区义务教育发展指数的变化趋势

在义务教育发展指数的民族地区和非民族地区差异中，2003 年，非民族地区义务教育发展指数高于民族地区，非民族地区义务教育发展指数为 0.5049，民族地区义务教育发展指数为 0.4951。2017 年，民族地区义务教育发展指数高于非民族地区，民族地区义务教育发展指数为 0.5218，非民族地区义务教育发展指数为 0.4782。2003—2017 年，我国民族地区和非民族地区义务教育发展指数的年增长率平均值分别为 0.38% 和 -0.38%，民族地区义务教育发展指数继续保持较高增长率，民族地区和非民族地区该指标的区域差距进一步拉大（表 5-1，图 5-2）。

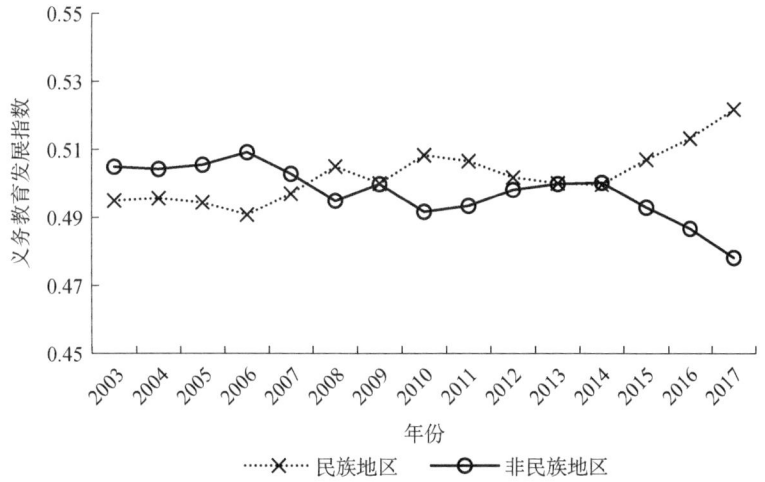

图 5-2 2003—2017 年全国民族地区与非民族地区义务教育发展指数的变化趋势

第一节　各地区义务教育资源供给指数及其分指数的基本态势与结构特征

一、义务教育资源供给指数的基本态势与结构特征

我国的义务教育资源供给指数在不同地区存在区域差异。在义务教育资源供给指数的东部地区、中部地区和西部地区差异中，2003 年，东部地区教育资源供给指数的指标值最高，中部地区次之，西部地区最低。东部地区义务教育资源供给指数为 0.2069，中部地区义务教育资源供给指数为 0.1505，西部地区义务教育资源供给指数为 0.1426。2017 年，东部地区义务教育资源供给指数的指标值最高，西部地区次之，中部地区最低，东部地区义务教育资源供给指数为 0.1795，西部地区义务教育资源供给指数为 0.1708，中部地区义务教育资源供给指数为 0.1498。2003—2017 年，全国东部地区、中部地区和西部地区义务教育资源供给指数的年增长率平均值分别为 -1.01%、-0.02% 和 1.31%，西部地区义务教育资源供给指数反超中部地区，与东部地区的差距缩小（表 5-2，图 5-3）。

表 5-2　2003—2017 年各地区义务教育资源供给指数

年份	2003	2004	2005	2006	2007	2008	2009	2010
东部地区	0.2069	0.2089	0.2083	0.2086	0.2065	0.2032	0.1999	0.1992
中部地区	0.1505	0.1503	0.1513	0.1527	0.1519	0.1505	0.1474	0.1470
西部地区	0.1426	0.1408	0.1404	0.1387	0.1416	0.1463	0.1527	0.1538
民族地区	0.2444	0.2442	0.2442	0.2424	0.2451	0.2478	0.2555	0.2529
非民族地区	0.2556	0.2558	0.2558	0.2576	0.2549	0.2522	0.2445	0.2471

年份	2011	2012	2013	2014	2015	2016	2017	
东部地区	0.1993	0.1914	0.1873	0.1851	0.1831	0.1823	0.1795	
中部地区	0.1430	0.1475	0.1516	0.1514	0.1501	0.1495	0.1498	
西部地区	0.1576	0.1611	0.1611	0.1635	0.1668	0.1682	0.1708	
民族地区	0.2524	0.2499	0.2472	0.2478	0.2505	0.2514	0.2542	
非民族地区	0.2476	0.2501	0.2528	0.2522	0.2495	0.2486	0.2458	

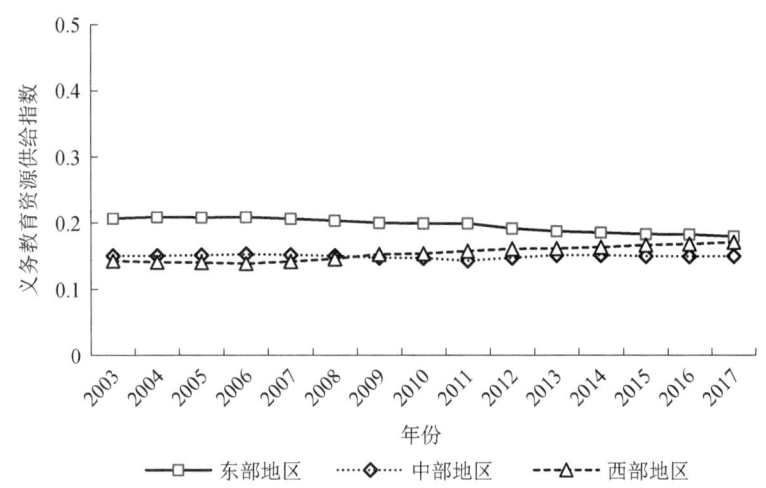

图 5-3　2003—2017 年全国东、中、西部地区义务教育资源供给指数的变化趋势

在义务教育资源供给指数的民族地区和非民族地区差异中，2003年，非民族地区义务教育资源供给指数高于民族地区，非民族地区义务教育资源供给指数为0.2556，民族地区义务教育资源供给指数为0.2444。2017年，民族地区义务教育资源供给指数的指标值高于非民族地区，民族地区义务教育资源供给指数为0.2542，非民族地区义务教育资源供给指数为0.2458。2003—2017年，我国民族地区和非民族地区义务教育资源供给指数的年增长率平均值分别为0.29%和−0.27%，民族地区义务教育资源供给指数总体保持较高增长率，民族地区和非民族地区该指标的区域差距缩小（表5-2，图5-4）。

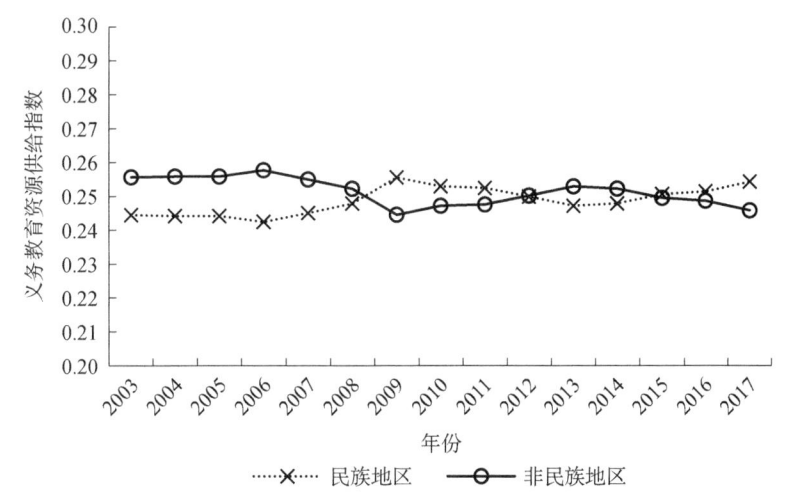

图 5-4　2003—2017 年全国民族地区与非民族地区义务教育资源供给指数的变化趋势

二、义务教育设施供给指数的基本态势与结构特征

我国义务教育设施供给指数在不同地区存在差异。在义务教育设施供给指数的东部地区、中部地区和西部地区差异中，2003年，东部地区义务教育设施供给指数的指标值最高，中部地区次之，西部地区最低。东部地区义务教育设施供给指数为0.0680，中部地区义务教育设施供给指数为0.0531，西部地区义务教育设施供给指数为0.0456。2017年，东部地区义务教育设施供给指数的指标值最高，西部地区次之，中部地区最低。2003—2017年，全国东部地区、中部地区和西部地区义务教育学校设施供给指数的年增长率平均值分别为-0.74%、-0.48%和1.55%，西部地区义务教育设施供给指数与中部地区和东部地区有一定的差距（表5-3，图5-5）。

表5-3　2003—2017年各地区义务教育设施供给指数

年份	2003	2004	2005	2006	2007	2008	2009	2010
东部地区	0.0680	0.0693	0.0699	0.0712	0.0711	0.0713	0.0699	0.0682
中部地区	0.0531	0.0529	0.0528	0.0527	0.0514	0.0511	0.0494	0.0512
西部地区	0.0456	0.0444	0.0440	0.0427	0.0442	0.0443	0.0475	0.0473
民族地区	0.0779	0.0783	0.0780	0.0767	0.0778	0.0783	0.0847	0.0789
非民族地区	0.0887	0.0883	0.0887	0.0900	0.0889	0.0883	0.0820	0.0878
年份	2011	2012	2013	2014	2015	2016	2017	
东部地区	0.0699	0.0675	0.0658	0.0648	0.0637	0.0624	0.0612	
中部地区	0.0465	0.0484	0.0498	0.0496	0.0493	0.0491	0.0493	
西部地区	0.0503	0.0507	0.0511	0.0522	0.0537	0.0551	0.0563	
民族地区	0.0790	0.0791	0.0779	0.0786	0.0804	0.0829	0.0851	
非民族地区	0.0876	0.0876	0.0887	0.0881	0.0863	0.0838	0.0816	

在义务教育设施供给指数的民族地区和非民族地区差异中，2003年，非民族地区义务教育设施供给指数高于民族地区，非民族地区义务教育设施供给指数为0.0887，民族地区义务教育设施供给指数为0.0779。2017年，民族地区义务教育设施供给指数高于非民族地区，民族地区义务教育设施供给指数为0.0851，非民族地区义务教育设施供给指数为0.0816。2003—2017年，我国民族地区和非民族地区义务教育设施供给指数的年增长率平均值分别为0.68%和-0.55%，民族地区义务教育设施供给指数继续保持较高增长率，民族地区和非民族地区该指标的差距进一步拉大（表5-3，图5-6）。

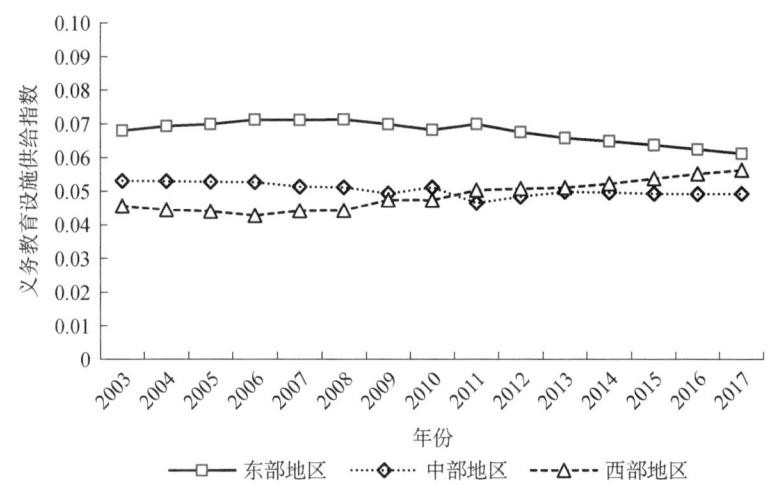

图 5-5　2003—2017 年全国东、中、西部地区义务教育设施供给指数的变化趋势

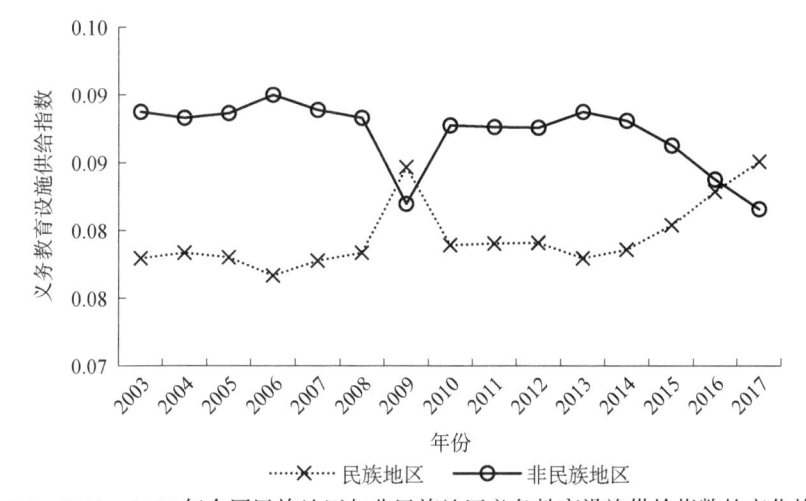

图 5-6　2003—2017 年全国民族地区与非民族地区义务教育设施供给指数的变化趋势

（一）生均校舍面积

我国义务教育学校的生均校舍面积在不同地区存在差异。在义务教育学校生均校舍面积的东部地区、中部地区和西部地区差异中，2003 年，东部地区生均校舍面积的指标值最高，中部地区次之，西部地区最低。东部地区生均校舍面积为 5.3589 平方米，高于全国平均水平（4.9808 平方米），中部地区生均校舍面积为 4.9336 平方米，西部地区生均校舍面积为 4.6042 平方米，均低于全国平均水平。2017 年，西部地区生均校舍面积的指标值最高，东部地区次之，中部地区最低。2003—2017 年，全国东部地区、中部地区和西部地区义务教育学校生均校舍面积

年增长率平均值分别为 4.17%、4.51% 和 5.33%，西部地区生均校舍面积的指标值实现了反超，高于中部地区和东部地区（表 5-4，图 5-7）。

表 5-4 2003—2017 年各地区义务教育学校生均校舍面积　　单位：平方米

年份	2003	2004	2005	2006	2007	2008	2009	2010
东部地区	5.3589	5.7276	6.1055	6.4930	6.7344	6.9331	7.2485	7.4710
中部地区	4.9336	5.1916	5.5004	5.7955	5.9405	6.1004	6.2464	6.3769
西部地区	4.6042	4.7560	4.9597	5.0808	5.2749	5.4190	5.7574	6.2147
民族地区	5.1743	5.3887	5.5930	5.6980	5.8755	6.1198	6.5246	6.8200
非民族地区	4.9635	5.2284	5.5337	5.8123	6.0072	6.1685	6.4209	6.6873
年份	2011	2012	2013	2014	2015	2016	2017	
东部地区	7.5156	7.9659	8.6004	8.8895	9.0409	9.2611	9.4723	
中部地区	6.4425	7.0579	7.9341	8.2427	8.4693	8.7245	9.1019	
西部地区	6.5133	7.0510	7.7712	8.2179	8.6539	9.1092	9.5034	
民族地区	7.0166	7.4270	7.9819	8.3597	8.8377	9.3649	9.7501	
非民族地区	6.8167	7.3708	8.1402	8.4866	8.7302	9.0111	9.3244	

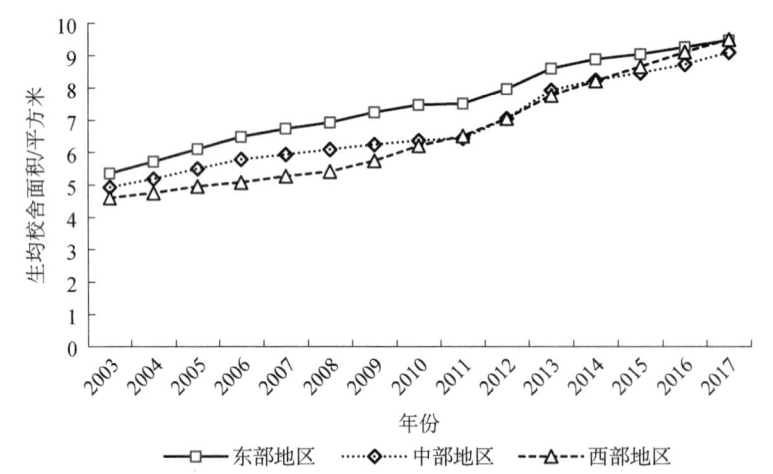

图 5-7 2003—2017 年全国东、中、西部地区义务教育学校生均校舍面积的变化趋势

在义务教育学校生均校舍面积的民族地区和非民族地区差异中，2003 年，民族地区义务教育学校生均校舍面积的指标值高于非民族地区，民族地区生均校舍面积为 5.1743 平方米，高于全国平均水平（4.9808 平方米），非民族地区生均校舍面积为 4.9635 平方米，低于全国平均水平。2017 年，民族地区义务教育学校生均校舍面积的指标值高于非民族地区，民族地区生均校舍面积为 9.7501 平方米，高于全国平均水平（9.3628 平方米），非民族地区生均校舍面积为 9.3244 平方

米，低于全国平均水平。2003—2017 年，我国民族地区和非民族地区义务教育学校生均校舍面积的年增长率平均值分别为 4.64% 和 4.63%，民族地区生均校舍面积指标值继续保持较高增长率，民族地区和非民族地区该指标的差距进一步拉大（表 5-4，图 5-8）。

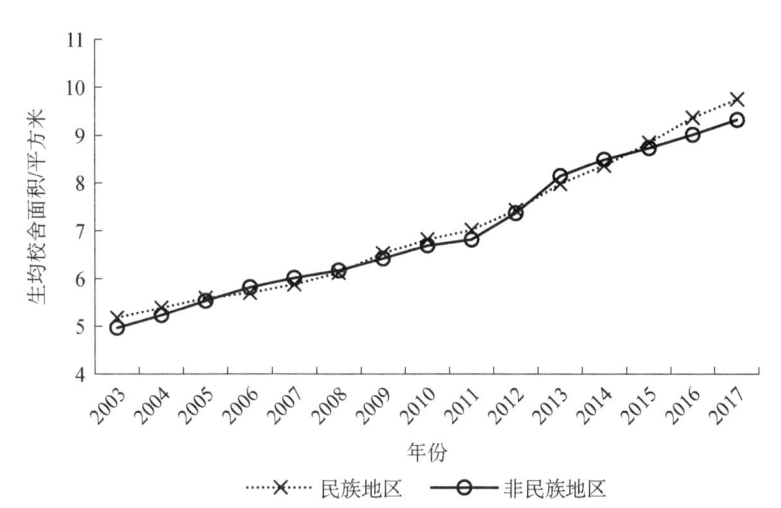

图 5-8 2003—2017 年全国民族地区与非民族地区义务教育学校生均校舍面积的变化趋势

（二）生均固定资产值

我国义务教育学校生均固定资产值在不同地区存在差异。在义务教育学校生均固定资产值的东部地区、中部地区和西部地区差异中，2003 年，东部地区生均固定资产值的指标值最高，中部地区次之，西部地区最低。东部地区生均固定资产值为 3733 元，高于全国平均水平（2863 元），中部地区生均固定资产值为 2421元，西部地区生均固定资产值为 2369 元，均低于全国平均水平。2017 年，依然是东部地区生均固定资产值的指标值最高，西部地区次之，中部地区最低，东部地区生均固定资产值为 14 178 元，西部地区生均固定资产值为 13 443 元，高于全国平均水平（12 625 元），中部地区生均固定值为 10 020 元，低于全国平均水平。2003—2017 年，全国东部地区、中部地区和西部地区义务教育学校生均固定资产值的年增长率平均值分别为 10.07%、11.34% 和 13.54%，西部地区生均固定资产值的指标值快速增长，不断接近东部地区（表 5-5，图 5-9）。

表 5-5 2003—2017 年各地区义务教育学校生均固定资产值　　　　单位：元

年份	2003	2004	2005	2006	2007	2008	2009	2010
东部地区	3 733	4 004	4 563	5 204	5 552	5 948	6 388	7 080

续表

年份	2011	2012	2013	2014	2015	2016	2017	
中部地区	2 421	2 512	2 791	3 034	3 166	3 372	3 661	5 083
西部地区	2 369	2 325	2 508	2 632	3 035	3 155	4 292	4 569
民族地区	2 470	2 668	2 882	3 014	3 362	3 646	6 031	4 824
非民族地区	2 898	2 999	3 355	3 706	3 994	4 232	4 677	5 673
东部地区	8 251	8 638	10 144	11 288	12 265	13 166	14 178	
中部地区	4 215	5 028	6 351	7 319	8 198	9 047	10 020	
西部地区	5 470	6 156	7 452	8 775	10 150	11 699	13 443	
民族地区	5 337	6 309	7 563	8 902	10 340	12 026	13 928	
非民族地区	6 057	6 682	8 125	9 273	10 314	11 339	12 496	

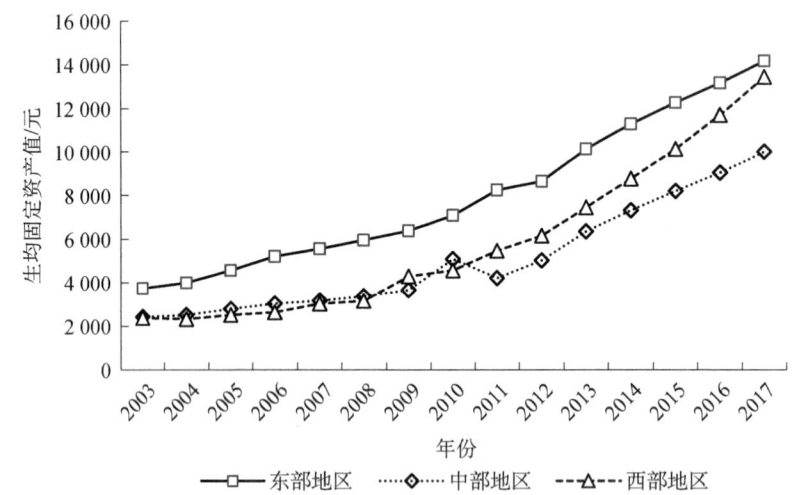

图 5-9　2003—2017 年全国东、中、西部地区义务教育学校生均固定资产值的变化趋势

在义务教育学校生均固定资产值的民族地区和非民族地区差异中，2003 年，非民族地区义务教育学校生均固定资产值的指标值高于民族地区，非民族地区生均固定资产值为 2898 元，高于全国平均水平（2863 元），民族地区生均固定资产值为 2470 元，低于全国平均水平。2017 年，民族地区义务教育学校生均固定资产值的指标值高于非民族地区，民族地区义务教育学校生均固定资产值为 13 928 元，高于全国平均水平（12 625 元），非民族地区义务教育学校生均固定资产值为 12 496 元，低于全国平均水平。2003—2017 年，我国民族地区和非民族地区义务教育学校生均固定资产值的年增长率平均值分别为 14.34% 和 11.11%，民族地区义务教育学校生均固定资产值的指标值继续保持较高增长率，民族地区和非民族地区该指标的差距进一步拉大（表 5-5，图 5-10）。

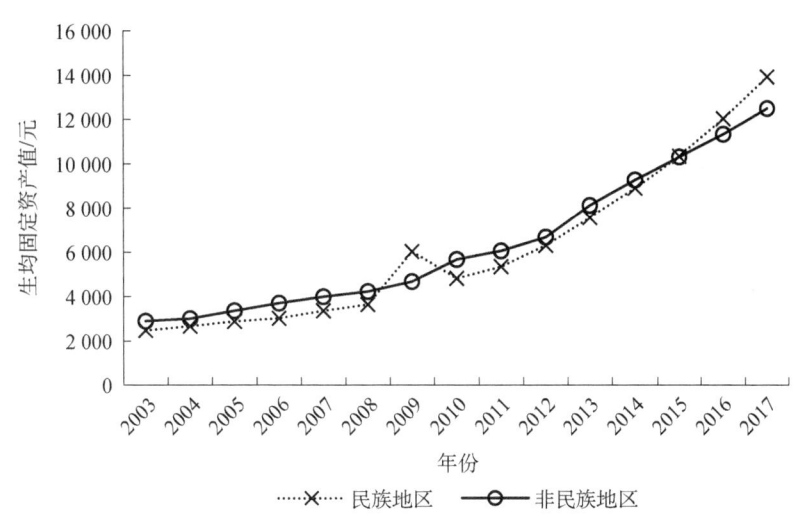

图 5-10 2003—2017 年全国民族地区与非民族地区义务教育学校生均固定资产值的变化趋势

（三）生均校藏图书量

我国义务教育学校生均校藏图书量在不同地区存在差异，在义务教育学校生均校藏图书量的东部地区、中部地区和西部地区差异中，2003 年，东部地区生均校藏图书量的指标值最高，中部地区次之，西部地区最低，东部地区生均校藏图书量为 15.39 册，中部地区生均校藏图书量为 12.30 册，均高于全国平均水平（12.19 册），西部地区生均校藏图书量为 8.43 册，低于全国平均水平。2017 年，东部地区生均校藏图书量的指标值依然最高，西部地区次之，中部地区最低，东部地区生均校藏图书量为 30.58 册，高于全国平均水平（26.64 册），西部地区生均校藏图书数量为 25.07 册，中部地区生均校藏图书量为 23.41 册，均低于全国平均水平。2003—2017 年，全国东部地区、中部地区和西部地区义务教育学校生均校藏图书量的年增长率平均值分别为 5.05%、4.82% 和 8.14%，西部地区生均校藏图书量的指标值快速增加，与中部地区和东部地区的差距逐渐缩小（表 5-6，图 5-11）。

表 5-6 2003—2017 年各地区义务教育学校生均校藏图书量　　单位：册

年份	2003	2004	2005	2006	2007	2008	2009	2010
东部地区	15.39	16.34	17.56	18.31	19.01	19.53	20.32	21.11
中部地区	12.30	12.85	13.81	14.30	14.25	14.50	14.40	14.66
西部地区	8.43	8.89	9.80	10.00	10.70	11.35	11.94	13.19
民族地区	9.46	9.95	11.05	11.28	12.16	12.61	13.32	13.93
非民族地区	12.43	13.08	14.09	14.56	14.96	15.44	15.83	16.62

续表

年份	2011	2012	2013	2014	2015	2016	2017
东部地区	22.20	24.46	26.42	27.60	28.61	29.65	30.58
中部地区	14.79	17.38	19.89	20.50	21.11	22.32	23.41
西部地区	14.54	16.55	18.76	20.16	21.78	23.46	25.07
民族地区	14.18	15.46	16.62	17.65	19.57	22.59	25.98
非民族地区	17.55	20.01	22.44	23.56	24.58	25.71	26.70

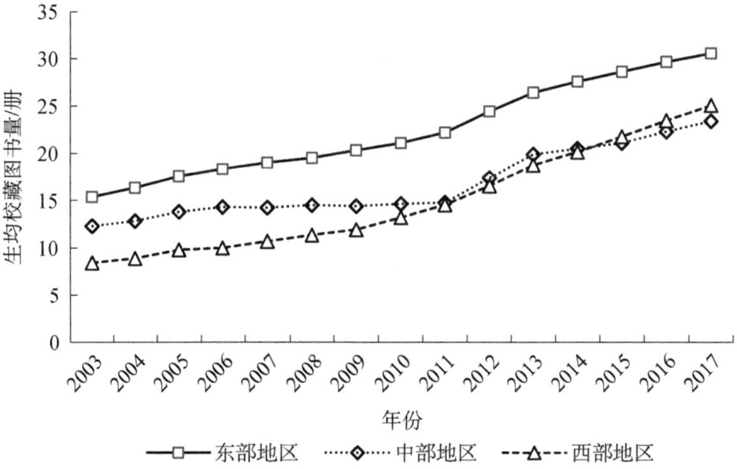

图 5-11 2003—2017 年全国东、中、西部地区义务教育学校生均校藏图书量的变化趋势

在义务教育学校生均校藏图书量的民族地区和非民族地区差异中，2003 年，非民族地区义务教育学校生均校藏图书量的指标值高于民族地区，非民族地区生均校藏图书量为 12.43 册，高于全国平均水平（12.19 册），民族地区生均校藏图书量为 9.46 册，低于全国平均水平。2017 年，非民族地区义务教育学校生均校藏图书量的指标值高于民族地区，非民族地区生均校藏图书量为 26.70 册，高于全国平均水平（26.64 册），民族地区生均校藏图书量为 25.98 册，低于全国平均水平。2003—2017 年，我国民族地区和非民族地区义务教育学校生均校藏图书量的年增长率平均值分别为 7.56% 和 5.66%，民族地区生均校藏图书量的指标值继续保持较高增长率，民族地区和非民族地区该指标的差距逐渐缩小（表 5-6，图 5-12）。

三、义务教育人员供给指数的基本态势与结构特征

我国义务教育人员供给指数在不同地区存在差异。在义务教育人员供给指数的东部地区、中部地区和西部地区差异中，2003 年，东部地区义务教育人员供给

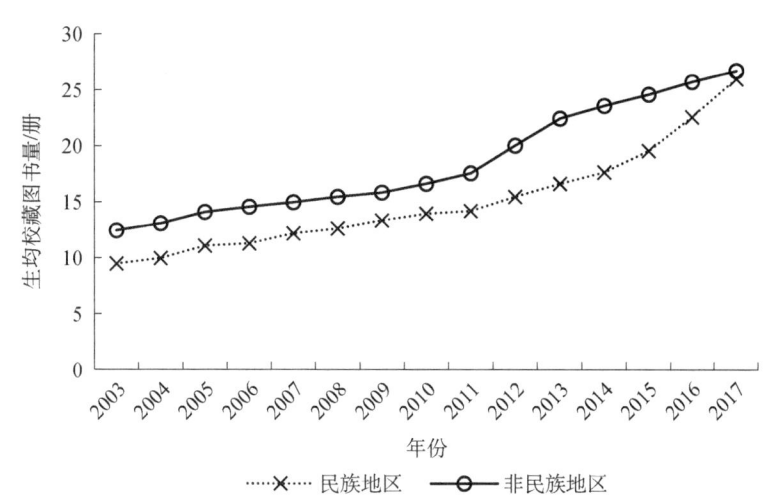

图 5-12 2003—2017 年全国民族地区与非民族地区义务教育生均校藏图书量的变化趋势

指数的指标值最高，中部地区次之，西部地区最低，东部地区义务教育人员供给指数为 0.0589，中部地区义务教育人员供给指数为 0.0559，西部地区义务教育人员供给指数为 0.0519。2017 年，东部地区义务教育人员供给指数的指标值最高，西部地区次之，中部地区最低，东部地区义务教育人员供给指数为 0.0562，西部地区义务教育人员供给指数为 0.0561，中部地区义务教育人员供给指数为 0.05442003—2017 年，全国东部地区、中部地区和西部地区义务教育人员供给指数的年增长率平均值分别为 2.79%、-0.32%和-0.20%，西部地区与中部地区和东部地区该指标值的差距不断缩小（表 5-7，图 5-13）。

表 5-7 2003—2017 年各地区义务教育人员供给指数

年份	2003	2004	2005	2006	2007	2008	2009	2010
东部地区	0.0589	0.0593	0.0593	0.0596	0.0596	0.0596	0.0599	0.0597
中部地区	0.0559	0.0560	0.0561	0.0564	0.0559	0.0552	0.0545	0.0537
西部地区	0.0519	0.0514	0.0512	0.0507	0.0511	0.0518	0.0523	0.0533
民族地区	0.0847	0.0846	0.0847	0.0841	0.0845	0.0847	0.0848	0.0851
非民族地区	0.0820	0.0820	0.0820	0.0826	0.0822	0.0820	0.0818	0.0816
年份	2011	2012	2013	2014	2015	2016	2017	
东部地区	0.0592	0.0581	0.0566	0.0563	0.0562	0.0564	0.0562	
中部地区	0.0531	0.0537	0.0553	0.0554	0.0550	0.0544	0.0544	
西部地区	0.0543	0.0549	0.0547	0.0550	0.0555	0.0559	0.0561	
民族地区	0.0852	0.0844	0.0831	0.0830	0.0826	0.0826	0.0829	
非民族地区	0.0814	0.0823	0.0836	0.0837	0.0841	0.0841	0.0838	

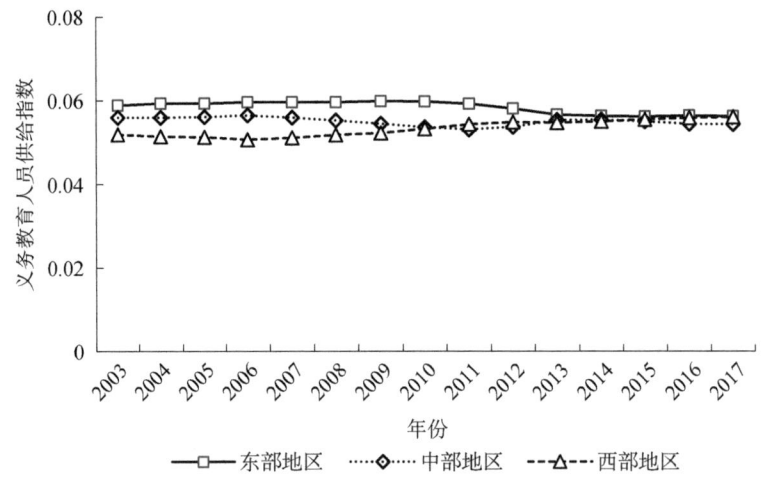

图 5-13　2003—2017 年全国东、中、西部地区义务教育人员供给指数的变化趋势

在义务教育人员供给指数的民族地区和非民族地区差异中，2003 年，非民族地区义务教育人员供给指数的指标值低于民族地区，非民族地区义务教育人员供给指数为 0.0820，民族地区义务教育人员供给指数为 0.0847。2017 年，民族地区义务教育人员供给指数的指标值低于非民族地区，民族地区义务教育人员供给指数为 0.0829，非民族地区义务教育人员供给指数为 0.0838。2003—2017 年，我国民族地区和非民族地区义务教育人员供给指数的年增长率平均值分别为 -0.15% 和 0.16%，非民族地区义务教育人员供给指数继续保持一定的增长，民族地区和非民族地区该指标仍存在差距（表 5-7，图 5-14）。

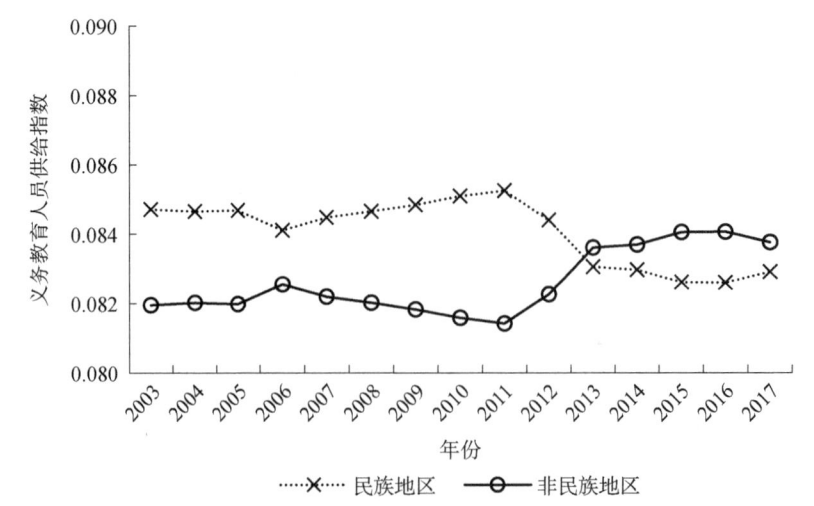

图 5-14　2003—2017 年全国民族地区与非民族地区义务教育人员供给指数的变化趋势

（一）义务教育师生比

我国义务教育师生比在不同地区存在差异。在义务教育师生比的东部地区、中部地区和西部地区差异中，2003年，东部地区师生比的指标值最高，中部地区次之，西部地区最低，东部地区义务教育师生比为0.0592，中部地区义务教育师生比为0.0560，均高于全国平均水平（0.0559），西部地区义务教育师生比为0.0522，低于全国平均水平。2017年，东部地区义务教育师生比的指数值最高，西部地区次之，中部地区最低，东部地区义务教育师生比为0.0832，西部地区义务教育师生比为0.0828，均高于全国平均水平（0.0821），中部地区义务教育师生比为0.0801，低于全国平均水平。2003—2017年，全国东部地区、中部地区和西部地区义务教育师生比的年增长率平均值分别为2.48%、2.62%和3.37%，西部地区义务教育师生比的指标值实现了反超，高于中部地区和东部地区（表5-8，图5-15）。

表5-8 2003—2017年各地区义务教育师生比

年份	2003	2004	2005	2006	2007	2008	2009	2010
东部地区	0.0592	0.0620	0.0650	0.0674	0.0695	0.0715	0.0742	0.0756
中部地区	0.0560	0.0582	0.0612	0.0635	0.0650	0.0660	0.0673	0.0676
西部地区	0.0522	0.0536	0.0559	0.0569	0.0591	0.0615	0.0641	0.0667
民族地区	0.0576	0.0596	0.0622	0.0633	0.0656	0.0678	0.0703	0.0721
非民族地区	0.0558	0.0580	0.0607	0.0626	0.0645	0.0663	0.0685	0.0699
年份	2011	2012	2013	2014	2015	2016	2017	
东部地区	0.0795	0.0809	0.0829	0.0831	0.0827	0.0830	0.0832	
中部地区	0.0706	0.0741	0.0803	0.0811	0.0805	0.0796	0.0801	
西部地区	0.0724	0.0760	0.0797	0.0809	0.0815	0.0821	0.0828	
民族地区	0.0771	0.0785	0.0801	0.0807	0.0799	0.0799	0.0809	
非民族地区	0.0740	0.0770	0.0811	0.0819	0.0818	0.0818	0.0822	

在义务教育师生比的民族地区和非民族地区差异中，2003年，民族地区义务教育师生比的指数值高于非民族地区，民族地区义务教育师生比为0.0576，高于全国平均水平（0.0559），非民族地区义务教育师生比为0.0558，低于全国平均水平。2017年，非民族地区义务教育师生比的指数值高于民族地区，非民族地区义务教育师生比为0.0822，高于全国平均水平（0.0821），民族地区义务教育师生比为0.0809，低于全国平均水平。2003—2017年，我国民族地区和非民族地区义务教育师生比的年增长率平均值分别为2.47%和2.82%，非民族地区义务教育师生比保持较高的增长率，民族地区和非民族地区该指数的差距呈波动状态（表5-8，图5-16）。

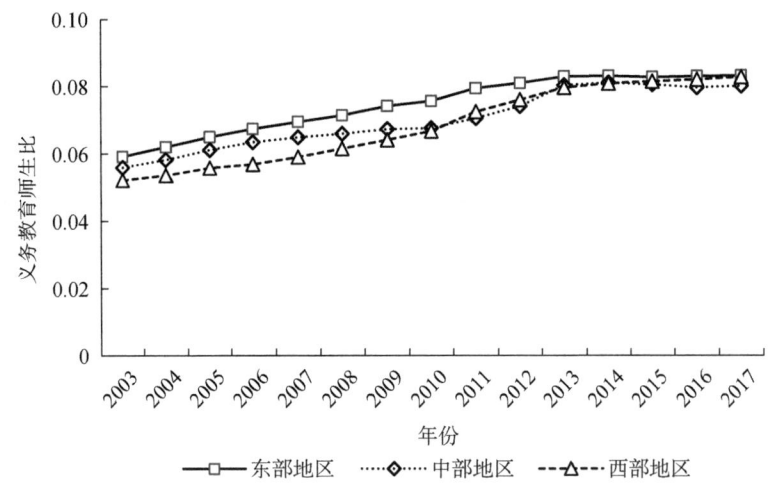

图 5-15　2003—2017 年全国东、中、西部地区义务教育师生比的变化趋势

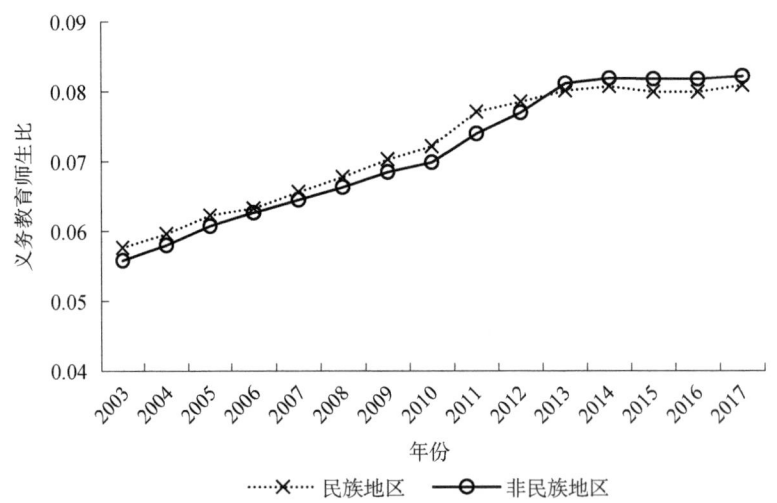

图 5-16　2003—2017 年全国民族地区与非民族地区义务教育师生比的变化趋势

（二）义务教育生均师资教育年限

我国义务教育生均师资教育年限在不同地区存在差异。在义务教育生均师资教育年限的东部地区、中部地区和西部地区差异中，2003 年，东部地区义务教育生均师资教育年限的指标值最高，中部地区次之，西部地区最低，东部地区义务教育生均师资教育年限为 0.7330 年，中部地区义务教育生均师资教育年限为 0.6995 年，均高于全国平均水平（0.6946 年），西部地区义务教育生均师资教育年限为 0.6456 年，低于全国平均水平。2017 年，东部地区义务教育生均师资教育年限的

指标值最高，西部地区次之，中部地区最低，东部地区义务教育生均师资教育年限为 1.0298 年，西部地区义务教育生均师资教育年限为 1.0286 年，均高于全国平均水平（1.0197 年），中部地区义务教育生均师资教育年限为 0.9994 年，低于全国平均水平。2003—2017 年，全国东部地区、中部地区和西部地区义务教育生均师资教育年限的年增长率平均值分别为 2.47%、2.61% 和 3.40%，西部地区生均师资教育年限的指标值实现了反超，高于中部地区和东部地区（表 5-9，图 5-17）。

表 5-9 2003—2017 年各地区义务教育生均师资教育年限　　单位：年

年份	2003	2004	2005	2006	2007	2008	2009	2010
东部地区	0.7330	0.7690	0.8073	0.8379	0.8682	0.8982	0.9392	0.9617
中部地区	0.6995	0.7291	0.7676	0.7976	0.8184	0.8349	0.8589	0.8681
西部地区	0.6456	0.6680	0.7013	0.7181	0.7511	0.7889	0.8294	0.8669
民族地区	0.7164	0.7477	0.7887	0.8057	0.8419	0.8743	0.9145	0.9433
非民族地区	0.6927	0.7217	0.7578	0.7837	0.8109	0.8386	0.8732	0.8956
年份	2011	2012	2013	2014	2015	2016	2017	
东部地区	0.9745	0.9932	1.0189	1.0235	1.0191	1.0246	1.0298	
中部地区	0.8828	0.9268	1.0036	1.0141	1.0047	0.9931	0.9994	
西部地区	0.8998	0.9443	0.9889	1.0039	1.0100	1.0173	1.0286	
民族地区	0.9631	0.9840	1.0041	1.0116	1.0011	1.0013	1.0158	
非民族地区	0.9156	0.9529	1.0046	1.0147	1.0127	1.0134	1.0201	

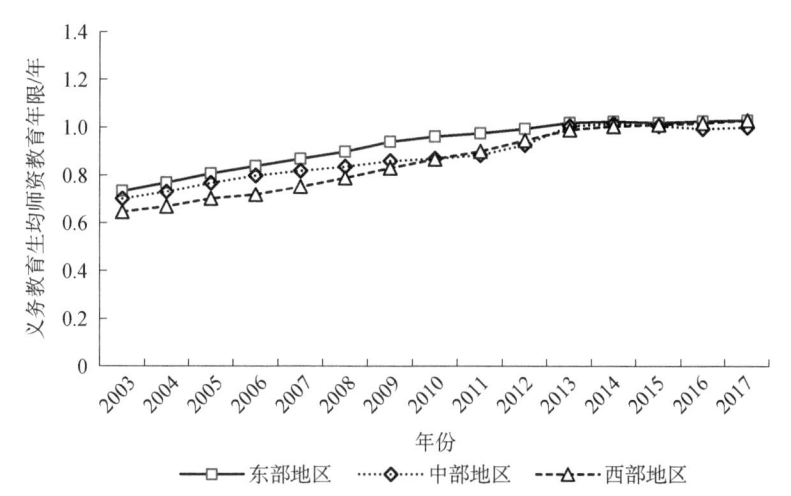

图 5-17 2003—2017 年全国东、中、西部地区义务教育生均师资教育年限的变化趋势

在义务教育生均师资教育年限的民族地区和非民族地区差异中，2003 年，民

族地区义务教育生均师资教育年限的指标值高于非民族地区，民族地区义务教育生均师资教育年限为0.7164年，高于全国平均水平（0.6946年），非民族地区义务教育生均师资教育年限为0.6927年，低于全国平均水平。2017年，非民族地区义务教育生均师资教育年限的指标值高于民族地区，非民族地区义务教育生均师资教育年限为1.0201年，高于全国平均水平（1.0197年），民族地区义务教育生均师资教育年限为1.0158年，低于全国平均水平。2003—2017年，我国民族地区和非民族地区义务教育生均师资教育年限的年增长率平均值分别为2.54%和2.82%，非民族地区义务教育生均师资教育年限指标值保持较高的增长率，民族地区和非民族地区该指标的差距进一步缩小（表5-9，图5-18）。

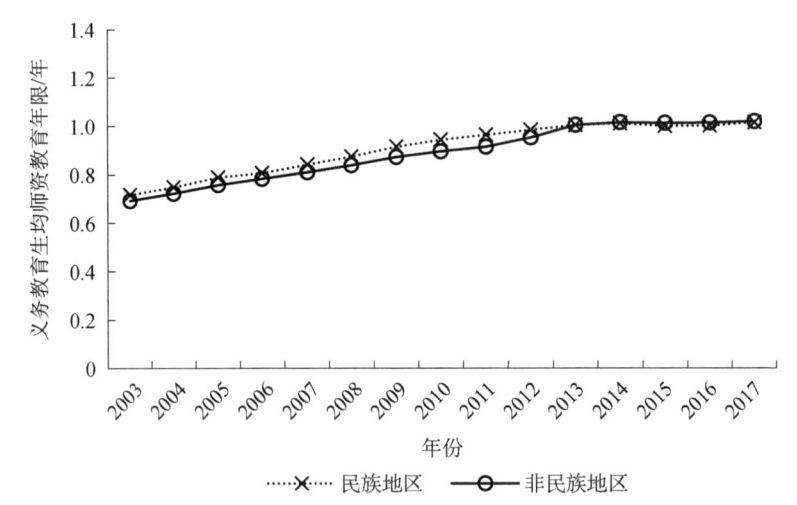

图5-18　2003—2017年全国民族地区与非民族地区义务教育生均师资教育年限的变化趋势

四、义务教育经费供给指数的基本态势与结构特征

我国义务教育经费供给指数在不同地区存在差异。在义务教育经费供给指数的东部地区、中部地区和西部地区差异中，2003年，东部地区义务教育经费供给指数的指标值最高，西部地区次之，中部地区最低，东部地区义务教育经费供给指数为0.0801，西部地区义务教育经费供给指数为0.0451，中部地区义务教育经费供给指数为0.0415。2017年，东部地区义务教育经费供给指数的指标值最高，西部地区次之，中部地区最低，东部地区义务教育经费供给指数为0.0621，西部地区义务教育经费供给指数为0.0584，中部地区义务教育经费供给指数为0.0462。2003—2017年，全国东部地区、中部地区和西部地区义务教育经费供给指数的年

增长率平均值分别为-1.78%、0.79%和1.89%，西部地区义务教育经费供给指数指标值实现了增长，与东部地区的差距缩小（表5-10，图5-19）。

表5-10　2003—2017年各地区义务教育经费供给指数

年份	2003	2004	2005	2006	2007	2008	2009	2010
东部地区	0.0801	0.0803	0.0791	0.0778	0.0758	0.0724	0.0702	0.0713
中部地区	0.0415	0.0414	0.0424	0.0436	0.0446	0.0441	0.0435	0.0422
西部地区	0.0451	0.0449	0.0452	0.0453	0.0463	0.0502	0.0529	0.0531
民族地区	0.0818	0.0812	0.0815	0.0816	0.0828	0.0848	0.0860	0.0889
非民族地区	0.0849	0.0855	0.0852	0.0851	0.0838	0.0818	0.0807	0.0778

年份	2011	2012	2013	2014	2015	2016	2017	
东部地区	0.0702	0.0658	0.0649	0.0640	0.0632	0.0635	0.0621	
中部地区	0.0434	0.0454	0.0464	0.0464	0.0459	0.0460	0.0462	
西部地区	0.0530	0.0554	0.0554	0.0563	0.0576	0.0572	0.0584	
民族地区	0.0882	0.0864	0.0862	0.0863	0.0876	0.0859	0.0862	
非民族地区	0.0785	0.0803	0.0805	0.0804	0.0791	0.0808	0.0804	

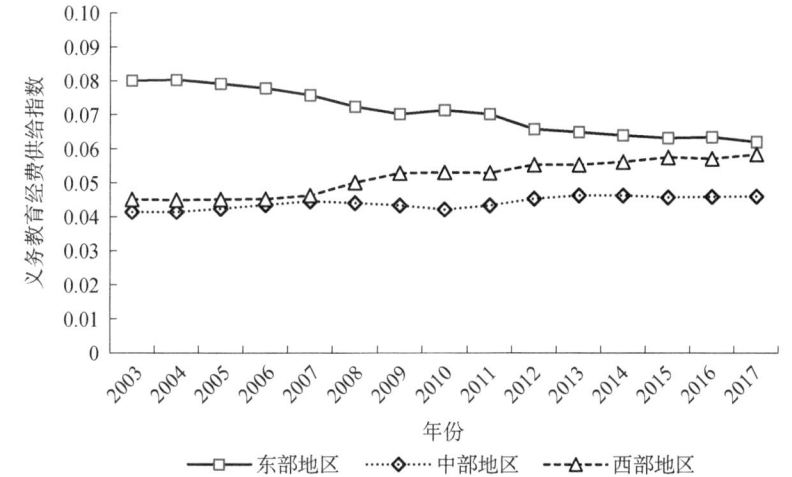

图5-19　2003—2017年全国东、中、西部地区义务教育经费供给指数的变化趋势

在义务教育经费供给指数的民族地区和非民族地区差异中，2003年，非民族地区义务教育经费供给指数的指标值高于民族地区，非民族地区义务教育经费供给指数为0.0849，民族地区义务教育经费供给指数为0.0818。2017年，民族地区义务教育经费供给指数的指标值高于非民族地区，民族地区义务教育经费供给指数为0.0862，非民族地区义务教育经费供给指数为0.0804。2003—2017年，我国

民族地区和非民族地区义务教育经费供给指数的年增长率平均值分别为 0.39%和 −0.37%，民族地区义务教育经费供给指数继续保持增长，民族地区和非民族地区该指标的差距进一步拉大（表 5-10，图 5-20）。

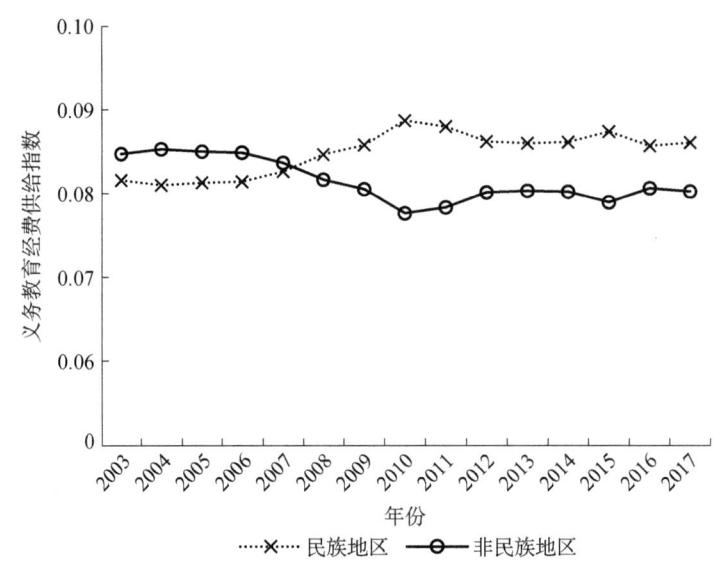

图 5-20　2003—2017 年全国民族地区与非民族地区义务教育经费供给指数的变化趋势

第二节　各地区义务教育资源质量指数及其分指数的基本态势与结构特征

一、义务教育资源质量指数的基本态势与结构特征

我国义务教育资源质量指数在不同地区存在差异。在义务教育资源质量指数的东部地区、中部地区和西部地区差异中，2003 年，东部地区义务教育资源质量指数的指标值最高，中部地区与西部地区相同，东部地区义务教育资源质量指数为 0.1724，中部与西部地区义务教育资源质量指数均为 0.1638。2017 年，中部地区义务教育资源质量指数的指标值最高，西部地区次之，东部地区最低，中部地

区义务教育资源质量指数为0.1681，西部地区义务教育资源质量指数为0.1676，东部地区义务教育资源质量指数为0.1643。2003—2017年，全国东部地区、中部地区和西部地区义务教育资源质量指数的年增长率平均值分别为-0.33%、0.20%和0.17%，西部地区义务教育资源质量指数的指标值总体呈现增加趋势，与中部地区和东部地区的差距缩小（表5-11，图5-21）。

表5-11 2003—2017年各地区义务教育资源质量指数

年份	2003	2004	2005	2006	2007	2008	2009	2010
东部地区	0.1724	0.1715	0.1711	0.1655	0.1706	0.1680	0.1732	0.1746
中部地区	0.1638	0.1625	0.1637	0.1670	0.1654	0.1652	0.1618	0.1553
西部地区	0.1638	0.1660	0.1652	0.1675	0.1641	0.1668	0.1650	0.1701
民族地区	0.2506	0.2516	0.2503	0.2484	0.2520	0.2572	0.2446	0.2555
非民族地区	0.2494	0.2484	0.2497	0.2516	0.2480	0.2428	0.2554	0.2445
年份	2011	2012	2013	2014	2015	2016	2017	
东部地区	0.1730	0.1722	0.1727	0.1710	0.1709	0.1672	0.1643	
中部地区	0.1603	0.1635	0.1642	0.1644	0.1634	0.1662	0.1681	
西部地区	0.1667	0.1642	0.1631	0.1646	0.1657	0.1666	0.1676	
民族地区	0.2542	0.2520	0.2529	0.2519	0.2566	0.2619	0.2676	
非民族地区	0.2458	0.2480	0.2471	0.2481	0.2434	0.2381	0.2324	

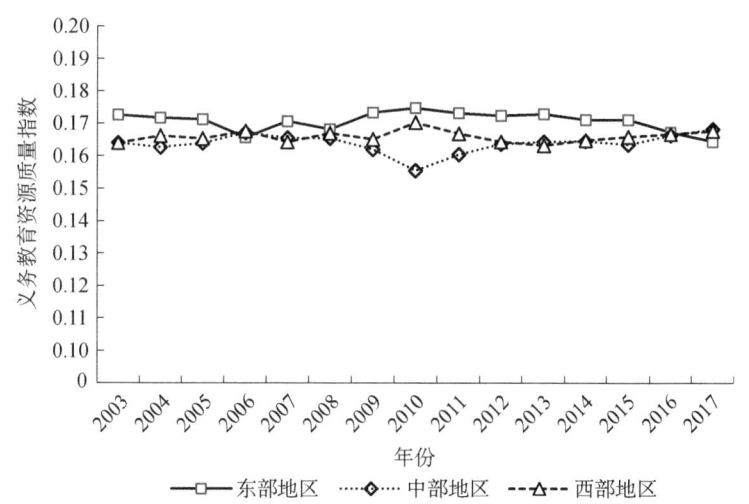

图5-21 2003—2017年全国东、中、西部地区义务教育资源质量指数的变化趋势

在义务教育资源质量指数的民族地区和非民族地区差异中，2003年，民族地区义务教育资源质量指数的指标值高于非民族地区，民族地区义务教育资源质量

指数为 0.2506，非民族地区义务教育资源质量指数为 0.2494。2017 年，民族地区义务教育资源质量指数的指标值高于非民族地区，民族地区义务教育资源质量指数为 0.2676，非民族地区义务教育资源质量指数为 0.2324。2003—2017 年，我国民族地区和非民族地区义务教育资源质量指数的年增长率平均值分别为 0.49%和 −0.48%，民族地区义务教育资源质量指数指标值继续保持较高的增长率，民族地区和非民族地区该指标的差距在 2014 年之后进一步拉大（表 5-11，图 5-22）。

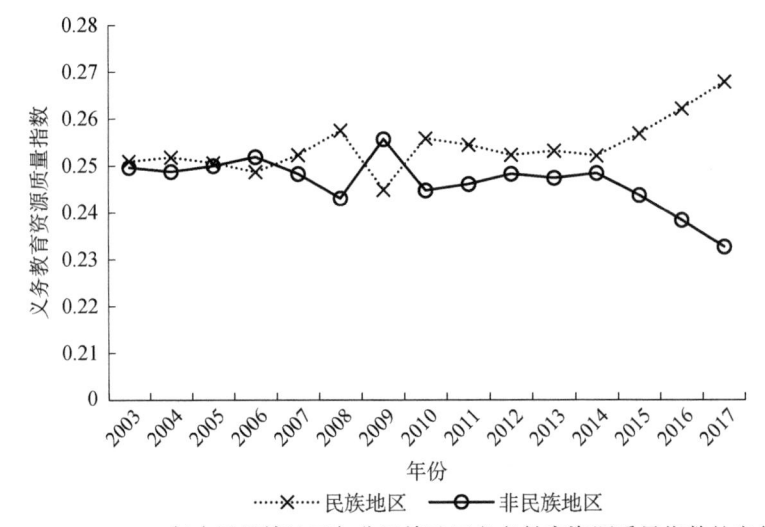

图 5-22　2003—2017 年全国民族地区与非民族地区义务教育资源质量指数的变化趋势

二、义务教育设施质量指数的基本态势与结构特征

我国的义务教育设施质量指数在不同地区存在差异。在义务教育设施质量指数的东部地区、中部地区和西部地区差异中，2003 年，东部地区义务教育设施质量指数的指标值最高，中部地区次之，西部地区最低，东部地区义务教育设施质量指数为 0.0718，中部地区义务教育设施质量指数为 0.0541，西部地区义务教育设施质量指数为 0.0408。2017 年，东部地区义务教育设施质量指数的指标值最高，中部地区次之，西部地区最低，东部地区义务教育设施质量指数为 0.0697，中部地区义务教育设施质量指数为 0.0597，西部地区义务教育设施质量指数为 0.0372。2003—2017 年，全国东部地区、中部地区和西部地区义务教育设施质量指数的年增长率平均值分别为 3.90%、−0.12%和 0.82%，西部地区义务教育设施质量指数的指标值与中部地区和东部地区的差距呈波动状态（表 5-12，图 5-23）。

表 5-12　2003—2017 年各地区义务教育设施质量指数

年份	2003	2004	2005	2006	2007	2008	2009	2010
东部地区	0.0718	0.0709	0.0723	0.0677	0.0739	0.0730	0.0795	0.0789
中部地区	0.0541	0.0537	0.0529	0.0554	0.0533	0.0550	0.0520	0.0469
西部地区	0.0408	0.0420	0.0414	0.0435	0.0396	0.0386	0.0352	0.0409
民族地区	0.0681	0.0693	0.0704	0.0692	0.0724	0.0770	0.0639	0.0725
非民族地区	0.0986	0.0974	0.0963	0.0974	0.0942	0.0897	0.1028	0.0941
年份	2011	2012	2013	2014	2015	2016	2017	
东部地区	0.0766	0.0767	0.0761	0.0743	0.0751	0.0711	0.0697	
中部地区	0.0505	0.0534	0.0547	0.0552	0.0547	0.0574	0.0597	
西部地区	0.0396	0.0366	0.0359	0.0371	0.0369	0.0382	0.0372	
民族地区	0.0723	0.0718	0.0710	0.0696	0.0724	0.0779	0.0794	
非民族地区	0.0944	0.0949	0.0957	0.0970	0.0943	0.0887	0.0872	

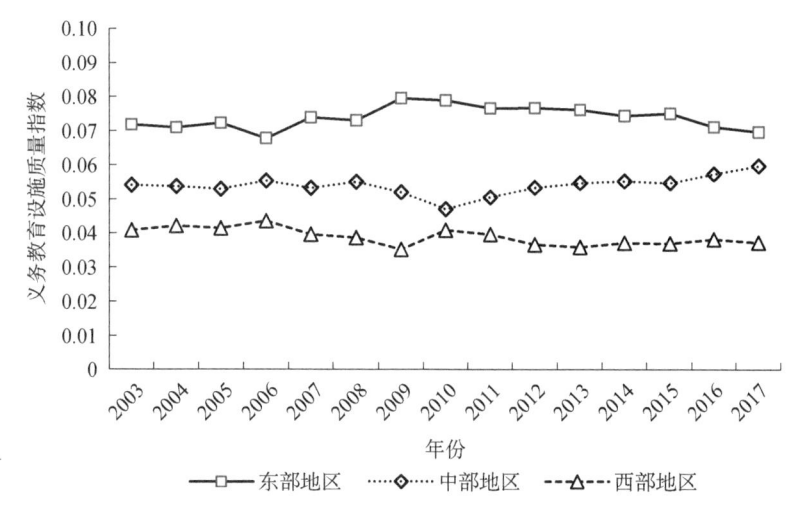

图 5-23　2003—2017 年全国东、中、西部地区义务教育设施质量指数的变化趋势

在义务教育设施质量指数的民族地区和非民族地区差异中，2003 年，非民族地区义务教育设施质量指数的指标值高于民族地区，非民族地区义务教育设施质量指数为 0.0986，民族地区义务教育设施质量指数为 0.0681。2017 年，非民族地区义务教育设施质量指数的指标值高于民族地区，非民族地区义务教育设施质量指数为 0.0872，民族地区义务教育设施质量指数为 0.0794。2003—2017 年，我国民族地区和非民族地区义务教育设施质量指数的年增长率平均值分别为 1.33% 和 -0.74%，民族地区义务教育设施质量指数继续保持较高的增长率，民族地区和非

民族地区该指标的差距仍较大（表 5-12，图 5-24）。

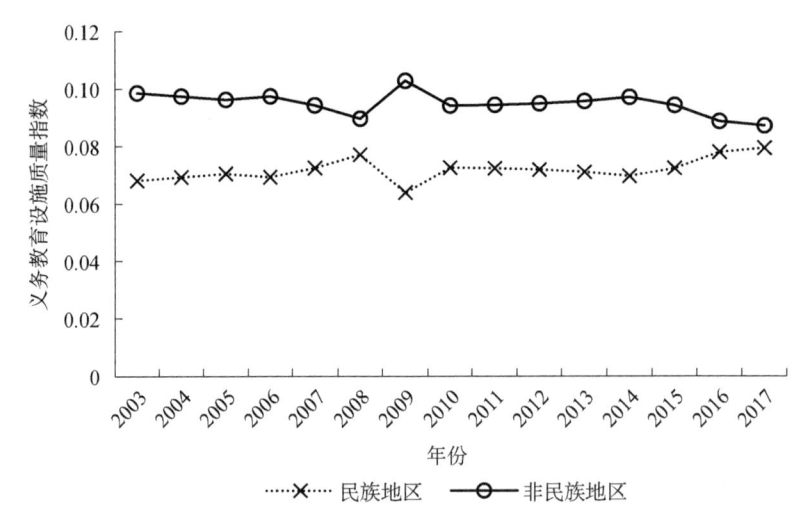

图 5-24 2003—2017 年全国民族地区与非民族地区义务教育设施质量指数的变化趋势

（一）义务教育学校容积率

我国义务教育学校容积率在不同地区存在差异。在义务教育学校容积率的东部地区、中部地区和西部地区差异中，2003 年，东部地区义务教育学校容积率的指标值最高，中部地区次之，西部地区最低，东部地区义务教育学校容积率为 0.2339，高于全国平均水平（0.2190），中部地区义务教育学校容积率为 0.2117，西部地区义务教育学校容积率为 0.2101，均低于全国平均水平。2017 年，东部地区义务教育学校容积率的指标值最高，西部地区次之，中部地区最低，东部地区义务教育学校容积率为 0.3670，高于全国平均水平（0.3482），西部地区义务教育学校容积率为 0.3475，中部地区义务教育学校容积率为 0.3281，均低于全国平均水平。2003—2017 年，全国东部地区、中部地区和西部地区义务教育学校容积率的年增长率平均值分别为 3.28%、3.19% 和 3.67%，西部地区义务教育学校容积率的指标值实现快速增长，反超中部地区，且与东部地区的差距缩小（表 5-13，图 5-25）。

表 5-13 2003—2017 年各地区义务教育学校容积率

年份	2003	2004	2005	2006	2007	2008	2009	2010
东部地区	0.2339	0.2417	0.2487	0.2601	0.2663	0.2728	0.2834	0.2906
中部地区	0.2117	0.2170	0.2210	0.2277	0.2320	0.2367	0.2456	0.2512
西部地区	0.2101	0.2134	0.2184	0.2272	0.2320	0.2353	0.2471	0.2583

续表

年份	2003	2004	2005	2006	2007	2008	2009	2010
民族地区	0.1525	0.1567	0.1617	0.1695	0.1744	0.1804	0.1936	0.1999
非民族地区	0.2283	0.2341	0.2393	0.2483	0.2533	0.2579	0.2679	0.2759

年份	2011	2012	2013	2014	2015	2016	2017
东部地区	0.2928	0.3053	0.3190	0.3350	0.3451	0.3556	0.3670
中部地区	0.2579	0.2691	0.2770	0.2902	0.3020	0.3156	0.3281
西部地区	0.2676	0.2770	0.2894	0.3016	0.3164	0.3342	0.3475
民族地区	0.2102	0.2191	0.2316	0.2444	0.2610	0.2809	0.2965
非民族地区	0.2812	0.2927	0.3039	0.3181	0.3297	0.3427	0.3546

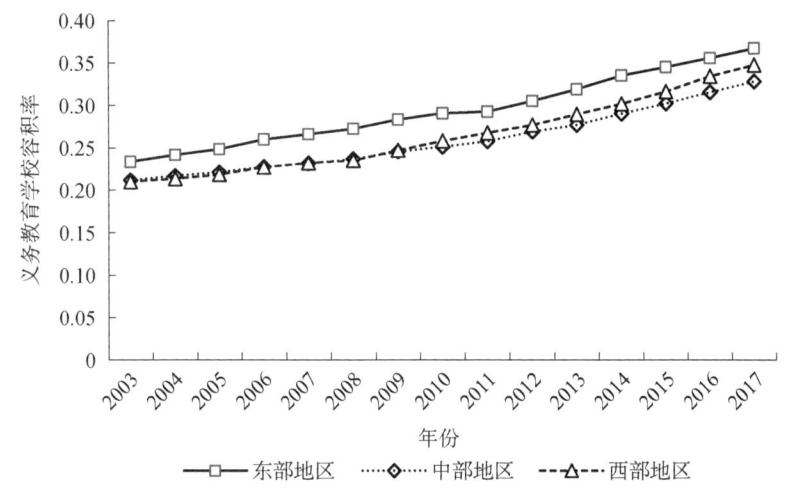

图 5-25　2003—2017 年全国东、中、西部地区义务教育学校容积率的变化趋势

在义务教育学校容积率的民族地区和非民族地区差异中，2003 年，非民族地区义务教育学校容积率的指标值高于民族地区，非民族地区义务教育学校容积率为 0.2283，高于全国平均水平（0.2109），民族地区义务教育学校容积率为 0.1525，低于全国平均水平。2017 年，非民族地区义务教育学校容积率的指标值高于民族地区，非民族地区义务教育学校容积率为 0.3546，高于全国平均水平（0.3482），民族地区义务教育学校容积率为 0.2965，低于全国平均水平。2003—2017 年，我国民族地区和非民族地区义务教育学校容积率的年增长率平均值分别为 4.88%和 3.20%，民族地区义务学校容积率指标值继续保持较高的增长率，民族地区和非民族地区该指标的差距仍然较大（表 5-13，图 5-26）。

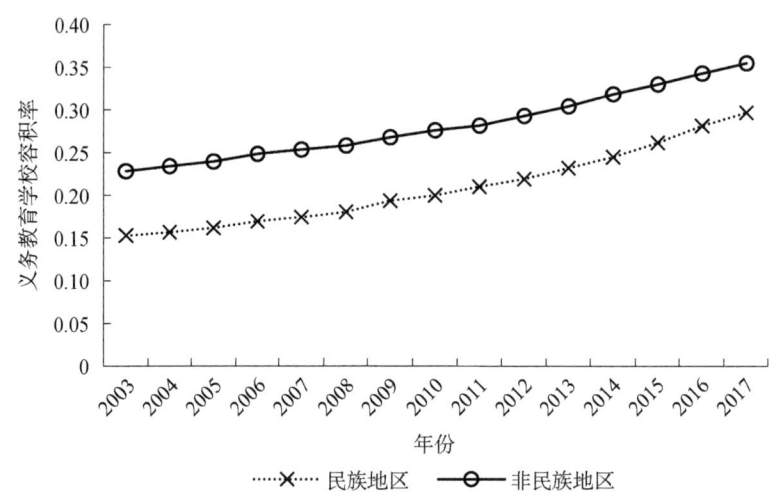

图 5-26　2003—2017 年全国民族地区与非民族地区义务教育学校容积率的变化趋势

（二）义务教育固定资产结构指数

我国义务教育固定资产结构指数在不同地区存在差异。在义务教育固定资产结构指数的东部地区、中部地区和西部地区差异中，2003 年，东部地区义务教育固定资产结构指数的指标值最高，中部地区次之，西部地区最低，东部地区义务教育固定资产结构指数为 0.1074，中部地区义务教育固定资产结构指数为 0.1021，均高于全国平均水平（0.0991），西部地区义务教育固定资产结构指数为 0.0808，低于全国平均水平。2017 年，东部地区义务教育固定资产结构指数的指标值最高，西部地区次之，中部地区最低，东部地区义务教育固定资产结构指数为 0.1433，高于全国平均水平（0.1311），西部地区义务教育固定资产结构指数为 0.1230，中部地区义务教育固定资产结构指数为 0.1205，均低于全国平均水平。2003—2017 年，全国东部地区、中部地区和西部地区义务教育固定资产结构指数的年增长率平均值分别为 2.25%、2.40% 和 3.66%，西部地区义务教育固定资产结构指数的指标值实现了反超，高于中部地区（表 5-14，图 5-27）。

在义务教育固定资产结构指数的民族地区和非民族地区差异中，2003 年，非民族地区义务教育固定资产结构指数的指标值高于民族地区，非民族地区义务教育固定资产结构指数为 0.1000，高于全国平均水平（0.0991），民族地区义务教育固定资产结构指数为 0.0865，低于全国平均水平。2017 年，民族地区义务教育固定资产结构指数的指标值高于非民族地区，民族地区义务教育固定资产结构指数

第五章 各地区义务教育发展指数的基本态势与结构特征 | 97

为 0.1345，高于全国平均水平（0.1311），非民族地区义务教育固定资产结构指数为 0.1307，低于全国平均水平。2003—2017 年，我国民族地区和非民族地区义务教育固定资产结构指数的年增长率平均值分别为 4.42%和 2.29%，民族地区义务教育固定资产结构指数继续保持较高的增长率，民族地区和非民族地区该指标的差距较大（表 5-14，图 5-28）。

表 5-14 2003—2017 年各地区义务教育固定资产结构指数

年份	2003	2004	2005	2006	2007	2008	2009	2010
东部地区	0.1074	0.1014	0.1097	0.1032	0.1010	0.1021	0.1088	0.1053
中部地区	0.1021	0.1044	0.1089	0.0868	0.0826	0.0791	0.0749	0.0568
西部地区	0.0808	0.0967	0.0948	0.0782	0.0767	0.0785	0.0681	0.0740
民族地区	0.0865	0.0938	0.0987	0.0742	0.0759	0.0760	0.0543	0.0736
非民族地区	0.1000	0.1017	0.1065	0.0942	0.0911	0.0913	0.0924	0.0828

年份	2011	2012	2013	2014	2015	2016	2017
东部地区	0.1232	0.1299	0.1348	0.1324	0.1376	0.1405	0.1433
中部地区	0.0854	0.0931	0.1011	0.1055	0.1070	0.1140	0.1205
西部地区	0.0917	0.0909	0.1000	0.1160	0.1121	0.1183	0.1230
民族地区	0.0855	0.0898	0.1008	0.1053	0.1146	0.1275	0.1345
非民族地区	0.1067	0.1110	0.1176	0.1222	0.1229	0.1268	0.1307

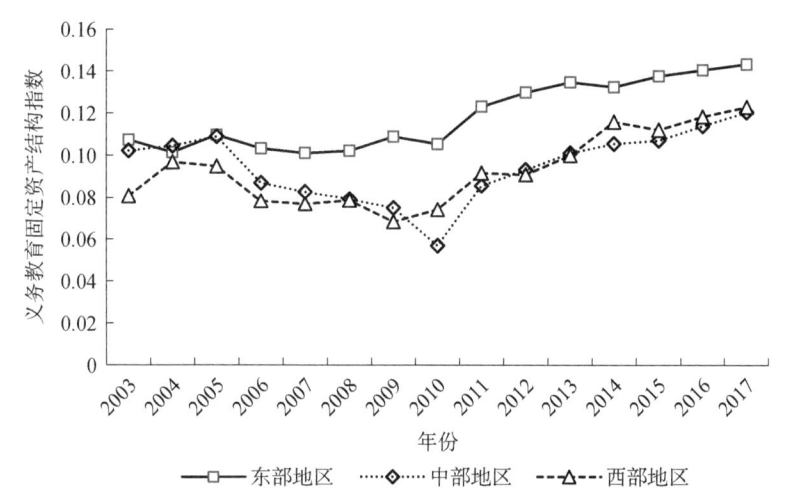

图 5-27 2003—2017 年全国东、中、西部地区义务教育固定资产结构指数的变化趋势

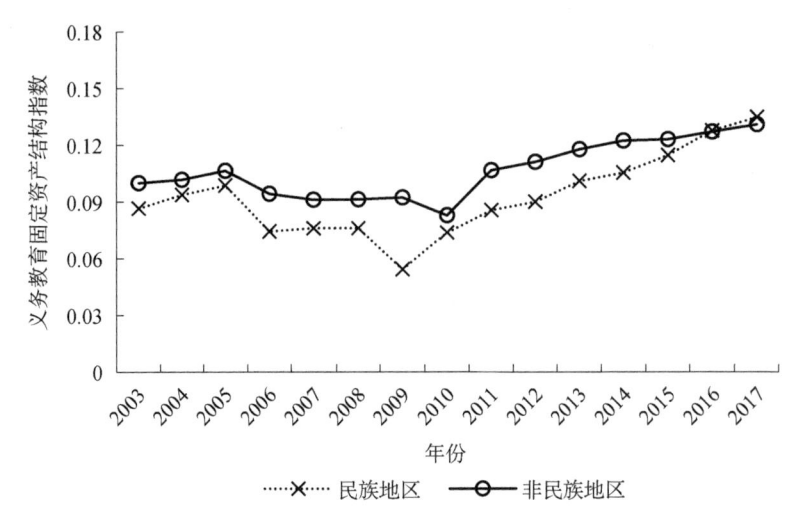

图 5-28　2003—2017 年全国民族地区与非民族地区义务教育固定资产结构指数的变化趋势

（三）义务教育校舍危房比

我国义务教育校舍危房比在不同地区存在差异。在义务教育校舍危房比的东部地区、中部地区和西部地区差异中，2003 年，西部地区义务教育校舍危房比的指标值最高，中部地区次之，东部地区最低，西部地区义务教育校舍危房比为 0.0965，中部地区义务教育校舍危房比为 0.0685，东部地区义务教育校舍危房比为 0.0231。2017 年，西部地区义务教育校舍危房比的指标值最高，中部地区次之，东部地区最低，西部地区义务教育校舍危房比为 0.0187，中部地区义务教育校舍危房比为 0.0036，高于全国平均水平（0.0070），东部地区义务教育校舍危房比为 0.0007，低于全国平均水平。2003—2017 年，全国东部地区、中部地区和西部地区义务教育校舍危房比的年增长率平均值分别为 -9.60%、-0.67% 和 2.29%，西部地区义务教育校舍危房比年增长率平均值相对较高，高于中部地区和东部地区（表 5-15，图 5-29）。

在义务教育校舍危房比的民族地区和非民族地区差异中，2003 年，民族地区义务教育校舍危房比的指标值高于非民族地区，民族地区义务教育校舍危房比为 0.0985，高于全国平均水平（0.0594），非民族地区义务教育校舍危房比为 0.0558，低于全国平均水平。2017 年，民族地区义务教育校舍危房比的指数值高于非民族地区，民族地区义务教育校舍危房比为 0.0079，高于全国平均水平（0.0070），非民族地区义务教育校舍危房比为 0.0070，等于全国平均水平。2003—2017 年，我国民族地区和非民族地区义务教育校舍危房比的年增长率平均值分别为15.37%和−1.42%，民族地区义务教育校舍危房比继续保持较高的增长率，非民族地区则呈现负增长趋势（表5-15，图5-30）。

表 5-15　2003—2017 年各地区义务教育校舍危房比

年份	2003	2004	2005	2006	2007	2008	2009	2010
东部地区	0.0231	0.0169	0.0135	0.0252	0.0098	0.0109	0.0206	0.0351
中部地区	0.0685	0.0569	0.0461	0.0419	0.0346	0.0375	0.1647	0.1483
西部地区	0.0965	0.0822	0.0631	0.0680	0.0566	0.0790	0.2929	0.2160
民族地区	0.0985	0.0797	0.0590	0.0618	0.0388	0.0363	0.2440	0.1704
非民族地区	0.0558	0.0460	0.0366	0.0412	0.0307	0.0393	0.1372	0.1209

年份	2011	2012	2013	2014	2015	2016	2017
东部地区	0.0210	0.0089	0.0032	0.0015	0.0014	0.0008	0.0007
中部地区	0.0996	0.0610	0.0395	0.0246	0.0159	0.0074	0.0036
西部地区	0.1590	0.1216	0.0924	0.0635	0.0373	0.0268	0.0187
民族地区	0.1135	0.0799	0.0628	0.0459	0.0259	0.0163	0.0079
非民族地区	0.0851	0.0572	0.0392	0.0254	0.0158	0.0102	0.0070

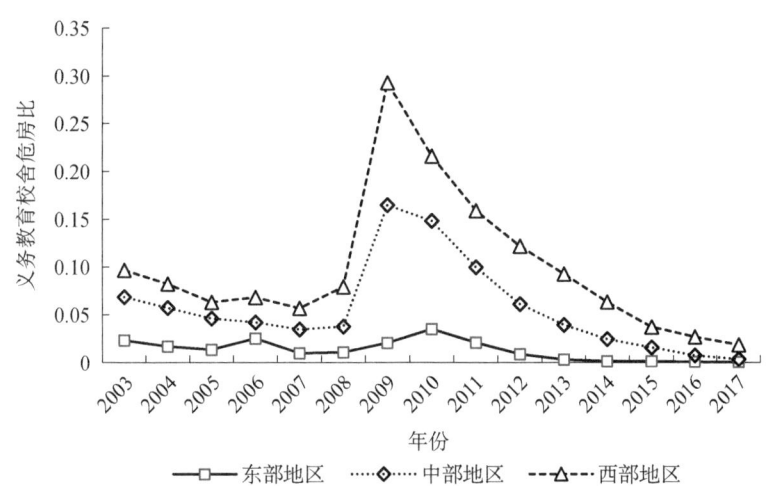

图 5-29　2003—2017 年全国东、中、西部地区义务教育校舍危房比的变化趋势

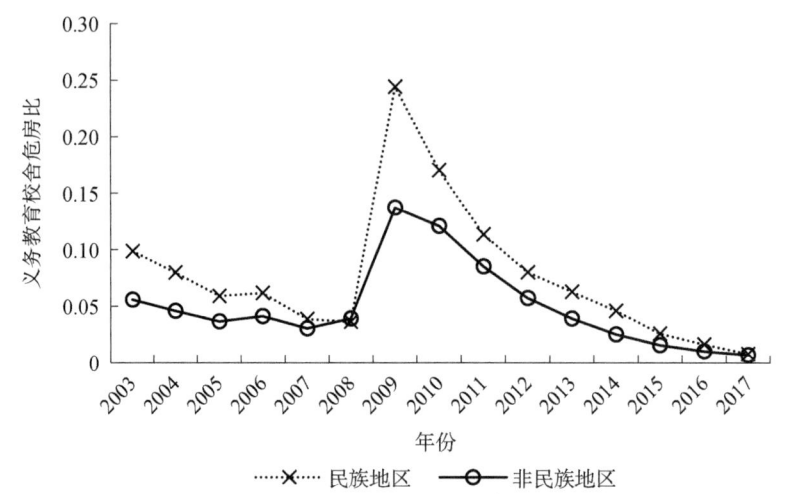

图 5-30　2003—2017 年全国民族地区与非民族地区义务教育校舍危房比的变化趋势

三、义务教育人员质量指数的基本态势与结构特征

我国义务教育人员质量指数在不同地区存在差异。在义务教育人员质量指数的东部地区、中部地区和西部地区差异中，2003 年，中部地区义务教育人员质量指数的指标值最高，东部地区次之，西部地区最低，中部地区义务教育人员质量指数为 0.0579，东部地区义务教育人员质量指数为 0.0572，西部地区义务教育人员质量指数为 0.0516。2017 年，东部地区义务教育人员质量指数的指标值最高，中部地区次之，西部地区最低，东部地区义务教育人员质量指数为 0.0568，中部地区义务教育人员质量指数为 0.0551，西部地区义务教育人员质量指数为 0.0548。2003—2017 年，全国东部地区、中部地区和西部地区义务教育人员质量指数的年增长率平均值分别为 1.95%、−0.04% 和 −0.36%，东部地区义务教育人员质量指数的指标值与中部地区和西部地区仍存在一定差距（表 5-16，图 5-31）。

在义务教育人员质量指数的民族地区和非民族地区差异中，2003 年，非民族地区义务教育人员质量指数的指标值高于民族地区，非民族地区义务教育人员质量指数为 0.0843，民族地区义务教育人员质量指数为 0.0824。2017 年，民族地区义务教育人员质量指数的指标值高于非民族地区，民族地区义务教育人员质量指数为 0.0835，非民族地区义务教育人员质量指数为 0.0831。2003—2017 年，我国民族地区和非民族地区义务教育人员质量指数的年增长率平均值分别为 0.10% 和 −0.10%，民族地区和非民族地区该指标仍然存在一定的差距（表 5-16，图 5-32）。

表 5-16 2003—2017 年各地区义务教育人员质量指数

年份	2003	2004	2005	2006	2007	2008	2009	2010
东部地区	0.0572	0.0575	0.0579	0.0582	0.0582	0.0582	0.0582	0.0582
中部地区	0.0579	0.0577	0.0574	0.0572	0.0572	0.0570	0.0567	0.0565
西部地区	0.0516	0.0515	0.0514	0.0512	0.0512	0.0515	0.0518	0.0520
民族地区	0.0824	0.0825	0.0822	0.0816	0.0816	0.0821	0.0825	0.0829
非民族地区	0.0843	0.0842	0.0845	0.0850	0.0850	0.0845	0.0841	0.0838
年份	2011	2012	2013	2014	2015	2016	2017	
东部地区	0.0580	0.0581	0.0581	0.0581	0.0577	0.0573	0.0568	
中部地区	0.0561	0.0558	0.0556	0.0554	0.0553	0.0552	0.0551	
西部地区	0.0526	0.0528	0.0529	0.0532	0.0537	0.0542	0.0548	
民族地区	0.0835	0.0837	0.0836	0.0834	0.0835	0.0835	0.0835	
非民族地区	0.0831	0.0829	0.0830	0.0833	0.0832	0.0832	0.0831	

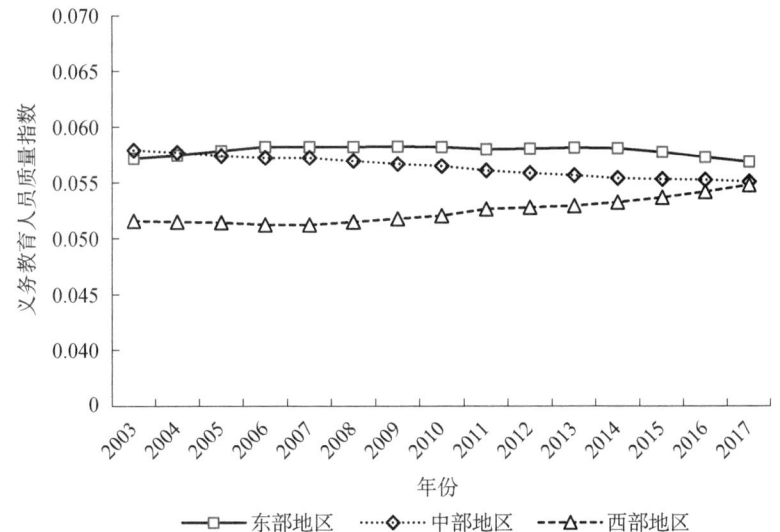

图 5-31 2003—2017 年全国东、中、西部地区义务教育人员质量指数的变化趋势

（一）义务教育教师职称结构指数

我国义务教育教师职称结构指数在不同地区存在差异。2003 年，东部地区义务教育教师职称结构指数的指标值最高，中部地区次之，西部地区最低，东部地区义务教育教师职称结构指数为 0.2592，中部地区义务教育教师职称结构指数为 0.2560，均高于全国平均水平（0.2424），西部地区义务教育教师职称结构指数为

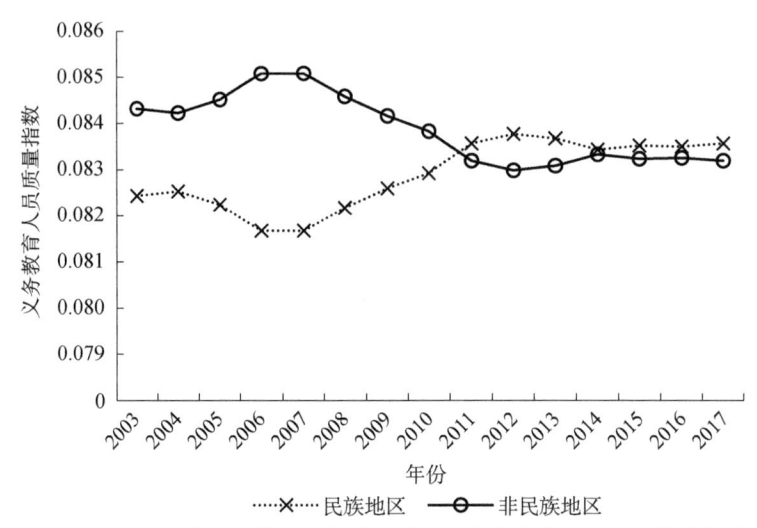

图 5-32 2003—2017 年全国民族地区与非民族地区义务教育人员质量指数的变化趋势

0.2052，低于全国平均水平。2017 年，东部地区义务教育教师职称结构指数的指标值最高，中部地区次之，西部地区最低，东部地区义务教育教师职称结构指数为 0.4017，中部地区义务教育教师职称结构指数为 0.3779，西部地区义务教育教师职称结构指数为 0.3720。2003—2017 年，全国东部地区、中部地区和西部地区义务教育教师职称结构指数的年增长率平均值分别为 3.27%、2.89%和 4.37%，西部地区义务教育教师职称结构指数不断增加，与中部地区和东部地区的差距缩小（表 5-17，图 5-33）。

表 5-17　2003—2017 年各地区义务教育教师职称结构指数

年份	2003	2004	2005	2006	2007	2008	2009	2010
东部地区	0.2592	0.2853	0.3146	0.3456	0.3671	0.3882	0.4029	0.4135
中部地区	0.2560	0.2775	0.2996	0.3240	0.3448	0.3619	0.3728	0.3815
西部地区	0.2052	0.2224	0.2409	0.2589	0.2746	0.2934	0.3087	0.3207
民族地区	0.2404	0.2625	0.2811	0.2982	0.3167	0.3424	0.3616	0.3768
非民族地区	0.2426	0.2644	0.2883	0.3137	0.3331	0.3512	0.3642	0.3741
年份	2011	2012	2013	2014	2015	2016	2017	
东部地区	0.4249	0.4295	0.4348	0.4332	0.4266	0.4210	0.4017	
中部地区	0.3921	0.3938	0.3953	0.3935	0.3920	0.3920	0.3779	
西部地区	0.3362	0.3436	0.3512	0.3577	0.3636	0.3729	0.3720	
民族地区	0.3960	0.4054	0.4101	0.4075	0.4100	0.4116	0.4004	
非民族地区	0.3859	0.3899	0.3948	0.3963	0.3950	0.3958	0.3837	

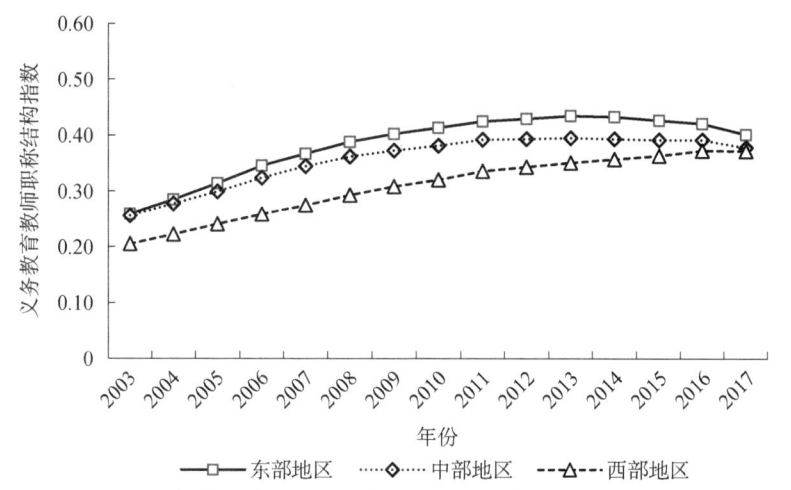

图 5-33　2003—2017 年全国东、中、西部地区义务教育教师职称结构指数的变化趋势

在义务教育教师职称结构指数的民族地区和非民族地区差异中，2003 年，非民族地区义务教育教师职称结构指数的指标值高于民族地区，非民族地区义务教育教师职称结构指数为 0.2426，高于全国平均水平（0.2424），民族地区义务教育教师职称结构指数为 0.2404，低于全国平均水平。2017 年，民族地区义务教育高级职称教师结构指数的指标值高于非民族地区，民族地区义务教育教师职称结构指数为 0.4004，高于全国平均水平（0.3852），非民族地区义务教育教师职称结构指数为 0.3837，低于全国平均水平。2003—2017 年，我国民族地区和非民族地区义务教育教师职称结构指数的年增长率平均值分别为 3.77% 和 3.39%，民族地区义务教育教师职称结构指数继续保持较高的增长率，民族地区和非民族地区该指数的差距仍然较大（表 5-17，图 5-34）。

（二）义务教育人员结构指数

我国义务教育人员结构指数在不同地区存在差异。在义务教育人员结构指数的东部地区、中部地区和西部地区差异中，2003 年，中部地区义务教育人员结构指数的指标值最高，西部地区次之，东部地区最低，中部地区义务教育人员结构指数为 0.8885，西部地区义务教育人员结构指数为 0.8737，均高于全国平均水平（0.8713），东部地区义务教育人员结构指数为 0.8540，低于全国平均水平。2017 年，西部地区义务教育人员结构指数的指标值最高，东部地区次之，中部地区最低，西部地区义务教育人员结构指数为 0.9657，高于全国平均水平（0.9630），东部地区义务教育人员结构指数为 0.9624，中部地区义务教育人员结构指数为 0.9611，均低于全国平均水平。2003—2017 年，全国东部地区、中部地区和西部地区义务教育人员结构指数的年

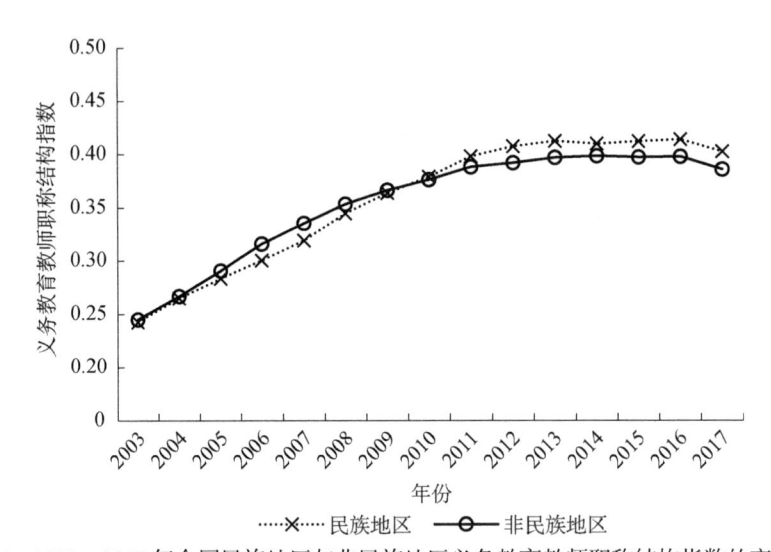

图 5-34　2003—2017 年全国民族地区与非民族地区义务教育教师职称结构指数的变化趋势

增长率平均值分别为 0.86%、0.57% 和 0.73%，东部地区、中部地区、西部地区该指标的差距在逐步缩小（表 5-18，图 5-35）。

表 5-18　2003—2017 年各地区义务教育人员结构指数

年份	2003	2004	2005	2006	2007	2008	2009	2010
东部地区	0.8540	0.8558	0.8570	0.8598	0.8638	0.8677	0.8733	0.8763
中部地区	0.8885	0.8888	0.8891	0.8897	0.8926	0.8945	0.8964	0.8973
西部地区	0.8737	0.8768	0.8802	0.8840	0.8893	0.8940	0.8975	0.9008
民族地区	0.8430	0.8464	0.8513	0.8521	0.8558	0.8584	0.8638	0.8671
非民族地区	0.8740	0.8755	0.8766	0.8792	0.8832	0.8869	0.8905	0.8928

年份	2011	2012	2013	2014	2015	2016	2017
东部地区	0.9156	0.9213	0.9297	0.9404	0.9478	0.9556	0.9624
中部地区	0.9301	0.9328	0.9393	0.9444	0.9479	0.9557	0.9611
西部地区	0.9502	0.9502	0.9534	0.9562	0.9606	0.9650	0.9657
民族地区	0.9164	0.9168	0.9198	0.9247	0.9256	0.9297	0.9339
非民族地区	0.9320	0.9354	0.9419	0.9486	0.9542	0.9613	0.9659

在义务教育人员结构指数的民族地区和非民族地区差异中，2003 年，非民族地区义务教育人员结构指数的指标值高于民族地区，非民族地区义务教育人员结构指数为 0.8740，高于全国平均水平（0.8713），民族地区义务教育人员结构指数为 0.8430，低于全国平均水平。2017 年，民族地区义务教育人员结构指数的指标值低于非民族地区，民族地区义务教育人员结构指数为 0.9339，低于全国平均水平（0.9630），非民族地区义务教育人员结构指数为 0.9659，高于全国平均水平。

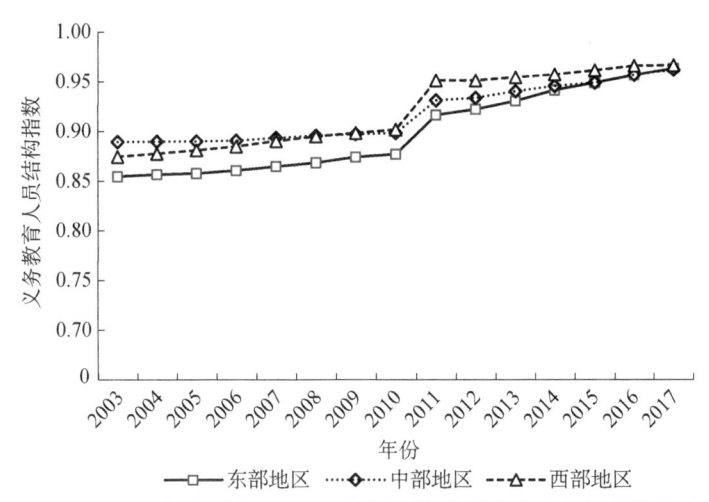

图 5-35　2003—2017 年全国东、中、西部地区义务教育人员结构指数的变化趋势

2003—2017 年，我国民族地区和非民族地区义务教育人员结构指数的年增长率平均值分别为 0.74% 和 0.72%，民族地区义务教育人员结构指数的年增长率平均值相对高一些，民族地区和非民族地区该指标仍然存在较大差距（表 5-18，图 5-36）。

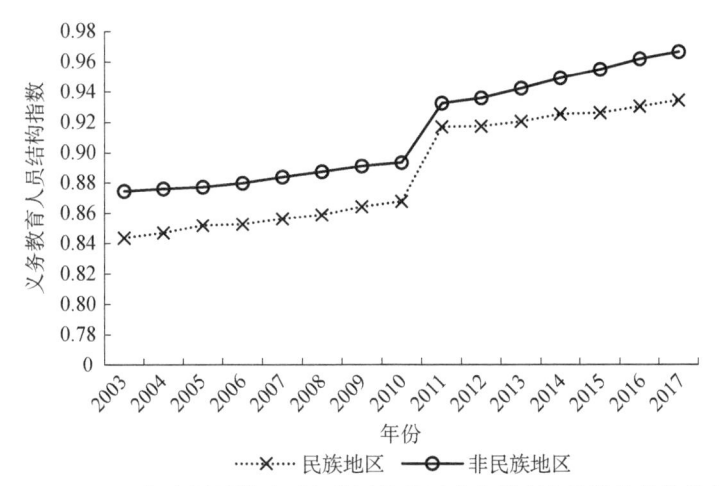

图 5-36　2003—2017 年全国民族地区与非民族地区义务教育人员结构指数的变化趋势

四、义务教育经费质量指数的基本态势与结构特征

我国义务教育经费质量指数在不同地区存在差异，在义务教育经费质量指数的东部地区、中部地区和西部地区差异中，2003 年，西部地区义务教育经费质量

指数的指标值最高,中部地区次之,东部地区最低,西部地区义务教育经费质量指数为 0.0714,中部地区义务教育经费质量指数为 0.0518,东部地区义务教育经费质量指数为 0.0435。2017 年,西部地区义务教育经费质量指数的指标值最高,中部地区次之,东部地区最低,西部地区义务教育经费质量指数为 0.0756,中部地区义务教育经费质量指数为 0.0533,东部地区义务教育经费质量指数为 0.0378。2003—2017 年,全国东部地区、中部地区和西部地区义务教育经费质量指数的年增长率平均值分别为−0.95%、0.23%和 0.42%,西部地区义务教育经费质量指数的指标值实现了反超,高于中部地区和东部地区(表 5-19,图 5-37)。

表 5-19 2003—2017 年各地区义务教育经费质量指数

年份	2003	2004	2005	2006	2007	2008	2009	2010
东部地区	0.0435	0.0431	0.0409	0.0396	0.0385	0.0368	0.0354	0.0375
中部地区	0.0518	0.0511	0.0534	0.0544	0.0549	0.0532	0.0532	0.0519
西部地区	0.0714	0.0725	0.0724	0.0727	0.0733	0.0767	0.0780	0.0772
民族地区	0.1002	0.0998	0.0977	0.0975	0.0980	0.0981	0.0982	0.1001
非民族地区	0.0665	0.0669	0.0689	0.0691	0.0687	0.0686	0.0685	0.0666
年份	2011	2012	2013	2014	2015	2016	2017	
东部地区	0.0385	0.0375	0.0384	0.0386	0.0382	0.0388	0.0378	
中部地区	0.0538	0.0544	0.0540	0.0538	0.0534	0.0537	0.0533	
西部地区	0.0744	0.0748	0.0743	0.0743	0.0751	0.0742	0.0756	
民族地区	0.0984	0.0964	0.0983	0.0988	0.1007	0.1005	0.1046	
非民族地区	0.0683	0.0702	0.0684	0.0678	0.0659	0.0662	0.0620	

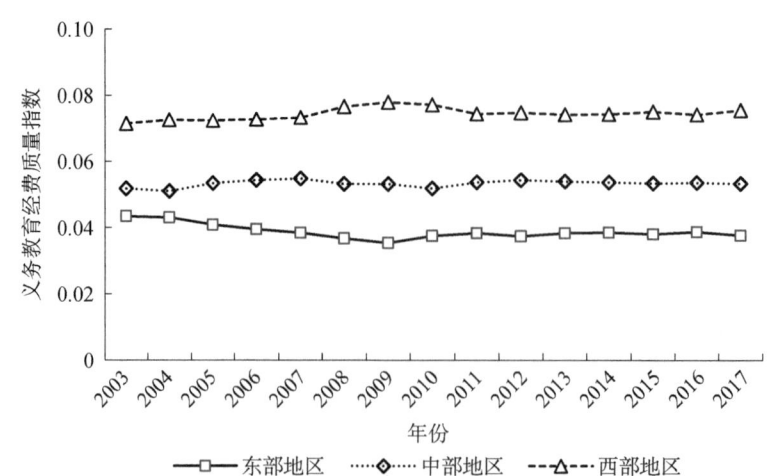

图 5-37 2003—2017 年全国东、中、西部地区义务教育经费质量指数的变化趋势

在义务教育经费质量指数的民族地区和非民族地区差异中，2003年，民族地区义务教育经费质量指数的指标值高于非民族地区，民族地区义务教育经费质量指数为0.1002，非民族地区义务教育经费质量指数为0.0665。2017年，民族地区义务教育经费质量指数的指标值高于非民族地区，民族地区义务教育经费质量指数为0.1046，非民族地区义务教育经费质量指数为0.0620。2003—2017年，我国民族地区和非民族地区义务教育经费质量指数的年增长率平均值分别为0.33%和−0.47%，民族地区义务教育经费质量指数继续保持较高的增长率，民族地区和非民族地区该指标的差距仍然较大（表5-19，图5-38）。

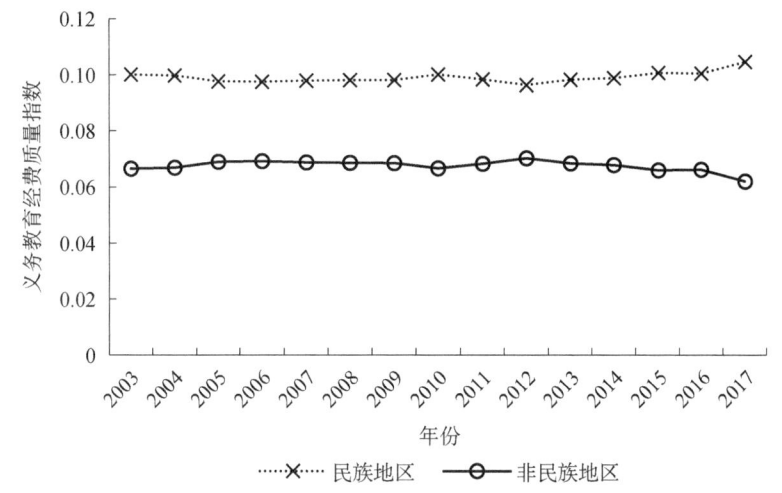

图5-38　2003—2017年全国民族地区与非民族地区义务教育经费质量指数的变化趋势

第六章　各省份义务教育发展水平的基本态势与结构特征

我国各省份义务教育既存在发展水平上的差异，也存在结构特征上的差异，水平和结构的差异共同构成了我国省域义务教育发展态势的空间格局。

第一节　各省份义务教育发展指数的基本态势与结构特征

在义务教育发展指数的省域差距中，2003年，义务教育发展指数较高的为上海、北京、西藏、浙江和天津5个省份，指标值较低的为海南、陕西、甘肃、河南和安徽5个地区，极高值上海的义务教育发展指数为0.0585，极低值安徽的义务教育发展指数为0.0240，极差为2.44倍。2008年，义务教育发展指数较高的为上海、北京、西藏、天津和浙江5个省份，指标值较低的为江西、甘肃、广西、安徽和河南5个省份，极高值上海的义务教育发展指数为0.0527，极低值河南的义务教育发展指数为0.0250，极差为2.11倍，较2003年有所缩减。2013年，义务教育发展指数较高的为北京、西藏、上海、天津和青海5个省份，指标值较低的为湖南、江西、河北、广西和河南5个省份，极高值北京的义务教育发展指数为0.0481，极低值河南的义务教育发展指数为0.0260，极差为1.85倍，较2008年有所缩减。2017年，义务教育发展指数较高的为西藏、北京、上海、青海和内蒙古5个省份，指标值较低的为江西、山东、湖南、河北和河南5个省份，极高值西藏的义务教育发展指数为0.0490，极低值河南的义务教育发展指数为0.0253，极差为 1.94 倍，较 2013 年有所增长（表 6-1）。

表 6-1 2003—2017 年各省份义务教育发展指数

地区	2003 年 指标值	排序	2008 年 指标值	排序	2013 年 指标值	排序	2017 年 指标值	排序
北京	0.0579	2	0.0504	2	0.0481	1	0.0472	2
天津	0.0381	5	0.0387	4	0.0380	4	0.0336	7
河北	0.0298	15	0.0297	19	0.0268	29	0.0265	30
山西	0.0289	21	0.0281	24	0.0302	21	0.0296	22
内蒙古	0.0296	17	0.0316	13	0.0338	8	0.0353	5
辽宁	0.0332	8	0.0329	7	0.0330	9	0.0336	6
吉林	0.0336	6	0.0329	8	0.0304	19	0.0329	12
黑龙江	0.0302	14	0.0315	14	0.0323	13	0.0333	10
上海	0.0585	1	0.0527	1	0.0408	3	0.0408	3
江苏	0.0320	11	0.0343	6	0.0344	7	0.0302	18
浙江	0.0393	4	0.0360	5	0.0329	10	0.0330	11
安徽	0.0240	31	0.0266	30	0.0291	25	0.0282	26
福建	0.0323	10	0.0320	11	0.0308	16	0.0282	25
江西	0.0291	19	0.0275	27	0.0274	28	0.0280	27
山东	0.0289	22	0.0286	23	0.0280	26	0.0275	28
河南	0.0260	30	0.0250	31	0.0260	31	0.0253	31
湖北	0.0295	18	0.0296	21	0.0302	20	0.0291	23
湖南	0.0324	9	0.0317	12	0.0279	27	0.0271	29
广东	0.0333	7	0.0297	18	0.0295	24	0.0286	24
广西	0.0288	23	0.0273	29	0.0267	30	0.0296	21
海南	0.0272	27	0.0297	20	0.0324	12	0.0321	15
重庆	0.0284	25	0.0301	17	0.0295	23	0.0300	19
四川	0.0287	24	0.0280	25	0.0306	17	0.0303	17
贵州	0.0272	26	0.0292	22	0.0310	15	0.0326	13
云南	0.0290	20	0.0276	26	0.0295	22	0.0316	16
西藏	0.0413	3	0.0448	3	0.0450	2	0.0490	1
陕西	0.0261	28	0.0304	16	0.0326	11	0.0298	20
甘肃	0.0261	29	0.0274	28	0.0304	18	0.0333	9
青海	0.0297	16	0.0322	10	0.0359	5	0.0378	4
宁夏	0.0306	12	0.0312	15	0.0312	14	0.0324	14
新疆	0.0302	13	0.0326	9	0.0355	6	0.0335	8

注：由于原始数据位数较多，本书对数值进行了修约，但排序仍是按照原始数据进行的，所以表中存在指标值相同但排序不同的情况。下同

2003年，义务教育发展指数高于全国平均水平的有北京、天津、吉林、上海、浙江、辽宁、湖南、广东和西藏9个省份，其余省份均低于全国平均水平；2008年，高于全国平均水平的有北京、天津、上海、江苏、浙江、辽宁、吉林、西藏和新疆9个省份，其余省份均低于全国平均水平；2013年，高于全国平均水平的有北京、天津、内蒙古、辽宁、黑龙江、浙江、江苏、上海、海南、西藏、陕西、新疆和青海13个省份，其余省份均低于全国平均水平；2017年，高于全国平均水平的有北京、天津、内蒙古、辽宁、吉林、黑龙江、上海、浙江、贵州、西藏、甘肃、青海、宁夏和新疆14个省份，其余省份均低于全国平均水平（表6-1）。

根据义务教育发展指数指标的阈值[一类地区≥0.040，二类地区为0.035（含）—0.040，三类地区为0.030—0.035，四类地区<0.030]，本书研究将我国31个省份划分为4个区域类型。2003年，在我国各省份义务教育发展指数的区域类型中，一类地区包括西藏、北京和上海3个省份；二类地区包括天津和浙江2个省份；三类地区包括新疆、黑龙江、辽宁、吉林、宁夏、江苏、广东、湖南和福建9个省份；四类地区包括甘肃、四川、云南、江西、海南、湖北、安徽、河南、山东、河北、山西、贵州、广西、重庆、内蒙古、陕西和青海17个省份。2008年，在我国各省份义务教育发展指数的区域类型中，一类地区包括西藏、北京和上海3个省份；二类地区包括天津和浙江2个省份；三类地区包括福建、重庆、内蒙古、黑龙江、江苏、湖南、辽宁、吉林、陕西、宁夏、新疆和青海12个省份；四类地区包括甘肃、四川、云南、江西、海南、广东、湖北、安徽、河南、山东、河北、山西、贵州和广西14个省份。2013年，在我国各省份义务教育发展指数的区域类型中，一类地区包括西藏、上海和北京3个省份；二类地区包括天津、新疆和青海3个省份；三类地区包括内蒙古、湖北、浙江、山西、陕西、海南、福建、黑龙江、吉林、甘肃、辽宁、江苏、四川、宁夏和贵州15个省份；四类地区包括河北、河南、山东、安徽、湖南、重庆、广东、江西、云南和广西10个省份（表6-1）。2017年，在我国各省份义务教育发展指数的区域类型中，一类地区包括西藏、上海和北京3个省份；二类地区包括内蒙古和青海2个省份；三类地区包括黑龙江、辽宁、吉林、甘肃、宁夏、四川、新疆、贵州、海南、江苏、浙江、云南、重庆和天津14个省份；四类地区包括安徽、福建、河南、江西、河北、湖北、山西、陕西、广东、湖南、广西和山东12个省份。

2003—2017年，我国各省份义务教育发展指数的年增长率平均值较高的为青海、甘肃、西藏、贵州和内蒙古5个省份，较低的为广东、浙江、湖南、北京和上海5个省份；极高值青海的义务教育发展指数年增长率平均值为1.81%，极低值上海的义务教育发展指数年增长率平均值为-2.50%。

根据各省份义务教育发展指数的2个分指数的指数值高于或低于各省份平均

水平的情况，本书研究将各省份义务教育空间布局影响指数划分为 4 种基本类型。2003 年，在我国各省份义务教育空间布局影响指数的区域类型中，一类地区包括北京、天津、上海、浙江、广东和西藏 6 个省份；二类地区包括内蒙古、吉林、福建、江苏 4 个省份；三类地区包括辽宁、江西、湖北、湖南、广西、四川、贵州和宁夏 8 个省份；四类地区包括河北、山西、黑龙江、安徽、山东、河南、海南、重庆、云南、陕西、甘肃、青海和新疆 13 个省份。2008 年，在我国各省份义务教育空间布局影响指数的区域类型中，一类地区包括上海和西藏 2 个省份；二类地区包括北京、天津、河北、内蒙古、辽宁、吉林、黑龙江、江苏、浙江和福建 10 个省份；三类地区包括湖南、海南、重庆、四川、贵州、青海、宁夏和新疆 8 个省份；四类地区包括山西、安徽、江西、山东、河南、湖北、广东、广西、云南、陕西和甘肃 11 个省份。2013 年，在我国各省份义务教育空间布局影响指数的区域类型中，一类地区包括北京、西藏、青海和新疆 4 个省份；二类地区包括天津、内蒙古、辽宁、吉林、黑龙江、上海、江苏、浙江和陕西 9 个省份；三类地区包括江西、海南、四川、贵州、云南和宁夏 6 个省份；四类地区包括河北、山西、安徽、福建、山东、河南、湖北、湖南、广东、广西、重庆和甘肃 12 个省份。2017 年，在我国各省份义务教育空间布局影响指数的区域类型中，一类地区包括北京、辽宁、西藏和青海 4 个省份；二类地区包括天津、内蒙古、吉林、黑龙江、上海、江苏和浙江 7 个省份；三类地区包括江西、广西、海南、四川、贵州、云南、甘肃、宁夏和新疆 9 个省份；四类地区包括河北、山西、安徽、福建、山东、河南、湖北、湖南、广东、重庆和陕西 11 个省份。

第二节　各省份义务教育资源供给指数及其分指数的基本态势与结构特征

一、各省份义务教育资源供给指数的基本态势与结构特征

在义务教育资源供给指数的省域差距中，2003 年，义务教育资源供给指数较高的为北京、上海、浙江、天津和西藏 5 个省份，指标值较低的为四川、河南、甘肃、安徽和贵州 5 个省份。极高值北京的义务教育资源供给指数为 0.0402，极

低值贵州的义务教育资源供给指数为 0.0085，极差为 4.73 倍。2008 年，义务教育资源供给指数较高的为上海、北京、天津、浙江和西藏 5 个省份，指标值较低的为江西、甘肃、安徽、河南和贵州 5 个省份，极高值上海的义务教育资源供给指数为 0.0351，极低值贵州的义务教育资源供给指数为 0.0093，极差为 3.77 倍，较 2003 年有所缩减。2013 年，义务教育资源供给指数较高的为北京、上海、天津、西藏和内蒙古 5 个省份，指标值较低的为云南、江西、贵州、河南和广西 5 个省份，极高值北京的义务教育资源供给指数为 0.0297，极低值广西的义务教育资源供给指数为 0.0108，极差为 2.75 倍，较 2008 年有所缩减。2017 年，义务教育资源供给指数较高的为北京、上海、西藏、内蒙古和天津 5 个省份，指标值较低的为湖南、广西、河北、江西和河南 5 个省份，极高值北京的义务教育资源供给指数为 0.0298，极低值河南的义务教育资源供给指数为 0.0108，极差为 2.76 倍，较 2013 年有所增长（表 6-2）。

表 6-2 2003—2017 年各省份义务教育资源供给指数

地区	2003 年 指标值	排序	2008 年 指标值	排序	2013 年 指标值	排序	2017 年 指标值	排序
北京	0.0402	1	0.0348	2	0.0297	1	0.0298	1
天津	0.0214	4	0.0227	3	0.0229	3	0.0194	5
河北	0.0142	17	0.0158	12	0.0128	26	0.0120	29
山西	0.0132	21	0.0139	20	0.0156	14	0.0153	15
内蒙古	0.0163	10	0.0177	8	0.0196	5	0.0194	4
辽宁	0.0161	11	0.0168	9	0.0171	10	0.0169	10
吉林	0.0178	6	0.0182	7	0.0169	11	0.0183	7
黑龙江	0.0161	12	0.0166	11	0.0174	9	0.0175	9
上海	0.0401	2	0.0351	1	0.0248	2	0.0264	2
江苏	0.0165	8	0.0198	6	0.0196	6	0.0164	11
浙江	0.0223	3	0.0205	4	0.0175	7	0.0178	8
安徽	0.0102	30	0.0110	29	0.0136	24	0.0130	26
福建	0.0164	9	0.0167	10	0.0152	17	0.0134	24
江西	0.0123	24	0.0114	27	0.0112	28	0.0113	30
山东	0.0150	13	0.0152	15	0.0147	19	0.0146	19
河南	0.0116	28	0.0109	30	0.0110	30	0.0108	31
湖北	0.0133	20	0.0144	17	0.0154	15	0.0148	18
湖南	0.0149	14	0.0154	14	0.0129	25	0.0125	27
广东	0.0170	7	0.0143	18	0.0143	20	0.0140	22
广西	0.0120	25	0.0118	24	0.0108	31	0.0123	28

续表

地区	2003年 指标值	排序	2008年 指标值	排序	2013年 指标值	排序	2017年 指标值	排序
海南	0.0127	23	0.0132	22	0.0154	16	0.0148	17
重庆	0.0134	19	0.0132	21	0.0141	21	0.0144	20
四川	0.0116	27	0.0118	26	0.0139	23	0.0138	23
贵州	0.0085	31	0.0093	31	0.0110	29	0.0132	25
云南	0.0131	22	0.0118	25	0.0127	27	0.0144	21
西藏	0.0186	5	0.0200	5	0.0199	4	0.0227	3
陕西	0.0119	26	0.0148	16	0.0175	8	0.0158	13
甘肃	0.0104	29	0.0112	28	0.0148	18	0.0160	12
青海	0.0148	15	0.0140	19	0.0169	12	0.0184	6
宁夏	0.0141	18	0.0124	23	0.0141	22	0.0149	16
新疆	0.0143	16	0.0154	13	0.0168	13	0.0156	14

2003年，义务教育资源供给指数高于全国平均水平的有北京、天津、内蒙古、吉林、上海、浙江、江苏、福建、广东和西藏10个省份，其余省份均低于全国平均水平；2008年，高于全国平均水平的有北京、天津、内蒙古、辽宁、吉林、上海、江苏、浙江、福建、西藏和黑龙江11个省份，其余省份均低于全国平均水平；2013年，高于全国平均水平的有北京、天津、内蒙古、辽宁、吉林、黑龙江、上海、江苏、浙江、西藏、陕西、新疆和青海13个省份，其余省份均低于全国平均水平；2017年，高于全国平均水平的有北京、天津、内蒙古、辽宁、吉林、黑龙江、上海、江苏、浙江、西藏和青海11个省份，其余省份均低于全国平均水平。

根据义务教育资源供给指数指标的阈值[一类地区≥0.020，二类地区为0.017（含）—0.020，三类地区为0.015—0.017，四类地区<0.015]，本书研究将31个省份划分为4类区域类型。2003年，在我国各省份义务教育资源供给指数的区域类型中，一类地区包括北京、上海、浙江和天津4个省份；二类地区包括吉林、广东和西藏3个省份；三类地区包括内蒙古、辽宁、黑龙江、江苏和福建5个省份；四类地区包括广西、湖南、新疆、湖北、云南、重庆、山东、海南、江西、四川、山西、陕西、河北、河南、青海、宁夏、安徽、甘肃和贵州19个省份。2008年，在我国各省份义务教育资源供给指数的区域类型中，一类地区包括北京、天津、上海、西藏和浙江5个省份；二类地区包括内蒙古、吉林和江苏3个省份；三类地区包括新疆、黑龙江、河北、山东、湖南、福建和辽宁7个省份；四类地区包括江西、云南、海南、河南、青海、四川、安徽、宁夏、湖北、广西、重庆、广

东、山西、陕西、甘肃和贵州16个省份。2013年，在我国各省份义务教育资源供给指数的区域类型中，一类地区包括北京、天津和上海3个省份；二类地区包括西藏、浙江、江苏、陕西、内蒙古、黑龙江和辽宁7个省份；三类地区包括新疆、青海、山西、湖北、海南、福建和吉林7个省份；四类地区包括重庆、广东、湖南、甘肃、山东、广西、四川、安徽、宁夏、河北、云南、河南、江西和贵州14个省份。2017年，在我国各省份义务教育资源供给指数的区域类型中，一类地区包括北京、上海和西藏3个省份；二类地区包括浙江、内蒙古、青海、吉林、黑龙江和天津6个省份；三类地区包括甘肃、新疆、辽宁、山西、陕西和江苏6个省份；四类地区包括云南、广东、湖南、宁夏、广西、山东、湖北、重庆、贵州、海南、安徽、四川、福建、河南、江西和河北16个省份。

2003—2017年，我国各省份义务教育资源供给指数的年增长率平均值较高的为贵州、甘肃、陕西、安徽和西藏5个省份，较低的为广东、福建、浙江、北京和上海5个省份，极高值贵州的义务教育资源供给指数年增长率平均值为3.24%，极低值上海的义务教育资源供给指数年增长率平均值为-2.80%。

二、各省份义务教育设施供给指数的基本态势与结构特征

在义务教育设施供给指数的省域差距中，2003年，义务教育设施供给指数较高的为北京、上海、浙江、广东和湖南5个省份，指标值较低的为四川、新疆、甘肃、安徽和贵州5个省份，极高值北京的义务教育设施供给指数为0.0113，极低值贵州的义务教育设施供给指数为0.0025，极差为4.52倍。2008年，义务教育设施供给指数较高的为上海、北京、浙江、西藏和江苏5个省份，指标值较低的为新疆、安徽、四川、甘肃和贵州5个省份，极高值上海的义务教育设施供给指数为0.0115，极低值贵州的义务教育设施供给指数为0.0031，极差为3.71倍，较2003年有所缩减。2013年，义务教育设施供给指数较高的为上海、北京、西藏、江苏和浙江5个省份，指标值较低的为云南、河南、广西、贵州和江西5个省份，极高值上海的义务教育设施供给指数为0.0085，极低值江西的义务教育设施供给指数为0.0035，极差为2.43倍，较2008年有所缩减。2017年，义务教育设施供给指数较高的为上海、西藏、北京、浙江和青海5个省份，指标值较低的为安徽、河北、重庆、河南和江西5个省份，极高值上海的义务教育设施供给指数为0.0082，极低值江西的义务教育设施供给指数为0.0037，极差为2.22倍，较2013年继续缩减（表6-3）。

表 6-3 2003—2017 年各省份义务教育设施供给指数

地区	2003 年 指标值	排序	2008 年 指标值	排序	2013 年 指标值	排序	2017 年 指标值	排序
北京	0.0113	1	0.0102	2	0.0079	2	0.0073	3
天津	0.0055	11	0.0059	8	0.0065	6	0.0054	14
河北	0.0058	7	0.0060	7	0.0048	18	0.0045	28
山西	0.0046	23	0.0048	17	0.0052	15	0.0050	17
内蒙古	0.0048	19	0.0052	16	0.0059	9	0.0062	6
辽宁	0.0051	15	0.0054	12	0.0053	14	0.0056	9
吉林	0.0056	10	0.0054	13	0.0047	22	0.0055	13
黑龙江	0.0049	17	0.0047	18	0.0044	25	0.0046	24
上海	0.0111	2	0.0115	1	0.0085	1	0.0082	1
江苏	0.0058	8	0.0073	5	0.0072	4	0.0060	7
浙江	0.0075	3	0.0079	3	0.0070	5	0.0069	4
安徽	0.0036	30	0.0038	28	0.0047	23	0.0045	27
福建	0.0059	6	0.0059	9	0.0054	12	0.0046	22
江西	0.0043	26	0.0041	23	0.0035	31	0.0037	31
山东	0.0050	16	0.0054	14	0.0053	13	0.0056	10
河南	0.0047	20	0.0042	22	0.0039	28	0.0039	30
湖北	0.0054	12	0.0056	11	0.0063	7	0.0055	12
湖南	0.0060	5	0.0059	10	0.0048	19	0.0045	25
广东	0.0067	4	0.0061	6	0.0056	11	0.0050	18
广西	0.0047	21	0.0045	19	0.0038	29	0.0049	19
海南	0.0048	18	0.0044	20	0.0051	16	0.0046	21
重庆	0.0054	13	0.0043	21	0.0045	24	0.0044	29
四川	0.0039	27	0.0035	29	0.0048	21	0.0045	26
贵州	0.0025	31	0.0031	31	0.0038	30	0.0048	20
云南	0.0044	25	0.0039	25	0.0042	27	0.0053	15
西藏	0.0056	9	0.0075	4	0.0076	3	0.0082	2
陕西	0.0045	24	0.0052	15	0.0059	10	0.0057	8
甘肃	0.0036	29	0.0033	30	0.0048	20	0.0051	16
青海	0.0047	22	0.0039	26	0.0060	8	0.0068	5
宁夏	0.0053	14	0.0041	24	0.0050	17	0.0055	11
新疆	0.0036	28	0.0038	27	0.0043	26	0.0046	23

2003 年，义务教育设施供给指数高于全国平均水平的有北京、天津、河北、吉林、上海、浙江、江苏、福建、湖北、湖南、重庆、广东和西藏 13 个省份，其

余省份均低于全国平均水平；2008年，义务教育设施供给指数高于全国平均水平的有北京、天津、河北、辽宁、吉林、上海、江苏、浙江、福建、山东、湖北、湖南、广东和西藏14个省份，其余省份均低于全国平均水平；2013年，义务教育设施供给指数高于全国平均水平的有北京、天津、山东、内蒙古、上海、江苏、浙江、福建、湖北、广东、西藏、陕西和青海13个省份，其余省份均低于全国平均水平；2017年，义务教育设施供给指数高于全国平均水平的有北京、青海、内蒙古、辽宁、吉林、上海、江苏、浙江、山东、湖北、西藏、陕西和宁夏13个省份，其余省份均低于全国平均水平（表6-3）。

根据义务教育设施供给指数指标的阈值[一类地区≥0.008，二类地区为0.006（含）—0.008，三类地区为0.004—0.006，四类地区＜0.004]，本书将我国31个省份划分为4类区域类型。2003年，在我国各省份义务教育设施供给指数的区域类型中，一类地区包括北京和上海2个直辖市；二类地区包括浙江、湖南和广东3个省份；三类地区包括广西、西藏、湖北、云南、重庆、山东、海南、江西、山西、陕西、河北、河南、青海、宁夏、天津、吉林、内蒙古、辽宁、黑龙江、江苏和福建21个省份；四类地区包括新疆、安徽、四川、甘肃和贵州5个省份。2008年，在我国各省份义务教育设施供给指数的区域类型中，一类地区包括北京和上海2个直辖市；二类地区包括河北、西藏、广东、浙江和江苏5个省份；三类地区包括天津、内蒙古、吉林、黑龙江、山东、湖南、江西、海南、河南、宁夏、湖北、广西、重庆、山西、陕西、福建和辽宁17个省份；四类地区包括青海、四川、云南、新疆、安徽、甘肃和贵州7个省份。2013年，在我国各省份义务教育设施供给指数的区域类型中，一类地区只包括上海1个直辖市；二类地区包括西藏、青海、北京、天津、湖北、浙江和江苏7个省份；三类地区包括重庆、广东、湖南、海南、甘肃、山东、四川、安徽、宁夏、河北、云南、陕西、内蒙古、黑龙江、辽宁、新疆、山西、福建和吉林19个省份；四类地区包括广西、河南、江西和贵州4个省份。2017年，在我国各省份义务教育设施供给指数的区域类型中，一类地区包括西藏和上海2个省份；二类地区包括北京、内蒙古、青海、浙江和江苏5个省份；三类地区包括甘肃、新疆、辽宁、山西、陕西、吉林、云南、广东、湖南、宁夏、广西、山东、湖北、重庆、贵州、海南、安徽、四川、福建、黑龙江、河北和天津22个省份；四类地区包括河南和江西2个省份。

2003—2017年，我国各省份义务教育设施供给指数的年增长率平均值较高的为贵州、新疆、青海、甘肃和西藏5个省份，较低的为上海、河北、湖南、广东和北京5个省份，极高值贵州的义务教育设施供给指数的年增长率平均值为4.80%，极低值北京的义务教育设施供给指数的年增长率平均值为-2.82%。

（一）生均校舍面积

在义务教育学校生均校舍面积的省域差距中，2003年，生均校舍面积指标值较高的为北京、上海、浙江、湖南和西藏5个省份，指标值较低的为宁夏、新疆、安徽、甘肃和贵州5个省份，极高值北京的生均校舍面积为7.6929平方米，极低值贵州的生均校舍面积为3.0281平方米，极差为2.54倍。2008年，生均校舍面积较高的为上海、西藏、北京、浙江和湖南5个省份，指标值较低的为安徽、新疆、宁夏、甘肃和贵州5个省份，极高值上海的生均校舍面积为9.3542平方米，极低值贵州的生均校舍面积为4.1348平方米，极差为2.26倍，较2003年有所缩减。2013年，生均校舍面积较高的为西藏、湖北、浙江、江苏和内蒙古5个省份，指标值较低的为云南、新疆、河南、江西和贵州5个省份，极高值西藏的生均校舍面积为11.8838平方米，极低值贵州的生均校舍面积为6.3246平方米，极差为1.88倍，较2008年有所缩减。2017年，生均校舍面积较高的为西藏、浙江、内蒙古、青海和上海5个省份，指标值较低的为福建、河南、江西、天津和河北5个省份，极高值西藏的生均校舍面积为14.9659平方米，极低值河北的生均校舍面积为7.8126平方米，极差为1.92倍，较2013年有所增长（表6-4）。

2003年，生均校舍面积高于全国平均水平的有北京、上海、浙江、湖南、西藏、湖北、广西、福建、广东、云南、天津、重庆、内蒙古和山东14个省份，其余省份均低于全国平均水平；2008年，生均校舍面积高于全国平均水平的有上海、西藏、北京、浙江、湖南、湖北、江苏、福建、广西、天津、广东、山东、重庆、河北和黑龙江15个省份，其余省份均低于全国平均水平；2013年，生均校舍面积高于全国平均水平的有西藏、湖北、浙江、江苏、内蒙古、上海、重庆、北京、山西、陕西、广东、湖南、海南、福建和青海15个省份，其余省份均低于全国平均水平；2017年，生均校舍面积高于全国平均水平的有西藏、浙江、内蒙古、青海、上海、湖北、山西、江苏、重庆、北京、甘肃、吉林、云南、陕西、广东、湖南、宁夏和辽宁18个省份，其余省份均低于全国平均水平。

根据义务教育学校生均校舍面积指标的阈值[一类地区≥10，二类地区为8（含）—10，三类地区为6—8，四类地区<6]，本书将我国31个省份划分为4类区域类型。在2003年我国各省份义务教育学校生均校舍面积的区域类型中，无一、二类地区；三类地区包括北京、上海、浙江、湖南、西藏、湖北和广西7个省份；四类地区包括福建、广东、云南、天津、重庆、内蒙古、山东、黑龙江、江西、江苏、辽宁、吉林、海南、四川、山西、陕西、河北、河南、青海、宁夏、新疆、安徽、甘肃和贵州24个省份。在2008年我国各省份义务教育学校生均校舍面积的区域类型中，无一类地区；二类地区包括上海、西藏、北京、浙江和湖南5个

表6-4 2003—2017年各省份义务教育学校生均校舍面积　　单位：平方米

地区	2003年 指标值	排序	2008年 指标值	排序	2013年 指标值	排序	2017年 指标值	排序
北京	7.6929	1	8.5139	3	9.2671	8	10.0611	10
天津	5.2250	11	6.6684	10	7.9878	16	8.1657	30
河北	4.5185	24	6.2511	14	7.3056	26	7.8126	31
山西	4.5931	22	6.0710	18	8.9890	9	10.3026	7
内蒙古	5.0754	13	6.0935	17	9.7015	5	11.7027	3
辽宁	4.8330	18	6.0283	20	7.8351	20	9.3690	18
吉林	4.8166	19	6.1320	16	7.8481	18	9.6252	12
黑龙江	4.8766	15	6.1918	15	7.8580	17	8.9820	24
上海	7.3125	2	9.3542	1	9.3657	6	11.2493	5
江苏	4.8421	17	7.7675	7	10.1417	4	10.1666	8
浙江	6.6575	3	8.3368	4	10.2034	3	12.2482	2
安徽	3.6275	29	4.9089	27	7.5305	24	9.0190	23
福建	5.8381	8	7.7225	8	8.5677	14	8.4638	27
江西	4.8756	16	5.8144	21	6.8634	30	8.2716	29
山东	5.0329	14	6.4151	12	7.6763	21	9.2341	20
河南	4.4401	25	5.2137	24	6.9066	29	8.3437	28
湖北	6.0991	6	7.9511	6	10.7496	2	10.9038	6
湖南	6.5870	4	8.0826	5	8.7372	12	9.4431	16
广东	5.7753	9	6.4952	11	8.7873	11	9.5513	15
广西	6.0042	7	6.7508	9	7.6251	22	9.3352	19
海南	4.7934	20	5.6397	23	8.5678	13	9.0620	22
重庆	5.1198	12	6.3176	13	9.3114	7	10.1259	9
四川	4.6140	21	4.9498	26	7.5596	23	8.8543	25
贵州	3.0281	31	4.1348	31	6.3246	31	9.0656	21
云南	5.5193	10	5.7243	22	7.2975	27	9.6211	13
西藏	6.4834	5	8.8212	2	11.8838	1	14.9659	1
陕西	4.5251	23	6.0335	19	8.8918	10	9.5907	14
甘肃	3.4190	30	4.3962	30	7.8437	19	9.7381	11
青海	4.1492	26	5.0007	25	8.3804	15	11.4753	4
宁夏	3.8847	27	4.7636	29	7.3881	25	9.3717	17
新疆	3.6651	28	4.8293	28	7.1518	28	8.8103	26

省份；三类地区包括湖北、江苏、福建、广西、天津、广东、山东、重庆、河北、黑龙江、吉林、内蒙古、山西、陕西和辽宁15个省份；四类地区包括江西、云南、海南、河南、青海、四川、安徽、新疆、宁夏、甘肃和贵州11个省份。在2013年我国各省份义务教育学校生均校舍面积的区域类型中，一类地区包括西藏、湖北、浙江和江苏4个省份；二类地区包括内蒙古、上海、重庆、北京、山西、陕西、广东、湖南、海南、福建和青海11个省份；三类地区包括天津、黑龙江、吉林、甘肃、辽宁、山东、广西、四川、安徽、宁夏、河北、云南、新疆、河南、江西和贵州16个省份；无四类地区。在2017年我国各省份义务教育学校生均校舍面积的区域类型中，一类地区包括西藏、浙江、内蒙古、青海、上海、湖北、山西、江苏、重庆和北京10个省份；二类地区包括甘肃、吉林、云南、陕西、广东、湖南、宁夏、辽宁、广西、山东、贵州、海南、安徽、黑龙江、四川、新疆、福建、河南、江西和天津20个省份；三类地区包括河北1个省份；无四类地区。

2003—2017年，我国各省份义务教育学校生均校舍面积的年增长率平均值较高的为贵州、甘肃、青海、安徽和宁夏5个省份，较低的为湖南、福建、上海、广西和北京5个省份，极高值贵州的义务教育学校生均校舍面积年增长率平均值为8.24%，极低值北京的义务教育学校生均校舍面积年增长率平均值为2.25%，极差为3.66倍。

（二）生均固定资产值

在义务教育生均固定资产值的省域差距中，2003年，生均固定资产值较高的为上海、北京、浙江、广东和西藏5个省份，指标值较低的为四川、河南、陕西、安徽和贵州5个省份，极高值上海的生均固定资产值为8796.68元，极低值贵州的生均固定资产值为1232.34元，极差为7.14倍。2008年，生均固定资产值较高的为上海、北京、西藏、浙江和江苏5个省份，指标值较低的为四川、安徽、河南、甘肃和贵州5个省份，极高值上海的生均固定资产值为14 544.98元，极低值贵州的生均固定资产值为2042.43元，极差为7.12倍，较2003年有所缩减。2013年，生均固定资产值较高的为西藏、上海、北京、江苏和浙江5个省份，指标值较低的为湖南、贵州、广西、河南和江西5个省份，极高值西藏的生均固定资产值为19 209.11元，极低值江西的生均固定资产值为4490.45元，极差为4.28倍，较2008年的缩小幅度大。2017年，生均固定资产值较高的为西藏、北京、上海、青海和内蒙古5个省份，指标值较低的为湖南、广西、河北、江西和河南5个省份，极高值西藏的生均固定资产值为34 705.90元，极低值河南的生均固定资产值为7889.92元，极差为4.40倍，较2013年有所增长（表6-5）。

表6-5 2003—2017年各省份义务教育学校生均固定资产值   单位：元

地区	2003年 指标值	排序	2008年 指标值	排序	2013年 指标值	排序	2017年 指标值	排序
北京	7 052.25	2	11 523.27	2	17 464.19	3	27 300.77	2
天津	3 043.79	13	5 527.42	7	11 427.51	8	13 758.25	13
河北	2 878.87	15	4 006.41	15	6 418.58	26	8 553.57	29
山西	2 529.69	20	3 744.26	17	8 154.15	16	13 143.19	16
内蒙古	2 368.87	23	4 404.92	12	11 843.03	7	20 578.68	5
辽宁	2 665.67	19	4 198.32	13	7 896.59	18	11 994.02	22
吉林	3 078.97	12	4 482.08	10	7 244.27	24	12 535.94	18
黑龙江	2 988.69	14	3 904.20	16	7 498.06	20	12 151.81	20
上海	8 796.68	1	14 544.98	1	18 359.96	2	27 295.43	3
江苏	3 563.18	9	7 356.54	5	14 690.24	4	18 590.61	7
浙江	4 777.69	3	8 131.21	4	12 624.75	5	19 391.91	6
安徽	1 739.33	30	2 893.19	28	7 448.03	23	11 733.81	24
福建	3 432.91	10	4 555.69	9	8 318.33	15	11 345.50	25
江西	2 494.41	21	3 005.61	26	4 490.45	31	8 009.89	30
山东	2 687.65	18	4 777.78	8	8 566.97	13	14 332.52	10
河南	2 114.60	28	2 747.73	29	4 918.51	30	7 889.92	31
湖北	2 825.69	16	4 477.98	11	8 875.44	12	12 041.63	21
湖南	2 756.66	17	3 737.27	18	6 351.89	27	10 183.33	27
广东	4 757.81	4	6 171.42	6	9 895.70	10	12 437.62	19
广西	2 241.29	25	3 166.85	25	5 067.39	29	9 936.31	28
海南	3 310.25	11	4 166.54	14	9 712.55	11	13 287.55	14
重庆	4 504.74	6	3 731.97	19	7 455.03	22	11 934.25	23
四川	2 150.93	27	2 961.23	27	8 113.53	17	12 624.02	17
贵州	1 232.34	31	2 042.43	31	5 211.24	28	10 731.56	26
云南	2 266.54	24	3 243.74	23	6 839.73	25	15 638.34	9
西藏	4 592.04	5	9 342.56	3	19 209.11	1	34 705.90	1
陕西	2 019.80	29	3 505.92	21	8 488.49	14	13 202.38	15
甘肃	2 458.60	22	2 389.56	30	7 495.94	21	14 234.69	11
青海	3 827.12	8	3 522.03	20	12 411.13	6	22 649.18	4
宁夏	4 479.59	7	3 217.08	24	9 939.89	9	18 291.51	8
新疆	2 240.28	26	3 375.12	22	7 541.77	19	14 182.17	12

2003年，生均固定资产值高于全国平均水平的有北京、上海、江苏、浙江、

福建、广东、海南、重庆、西藏、青海和宁夏11个省份，其余省份均低于全国平均水平；2008年，生均固定资产值高于全国平均水平的有北京、天津、上海、江苏、浙江、广东和西藏7个省份，其余省份均低于全国平均水平；2013年，生均固定资产值高于全国平均水平的有北京、天津、内蒙古、上海、江苏、浙江、广东、海南、西藏、青海和宁夏11个省份，其余省份均低于全国平均水平；2017年，生均固定资产值高于全国平均水平的有北京、内蒙古、上海、江苏、浙江、云南、西藏、青海和宁夏9个省份，其余省份均低于全国平均水平。

根据义务教育学校生均固定资产值指标的阈值[一类地区≥15 000，二类地区为8000（含）—15 000，三类地区为3000—8000，四类地区<3000]，在此将我国31个省份划分为4类区域类型。在2003年我国各省份义务教育学校生均固定资产值的区域类型中，无一类地区；二类地区包括上海1个直辖市；三类地区包括北京、天津、吉林、宁夏、青海、西藏、重庆、江苏、浙江、福建、广东和海南12个省份；四类地区包括湖南、湖北、广西、云南、内蒙古、山东、黑龙江、江西、辽宁、四川、山西、陕西、河北、河南、新疆、安徽、甘肃和贵州18个省份。在2008年我国各省份义务教育学校生均固定资产值的区域类型中，无一类地区；二类地区包括上海、西藏、北京、浙江4个省份；三类地区包括湖北、湖南、江苏、福建、广西、天津、广东、江西、山东、云南、海南、重庆、青海、新疆、河北、宁夏、黑龙江、吉林、内蒙古、山西、陕西和辽宁22个省份；四类地区包括河南、四川、安徽、甘肃和贵州5个省份。在2013年我国各省份义务教育学校生均固定资产值的区域类型中，一类地区包括西藏、上海和北京3个省份；二类地区包括内蒙古、宁夏、天津、山西、陕西、四川、广东、湖北、山东、江苏、浙江、海南、福建和青海14个省份；三类地区包括重庆、黑龙江、吉林、甘肃、辽宁、湖南、广西、江西、安徽、河北、云南、新疆、河南和贵州14个省份；无四类地区。在2017年我国各省份义务教育学校生均固定资产值的区域类型中，一类地区包括西藏、浙江、云南、内蒙古、青海、宁夏、上海、江苏和北京9个省份；二类地区包括甘肃、吉林、陕西、广东、湖南、湖北、山西、辽宁、广西、重庆、山东、贵州、海南、安徽、黑龙江、四川、新疆、福建、河北、江西和天津21个省份；三类地区包括河南1个省份；无四类地区。

2003—2017年，我国各省份义务教育学校生均固定资产值年增长率平均值较高的为贵州、新疆、青海、湖北和内蒙古5个省份，较低的为上海、福建、湖北、重庆和广东5个省份，极高值新疆的义务教育学校生均固定资产值年增长率平均值为25.83%，极低值广东的义务教育学校生均固定资产值年增长率平均值为7.22%，极差为3.58倍。

(三)生均校藏图书量

在义务教育学校生均校藏图书量的省域差距中,2003年,生均校藏图书量较高的为北京、上海、河北、浙江和吉林5个省份,指标值较低的为重庆、甘肃、四川、西藏和贵州5个省份,极高值北京的生均校藏图书量为32.87册,极低值贵州的生均校藏图书量为5.24册,极差为6.27倍。2008年,生均校藏图书量较高的为北京、上海、河北、浙江和江苏5个省份,指标值较低的为甘肃、重庆、青海、云南和四川5个省份,极高值北京的生均校藏图书量为30.71册,极低值四川的生均校藏图书量为8.67册,极差为3.54倍,较2003年缩减幅度较大。2013年,生均校藏图书量较高的为上海、北京、天津、浙江和陕西5个省份,指标值较低的为云南、黑龙江、广西、江西和重庆5个省份,极高值上海的生均校藏图书量为36.93册,极低值重庆的生均校藏图书量为13.88册,极差为2.66倍,较2008年的差距继续缩小。2017年,生均校藏图书量较高的为上海、辽宁、陕西、浙江和天津5个省份,指标值较低的为海南、西藏、新疆、江西和重庆5个省份,极高值上海的生均校藏图书量为43.55册,极低值重庆的生均校藏图书量为16.76册,极差为2.60倍,较2013年有所缩减(表6-6)。

2003年,生均校藏图书量高于全国平均水平的有北京、天津、河北、辽宁、吉林、上海、江苏、浙江、福建、河南、湖南和广东12个省份,其余省份均低于全国平均水平;2008年,生均校藏图书量高于全国平均水平的有北京、天津、河北、内蒙古、辽宁、吉林、上海、江苏、浙江、福建、湖南、陕西和广东13个省份,其余省份均低于全国平均水平;2013年,生均校藏图书量高于全国平均水平的有北京、天津、河北、辽宁、上海、江苏、浙江、福建、山东、湖北、青海、陕西和广东13个省份,其余省份均低于全国平均水平;2017年,生均校藏图书量高于全国平均水平的有北京、天津、河北、辽宁、吉林、上海、江苏、浙江、山东、湖北、广西、贵州、陕西和青海14个省份,其余省份均低于全国平均水平。

根据义务教育学校生均校藏图书量指标的阈值[一类地区≥30,二类地区为20(含)—30,三类地区为10—20,四类地区<10],本书将我国31个省份划分为4类区域类型。在2003年我国各省份义务教育学校生均校藏图书量的区域类型中,一类地区包括北京1个直辖市;二类地区包括上海1个直辖市;三类地区包括天津、吉林、宁夏、江苏、浙江、福建、广东、湖南、湖北、内蒙古、山东、黑龙江、辽宁、山西、陕西、河北、河南17个省份;四类地区包括青海、西藏、重庆、新疆、广西、四川、云南、安徽、江西、海南、甘肃和贵州12个省份。在2008年我国各省份义务教育学校生均校藏图书量的区域类型中,一类地区包括北

表6-6 2003—2017年各省份义务教育学校生均校藏图书量　　　　单位：册

地区	2003年 指标值	排序	2008年 指标值	排序	2013年 指标值	排序	2017年 指标值	排序
北京	32.87	1	30.71	1	32.67	2	33.36	7
天津	14.22	9	17.66	11	32.34	3	34.20	5
河北	18.59	3	24.52	3	25.67	10	30.30	12
山西	11.45	17	14.69	16	21.38	15	23.74	21
内蒙古	11.91	16	15.76	13	20.18	19	23.45	22
辽宁	13.63	11	18.92	8	26.95	8	37.06	2
吉林	15.43	5	17.71	10	20.53	18	33.59	6
黑龙江	11.11	18	13.12	20	15.95	28	22.04	23
上海	25.59	2	30.05	2	36.93	1	43.55	1
江苏	14.61	7	20.62	5	27.88	7	29.58	13
浙江	17.72	4	22.43	4	30.24	4	35.60	4
安徽	9.42	20	11.54	23	20.60	17	21.34	25
福建	13.40	12	17.87	9	24.24	11	25.39	16
江西	8.69	24	11.64	22	14.33	30	19.02	30
山东	12.18	14	15.74	14	25.83	9	32.81	8
河南	14.03	10	14.73	15	18.02	22	21.95	24
湖北	12.12	15	14.67	17	29.27	6	31.26	9
湖南	15.15	6	19.45	6	21.52	14	24.04	20
广东	14.59	8	17.15	12	23.53	12	26.15	15
广西	9.39	21	12.15	21	14.94	29	30.65	10
海南	9.12	22	10.98	24	17.46	24	20.37	27
重庆	7.62	27	10.13	28	13.88	31	16.76	31
四川	7.33	29	8.67	31	19.96	20	20.59	26
贵州	5.24	31	10.69	26	17.87	23	27.64	14
云南	8.70	23	9.55	30	16.83	27	25.11	17
西藏	5.77	30	13.68	18	17.16	25	19.22	28
陕西	12.27	13	18.96	7	30.14	5	35.68	3
甘肃	7.42	28	10.32	27	20.99	16	24.70	18
青海	7.68	26	10.08	29	23.31	13	30.64	11
宁夏	10.01	19	13.35	19	18.85	21	24.39	19
新疆	7.85	25	10.69	25	17.02	26	19.12	29

京和上海 2 个直辖市；二类地区包括河北、江苏、浙江 3 个省份；三类地区包括湖北、湖南、福建、广西、西藏、广东、江西、安徽、山东、甘肃、海南、重庆、河南、青海、新疆、贵州、天津、宁夏、黑龙江、吉林、内蒙古、山西、陕西和辽宁 24 个省份；四类地区包括四川和云南 2 个省份。在 2013 年我国各省份义务教育学校生均校藏图书量的区域类型中，一类地区包括天津、上海、陕西、浙江和北京 5 个省份；二类地区包括内蒙古、吉林、山西、甘肃、广东、辽宁、湖北、湖南、山东、江苏、安徽、河北、福建和青海 14 个省份；三类地区包括黑龙江、重庆、宁夏、江西、河南、西藏、广西、四川、新疆、云南、海南和贵州 12 个省份；无四类地区。在 2017 年我国各省份义务教育学校生均校藏图书量的区域类型中，一类地区包括天津、吉林、辽宁、山东、北京、河北、上海、浙江、陕西、湖北、广西和青海 12 个省份；二类地区包括甘肃、云南、内蒙古、宁夏、江苏、广东、湖南、山西、贵州、海南、安徽、黑龙江、四川、福建和河南 15 个省份；三类地区包括江西、重庆、西藏和新疆 4 个省份；无四类地区。

2003—2017 年，我国各省份义务教育学校生均校藏图书量的年增长率平均值较高的为贵州、青海、西藏、甘肃和广西 5 个省份，较低的为上海、河北、湖南、河南和北京 5 个省份，极高值贵州的义务教育学校生均校藏图书量的年增长率平均值为 12.79%，极低值北京的义务教育学校生均校藏图书量的年增长率平均值为 0.37%，极差为 34.57 倍。

三、各省份义务教育人员供给指数的基本态势与结构特征

在义务教育人员供给指数的省域差距中，2003 年，义务教育人员供给指数较高的为北京、天津、上海、吉林和黑龙江 5 个省份，指标值较低的为甘肃、西藏、广东、安徽和贵州 5 个省份，极高值北京的义务教育人员供给指数为 0.0090，极低值贵州的义务教育人员供给指数为 0.0038，极差为 2.37 倍。2008 年，义务教育人员供给指数较高的为北京、天津、吉林、黑龙江和上海 5 个省份，指标值较低的为四川、河南、安徽、广东和贵州 5 个省份，极高值北京的义务教育人员供给指数为 0.0075，极低值贵州的义务教育人员供给指数为 0.0038，极差为 1.97 倍，较 2003 年有所缩减。2013 年，义务教育人员供给指数较高的为黑龙江、吉林、内蒙古、山西和北京 5 个省份，指标值较低的为云南、河南、江西、贵州和广西 5 个省份，极高值黑龙江的义务教育人员供给指数为 0.0073，极低值广西的义务教育人员供给指数为 0.0040，极差为 1.83 倍，较 2008 年有所缩减。2017 年，义务教育人员供给指数较高的为吉林、黑龙江、北京、辽宁和山西 5 个省份，指标值较

低的为贵州、湖南、河南、江西和广西5个省份，极高值吉林的义务教育人员供给指数为0.0072，极低值广西的义务教育人员供给指数为0.0042，极差为1.71倍，较2013年继续缩减（表6-7）。

表6-7 2003—2017年各省份义务教育人员供给指数

地区	2003年 指标值	排序	2008年 指标值	排序	2013年 指标值	排序	2017年 指标值	排序
北京	0.0090	1	0.0075	1	0.0064	5	0.0070	3
天津	0.0074	2	0.0072	2	0.0063	7	0.0060	9
河北	0.0054	14	0.0060	8	0.0049	22	0.0047	26
山西	0.0054	13	0.0055	14	0.0064	4	0.0064	5
内蒙古	0.0067	6	0.0066	6	0.0067	3	0.0063	7
辽宁	0.0060	7	0.0058	11	0.0062	8	0.0065	4
吉林	0.0071	4	0.0072	3	0.0070	2	0.0072	1
黑龙江	0.0068	5	0.0068	4	0.0073	1	0.0070	2
上海	0.0071	3	0.0068	5	0.0056	11	0.0062	8
江苏	0.0049	18	0.0059	10	0.0056	12	0.0050	19
浙江	0.0052	16	0.0050	17	0.0048	23	0.0051	16
安徽	0.0040	30	0.0043	29	0.0050	18	0.0048	22
福建	0.0055	11	0.0058	12	0.0052	16	0.0047	24
江西	0.0050	17	0.0045	23	0.0042	29	0.0043	30
山东	0.0059	8	0.0059	9	0.0053	15	0.0052	12
河南	0.0046	23	0.0043	28	0.0044	28	0.0044	29
湖北	0.0047	22	0.0052	16	0.0054	13	0.0050	18
湖南	0.0054	12	0.0055	13	0.0047	24	0.0045	28
广东	0.0041	29	0.0040	30	0.0046	25	0.0048	23
广西	0.0042	26	0.0044	26	0.0040	31	0.0042	31
海南	0.0047	21	0.0048	20	0.0053	14	0.0051	17
重庆	0.0046	24	0.0047	21	0.0049	21	0.0050	20
四川	0.0044	25	0.0043	27	0.0050	17	0.0051	14
贵州	0.0038	31	0.0038	31	0.0041	30	0.0046	27
云南	0.0048	20	0.0044	25	0.0045	27	0.0047	25
西藏	0.0041	28	0.0050	18	0.0049	20	0.0052	13
陕西	0.0048	19	0.0055	15	0.0061	9	0.0056	11
甘肃	0.0042	27	0.0047	22	0.0059	10	0.0063	6
青海	0.0058	10	0.0049	19	0.0050	19	0.0051	15
宁夏	0.0053	15	0.0044	24	0.0046	26	0.0048	21
新疆	0.0058	9	0.0060	7	0.0063	6	0.0058	10

2003年，义务教育人员供给指数高于全国平均水平的有北京、天津、山西、内蒙古、辽宁、吉林、黑龙江、上海、福建、山东、湖南、青海和新疆13个省份，其余省份均低于全国平均水平；2008年，义务教育人员供给指数高于全国平均水平的有北京、天津、河北、山西、内蒙古、辽宁、吉林、黑龙江、上海、江苏、福建、山东、湖南、陕西和新疆15个省份，其余省份均低于全国平均水平；2013年，义务教育人员供给指数高于全国平均水平的有北京、天津、海南、山西、内蒙古、辽宁、吉林、黑龙江、上海、江苏、湖北、陕西、甘肃和新疆14个省份，其余省份均低于全国平均水平；2017年，义务教育人员供给指数高于全国平均水平的有北京、天津、山西、内蒙古、辽宁、吉林、黑龙江、上海、甘肃、陕西和新疆11个省份，其余省份均低于全国平均水平。

根据义务教育人员供给指数指标的阈值[一类地区≥0.006，二类地区为0.005（含）—0.006，三类地区为0.004—0.005，四类地区<0.004]，本书将我国31个省份划分为4类区域类型。在2003年我国各省份义务教育人员供给指数的区域类型中，一类地区包括天津、内蒙古、辽宁、黑龙江、吉林、北京和上海7个省份；二类地区包括新疆、青海、宁夏、山东、山西、河北、浙江、湖南、江西和福建10个省份；三类地区包括甘肃、四川、广东、广西、安徽、西藏、湖北、云南、重庆、海南、陕西、河南和江苏13个省份；四类地区包括贵州1个省份（表6-7）。在2008年我国各省份义务教育人员供给指数的区域类型中，一类地区包括新疆、内蒙古、河北、吉林、黑龙江、天津、北京和上海8个省份；二类地区包括山东、江苏、西藏、辽宁、福建、湖南、山西、陕西、湖北和浙江10个省份；三类地区包括青海、海南、重庆、甘肃、江西、宁夏、云南、广西、四川、河南、安徽和广东12个省份；四类地区包括贵州1个省份（表6-7）。在2013年我国各省份义务教育人员供给指数的区域类型中，一类地区包括北京、天津、新疆、陕西、山西、内蒙古、黑龙江、辽宁和吉林9个省份；二类地区包括上海、山东、青海、海南、甘肃、四川、湖北、安徽、福建和江苏10个省份；三类地区包括西藏、浙江、重庆、广东、广西、湖南、宁夏、河北、云南、河南、江西和贵州12个省份；无四类地区（表6-7）。在2017年我国各省份义务教育人员供给指数的区域类型中，一类地区包括甘肃、内蒙古、山西、吉林、辽宁、黑龙江、北京、天津和上海9个省份；二类地区包括西藏、青海、新疆、四川、陕西、湖北、山东、海南、重庆、浙江和江苏11个省份；三类地区包括云南、广东、湖南、宁夏、广西、贵州、安徽、江西、福建、河南和河北11个省份；无四类地区。

2003—2017年，我国各省份义务教育人员供给指数的年增长率平均值较高的为甘肃、西藏、安徽、贵州和山西5个省份，较低的为福建、江西、湖南、天津和北京5个省份，极高值甘肃的义务教育人员供给指数的年增长率平均值为

3.07%，极低值北京的义务教育人员供给指数的年增长率平均值为-1.47%。

（一）师生比

在义务教育学校师生比的省域差距中，2003年，师生比较高的为北京、天津、上海、吉林和内蒙古5个省份，指标值较低的为甘肃、西藏、广东、安徽和贵州5个省份，极高值北京的师生比为0.1013，极低值贵州的师生比为0.0425，极差为2.35倍。2008年，师生比较高的为北京、天津、吉林、上海和黑龙江5个省份，指标值较低的为广西、河南、安徽、广东和贵州5个省份，极高值北京的师生比为0.1001，极低值贵州的师生比为0.0497，极差为2倍，较2003年有所缩减。2013年，师生比较高的为黑龙江、吉林、内蒙古、北京和山西5个省份，指标值较低的为云南、河南、江西、贵州和广西5个省份，极高值黑龙江的师生比为0.1181，极低值广西的师生比为0.0620，极差为1.90倍，较2008年有所缩减。2017年，师生比较高的为吉林、黑龙江、北京、辽宁和山西5个省份，指标值较低的为贵州、湖南、河南、江西和广西5个省份，极高值吉林的师生比为0.1175，极低值广西的师生比为0.0663，极差为1.79倍，较2013年继续缩减（表6-8）。

2003年，师生比高于全国平均水平的有北京、天津、内蒙古、辽宁、吉林、黑龙江、上海、福建、山东、湖南、青海和新疆12个省份，其余省份均低于全国平均水平；2008年，师生比高于全国平均水平的有北京、天津、河北、山西、内蒙古、辽宁、吉林、黑龙江、上海、江苏、福建、山东、湖南、陕西和新疆15个省份，其余省份均低于全国平均水平；2013年，师生比高于全国平均水平的有北京、天津、海南、山西、内蒙古、辽宁、吉林、黑龙江、上海、江苏、湖北、陕西、甘肃和新疆14个省份，其余省份均低于全国平均水平；2017年，师生比高于全国平均水平的有北京、天津、青海、山西、内蒙古、辽宁、吉林、黑龙江、上海、四川、甘肃、陕西和新疆13个省份，其余省份均低于全国平均水平。

根据义务教育学校师生比指标的阈值［一类地区≥0.09，二类地区为0.07（含）—0.09，三类地区为0.05—0.07，四类地区<0.05］，本书将我国31个省份划分为4类区域类型。在2003年我国各省份义务教育学校师生比的区域类型中，一类地区只有北京1个直辖市；二类地区包括天津、上海、内蒙古、黑龙江和吉林5个省份；三类地区包括浙江、海南、四川、山西、陕西、河北、河南、青海、宁夏、新疆、福建、云南、重庆、山东、江西、江苏、辽宁、湖南和湖北19个省份；四类地区包括广西、广东、安徽、西藏、甘肃和贵州6个省份。在2008年我国各省份义务教育学校师生比的区域类型中，一类地区包括北京、天津和吉林3个

表 6-8　2003—2017 年各省份义务教育学校师生比

地区	2003 年 指标值	排序	2008 年 指标值	排序	2013 年 指标值	排序	2017 年 指标值	排序
北京	0.1013	1	0.1001	1	0.1036	4	0.1148	3
天津	0.0837	2	0.0971	2	0.1002	8	0.0977	9
河北	0.0594	16	0.0788	8	0.0770	22	0.0748	26
山西	0.0602	13	0.0727	15	0.1036	5	0.1061	5
内蒙古	0.0759	5	0.0869	6	0.1078	3	0.1042	6
辽宁	0.0670	7	0.0775	12	0.1015	7	0.1088	4
吉林	0.0771	4	0.0928	3	0.1104	2	0.1175	1
黑龙江	0.0747	6	0.0890	5	0.1181	1	0.1163	2
上海	0.0813	3	0.0899	4	0.0902	11	0.1024	8
江苏	0.0556	18	0.0789	7	0.0895	12	0.0820	18
浙江	0.0596	15	0.0668	17	0.0772	21	0.0838	16
安徽	0.0446	30	0.0567	29	0.0802	19	0.0792	22
福建	0.0624	11	0.0782	10	0.0835	16	0.0766	24
江西	0.0572	17	0.0602	23	0.0675	29	0.0696	30
山东	0.0669	8	0.0782	11	0.0843	15	0.0845	14
河南	0.0510	23	0.0568	28	0.0681	28	0.0701	29
湖北	0.0531	21	0.0700	16	0.0871	13	0.0829	17
湖南	0.0611	12	0.0738	13	0.0752	25	0.0744	28
广东	0.0453	29	0.0533	30	0.0756	24	0.0792	21
广西	0.0475	26	0.0573	27	0.0620	31	0.0663	31
海南	0.0520	22	0.0624	20	0.0858	14	0.0842	15
重庆	0.0507	24	0.0618	22	0.0782	20	0.0799	20
四川	0.0501	25	0.0575	26	0.0823	17	0.0861	13
贵州	0.0425	31	0.0497	31	0.0648	30	0.0746	27
云南	0.0539	20	0.0577	25	0.0701	27	0.0749	25
西藏	0.0471	28	0.0638	19	0.0758	23	0.0817	19
陕西	0.0545	19	0.0728	14	0.0982	9	0.0927	11
甘肃	0.0473	27	0.0624	21	0.0955	10	0.1040	7
青海	0.0653	9	0.0651	18	0.0813	18	0.0863	12
宁夏	0.0599	14	0.0587	24	0.0733	26	0.0784	23
新疆	0.0648	10	0.0785	9	0.1031	6	0.0977	10

省份;二类地区包括新疆、黑龙江、内蒙古、辽宁、河北、陕西、湖北、山西、山东、上海、江苏、福建和湖南13个省份;三类地区包括西藏、浙江、广西、广东、重庆、江西、云南、海南、河南、青海、四川、安徽、宁夏和甘肃14个省份;四类地区只有贵州1个省份。在2013年我国各省份义务教育学校师生比的区域类型中,一类地区包括新疆、内蒙古、黑龙江、吉林、甘肃、辽宁、山西、陕西、北京、天津和上海11个省份;二类地区包括重庆、江苏、山东、四川、云南、宁夏、河北、安徽、广东、湖南、海南、西藏、湖北、浙江、福建和青海16个省份;三类地区包括广西、河南、江西和贵州4个省份;无四类地区。在2017年我国各省份义务教育学校师生比的区域类型中,一类地区包括新疆、内蒙古、黑龙江、吉林、甘肃、辽宁、山西、陕西、北京、天津和上海11个省份;二类地区包括浙江、云南、广东、湖南、宁夏、河北、山东、贵州、海南、安徽、四川、西藏、福建、河南、青海、湖北、江苏和重庆18个省份;三类地区包括广西和江西2个省份;无四类地区。

2003—2017年,我国各省份义务教育学校师生比的年增长率平均值较高的为甘肃、安徽、山西、广东和贵州5个省份,较低的为福建、湖南、江西、北京和天津5个省份,极高值甘肃的义务教育学校师生比年增长率平均值为5.85%,极低值天津的义务教育学校师生比年增长率平均值为1.13%,极差为5.18倍。

(二)生均师资教育年限

在义务教育学校生均师资教育年限的省域差距中,2003年,生均师资教育年限较高的为北京、吉林、天津、上海和黑龙江5个省份,指标值较低的为广东、甘肃、西藏、安徽和贵州5个省份,极高值北京的生均师资教育年限为1.243年,极低值贵州的生均师资教育年限为0.524年,极差为2.37倍。2008年,生均师资教育年限较高的为北京、吉林、天津、黑龙江和上海5个省份,指标值较低的为四川、河南、广东、贵州和安徽5个省份,极高值北京的生均师资教育年限为1.246年,极低值贵州的生均师资教育年限为0.649年,极差为1.92倍,较2003年有所缩减。2013年,生均师资教育年限较高的为黑龙江、吉林、内蒙古、山西和北京5个省份,指标值较低的为广东、河南、江西、贵州和广西5个省份,极高值黑龙江的生均师资教育年限为1.449年,极低值广西的生均师资教育年限为0.809年,极差为1.79倍,较2008年有所缩减。2017年,生均师资教育年限较高的为吉林、北京、黑龙江、辽宁和山西5个省份,指标值较低的为贵州、湖南、河南、江西和广西5个省份,极高值吉林的生均师资教育年限为1.469年,极低值广西的生均师资教育年限为0.870年,极差为1.69倍,较2013年继续缩减(表6-9)。

表 6-9　2003—2017 年各省份义务教育学校生均师资教育年限　　单位：年

地区	2003 年 指标值	排序	2008 年 指标值	排序	2013 年 指标值	排序	2017 年 指标值	排序
北京	1.243	1	1.246	1	1.264	5	1.408	2
天津	1.015	3	1.189	3	1.240	6	1.229	9
河北	0.755	11	1.012	8	0.981	19	0.963	25
山西	0.752	14	0.924	13	1.272	4	1.286	5
内蒙古	0.935	6	1.108	6	1.332	3	1.275	7
辽宁	0.840	7	0.978	10	1.201	9	1.293	4
吉林	1.019	2	1.225	2	1.401	2	1.469	1
黑龙江	0.958	5	1.149	4	1.449	1	1.397	3
上海	0.977	4	1.134	5	1.109	11	1.266	8
江苏	0.675	18	0.967	11	1.096	12	1.025	14
浙江	0.714	16	0.838	18	0.949	23	1.021	17
安徽	0.551	30	0.712	29	0.988	18	0.971	24
福建	0.753	13	0.953	12	1.033	16	0.973	23
江西	0.690	17	0.746	24	0.846	29	0.874	30
山东	0.825	8	0.984	9	1.060	13	1.056	13
河南	0.646	23	0.728	28	0.887	28	0.908	29
湖北	0.651	22	0.861	16	1.057	14	1.023	15
湖南	0.754	12	0.921	14	0.923	24	0.917	28
广东	0.575	27	0.679	30	0.902	27	0.952	26
广西	0.588	26	0.741	26	0.809	31	0.870	31
海南	0.665	21	0.808	20	1.046	15	1.014	19
重庆	0.639	24	0.796	21	0.979	20	1.021	16
四川	0.617	25	0.729	27	0.968	21	1.019	18
贵州	0.524	31	0.649	31	0.822	30	0.935	27
云南	0.673	19	0.754	23	0.920	26	0.980	22
西藏	0.568	29	0.853	17	1.013	17	1.079	12
陕西	0.666	20	0.915	15	1.211	8	1.143	11
甘肃	0.572	28	0.775	22	1.174	10	1.278	6
青海	0.806	10	0.821	19	0.959	22	1.012	20
宁夏	0.739	15	0.742	25	0.922	25	0.990	21
新疆	0.822	9	1.021	7	1.227	7	1.162	10

2003年，生均师资教育年限高于全国平均水平的有北京、天津、河北、山西、内蒙古、辽宁、吉林、黑龙江、上海、福建、山东、湖南、青海和新疆14个省份，其余省份均低于全国平均水平；2008年，生均师资教育年限高于全国平均水平的有北京、天津、河北、山西、内蒙古、辽宁、吉林、黑龙江、上海、江苏、福建、山东、湖南、陕西和新疆15个省份，其余省份均低于全国平均水平；2013年，生均师资教育年限高于全国平均水平的有北京、天津、山西、内蒙古、辽宁、吉林、黑龙江、上海、江苏、陕西、甘肃和新疆12个省份，其余省份均低于全国平均水平；2017年，生均师资教育年限高于全国平均水平的有北京、天津、山西、内蒙古、辽宁、吉林、黑龙江、上海、陕西、甘肃和新疆11个省份，其余省份均低于全国平均水平。

根据义务教育学校生均师资教育年限指标的阈值[一类地区≥1.2，二类地区为1.0（含）—1.2，三类地区为0.7—1.0，四类地区<0.7]，本书将我国31个省份划分为4类区域类型。2003年，在我国各省份义务教育学校生均师资教育年限的区域类型中，一类地区只有北京1个直辖市；二类地区包括天津和吉林2个省份；三类地区包括新疆、青海、内蒙古、宁夏、黑龙江、辽宁、山西、河北、山东、上海、浙江、福建和湖南13个省份；四类地区包括广西、广东、安徽、海南、四川、河南、云南、重庆、陕西、湖北、江西、江苏、西藏、甘肃和贵州15个省份。在2008年我国各省份义务教育学校生均师资教育年限的区域类型中，一类地区包括北京和吉林2个省份；二类地区包括新疆、黑龙江、天津、内蒙古、河北和上海6个省份；三类地区包括西藏、浙江、湖北、辽宁、湖南、江苏、福建、广西、重庆、陕西、山西、山东、江西、云南、海南、河南、青海、四川、安徽、宁夏和甘肃21个省份；四类地区包括广东和贵州2个省份。在2013年我国各省份义务教育学校生均师资教育年限的区域类型中，一类地区包括新疆、内蒙古、黑龙江、吉林、辽宁、山西、陕西、北京和天津9个省份；二类地区包括甘肃、西藏、湖北、海南、上海、江苏、山东和福建8个省份；三类地区包括广西、河南、浙江、青海、安徽、广东、湖南、重庆、四川、云南、宁夏、河北、江西和贵州14个省份；无四类地区。在2017年我国各省份义务教育学校生均师资教育年限的区域类型中，一类地区包括甘肃、内蒙古、山西、黑龙江、吉林、辽宁、北京、天津和上海9个省份；二类地区包括新疆、西藏、陕西、青海、四川、重庆、湖北、山东、浙江、海南和江苏11个省份；三类地区包括云南、安徽、河南、广东、湖南、宁夏、河北、福建、贵州、广西和江西11个省份；无四类地区。

2003—2017年，我国各省份义务教育学校生均师资教育年限的年增长率平均值较高的为甘肃、西藏、贵州、安徽和陕西5个省份，较低的为江西、青海、湖南、天津和北京5个省份，极高值甘肃的义务教育学校生均师资教育年限年增长率平均值为 5.96%，极低值北京的义务教育学校生均师资教育年限年增长率平均值为 1.22%，极差为 4.89 倍。

四、各省份义务教育经费供给指数的基本态势与结构特征

在义务教育经费供给指数的省域差距中，2003 年，义务教育经费供给指数较高的为上海、北京、浙江、西藏和天津 5 个省份，指标值较低的为安徽、甘肃、陕西、河南和贵州 5 个省份，极高值上海的义务教育经费供给指数为 0.022，极低值贵州的义务教育经费供给指数为 0.002，极差为 11 倍。2008 年，义务教育经费供给指数较高的为北京、上海、天津、浙江和西藏 5 个省份，指标值较低的为安徽、广西、江西、河南和贵州 5 个省份，极高值北京的义务教育经费供给指数为 0.017，极低值贵州的义务教育经费供给指数为 0.002，极差为 8.5 倍，较 2003 年有所缩减。2013 年，义务教育经费供给指数较高的为北京、上海、天津、西藏和内蒙古 5 个省份，指标值较低的为江西、贵州、河北、河南和广西 5 个省份，极高值北京的义务教育经费供给指数为 0.015，极低值河南的义务教育经费供给指数为 0.003，极差为 5 倍，较 2008 年有所缩减。2017 年，义务教育经费供给指数较高的为北京、上海、西藏、天津和内蒙古 5 个省份，指标值较低的为湖南、江西、广西、河北和河南 5 个省份，极高值北京的义务教育经费供给指数为 0.016，极低值河南的义务教育经费供给指数为 0.003，极差为 5.33 倍，较 2013 年有所增加（表 6-10）。

2003 年，义务教育经费供给指数高于全国平均水平的有北京、天津、上海、西藏、浙江和广东 6 个省份，其余省份均低于全国平均水平；2008 年，义务教育经费供给指数高于全国平均水平的有北京、天津、内蒙古、上海、浙江、西藏和江苏 7 个省份，其余省份均低于全国平均水平；2013 年，义务教育经费供给指数高于全国平均水平的有北京、天津、内蒙古、辽宁、陕西、黑龙江、上海、江苏、浙江、西藏、青海和新疆 12 个省份，其余省份均低于全国平均水平；2017 年，义务教育经费供给指数高于全国平均水平的有北京、天津、内蒙古、吉林、黑龙江、上海、江苏、浙江、西藏和青海 10 个省份，其余省份均低于全国平均水平。

根据义务教育学校教育经费供给指数指标的阈值[一类地区≥0.010，二类地区为 0.006（含）—0.010，三类地区为 0.003—0.006，四类地区<0.003]，本书将我国 31 个省份划分为 4 类区域类型。在 2003 年我国各省份义务教育经费供给指数的区域类型中，一类地区包括北京、浙江和上海 3 个省份；二类地区包括天津、

表 6-10 2003—2017 年各省份义务教育经费供给指数

地区	2003 年 指标值	排序	2008 年 指标值	排序	2013 年 指标值	排序	2017 年 指标值	排序
北京	0.020	2	0.017	1	0.015	1	0.016	1
天津	0.008	5	0.010	3	0.010	3	0.008	4
河北	0.003	25	0.004	22	0.003	29	0.003	30
山西	0.003	23	0.004	23	0.004	21	0.004	23
内蒙古	0.005	12	0.006	7	0.007	5	0.007	5
辽宁	0.005	10	0.006	10	0.006	11	0.005	14
吉林	0.005	8	0.006	8	0.005	13	0.006	9
黑龙江	0.004	14	0.005	12	0.006	10	0.006	7
上海	0.022	1	0.017	2	0.011	2	0.012	2
江苏	0.006	7	0.007	6	0.007	6	0.005	10
浙江	0.010	3	0.008	4	0.006	9	0.006	8
安徽	0.003	27	0.003	27	0.004	23	0.004	26
福建	0.005	9	0.005	13	0.004	15	0.004	22
江西	0.003	26	0.003	29	0.003	27	0.003	28
山东	0.004	15	0.004	18	0.004	19	0.004	24
河南	0.002	30	0.002	30	0.003	31	0.003	31
湖北	0.003	22	0.004	24	0.004	25	0.004	19
湖南	0.004	18	0.004	20	0.003	26	0.003	27
广东	0.006	6	0.004	15	0.004	22	0.004	20
广西	0.003	24	0.003	28	0.003	30	0.003	29
海南	0.003	21	0.004	17	0.005	14	0.005	12
重庆	0.003	19	0.004	14	0.005	16	0.005	13
四川	0.003	20	0.004	21	0.004	18	0.004	21
贵州	0.002	31	0.002	31	0.003	28	0.004	25
云南	0.004	16	0.003	25	0.004	24	0.004	17
西藏	0.009	4	0.007	5	0.007	4	0.009	3
陕西	0.003	29	0.004	16	0.005	12	0.004	18
甘肃	0.003	28	0.003	26	0.004	20	0.005	15
青海	0.004	13	0.005	11	0.006	8	0.006	6
宁夏	0.004	17	0.004	19	0.004	17	0.005	16
新疆	0.005	11	0.006	9	0.006	7	0.005	11

江苏、广东和西藏4个省份；三类地区包括新疆、青海、内蒙古、安徽、江西、陕西、甘肃、宁夏、黑龙江、辽宁、山西、河北、广西、云南、重庆、湖北、海南、四川、山东、吉林、福建和湖南22个省份；四类地区包括河南和贵州2个省份。在2008年我国各省份义务教育经费供给指数的区域类型中，一类地区包括北京、天津和上海3个直辖市；二类地区包括江苏、浙江、内蒙古、辽宁、吉林、新疆和西藏7个省份；三类地区包括湖北、湖南、福建、黑龙江、广东、河北、重庆、陕西、山西、安徽、江西、广西、山东、云南、海南、青海、四川、宁夏和甘肃19个省份；四类地区包括河南和贵州2个省份。在2013年我国各省份义务教育经费供给指数的区域类型中，一类地区包括北京、天津和上海3个直辖市；二类地区包括浙江、青海、黑龙江、西藏、新疆、辽宁、内蒙古和江苏8个省份；三类地区包括广西、湖北、吉林、山西、陕西、山东、福建、海南、甘肃、安徽、河南、广东、湖南、重庆、四川、云南、宁夏、河北、江西和贵州20个省份；无四类地区。在2017年我国各省份义务教育经费供给指数的区域类型中，一类地区包括北京和上海2个直辖市；二类地区包括西藏、浙江、青海、黑龙江、吉林、天津和内蒙古7个省份；三类地区包括山西、辽宁、四川、重庆、湖北、山东、新疆、陕西、甘肃、海南、江苏、云南、安徽、广东、湖南、宁夏、福建、河北、河南、贵州、广西和江西22个省份；无四类地区。

2003—2017年，我国各省份义务教育经费供给指数的年增长率平均值较高的为陕西、贵州、甘肃、海南和青海5个省份，较低的为北京、福建、广东、浙江和上海5个省份，极高值陕西的义务教育经费供给指数的年增长率平均值为4.44%，极低值上海的义务教育经费供给指数的年增长率平均值为-3.99%。

第三节 各省份义务教育资源质量指数及其分指数的基本态势与结构特征

一、各省份义务教育资源质量指数的基本态势与结构特征

在义务教育资源质量指数的省域差距中，2003年，义务教育资源质量指数较高的为西藏、贵州、上海、北京和湖南5个省份，指标值较低的为陕西、黑龙江、

山东、安徽和内蒙古5个省份，极高值西藏的义务教育资源质量指数为0.0227，极低值内蒙古的义务教育资源质量指数为0.0133，极差为1.71倍。2008年，义务教育资源质量指数较高的为西藏、贵州、宁夏、青海和上海5个省份，指标值较低的为山西、河南、内蒙古、河北和山东5个省份，极高值西藏的义务教育资源质量指数为0.0248，极低值山东的义务教育资源质量指数为0.0134，极差为1.85倍，较2003年有所增加。2013年，义务教育资源质量指数较高的为西藏、贵州、青海、新疆和北京5个省份，指标值较低的为山西、内蒙古、河北、吉林和山东5个省份，极高值西藏的义务教育资源质量指数为0.0251，极低值山东的义务教育资源质量指数为0.0133，极差为1.89倍，较2008年有所增加。2017年，义务教育资源质量指数较高的为西藏、青海、贵州、新疆和宁夏5个省份，指标值较低的为山西、天津、陕西、江苏和山东5个省份，极高值西藏的义务教育资源质量指数为0.0263，极低值山东的义务教育资源质量指数为0.0129，极差为2.04倍，较2013年有所增加（表6-11）。

2003年，义务教育资源质量指数高于全国平均水平的有北京、天津、辽宁、上海、浙江、江西、湖北、湖南、广东、广西、四川、贵州、西藏和宁夏14个省份，其余省份均低于全国平均水平；2008年，义务教育资源质量指数高于全国平均水平的有上海、青海、湖南、海南、重庆、浙江、贵州、西藏和宁夏9个省份，其余省份均低于全国平均水平；2013年，义务教育资源质量指数高于全国平均水平的有北京、江西、海南、四川、贵州、云南、西藏、青海、宁夏和新疆10个省份，其余省份均低于全国平均水平；2017年，义务教育资源质量指数高于全国平均水平的有北京、辽宁、江西、广西、海南、四川、贵州、云南、西藏、甘肃、青海、宁夏和新疆13个省份，其余省份均低于全国平均水平。

根据义务教育资源质量指数指标的阈值[一类地区≥0.020，二类地区为0.017（含）—0.020，三类地区为0.015—0.017，四类地区<0.015]，本书将我国31个省份划分为4类区域类型。在2003年我国各省份义务教育资源质量指数的区域类型中，一类地区包括西藏1个自治区；二类地区包括北京、辽宁、四川、湖南、浙江、贵州和上海7个省份；三类地区包括新疆、宁夏、山西、河北、甘肃、广东、广西、江苏、湖北、云南、重庆、天津、吉林、江西和福建15个省份；四类地区包括青海、内蒙古、黑龙江、陕西、山东、海南、河南和安徽8个省份。在2008年我国各省份义务教育资源质量指数的区域类型中，一类地区包括西藏1个自治区；二类地区包括新疆、青海、宁夏、贵州和上海5个省份；三类地区包括天津、北京、陕西、广东、福建、湖北、湖南、浙江、辽宁、江西、海南、广西、四川、云南、安徽、甘肃和重庆17个省份；四类地区包括内蒙古、吉林、黑龙江、河北、

表 6-11　2003—2017 年各省份义务教育资源质量指数

地区	2003 年 指标值	排序	2008 年 指标值	排序	2013 年 指标值	排序	2017 年 指标值	排序
北京	0.0177	4	0.0156	17	0.0184	5	0.0174	6
天津	0.0168	11	0.0160	14	0.0151	21	0.0142	28
河北	0.0156	21	0.0139	30	0.0140	29	0.0144	25
山西	0.0157	19	0.0142	27	0.0146	27	0.0142	27
内蒙古	0.0133	31	0.0139	29	0.0141	28	0.0158	15
辽宁	0.0171	7	0.0160	13	0.0159	12	0.0167	11
吉林	0.0158	18	0.0147	25	0.0135	30	0.0146	21
黑龙江	0.0141	28	0.0148	24	0.0149	24	0.0158	14
上海	0.0185	3	0.0175	5	0.0160	11	0.0145	24
江苏	0.0156	22	0.0145	26	0.0149	25	0.0138	30
浙江	0.0170	8	0.0156	18	0.0154	18	0.0152	17
安徽	0.0137	30	0.0155	19	0.0155	15	0.0152	18
福建	0.0158	17	0.0153	22	0.0155	16	0.0148	19
江西	0.0169	9	0.0162	11	0.0162	10	0.0167	12
山东	0.0139	29	0.0134	31	0.0133	31	0.0129	31
河南	0.0145	25	0.0141	28	0.0150	22	0.0145	23
湖北	0.0162	14	0.0152	23	0.0148	26	0.0144	26
湖南	0.0175	5	0.0163	9	0.0149	23	0.0146	22
广东	0.0163	13	0.0155	21	0.0152	19	0.0146	20
广西	0.0168	10	0.0155	20	0.0159	13	0.0174	7
海南	0.0144	26	0.0165	8	0.0170	7	0.0172	9
重庆	0.0150	23	0.0169	7	0.0154	17	0.0156	16
四川	0.0171	6	0.0162	10	0.0167	9	0.0165	13
贵州	0.0187	2	0.0199	2	0.0200	2	0.0193	3
云南	0.0159	16	0.0159	15	0.0169	8	0.0172	10
西藏	0.0227	1	0.0248	1	0.0251	1	0.0263	1
陕西	0.0142	27	0.0156	16	0.0151	20	0.0141	29
甘肃	0.0156	20	0.0161	12	0.0157	14	0.0173	8
青海	0.0149	24	0.0183	4	0.0191	3	0.0194	2
宁夏	0.0165	12	0.0188	3	0.0172	6	0.0175	5
新疆	0.0160	15	0.0172	6	0.0188	4	0.0179	4

河南、山西、江苏和山东 8 个省份。在 2013 年我国各省份义务教育资源质量指数的区域类型中，一类地区包括西藏和贵州 2 个省份；二类地区包括北京、海南、新疆、青海和宁夏 5 个省份；三类地区包括浙江、重庆、广东、安徽、云南、广西、河南、江西、天津、陕西、上海、甘肃、四川、福建和辽宁 15 个省份；四类地区包括内蒙古、黑龙江、山西、河北、山东、湖北、湖南、江苏和吉林 9 个省份。在 2017 年我国各省份义务教育资源质量指数的区域类型中，一类地区只包括西藏 1 个自治区；二类地区包括北京、甘肃、青海、新疆、宁夏、海南、云南、广西和贵州 9 个省份；三类地区包括黑龙江、辽宁、内蒙古、重庆、四川、安徽、江西和浙江 8 个省份；四类地区包括山西、吉林、天津、上海、陕西、湖北、山东、江苏、广东、湖南、福建、河南和河北 13 个省份。

2003—2017 年，我国各省份义务教育资源质量指数的年增长率平均值较高的为青海、内蒙古、湖南、西藏和黑龙江 5 个省份，较低的为湖北、江苏、天津、湖南和上海 5 个省份，极高值青海的义务教育资源质量指数的年增长率平均值为 2.04%，极低值上海的义务教育资源质量指数的年增长率平均值为 −1.67%。

二、各省份义务教育设施质量指数的基本态势与结构特征

在义务教育设施质量指数的省域差距中，2003 年，义务教育设施质量指数较高的为上海、北京、浙江、天津和福建 5 个省份，指标值较低的为青海、甘肃、云南、安徽和内蒙古 5 个省份，极高值上海的义务教育设施质量指数为 0.0098，极低值内蒙古的义务教育设施质量指数为 0.0028，极差为 3.50 倍。2008 年，义务教育设施质量指数较高的为上海、北京、浙江、天津和广东 5 个省份，指标值较低的为西藏、安徽、青海、云南和甘肃 5 个省份，极高值上海的义务教育设施质量指数为 0.0099，极低值甘肃的义务教育设施质量指数为 0.0029，极差为 3.41 倍，较 2003 年有所缩减。2013 年，义务教育设施质量指数较高的为北京、上海、浙江、辽宁和福建 5 个省份，指标值较低的为内蒙古、海南、西藏、云南和甘肃 5 个省份，极高值北京的义务教育设施质量指数为 0.0094，极低值甘肃的义务教育设施质量指数为 0.0029，极差为 3.24 倍，较 2008 年有所降低。2017 年，义务教育设施质量指数较高的为北京、上海、浙江、四川和辽宁 5 个省份，指标值较低的为海南、青海、西藏、甘肃和云南 5 个省份，极高值北京的义务教育设施质量指数为 0.0087，极低值云南的义务教育设施质量指数为 0.0031，极差为 2.81 倍，较 2013 年有所降低（表 6-12）。

表 6-12 2003—2017 年各省份义务教育设施质量指数

地区	2003 年 指标值	排序	2008 年 指标值	排序	2013 年 指标值	排序	2017 年 指标值	排序
北京	0.0074	2	0.0070	2	0.0094	1	0.0087	1
天津	0.0072	4	0.0067	4	0.0060	7	0.0057	9
河北	0.0071	6	0.0051	17	0.0052	17	0.0051	21
山西	0.0052	18	0.0046	23	0.0053	16	0.0052	19
内蒙古	0.0028	31	0.0043	25	0.0043	27	0.0050	23
辽宁	0.0064	9	0.0060	9	0.0062	4	0.0062	5
吉林	0.0053	17	0.0049	22	0.0049	21	0.0053	18
黑龙江	0.0046	21	0.0051	19	0.0050	20	0.0054	13
上海	0.0098	1	0.0099	1	0.0083	2	0.0072	2
江苏	0.0063	11	0.0060	8	0.0058	11	0.0054	15
浙江	0.0073	3	0.0067	3	0.0065	3	0.0064	3
安徽	0.0029	30	0.0042	28	0.0046	23	0.0050	24
福建	0.0071	5	0.0062	7	0.0062	5	0.0061	6
江西	0.0065	8	0.0055	13	0.0044	26	0.0054	14
山东	0.0053	16	0.0053	16	0.0052	18	0.0049	25
河南	0.0050	19	0.0051	20	0.0049	22	0.0051	22
湖北	0.0059	13	0.0054	14	0.0059	10	0.0053	17
湖南	0.0065	7	0.0059	11	0.0053	15	0.0051	20
广东	0.0061	12	0.0067	5	0.0062	6	0.0061	7
广西	0.0047	20	0.0051	18	0.0046	24	0.0055	12
海南	0.0042	24	0.0043	26	0.0043	28	0.0046	27
重庆	0.0054	15	0.0065	6	0.0060	8	0.0059	8
四川	0.0064	10	0.0049	21	0.0060	9	0.0063	4
贵州	0.0055	14	0.0060	10	0.0054	13	0.0053	16
云南	0.0029	29	0.0030	30	0.0031	30	0.0031	31
西藏	0.0038	25	0.0043	27	0.0041	29	0.0040	29
陕西	0.0045	22	0.0056	12	0.0056	12	0.0056	11
甘肃	0.0033	28	0.0029	31	0.0029	31	0.0031	30
青海	0.0034	27	0.0040	29	0.0046	25	0.0043	28
宁夏	0.0036	26	0.0053	15	0.0053	14	0.0056	10
新疆	0.0043	23	0.0044	24	0.0051	19	0.0048	26

2003 年,义务教育设施质量指数高于全国平均水平的有北京、天津、河北、

辽宁、上海、江苏、浙江、福建、江西、湖北、湖南、广东、四川、贵州和重庆15个省份，其余省份均低于全国平均水平；2008年，义务教育设施质量指数高于全国平均水平的有北京、天津、辽宁、上海、江苏、浙江、福建、江西、贵州、湖南、广东、重庆和陕西13个省份，其余省份均低于全国平均水平；2013年，义务教育设施质量指数高于全国平均水平的有北京、天津、辽宁、上海、江苏、浙江、福建、湖北、广东、重庆、四川、贵州和陕西13个省份，其余省份均低于全国平均水平；2017年，义务教育设施质量指数高于全国平均水平的有北京、天津、辽宁、黑龙江、上海、江苏、浙江、福建、江西、广东、广西、重庆、四川、宁夏和陕西15个省份，其余省份均低于全国平均水平。

根据义务教育设施质量指数指标的阈值[一类地区≥0.006，二类地区为0.005（含）—0.006，三类地区为0.0035—0.005，四类地区<0.0035]，本书将我国31个省份划分为4类区域类型。在2003年我国各省份义务教育设施质量指数的区域类型中，一类地区包括北京、辽宁、四川、天津、河北、江苏、浙江、广东、江西、湖南、福建和上海12个省份；二类地区包括吉林、山西、山东、湖北、河南、重庆和贵州7个省份；三类地区包括西藏、新疆、宁夏、陕西、黑龙江、广西和海南7个省份；四类地区包括青海、内蒙古、甘肃、云南和安徽5个省份。在2008年我国各省份义务教育设施质量指数的区域类型中，一类地区包括天津、辽宁、北京、上海、浙江、广东、福建、贵州、江苏和重庆10个省份；二类地区包括黑龙江、宁夏、河北、河南、湖北、湖南、江西、广西、陕西和山东10个省份；三类地区包括内蒙古、吉林、山西、新疆、青海、西藏、海南、四川和安徽9个省份；四类地区包括云南和甘肃2个省份。在2013年我国各省份义务教育设施质量指数的区域类型中，一类地区包括北京、上海、天津、四川、重庆、浙江、广东、辽宁和福建9个省份；二类地区包括新疆、陕西、宁夏、山西、河北、山东、湖北、湖南、黑龙江、江苏和贵州11个省份；三类地区包括青海、西藏、安徽、吉林、广西、河南、内蒙古、江西和海南9个省份；四类地区包括甘肃和云南2个省份。在2017年我国各省份义务教育设施质量指数的区域类型中，一类地区包括北京、辽宁、四川、上海、广东、福建和浙江7个省份；二类地区包括山西、吉林、天津、陕西、湖北、江苏、湖南、河南、黑龙江、内蒙古、重庆、安徽、江西、宁夏、河北、广西和贵州17个省份；三类地区包括西藏、山东、青海、新疆和海南5个省份；四类地区包括甘肃和云南2个省份。

2003—2017年，我国各省份义务教育设施质量指数的年增长率平均值较高的为内蒙古、安徽、宁夏、广西和青海5个省份，较低的为江苏、天津、湖南、上海和河北5个省份，极高值内蒙古的义务教育设施质量指数的年增长率平均值为5.22%，极低值河北的义务教育设施质量指数的年增长率平均值为-1.96%。

（一）义务教育学校容积率

在义务教育学校容积率的省域差距中，2003 年，义务教育学校容积率较高的为上海、重庆、浙江、四川和福建 5 个省份，指标值较低的为黑龙江、海南、吉林、内蒙古和新疆 5 个省份，极高值上海的义务教育学校容积率为 0.499，极低值新疆的义务教育学校容积率为 0.091，极差为 5.48 倍。2008 年，义务教育学校容积率较高的为上海、浙江、重庆、福建和四川 5 个省份，指标值较低的为黑龙江、吉林、海南、内蒙古和新疆 5 个省份，极高值上海的义务教育学校容积率为 0.538，极低值新疆的义务教育学校容积率为 0.111，极差为 4.85 倍，较 2003 年有所缩减。2013 年，义务教育学校容积率较高的为上海、浙江、重庆、北京和四川 5 个省份，指标值较低的为内蒙古、黑龙江、海南、吉林和新疆 5 个省份，极高值上海的义务教育学校容积率为 0.546，极低值新疆的义务教育学校容积率为 0.161，极差为 3.39 倍，较 2008 年有所缩减。2017 年，义务教育学校容积率较高的为上海、重庆、浙江、北京和四川 5 个省份，指标值较低的为内蒙古、黑龙江、海南、新疆和吉林 5 个省份，极高值上海的义务教育学校容积率为 0.563，极低值吉林的义务教育学校容积率为 0.206，极差为 2.73 倍，较 2013 年继续缩减（表 6-13）。

2003 年，义务教育学校容积率高于全国平均水平的有北京、天津、上海、浙江、福建、江西、湖南、河南、湖北、广西、广东、重庆、云南、四川、贵州和陕西 16 个省份，其余省份均低于全国平均水平；2008 年，义务教育学校容积率高于全国平均水平的有上海、重庆、浙江、福建、四川、北京、广东、湖南、贵州、湖北、江西、江苏、广西、云南、天津、陕西、山西和河南 18 个省份，其余省份均低于全国平均水平；2013 年，义务教育学校容积率高于全国平均水平的有上海、浙江、重庆、北京、四川、福建、广东、江苏、贵州、湖北、陕西、湖南、山西、天津、广西、云南和江西 17 个省份，其余省份均低于全国平均水平；2017 年，义务教育学校容积率高于全国平均水平的有北京、山西、上海、江苏、浙江、福建、江西、湖南、广东、广西、重庆、四川、贵州、云南和陕西 15 个省份，其余省份均低于全国平均水平。

根据义务教育学校容积率指标的阈值[一类地区 ≥ 0.4，二类地区为 0.2（含）—0.4，三类地区为 0.1—0.2，四类地区 < 0.1]，本书将我国 31 个省份划分为 4 类区域类型。在 2003 年我国各省份义务教育学校容积率的区域类型中，一类地区包括上海 1 个直辖市；二类地区包括北京、浙江、湖南、福建、广东、云南、重庆、江西、江苏、四川、贵州、湖北、天津、山西、广西、陕西和河南 17 个省份；三类地区包括甘肃、西藏、青海、宁夏、黑龙江、辽宁、吉林、山东、安徽、海南和河北 11 个省份；四类地区包括内蒙古和新疆 2 个自治区。在 2008 年我国

表 6-13　2003—2017 年各省份义务教育学校容积率

地区	2003 年 指标值	排序	2008 年 指标值	排序	2013 年 指标值	排序	2017 年 指标值	排序
北京	0.277	7	0.351	6	0.424	4	0.473	4
天津	0.243	14	0.262	15	0.310	14	0.345	18
河北	0.178	21	0.197	23	0.252	19	0.298	22
山西	0.212	18	0.254	17	0.317	13	0.366	12
内蒙古	0.092	30	0.129	30	0.208	27	0.257	27
辽宁	0.154	23	0.201	21	0.248	21	0.294	23
吉林	0.110	29	0.133	28	0.167	30	0.206	31
黑龙江	0.117	27	0.143	27	0.185	28	0.240	28
上海	0.499	1	0.538	1	0.546	1	0.563	1
江苏	0.215	17	0.276	12	0.333	8	0.378	10
浙江	0.348	3	0.389	3	0.435	2	0.476	3
安徽	0.183	19	0.200	22	0.236	23	0.302	21
福建	0.334	5	0.354	4	0.380	6	0.418	6
江西	0.264	9	0.280	11	0.299	17	0.354	15
山东	0.183	20	0.208	19	0.252	20	0.307	20
河南	0.236	15	0.254	18	0.291	18	0.346	16
湖北	0.261	11	0.289	10	0.330	10	0.346	17
湖南	0.273	8	0.296	8	0.322	12	0.364	13
广东	0.308	6	0.340	7	0.362	7	0.414	7
广西	0.262	10	0.273	13	0.307	15	0.391	8
海南	0.114	28	0.131	29	0.177	29	0.219	29
重庆	0.378	2	0.397	2	0.427	3	0.493	2
四川	0.337	4	0.353	5	0.415	5	0.454	5
贵州	0.258	12	0.290	9	0.330	9	0.386	9
云南	0.256	13	0.268	14	0.304	16	0.354	14
西藏	0.152	24	0.201	20	0.235	24	0.291	24
陕西	0.231	16	0.259	16	0.324	11	0.376	11
甘肃	0.160	22	0.181	24	0.233	25	0.287	25
青海	0.144	25	0.160	26	0.245	22	0.314	19
宁夏	0.140	26	0.170	25	0.214	26	0.258	26
新疆	0.091	31	0.111	31	0.161	31	0.217	30

各省份义务教育学校容积率的区域类型中,一类地区只包括上海1个直辖市;二类地区包括西藏、北京、贵州、江西、云南、河南、湖南、湖北、江苏、福建、广西、天津、广东、山东、重庆、辽宁、陕西、四川、浙江、安徽和山西21个省份;三类地区包括甘肃、宁夏、新疆、青海、内蒙古、河北、黑龙江、吉林和海南9个省份;无四类地区。在2013年我国各省份义务教育学校容积率的区域类型中,一类地区包括北京、浙江、上海、四川和重庆5个省份;二类地区包括内蒙古、天津、江苏、山西、陕西、广东、湖南、山东、广西、贵州、湖北、安徽、甘肃、辽宁、宁夏、河北、云南、河南、江西、西藏、福建和青海22个省份;三类地区包括黑龙江、吉林、新疆和海南4个省份;无四类地区。在2017年我国各省份义务教育学校容积率的区域类型中,一类地区包括北京、上海、浙江、福建、广东、重庆和四川7个省份;二类地区包括甘肃、吉林、云南、陕西、西藏、湖南、宁夏、辽宁、内蒙古、青海、湖北、山西、江苏、广西、山东、贵州、海南、安徽、黑龙江、河北、新疆、河南、江西和天津24个省份;无三类地区;无四类地区。

2003—2017年,我国各省份义务教育学校容积率的年增长率平均值较高的为内蒙古、黑龙江、西藏、新疆和青海5个省份,较低的为湖南、湖北、重庆、福建和上海5个省份,极高值内蒙古的义务教育学校容积率年增长率平均值为7.68%,极低值上海的义务教育学校容积率年增长率平均值为0.87%。

(二)义务教育固定资产结构指数

在义务教育固定资产结构指数的省域差距中,2003年,义务教育固定资产结构指数较高的为河北、吉林、上海、辽宁和江西5个省份,指标值较低的为宁夏、重庆、云南、青海和西藏5个省份,极高值河北的义务教育固定资产结构指数为0.181,极低值西藏的义务教育固定资产结构指数为0.037,极差为4.89倍。2008年,义务教育固定资产结构指数较高的为上海、天津、吉林、辽宁和北京5个省份,指标值较低的为青海、河南、安徽、云南和西藏5个省份,极高值上海的义务教育固定资产结构指数为0.194,极低值西藏的义务教育固定资产结构指数为0.036,极差为5.39倍,较2003年有所增加。2013年,义务教育固定资产结构指数较高的为北京、上海、辽宁、新疆和天津5个省份,指标值较低的为安徽、内蒙古、云南、青海和西藏5个省份,极高值北京的义务教育固定资产结构指数为0.316,极低值西藏的义务教育固定资产结构指数为0.045,极差为7.02倍,较2008年持续增长。2017年,义务教育固定资产结构指数较高的为北京、辽宁、上海、黑龙江和宁夏5个省份,指标值较低的为山东、河南、云南、青海和西藏5个省份,极高值北京的义务教育固定资产结构指数为0.330,极低值西藏的义务教育固定资产结构指数为 0.045，极差为 7.33 倍，较 2013 年继续增长（表 6-14）。

表 6-14　2003—2017 年各省份义务教育固定资产结构指数

地区	2003 年 指标值	排序	2008 年 指标值	排序	2013 年 指标值	排序	2017 年 指标值	排序
北京	0.130	9	0.118	5	0.316	1	0.330	1
天津	0.133	8	0.132	2	0.142	5	0.153	9
河北	0.181	1	0.107	6	0.108	18	0.122	20
山西	0.075	21	0.075	25	0.091	24	0.108	25
内蒙古	0.107	12	0.078	22	0.075	28	0.134	13
辽宁	0.149	4	0.123	4	0.185	3	0.211	2
吉林	0.175	2	0.130	3	0.127	11	0.172	6
黑龙江	0.107	11	0.101	10	0.135	6	0.177	4
上海	0.163	3	0.194	1	0.194	2	0.182	3
江苏	0.095	16	0.091	11	0.119	13	0.110	24
浙江	0.092	17	0.088	15	0.123	12	0.149	11
安徽	0.065	26	0.059	29	0.084	27	0.118	22
福建	0.115	10	0.075	24	0.128	10	0.163	7
江西	0.140	5	0.079	21	0.091	23	0.131	14
山东	0.092	18	0.088	14	0.110	17	0.103	27
河南	0.077	20	0.070	28	0.084	26	0.102	28
湖北	0.096	15	0.076	23	0.132	8	0.124	18
湖南	0.134	7	0.086	16	0.104	19	0.111	23
广东	0.074	23	0.104	7	0.131	9	0.151	10
广西	0.068	25	0.073	26	0.097	21	0.148	12
海南	0.075	22	0.079	20	0.089	25	0.129	16
重庆	0.051	28	0.089	12	0.110	16	0.118	21
四川	0.106	13	0.083	18	0.114	15	0.156	8
贵州	0.070	24	0.084	17	0.092	22	0.105	26
云南	0.051	29	0.048	30	0.075	29	0.083	29
西藏	0.037	31	0.036	31	0.045	31	0.045	31
陕西	0.088	19	0.102	9	0.115	14	0.127	17
甘肃	0.106	14	0.083	19	0.100	20	0.122	19
青海	0.045	30	0.073	27	0.070	30	0.057	30
宁夏	0.053	27	0.102	8	0.135	7	0.176	5
新疆	0.139	6	0.088	13	0.142	4	0.131	15

2003年，义务教育固定资产结构指数高于全国平均水平的有北京、天津、河北、内蒙古、吉林、辽宁、黑龙江、上海、福建、江西、湖南、四川、甘肃和新疆14个省份，其余省份均低于全国平均水平；2008年，义务教育固定资产结构指数高于全国平均水平的有北京、天津、河北、辽宁、吉林、黑龙江、上海、广东、宁夏和陕西10个省份，其余省份均低于全国平均水平；2013年，义务教育固定资产结构指数高于全国平均水平的有北京、天津、辽宁、吉林、黑龙江、上海、江苏、浙江、福建、湖北、广东、宁夏和新疆13个省份，其余省份均低于全国平均水平；2017年，义务教育固定资产结构指数高于全国平均水平的有北京、天津、辽宁、吉林、黑龙江、上海、浙江、福建、广东、广西、四川和宁夏12个省份，其余省份均低于全国平均水平。

根据义务教育学校固定资产结构指数指标的阈值[一类地区≥0.20，二类地区为0.13（含）—0.20，三类地区为0.08—0.13，四类地区<0.08]，本书将我国31个省份划分为4类区域类型。在2003年我国各省份义务教育固定资产结构指数的区域类型中，无一类地区；二类地区包括北京、天津、辽宁、吉林、河北、上海、新疆、福建、湖南和江西10个省份；三类地区包括甘肃、陕西、内蒙古、黑龙江、四川、湖北、江苏、浙江和山东9个省份；四类地区包括西藏、贵州、广西、山西、河南、青海、广东、云南、重庆、宁夏、安徽和海南12个省份。在2008年我国各省份义务教育固定资产结构指数的区域类型中，无一类地区；二类地区包括上海、天津和吉林3个省份；三类地区包括北京、贵州、新疆、湖南、甘肃、宁夏、江苏、河北、黑龙江、广东、山东、重庆、辽宁、陕西、四川和浙江16个省份；四类地区包括西藏、云南、福建、青海、广西、内蒙古、河南、山西、湖北、江西、安徽和海南12个省份。在2013年我国各省份义务教育固定资产结构指数的区域类型中，一类地区只包括北京1个直辖市；二类地区包括新疆、黑龙江、辽宁、天津、宁夏、湖北、上海和广东8个省份；三类地区包括江苏、山西、陕西、四川、重庆、湖南、山东、广西、贵州、浙江、安徽、甘肃、河北、河南、江西、福建、吉林和海南18个省份；四类地区包括云南、西藏、内蒙古和青海4个省份。在2017年我国各省份义务教育固定资产结构指数的区域类型中，一类地区包括北京和辽宁2个省份；二类地区包括新疆、黑龙江、内蒙古、吉林、天津、四川、宁夏、上海、浙江、福建、广东、江西和广西13个省份；三类地区包括甘肃、云南、陕西、湖南、湖北、山西、江苏、山东、贵州、海南、安徽、河北、河南和重庆14个省份；四类地区包括青海和西藏2个省份。

2003—2017年，我国各省份义务教育固定资产结构指数的年增长率平均值较高的为重庆、宁夏、新疆、湖北和北京5个省份，较低的为江苏、天津、吉林、河北和湖南5个省份，极高值重庆的义务教育固定资产结构指数的年增长率平均值为 19.19%，极低值湖南的义务教育固定资产结构指数的年增长率平均值为 0.66%。

（三）义务教育校舍危房比

在义务教育校舍危房比的省域差距中，2003 年，义务教育校舍危房比较高的为云南、甘肃、内蒙古、安徽和新疆 5 个省份，指标值较低的为天津、北京、浙江、江苏和上海 5 个省份，极高值云南的义务教育校舍危房比为 0.164，极低值上海的义务教育校舍危房比为 0。2008 年，义务教育校舍危房比较高的为甘肃、云南、四川、山西和吉林 5 个省份，指标值较低的为浙江、天津、贵州、江苏和上海 5 个省份，极高值甘肃的义务教育校舍危房比为 0.194，极低值上海的义务教育校舍危房比为 0。2013 年，义务教育校舍危房比较高的为甘肃、云南、江西、广西和湖南 5 个省份，指标值较低的为北京、浙江、天津、江苏和上海 5 个省份，极高值甘肃的义务教育校舍危房比为 0.333，极低值上海、江苏和天津的义务教育校舍危房比为 0。2017 年，义务教育校舍危房比较高的为甘肃、云南、广西、湖南和海南 5 个省份，指标值较低的为内蒙古、新疆、青海、浙江、天津、江苏和上海 7 个省份，其义务教育校舍危房比为 0（表 6-15）。

2003 年，义务教育校舍危房比高于全国平均水平的有内蒙古、吉林、黑龙江、安徽、河南、广西、重庆、云南、陕西、甘肃、青海、宁夏和新疆 13 个省份，其余省份均低于全国平均水平；2008 年，义务教育校舍危房比高于全国平均水平的有河北、山西、吉林、安徽、广西、海南、四川、云南、陕西、甘肃和宁夏 11 个省份，其余省份均低于全国平均水平；2013 年，义务教育校舍危房比高于全国平均水平的有江西、湖南、广西、贵州、西藏和甘肃 6 个省份，其余省份均低于全国平均水平；2017 年，义务教育校舍危房比高于全国平均水平的有甘肃、云南和广西 3 个省份，其余省份均低于全国平均水平。

根据义务教育校舍危房比指标的阈值［一类地区≥0.10，二类地区为 0.05（含）—0.10，三类地区为 0.001—0.05，四类地区<0.001］，本书将我国 31 个省份划分为 4 类区域类型。在 2003 年我国各省份义务教育校舍危房比的区域类型中，一类地区包括甘肃、内蒙古、新疆、安徽、陕西和云南 6 个省份；二类型地区包括湖南、西藏、黑龙江、吉林、重庆、江西、海南、四川、河南、青海、宁夏和广西 12 个省份；三类地区包括北京、辽宁、山西、山东、河北、天津、浙江、福建、广东、湖北和贵州 11 个省份；四类地区包括上海和江苏 2 个省份。在 2008 年我国各省份义务教育校舍危房比的区域类型中，一类地区包括四川、云南和甘肃 3 个省份；二类地区包括吉林、山西、河北、青海和安徽 5 个省份；三类地区包括湖北、西藏、福建、广西、广东、山东、重庆、黑龙江、江西、海南、河南、新疆、

表 6-15 2003—2017 年各省份义务教育校舍危房比

地区	2003 年 指标值	排序	2008 年 指标值	排序	2013 年 指标值	排序	2017 年 指标值	排序
北京	0.002	28	0.001	26	0.000	27	0.000	23
天津	0.003	27	0.001	28	0.000	29	0.000	25
河北	0.028	25	0.053	8	0.000	26	0.000	20
山西	0.041	20	0.080	4	0.009	17	0.004	10
内蒙古	0.156	3	0.033	14	0.013	14	0.000	25
辽宁	0.023	26	0.011	23	0.014	12	0.002	14
吉林	0.094	7	0.075	5	0.008	19	0.000	21
黑龙江	0.065	13	0.016	19	0.038	8	0.004	9
上海	0.000	31	0.000	31	0.000	29	0.000	25
江苏	0.000	30	0.000	30	0.000	29	0.000	25
浙江	0.002	29	0.001	27	0.000	28	0.000	25
安徽	0.147	4	0.054	7	0.014	13	0.002	13
福建	0.028	24	0.006	24	0.008	21	0.006	6
江西	0.060	15	0.028	17	0.127	3	0.006	7
山东	0.038	21	0.014	20	0.008	20	0.000	22
河南	0.066	12	0.031	15	0.032	9	0.001	15
湖北	0.044	19	0.036	12	0.028	11	0.004	11
湖南	0.056	16	0.017	18	0.046	5	0.008	4
广东	0.035	23	0.003	25	0.002	23	0.000	19
广西	0.083	8	0.042	10	0.120	4	0.016	3
海南	0.055	17	0.041	11	0.029	10	0.007	5
重庆	0.082	9	0.029	16	0.040	7	0.005	8
四川	0.062	14	0.126	3	0.041	6	0.003	12
贵州	0.037	22	0.001	29	0.001	25	0.000	24
云南	0.164	1	0.181	2	0.302	2	0.075	2
西藏	0.055	18	0.011	22	0.002	24	0.001	16
陕西	0.103	6	0.044	9	0.013	15	0.000	18
甘肃	0.157	2	0.194	1	0.333	1	0.082	1
青海	0.080	10	0.071	6	0.003	22	0.000	25
宁夏	0.078	11	0.013	21	0.010	16	0.001	17
新疆	0.104	5	0.035	13	0.009	18	0.000	25

注：部分省份的指标值为 0.000，是进行了数值修约，原始数据并非 0.000，原始数据小数位数较多，表中是按原始数据进行排序的。下同

宁夏、天津、湖南、北京、浙江、内蒙古、陕西和辽宁 20 个省份；四类地区包括上海、江苏和贵州 3 个省份。在 2013 年我国各省份义务教育校舍危房比的区域类型中，一类地区包括甘肃、云南、江西和广西 4 个省份；无二类地区；三类地区包括内蒙古、重庆、山西、陕西、广东、西藏、湖北、湖南、海南、福建、青海、黑龙江、吉林、辽宁、山东、四川、安徽、宁夏、新疆、河南和贵州 21 个省份；四类地区包括河北、天津、北京、上海、江苏和浙江 6 个省份。在 2017 年我国各省份义务教育校舍危房比的区域类型中，无一类地区；二类地区包括甘肃和云南 2 个省份；三类地区包括西藏、湖北、山西、湖南、宁夏、辽宁、广西、重庆、海南、安徽、黑龙江、四川、福建、河南和江西 15 个省份；四类地区包括新疆、内蒙古、青海、吉林、北京、陕西、山东、浙江、上海、江苏、广东、贵州、河北和天津 14 个省份。

三、各省份义务教育人员质量指数的基本态势与结构特征

在义务教育人员质量指数的省域差距中，2003 年，义务教育人员质量指数较高的为辽宁、天津、湖北、宁夏和黑龙江 5 个省份，指标值较低的为重庆、新疆、陕西、贵州和西藏 5 个省份，极高值辽宁的义务教育人员质量指数为 0.0076，极低值西藏的义务教育人员质量指数为 0.0034，极差为 2.24 倍。2008 年，义务教育人员质量指数较高的为辽宁、天津、青海、湖北和宁夏 5 个省份，指标值较低的为甘肃、贵州、山西、陕西和西藏 5 个省份，极高值辽宁的义务教育人员质量指数为 0.0069，极低值西藏的义务教育人员质量指数为 0.0038，极差为 1.82 倍，较 2003 年有所缩减。2013 年，义务教育人员质量指数较高的为辽宁、天津、青海、内蒙古和江苏 5 个省份，指标值较低的为重庆、甘肃、陕西、西藏和山西 5 个省份，极高值辽宁的义务教育人员质量指数为 0.0069，极低值山西的义务教育人员质量指数为 0.0044，极差为 1.57 倍，较 2008 年有所降低。2017 年，义务教育人员质量指数较高的为辽宁、天津、内蒙古、青海和江苏 5 个省份，指标值较低的为西藏、上海、新疆、陕西和山西 5 个省份，极高值辽宁的义务教育人员质量指数为 0.0072，极低值山西的义务教育人员质量指数为 0.0044，极差为 1.64 倍，较 2013 年有所增加（表 6-16）。

2003 年，义务教育人员质量指数高于全国平均水平的有北京、天津、内蒙古、辽宁、吉林、黑龙江、上海、江苏、安徽、山东、湖北、湖南、广西和宁夏 14 个省份，其余省份均低于全国平均水平；2008 年，义务教育人员质量指数高于全国

表 6-16 2003—2017 年各省份义务教育人员质量指数

地区	2003 年 指标值	2003 年 排序	2008 年 指标值	2008 年 排序	2013 年 指标值	2013 年 排序	2017 年 指标值	2017 年 排序
北京	0.0058	7	0.0053	16	0.0052	20	0.0053	15
天津	0.0067	2	0.0067	2	0.0065	2	0.0062	2
河北	0.0050	21	0.0053	18	0.0053	16	0.0051	23
山西	0.0049	25	0.0045	29	0.0044	31	0.0044	31
内蒙古	0.0056	11	0.0059	6	0.0062	4	0.0061	3
辽宁	0.0076	1	0.0069	1	0.0069	1	0.0072	1
吉林	0.0057	10	0.0056	12	0.0051	23	0.0054	13
黑龙江	0.0061	5	0.0057	9	0.0058	7	0.0058	6
上海	0.0055	12	0.0052	20	0.0049	25	0.0047	28
江苏	0.0058	8	0.0055	14	0.0060	5	0.0059	5
浙江	0.0054	15	0.0053	17	0.0056	11	0.0057	9
安徽	0.0055	14	0.0058	7	0.0055	14	0.0052	20
福建	0.0048	26	0.0056	13	0.0057	9	0.0056	11
江西	0.0054	16	0.0056	11	0.0057	8	0.0057	8
山东	0.0057	9	0.0057	10	0.0052	21	0.0049	25
河南	0.0053	18	0.0051	21	0.0052	19	0.0051	24
湖北	0.0064	3	0.0060	4	0.0058	6	0.0057	7
湖南	0.0060	6	0.0058	8	0.0056	12	0.0052	17
广东	0.0050	22	0.0055	15	0.0056	10	0.0052	21
广西	0.0055	13	0.0051	22	0.0055	13	0.0055	12
海南	0.0050	23	0.0048	25	0.0052	17	0.0052	19
重庆	0.0047	27	0.0047	26	0.0047	27	0.0051	22
四川	0.0054	17	0.0050	23	0.0052	18	0.0052	18
贵州	0.0042	30	0.0047	28	0.0048	26	0.0053	16
云南	0.0051	19	0.0052	19	0.0054	15	0.0057	10
西藏	0.0034	31	0.0038	31	0.0044	30	0.0048	27
陕西	0.0044	29	0.0043	30	0.0045	29	0.0046	30
甘肃	0.0050	20	0.0047	27	0.0046	28	0.0048	26
青海	0.0050	24	0.0063	3	0.0063	3	0.0060	4
宁夏	0.0061	4	0.0060	5	0.0051	22	0.0054	14
新疆	0.0047	28	0.0049	24	0.0049	24	0.0047	29

平均水平的有天津、内蒙古、辽宁、吉林、黑龙江、江苏、安徽、福建、江西、山东、湖北、湖南、广东、青海和宁夏15个省份，其余省份均低于全国平均水平；2013年，义务教育人员质量指数高于全国平均水平的有天津、内蒙古、辽宁、黑龙江、江苏、浙江、安徽、福建、江西、湖南、湖北、广东、广西、云南和青海15个省份，其余省份均低于全国平均水平；2017年，义务教育人员质量指数高于全国平均水平的有天津、内蒙古、吉林、辽宁、黑龙江、江苏、浙江、福建、江西、湖北、广西、云南、宁夏和青海14个省份，其余省份均低于全国平均水平。

根据义务教育人员质量指数指标的阈值[一类地区≥0.0065，二类地区为0.0055（含）—0.0065，三类地区为0.0045—0.0055，四类地区<0.0045]，本书将我国31个省份划分为4类区域类型。在2003年我国各省份义务教育人员质量指数的区域类型中，一类地区包括辽宁和天津2个省份；二类地区包括北京、内蒙古、上海、广西、宁夏、黑龙江、吉林、江苏、山东、安徽、湖北和湖南12个省份；三类地区包括浙江、广东、江西、山西、福建、四川、重庆、河北、新疆、青海、甘肃、云南、河南和海南14个省份；四类地区包括陕西、西藏和贵州3个省份。在2008年我国各省份义务教育人员质量指数的区域类型中，一类地区包括天津和辽宁2个省份；二类地区包括黑龙江、宁夏、内蒙古、青海、吉林、广东、湖北、江西、湖南、福建、安徽、江苏和山东13个省份；三类地区包括北京、上海、浙江、重庆、河北、河南、广西、山西、贵州、甘肃、云南、新疆、海南和四川14个省份；四类地区包括西藏和陕西2个省份。在2013年我国各省份义务教育人员质量指数的区域类型中，一类地区包括天津和辽宁2个省份；二类地区包括青海、安徽、内蒙古、黑龙江、广西、湖北、湖南、浙江、广东、江西、江苏和福建12个省份；三类地区包括北京、云南、四川、重庆、上海、新疆、宁夏、甘肃、陕西、河北、山东、贵州、吉林、河南和海南15个省份；四类地区包括山西和西藏2个省份。在2017年我国各省份义务教育人员质量指数的区域类型中，一类地区只包括辽宁1个省；二类地区包括天津、黑龙江、内蒙古、青海、云南、湖北、江苏、江西、广西、福建和浙江11个省份；三类地区包括甘肃、吉林、陕西、广东、湖南、河南、重庆、安徽、宁夏、河北、贵州、北京、西藏、山东、四川、上海、新疆和海南18个省份；四类地区包括山西1个省份。

2003—2017年，我国各省份义务教育人员质量指数的年增长率平均值较高的为西藏、贵州、青海、福建和云南5个省份，较低的为湖北、湖南、宁夏、山东和上海5个省份，极高值西藏的义务教育人员质量指数的年增长率平均值为2.37%，极低值上海的义务教育人员质量指数的年增长率平均值为-1.12%。

（一）义务教育教师职称结构指数

在义务教育教师职称结构指数的省域差距中，2003 年，义务教育教师职称结构指数较高的为辽宁、天津、湖北、北京和黑龙江 5 个省份，指标值较低的为新疆、福建、陕西、贵州和西藏 5 个省份，极高值辽宁的义务教育教师职称结构指数为 0.452，极低值西藏的义务教育教师职称结构指数为 0.051，极差为 8.86 倍。2008 年，义务教育教师职称结构指数较高的为辽宁、天津、青海、内蒙古和湖北 5 个省份，指标值较低的为甘肃、贵州、山西、陕西和西藏 5 个省份，极高值辽宁的义务教育教师职称结构指数为 0.577，极低值西藏的义务教育教师职称结构指数为 0.113，极差为 5.11 倍，较 2003 年有所缩减。2013 年，义务教育教师职称结构指数较高的为辽宁、天津、内蒙古、青海和江苏 5 个省份，指标值较低的为新疆、陕西、甘肃、山西和新疆 5 个省份，极高值辽宁的义务教育教师职称结构指数为 0.638，极低值西藏的义务教育教师职称结构指数为 0.242，极差为 2.64 倍，较 2008 年有所缩减。2017 年，高级职称教师结构指数较高的为辽宁、内蒙古、天津、黑龙江和江苏 5 个省份，指标值较低的为西藏、甘肃、新疆、陕西和山西 5 个省份，极高值辽宁的义务教育教师职称结构指数为 0.671，极低值山西的义务教育教师职称结构指数为 0.271，极差为 2.48 倍，较 2013 年有所缩减（表6-17）。

2003 年，义务教育教师职称结构指数高于全国平均水平的有北京、天津、内蒙古、辽宁、吉林、黑龙江、上海、江苏、湖北、湖南、广西、宁夏和山东 13 个省份，其余省份均低于全国平均水平；2008 年，义务教育教师职称结构指数高于全国平均水平的有北京、天津、内蒙古、辽宁、吉林、黑龙江、上海、江苏、安徽、福建、江西、山东、湖北、湖南、广东、青海和宁夏 17 个省份，其余省份均低于全国平均水平；2013 年，义务教育教师职称结构指数高于全国平均水平的有北京、天津、内蒙古、辽宁、黑龙江、江苏、浙江、安徽、福建、江西、湖北、广东、湖南、广西和青海 15 个省份，其余省份均低于全国平均水平；2017 年，义务教育教师职称结构指数高于全国平均水平的有北京、天津、内蒙古、辽宁、吉林、黑龙江、江苏、浙江、福建、江西、湖北、广西、云南和青海 14 个省份，其余省份均低于全国平均水平。

根据义务教育教师职称结构指数指标的阈值[一类地区≥0.50，二类地区为 0.40（含）—0.50，三类地区为 0.20—0.40，四类地区<0.20]，本书将我国 31 个省份划分为 4 类区域类型。在 2003 年我国各省份义务教育教师职称结构指数的区域类型中，无一类地区；二类地区包括辽宁 1 个省份；三类地区包括北京、上海、浙江、广东、云南、天津、湖南、内蒙古、山东、黑龙江、江西、江苏、吉林、海南、四川、河北、河南、安徽、宁夏、湖北和广西 21 个省份；四类地区包括福建、贵州、重庆、山西、陕西、青海、新疆、西藏和甘肃 9 个省份。

表6-17 2003—2017年各省份义务教育教师职称结构指数

地区	2003年 指标值	排序	2008年 指标值	排序	2013年 指标值	排序	2017年 指标值	排序
北京	0.319	4	0.404	10	0.414	13	0.416	13
天津	0.383	2	0.562	2	0.602	2	0.550	3
河北	0.203	22	0.337	19	0.392	17	0.365	19
山西	0.194	24	0.236	29	0.264	30	0.271	31
内蒙古	0.271	11	0.457	4	0.566	3	0.559	2
辽宁	0.452	1	0.577	1	0.638	1	0.671	1
吉林	0.283	8	0.410	6	0.381	18	0.434	9
黑龙江	0.313	5	0.406	9	0.467	7	0.476	4
上海	0.304	6	0.373	14	0.347	22	0.327	25
江苏	0.279	10	0.377	13	0.493	5	0.467	5
浙江	0.237	15	0.338	18	0.426	10	0.430	10
安徽	0.236	16	0.401	11	0.407	15	0.365	18
福建	0.179	28	0.369	16	0.445	8	0.429	11
江西	0.223	17	0.368	17	0.424	11	0.414	14
山东	0.270	12	0.394	12	0.366	21	0.313	26
河南	0.222	18	0.305	22	0.367	20	0.349	23
湖北	0.327	3	0.429	5	0.477	6	0.455	7
湖南	0.282	9	0.406	8	0.411	14	0.357	20
广东	0.211	19	0.370	15	0.421	12	0.357	21
广西	0.262	13	0.320	20	0.428	9	0.418	12
海南	0.207	20	0.283	25	0.370	19	0.371	17
重庆	0.186	26	0.267	26	0.303	26	0.356	22
四川	0.238	14	0.302	23	0.337	24	0.346	24
贵州	0.124	30	0.237	28	0.307	25	0.387	15
云南	0.205	21	0.317	21	0.397	16	0.441	8
西藏	0.051	31	0.113	31	0.242	31	0.293	27
陕西	0.151	29	0.211	30	0.269	28	0.285	30
甘肃	0.194	23	0.243	27	0.267	29	0.291	28
青海	0.187	25	0.457	3	0.496	4	0.455	6
宁夏	0.294	7	0.409	7	0.346	23	0.379	16
新疆	0.180	27	0.295	24	0.301	27	0.286	29

在 2008 年我国各省份义务教育教师职称结构指数的区域类型中，一类地区包括天津和辽宁 2 个省份；二类地区包括北京、湖北、安徽、宁夏、青海、内蒙古、吉林、黑龙江和湖南 9 个省份；三类地区包括上海、贵州、浙江、江苏、福建、广西、江西、云南、海南、河南、四川、新疆、广东、山东、重庆、河北、山西、陕西和甘肃 19 个省份；四类地区包括西藏 1 个自治区。在 2013 年我国各省份义务教育教师职称结构指数的区域类型中，一类地区包括天津、辽宁和内蒙古 3 个省份；二类地区包括北京、黑龙江、青海、湖北、湖南、广西、广东、安徽、浙江、福建、江苏和江西 12 个省份；三类地区包括上海、重庆、山西、陕西、海南、吉林、甘肃、西藏、山东、四川、宁夏、河北、云南、新疆、河南和贵州 16 个省份；无四类地区。在 2017 年我国各省份义务教育教师职称结构指数的区域类型中，一类地区包括辽宁、内蒙古和天津 3 个省份；二类地区包括北京、吉林、黑龙江、青海、江苏、浙江、福建、湖北、广西、江西和云南 11 个省份；三类地区包括重庆、甘肃、陕西、广东、湖南、宁夏、山东、贵州、海南、安徽、四川、新疆、西藏、上海、山西、河南和河北 17 个省份；无四类地区。

2003—2017 年，我国各省份义务教育教师职称结构指数的年增长率平均值较高的为西藏、贵州、青海、福建和云南 5 个省份，较低的为宁夏、北京、湖南、山东和上海 5 个省份，极高值西藏的义务教育教师职称结构指数的年增长率平均值为 13.52%，极低值上海的义务教育教师职称结构指数的年增长率平均值为 0.56%，极差为 24.14 倍。

（二）义务教育人员结构指数

在义务教育人员结构指数的省域差距中，2003 年，义务教育人员结构指数较高的为甘肃、青海、江西、西藏和宁夏 5 个省份，指标值较低的为内蒙古、吉林、天津、北京和上海 5 个省份，极高值甘肃的义务教育人员结构指数为 0.926，极低值上海的义务教育人员结构指数为 0.694，极差为 1.33 倍。2008 年，义务教育人员结构指数较高的为西藏、青海、甘肃、贵州和宁夏 5 个省份，指标值较低的为吉林、天津、内蒙古、上海和北京 5 个省份，极高值西藏的义务教育人员结构指数为 0.954，极低值北京的义务教育人员结构指数为 0.738，极差为 1.29 倍，较 2003 年有所缩减。2013 年，义务教育人员结构指数较高的为青海、四川、新疆、江西和甘肃 5 个省份，指标值较低的为上海、吉林、天津、内蒙古和北京 5 个省份，极高值青海的义务教育人员结构指数为 1.039，极低值北京的义务教育人员结构指数为 0.824，极差为 1.26 倍，较 2008 年有所缩减。2017 年，义务教育人员结构指数较高的为青海、四川、江西、湖南和甘肃 5 个省份，指标值较低的为上海、天津、吉林、北京和内蒙古 5 个省份，极高值青海的义务教育人员结构指数为 1.042，极低值内蒙古的义务教育人员结构指数为0.813,极差为1.28倍,较2013年有所增长(表6-18)。

表6-18 2003—2017年各省份义务教育人员结构指数

地区	2003年 指标值	排序	2008年 指标值	排序	2013年 指标值	排序	2017年 指标值	排序
北京	0.725	30	0.738	31	0.824	31	0.887	30
天津	0.791	29	0.805	28	0.857	29	0.896	28
河北	0.888	12	0.890	15	0.917	23	0.938	23
山西	0.876	15	0.878	19	0.922	21	0.911	26
内蒙古	0.823	27	0.800	29	0.839	30	0.813	31
辽宁	0.830	25	0.838	26	0.919	22	0.949	19
吉林	0.809	28	0.810	27	0.871	28	0.890	29
黑龙江	0.838	24	0.853	25	0.910	25	0.914	25
上海	0.694	31	0.761	30	0.877	27	0.898	27
江苏	0.858	22	0.868	23	0.928	19	0.972	13
浙江	0.874	16	0.894	13	0.948	14	0.984	9
安徽	0.910	7	0.916	8	0.952	12	0.977	12
福建	0.896	11	0.911	10	0.931	18	0.946	20
江西	0.924	3	0.933	6	0.986	4	1.029	3
山东	0.858	20	0.872	21	0.936	17	0.981	11
河南	0.907	8	0.914	9	0.941	15	0.959	16
湖北	0.886	13	0.892	14	0.916	24	0.944	22
湖南	0.901	10	0.896	12	0.972	8	1.005	4
广东	0.858	21	0.871	22	0.958	9	0.984	10
广西	0.829	26	0.866	24	0.904	26	0.946	21
海南	0.860	19	0.879	18	0.951	13	0.964	14
重庆	0.856	23	0.888	16	0.939	16	0.964	15
四川	0.869	17	0.898	11	1.014	2	1.030	2
贵州	0.911	6	0.939	4	0.954	10	0.954	18
云南	0.902	9	0.918	7	0.952	11	0.955	17
西藏	0.924	4	0.954	1	0.978	6	0.988	8
陕西	0.882	14	0.887	17	0.922	20	0.933	24
甘肃	0.926	1	0.940	3	0.981	5	1.003	5
青海	0.925	2	0.941	2	1.039	1	1.042	1
宁夏	0.916	5	0.938	5	0.973	7	0.996	6
新疆	0.862	18	0.873	20	0.995	3	0.992	7

2003年，义务教育人员结构指数高于全国平均水平的有河北、山西、浙江、安徽、福建、江西、河南、湖北、湖南、四川、贵州、云南、西藏、陕西、甘肃、青海和宁夏17个省份，其余省份均低于全国平均水平；2008年，义务教育人员结构指数高于全国平均水平的有河北、浙江、安徽、福建、江西、河南、湖北、湖南、四川、贵州、云南、重庆、西藏、陕西、甘肃、青海和宁夏17个省份，其余省份均低于全国平均水平；2013年，义务教育人员结构指数高于全国平均水平的有浙江、安徽、江西、河南、湖南、广东、海南、重庆、四川、贵州、云南、西藏、甘肃、新疆、宁夏和青海16个省份，其余省份均低于全国平均水平；2017年，义务教育人员结构指数高于全国平均水平的有江苏、浙江、安徽、江西、山东、湖南、新疆、广东、四川、西藏、甘肃、宁夏和青海13个省份，其余省份均低于全国平均水平。

根据义务教育人员结构指数指标的阈值[一类地区≥1.0，二类地区为0.9（含）—1.0，三类地区为0.8—0.9，四类地区<0.8]，本书将我国31个省份划分为4类区域类型。在2003年我国各省份义务教育人员结构指数的区域类型中，无一类地区；二类地区包括河南、安徽、江西、云南、贵州、湖南、宁夏、青海、西藏和甘肃10个省份；三类地区包括浙江、广东、内蒙古、山东、黑龙江、辽宁、福建、重庆、山西、陕西、新疆、江苏、吉林、海南、四川、河北、湖北和广西18个省份；四类地区包括北京、上海和天津3个省份。在2008年我国各省份义务教育人员结构指数的区域类型中，无一类地区；二类地区包括甘肃、云南、贵州、宁夏、青海、福建、江西、安徽、河南和西藏10个省份；三类地区包括湖北、浙江、江苏、广西、海南、四川、湖南、新疆、内蒙古、吉林、黑龙江、广东、天津、辽宁、山东、重庆、河北、山西和陕西19个省份；四类地区包括上海和北京2个直辖市。在2013年我国各省份义务教育人员结构指数的区域类型中，一类地区包括四川和青海2个省份；二类地区包括黑龙江、重庆、山西、陕西、海南、甘肃、西藏、山东、贵州、湖北、湖南、广西、广东、安徽、浙江、福建、辽宁、宁夏、河北、云南、新疆、河南、江苏和江西24个省份；三类地区包括北京、上海、内蒙古、吉林和天津5个省份；无四类地区。在2017年我国各省份义务教育人员结构指数的区域类型中，一类地区包括甘肃、青海、四川、江西和湖南5个省份；二类地区包括重庆、陕西、广东、黑龙江、辽宁、江苏、宁夏、山东、贵州、海南、安徽、新疆、西藏、浙江、福建、湖北、广西、河北、山西、河南和云南21个省份；三类地区包括北京、吉林、天津、上海和内蒙古5个省份；无四类地区。

2003—2017年，我国各省份义务教育人员结构指数的年增长率平均值较高的为上海、北京、四川、新疆和广东5个省份，较低的为河北、福建、贵州、山西和内蒙古 5 个省份，极高值上海的义务教育人员结构指数的年增长率平均值为 1.88%，极低值内蒙古的义务教育人员结构指数的年增长率平均值为-0.07%。

四、各省份义务教育经费质量指数的基本态势与结构特征

在义务教育经费质量指数的省域差距中，2003 年，义务教育经费质量指数较高的为西藏、贵州、云南、甘肃和新疆 5 个省份，指标值较低的为黑龙江、上海、辽宁、山东和天津 5 个省份，极高值西藏的义务教育经费质量指数为 0.015，极低值天津的义务教育经费质量指数为 0.003，极差为 5 倍。2008 年，义务教育经费质量指数较高的为西藏、贵州、甘肃、新疆和青海 5 个省份，指标值较低的为辽宁、江苏、天津、上海和山东 5 个省份，极高值西藏的义务教育经费质量指数为 0.017，极低值山东的义务教育经费质量指数为 0.002，极差为 8.5 倍，较 2003 年有所增长。2013 年，义务教育经费质量指数较高的为西藏、贵州、新疆、云南和青海 5 个省份，指标值较低的为江苏、山东、上海、辽宁和天津 5 个省份，极高值西藏的义务教育经费质量指数为 0.017，极低值天津的义务教育经费质量指数为 0.002，极差为 8.5 倍，与 2008 年保持一致。2017 年，义务教育经费质量指数较高的为西藏、甘肃、青海、贵州和云南 5 个省份，指标值较低的为福建、山东、江苏、上海和天津 5 个省份，极高值西藏的义务教育经费质量指数为 0.017，极低值天津的义务教育经费质量指数为 0.002，极差为 8.5 倍，与 2013 年保持一致（表 6-19）。

2003 年，义务教育经费质量指数高于全国平均水平的有山西、广西、四川、贵州、云南、西藏、甘肃、新疆、青海和宁夏 10 个省份，其余省份均低于全国平均水平；2008 年，义务教育经费质量指数高于全国平均水平的有安徽、广西、海南、重庆、四川、贵州、云南、西藏、陕西、甘肃、青海、新疆和宁夏 13 个省份，其余省份均低于全国平均水平；2013 年，义务教育经费质量指数高于全国平均水平的有安徽、江西、广西、海南、四川、贵州、云南、西藏、陕西、甘肃、青海、新疆和宁夏 13 个省份，其余省份均低于全国平均水平；2017 年，义务教育经费质量指数高于全国平均水平的有江西、广西、海南、贵州、云南、西藏、甘肃、宁夏、新疆和青海 10 个省份，其余省份均低于全国平均水平。

根据义务教育经费质量指数指标的阈值[一类地区≥0.008，二类地区为 0.006（含）—0.008，三类地区为 0.004—0.006，四类地区<0.004]，本书将我国 31 个省份划分为 4 类区域类型。在 2003 年我国各省份义务教育经费质量指数的区域类型中，一类地区包括云南、西藏和贵州 3 个省份；二类地区包括山西、新疆、青海、宁夏、甘肃和广西 6 个省份；三类地区包括浙江、广东、内蒙古、河南、安徽、

表 6-19 2003—2017 年各省份义务教育经费质量指数

地区	2003 年 指标值	排序	2008 年 指标值	排序	2013 年 指标值	排序	2017 年 指标值	排序
北京	0.004	20	0.003	26	0.004	19	0.003	22
天津	0.003	31	0.003	29	0.002	31	0.002	31
河北	0.004	25	0.003	24	0.004	22	0.004	18
山西	0.006	9	0.005	14	0.005	15	0.005	14
内蒙古	0.005	17	0.004	21	0.004	21	0.005	13
辽宁	0.003	29	0.003	27	0.003	30	0.003	25
吉林	0.005	19	0.004	17	0.004	23	0.004	21
黑龙江	0.003	27	0.004	18	0.004	17	0.005	15
上海	0.003	28	0.002	30	0.003	29	0.002	30
江苏	0.003	26	0.003	28	0.003	27	0.003	29
浙江	0.004	21	0.004	22	0.003	25	0.003	26
安徽	0.005	11	0.005	12	0.005	12	0.005	12
福建	0.004	24	0.004	23	0.004	20	0.003	27
江西	0.005	16	0.005	15	0.006	9	0.006	10
山东	0.003	30	0.002	31	0.003	28	0.003	28
河南	0.004	22	0.004	19	0.005	14	0.004	17
湖北	0.004	23	0.004	20	0.003	26	0.003	24
湖南	0.005	15	0.005	16	0.004	18	0.004	19
广东	0.005	14	0.003	25	0.003	24	0.003	23
广西	0.007	7	0.005	13	0.006	10	0.006	9
海南	0.005	13	0.007	8	0.007	7	0.007	7
重庆	0.005	18	0.006	10	0.005	16	0.004	16
四川	0.005	10	0.006	9	0.005	11	0.005	11
贵州	0.009	2	0.009	2	0.010	2	0.009	4
云南	0.008	3	0.008	6	0.008	4	0.008	5
西藏	0.015	1	0.017	1	0.017	1	0.017	1
陕西	0.005	12	0.006	11	0.005	13	0.004	20
甘肃	0.007	4	0.008	3	0.008	6	0.009	2
青海	0.006	8	0.008	5	0.008	5	0.009	3
宁夏	0.007	6	0.007	7	0.007	8	0.007	8
新疆	0.007	5	0.008	4	0.009	3	0.008	6

江西、湖北、湖南、重庆、北京、河北、陕西、吉林、福建、海南和四川 16 个省份；四类地区包括黑龙江、辽宁、山东、江苏、上海和天津 6 个省份。在 2008 年我国各省份义务教育经费质量指数的区域类型中，一类地区包括青海、甘肃、新疆、贵州、云南和西藏 6 个省份；二类地区包括四川、宁夏、重庆、陕西和海南 5 个省份；三类地区包括内蒙古、山西、吉林、黑龙江、安徽、江西、河南、湖北、湖南、广西、浙江和福建 12 个省份；四类地区包括北京、天津、河北、辽宁、上海、江苏、山东、广东 8 个省份。在 2013 年我国各省份义务教育经费质量指数的区域类型中，一类地区包括云南、贵州、新疆、甘肃、西藏和青海 6 个省份；二类地区包括宁夏、广西、海南和江西 4 个省份；三类地区包括北京、河北、山西、内蒙古、吉林、黑龙江、安徽、福建、河南、湖南、重庆、四川和陕西 13 个省份；四类地区包括天津、辽宁、上海、江苏、浙江、山东、湖北和广东 8 个省份。在 2017 年我国各省份义务教育经费质量指数的区域类型中，一类地区包括甘肃、青海、新疆、西藏、云南和贵州 6 个省份；二类地区包括江西、宁夏、海南和广西 4 个省份；三类地区包括安徽、陕西、四川、河北、山西、河南、重庆、吉林、黑龙江、湖南和内蒙古 11 个省份；四类地区包括辽宁、山东、天津、北京、江苏、浙江、福建、广东、上海和湖北 10 个省份。

2003—2017 年，我国各省份义务教育经费质量指数的年增长率平均值较高的为青海、河南、黑龙江、甘肃和河北 5 个省份，较低的为天津、陕西、江苏、浙江和广东 5 个省份，极高值青海的义务教育经费质量指数的年增长率平均值为 2.79%，极低值广东的义务教育经费质量指数的年增长率平均值为-2.84%。

第七章　全国义务教育发展条件的基本态势与结构特征

我国义务教育有其特有的发展条件，这些发展条件包括义务教育空间布局影响因素和前后学段关系因素两方面内容。

第一节　全国义务教育空间布局影响指数的基本态势与结构特征

作为一种社会活动，义务教育活动具体在一定区域内依托学校和相关机构开展。一方面，教育需要区域经济社会条件的支撑，为其提供场所、经费、人员等资源或条件；另一方面，教育也作为社会服务的"供给侧"满足区域的发展需求。在教育与区域的互动关系中，教育与区域经济社会发展水平的相对一致性是较为协调的发展状态，区域经济社会发展水平在很大程度上会影响教育的规模和结构。依据区域与义务教育发展之间的关系，可以将区域对义务教育的影响因素划分为3种类型，包括义务教育个人需求度、义务教育区域需求度和义务教育国家支持度。2003—2017年，全国义务教育空间布局影响指数呈现高速增长的态势，由2003年的0.0501增长到2017年的0.0902。从数据变化情况看，2003—2017年，全国义务教育空间布局影响指数总体保持了较高的增长态势（表7-1，图7-1）。

表 7-1　2003—2017 年全国义务教育空间布局影响指数

年份	2003	2004	2005	2006	2007	2008	2009	2010
指标值	0.0501	0.0504	0.0501	0.0527	0.0568	0.0593	0.0629	0.0647
年份	2011	2012	2013	2014	2015	2016	2017	
指标值	0.0685	0.0730	0.0753	0.0787	0.0822	0.0852	0.0902	

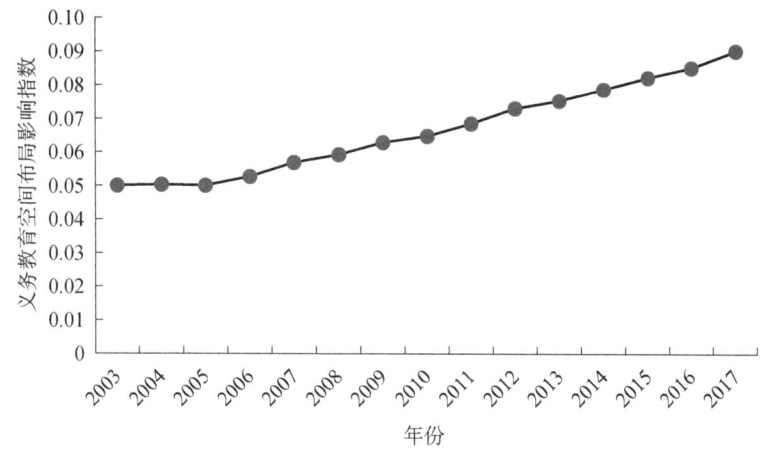

图 7-1　2003—2017 年全国义务教育空间布局影响指数的变化趋势

根据全国义务教育空间布局影响指数的 3 个分指数的指标值相对大小，本书将全国义务教育空间布局影响指数划分为 3 种基本类型，即教育个人需求主导型、教育区域需求主导型和教育国家支持主导型。全国义务教育空间布局影响指数在不同时段的指数类型存在一定的区域差异。以研究监测的 4 个时间截面来看，2003 年，全国义务教育空间布局影响指数的类型为教育国家支持主导型；2008 年，该指数类型为教育国家支持主导型；2013 年，该指数类型为教育个人需求主导型；2017 年，该指数类型为教育个人需求主导型。全国义务教育空间布局影响指数整体从义务教育国家支持主导型向教育个人需求主导型转变。

一、义务教育个人需求度的基本态势与结构特征

本书中的义务教育个人需求度指标包括人均收入水平和人均受教育年限。居民人均可支配收入标志着居民的购买力，是衡量居民收入水平和生活水平的最重要和最常用的统计指标。人均受教育年限是指某一特定年龄段人群接受学历教育的年限总和的平均数。

2003—2017 年，全国义务教育个人需求度呈现高速增长的态势，由 2003 年的 0.0142 增长到 2017 年的 0.0332，总体保持了较高的增长（表 7-2，图 7-2）。

表 7-2　2003—2017 年全国义务教育个人需求度

年份	2003	2004	2005	2006	2007	2008	2009	2010
指标值	0.0142	0.0150	0.0152	0.0163	0.0174	0.0186	0.0195	0.0210
年份	2011	2012	2013	2014	2015	2016	2017	
指标值	0.0231	0.0248	0.0265	0.0279	0.0296	0.0312	0.0332	

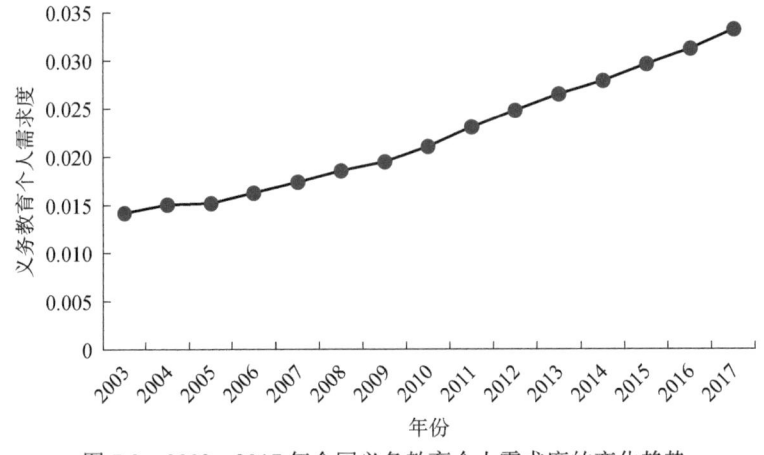

图 7-2　2003—2017 年全国义务教育个人需求度的变化趋势

（一）人均收入水平

本书中的人均收入水平指标具体指的是居民人均可支配收入，指调查户在调查期内获得的、可用于最终消费支出和储蓄的总和，即调查户可以用来自由支配的收入。可支配收入既包括现金，也包括实物收入。按照收入的来源，可支配收入包含四项，分别为工资性收入、经营净收入、财产净收入和转移净收入。

2003—2017 年，全国居民人均可支配收入水平呈现高速增长的态势，由 2003 年的 4962 元增长到 2017 年的 26 845 元，从数据变化情况看，2003—2017 年全国居民人均可支配收入总体增长 441%，年增长率平均值为 12.8%。从各年度增长的情况看，2005—2008 年、2009—2012 年两个时间段内，全国居民人均可支配收入水平增长率相对更高，增长速度更快，2012 年后人均收入增长速度稍微放缓，但是仍然保持了较高的增长态势（表 7-3，图 7-3）。

居民人均可支配收入高速增长的主要原因，除了我国近年来经济社会发展带

表 7-3　2003—2017 年全国居民人均可支配收入　　　　单位：元

年份	2003	2004	2005	2006	2007	2008	2009	2010
指标值	4 962	5 903	6 365	7 392	8 608	9 932	10 919	12 539
年份	2011	2012	2013	2014	2015	2016	2017	
指标值	14 742	16 857	18 789	20 571	22 503	24 545	26 845	

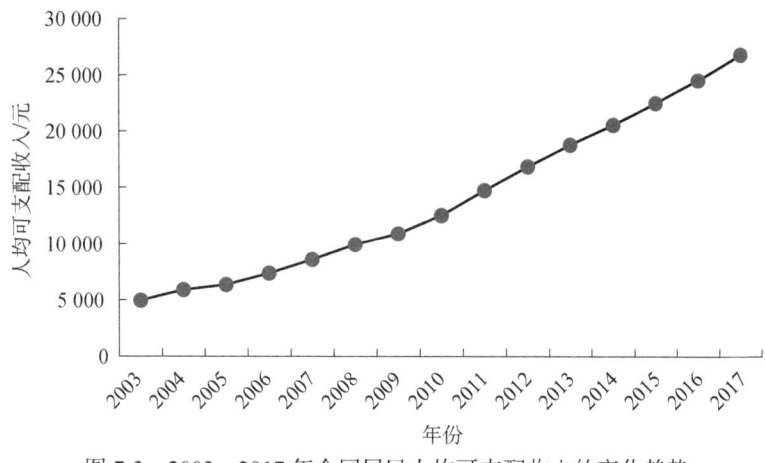

图 7-3　2003—2017 年全国居民人均可支配收入的变化趋势

来的影响外，也与 2012 年以来各级政府从增加居民财产性收入、转移性收入着手，全力为居民增收注入新动力的各项举措有关。根据国家统计局公布的数据，2016 年，人均转移净收入占比由 2012 年的 16.5% 提高到 17.9%，提高 1.4 个百分点；人均财产净收入占比由 2012 年的 7.5% 提高到 7.9%，提高 0.4 个百分点。财产性收入的增加，进一步优化了居民人均可支配收入的结构。

（二）人均受教育年限

人均受教育年限是指某一特定年龄段人群接受学历教育的年限总和的平均数，是衡量一个国家或地区经济、社会发展水平的重要指标之一，是反映该国家或地区人口素质的一个最重要的综合性指标，是确定一个国家或地区教育、科技等发展战略的重要依据（辽宁省教育研究院，1995）。

从全国范围看，2003—2017 年，人均受教育年限呈现波动增长的态势，由 2003 年的 7.86 年增长到 2017 年的 9.21 年，体现出全国范围内人口的平均受教育程度有所提升，也体现出我国人口的综合素质显著提高。从数据变化情况看，2003—2017 年，全国人均受教育年限总体增长 17.18%，年增长率平均值为 1.15%（表 7-4，图 7-4）。

表 7-4 2003—2017 年全国人口人均受教育年限　　　　单位：年

年份	2003	2004	2005	2006	2007	2008	2009	2010
指标值	7.86	7.95	7.78	7.98	8.12	8.20	8.31	8.52
年份	2011	2012	2013	2014	2015	2016	2017	
指标值	8.75	8.80	8.93	8.92	9.08	9.08	9.21	

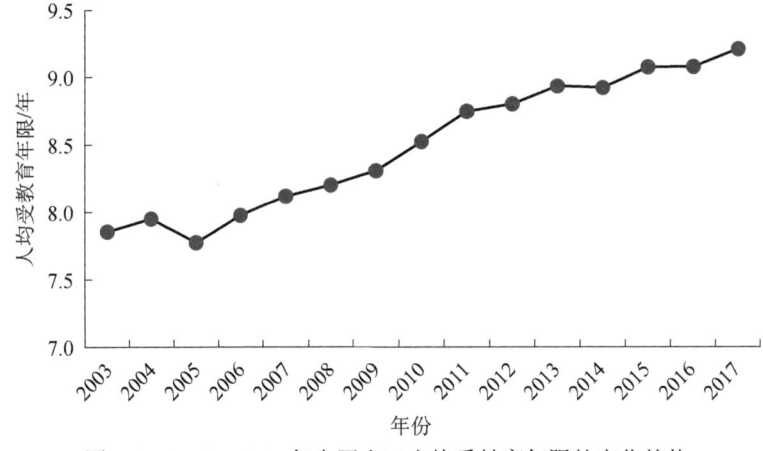

图 7-4 2003—2017 年全国人口人均受教育年限的变化趋势

《国家教育事业发展"十三五"规划》提出"十三五"时期教育改革发展的总目标是教育现代化取得重要进展，教育总体实力和国际影响力显著增强，持续提升劳动年龄人口平均受教育年限，这是国家根据我国人力资本开发现状、产业结构优化升级以及人口变化趋势做出的战略部署。根据教育部 2019 年发布的信息，中华人民共和国成立尤其是改革开放以来，我国已经逐步建立起了世界规模最大的教育体系，已经为国家培养了大量接受过高等教育和职业教育的各类人才，全国人均受教育年限提高，这体现出我国已经具备较为坚实的人力资本基础。

二、义务教育区域需求度的基本态势与结构特征

教育需求是指就社会而言，在一定时期内国民经济各部门以及社会各方面对各类专门人才和受过一定教育的劳动者的数量、质量和结构等方面的要求。就个人和家庭而言，指个人和家庭为满足某种精神和物质需要，对接受各级各类教育的要求。前者由一定社会的科技和经济发展的水平、规模和速度决定，反映了社会经济发展对人才培养的客观需要，是制定教育发展计划的依据。后者受个人精

神充实的欲望、就业与收入的选择、家庭经济条件和对子女未来的期望等因素的影响，从宏观来看，亦受人口增长、人口结构变化和人口流动的影响，是制约教育供给的一个重要方面，与教育供给相对。

关于教育需求的分类，一般认为有以下几种：①学术的需求；②物质生活的需求；③社会地位的需求；④提高生活质量的需求。影响教育个人需求的因素包括：①个人的天赋；②就业的需求；③家庭的社会经济背景；④学杂费的高低；⑤社会经济状况；⑥个人的教育投资收益率。影响教育社会需求的因素包括：①社会人口状况；②科学技术和社会经济发展水平；③社会舆论；④政策。

我国义务教育区域需求度呈持续增长趋势，指标值从 2013 年的 0.0149 增加至 2017 年的 0.0299，年增长率平均值为 5.13%（表 7-5，图 7-5）。影响我国 2003—2017 年义务教育区域需求度的基础数据，包括人均 GDP、产业结构系数、恩格尔系数、建成区面积比、交通通达度、人均医疗人员指数 6 个部分，这些指标在后文均有详细介绍。可以看出，在以上 6 个指标中，除恩格尔系数外，其余整体呈现上升的态势，但 6 个指标均表明我国的各方面在向着更好的态势发展（表 7-5，图 7-5）。

表 7-5　2003—2017 年全国义务教育区域需求度

年份	2003	2004	2005	2006	2007	2008	2009	2010
指标值	0.0149	0.0153	0.0161	0.0182	0.0190	0.0197	0.0212	0.0223
年份	2011	2012	2013	2014	2015	2016	2017	
指标值	0.0234	0.0244	0.0255	0.0270	0.0278	0.0288	0.0299	

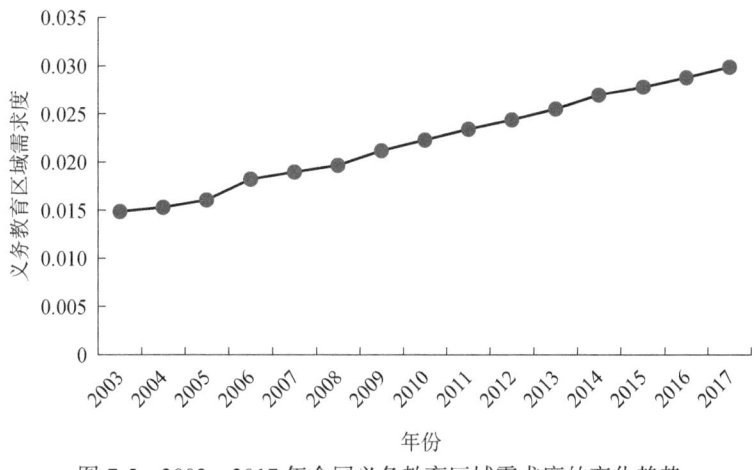

图 7-5　2003—2017 年全国义务教育区域需求度的变化趋势

（一）人均GDP

人均GDP是人们了解和把握一个国家或地区的宏观经济运行状况的有效工具，在发展经济学中常被作为衡量经济发展状况的指标，是较为重要的宏观经济指标之一。

人均GDP是一国或一地区在一定时期内国内生产总值与平均人口之比，是反映经济发展水平，衡量一国（或地区）人口增长与经济发展是否适应的重要指标，也是国际对比的通用指标（刘本旺，2014）。

我国人均GDP呈逐步增长的态势，其指标值由2003年的10 558元上升至2017年的61 018元，年增长率平均值为13.48%（表7-6，图7-6）。整体来看，2003—2017年，我国人均GDP逐步增长，表明我国民众的生活水平显著提高，生活更加殷实，总体消费能力不断提高。

表7-6　2003—2017年全国人均GDP　　　　单位：元

年份	2003	2004	2005	2006	2007	2008	2009	2010
指标值	10 558	12 614	15 413	17 893	21 215	25 012	27 746	32 766
年份	2011	2012	2013	2014	2015	2016	2017	
指标值	38 901	42 774	46 810	50 229	52 723	56 533	61 018	

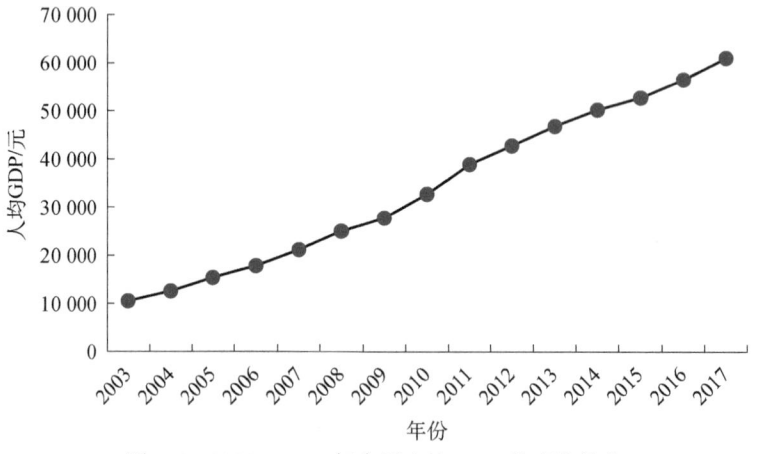

图7-6　2003—2017年全国人均GDP的变化趋势

（二）产业结构系数

产业结构是指国民经济中各个产业、部门以及产业部门内部的内在生产联系和结构比例,即一个国家拥有的劳动力、固定资产和各种其他资源在产业部门之间的分配以及作为其结果的各产业产值的比重构成。广义的产业既包括工业、农业、矿业、交通运输业、建筑业等物质生产部门和行业,也包括为生产和生活服务的商业、服务业、金融业等部门。

产业的分类方法主要有:①两大部类分类法,指生产资料和生活资料(消费资料)两大部类;②农业、轻工业、重工业分类法;③农业、工业、建筑业、运输业、商业服务业五大部门分类法;④三次产业分类法;⑤劳动密集型、资金密集型和知识密集型产业分类法。此外,还可根据产业内部的构成关系划分,如农业内部的农业、林业、牧业、副业和渔业之间的关系。产业结构是经济结构的重要内容,建立合理的产业结构,并随着社会生产力的发展对它进行有计划的调整,使之与生产力发展水平相适应,是国民经济协调发展的重要前提条件。产业结构合理化的主要标志是:①能扬长避短,发挥各方面的优势,实现资源的优化配置和有效利用;②能促进生产技术的不断进步和劳动生产率的不断提高;③能促进各个产业部门和整个国民经济协调地运行和发展,实现良性循环;④能使全体人民的实际物质水平不断提高。产业结构不是一成不变的,从世界各国经济发展的实际情况来看,产业结构的变动趋势是:第一产业产值的比重逐步下降,第二产业尤其是第三产业产值的比重不断上升(韩双林,马秀岩,1993)。

我国产业结构系数在2003—2017年呈波动上升的态势,由2003年的0.8733上升至2017年的0.9267,年增长率平均值为6.62%(表7-7,图7-7)。其中,2004—2012年上升幅度较大,2012—2014年出现小幅度波动,2014年以后则又恢复稳定上升的态势。2004—2017年,产业结构系数年增长率波动幅度较大,但整体呈上升趋势。2005—2006年、2009年、2014年和2017年,全国产业结构系数逐年增长率均高于年平均增长率。2004—2005年、2008—2009年、2013—2014年和2015年后,产业结构系数年增长率呈上升趋势,且上升幅度较大;2005—2008年、2009—2013年和2014—2015年则处于下降趋势。整体来看,2003—2017年,我国产业结构系数逐步增长,表明我国第二、三产业的比重逐渐增大,产业结构不断优化,经济转型逐见成效。

表7-7 2003—2017年全国产业结构系数

年份	2003	2004	2005	2006	2007	2008	2009	2010
指标值	0.8733	0.8720	0.8837	0.8929	0.8964	0.8969	0.9036	0.9073

年份	2011	2012	2013	2014	2015	2016	2017	
指标值	0.9090	0.9092	0.9034	0.9148	0.9158	0.9184	0.9267	

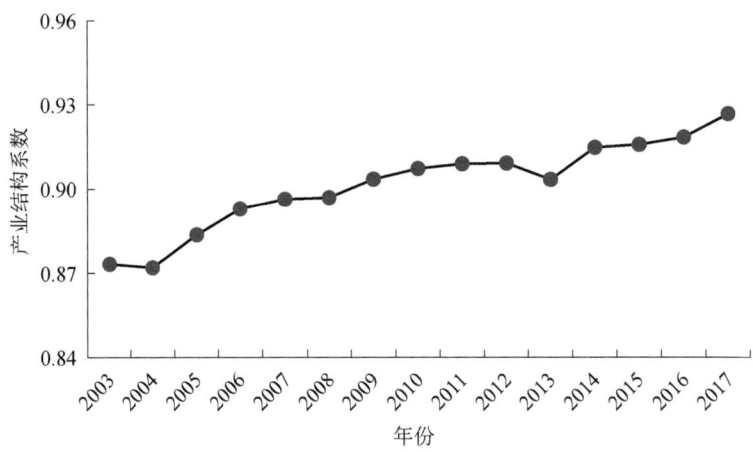

图 7-7　2003—2017 年全国产业结构系数的变化趋势

（三）恩格尔系数

恩格尔系数是指食品支出总额占个人消费支出总额的比例。19 世纪，德国统计学家提出，随着家庭生活水平的提高，食品消费支出占家庭总消费支出的比例不断降低。目前，世界上普遍把恩格尔系数作为衡量生活水平高低的重要指标。具体划分如下：恩格尔系数在 59% 以上为绝对贫困；51%—59% 为维持温饱；40%—50% 为小康水平；30%—39% 为富裕水平；30% 以下为最富裕。世界各国的发展经验证明，随着收入水平的提高，恩格尔系数下降是总的趋势。在总支出金额不变的条件下，恩格尔系数越大，说明用于食物支出所占的金额越多；恩格尔系数越小，说明用于食物支出所占的金额越少，二者成正比。反过来，在食物支出金额不变的条件下，总支出金额与恩格尔系数成反比。因此，恩格尔系数是衡量一个家庭或一个国家富裕程度的主要标准之一。一般来说，在其他条件相同的情况下，恩格尔系数较高，作为家庭来说则表明收入较低，作为国家来说则表明该国经济发展水平较低。反之，恩格尔系数较低，作为家庭来说则表明收入较高，作为国家来说则表明该国较富裕。2003—2017 年，我国恩格尔系数呈波动下降的趋势，其指标值从 2003 年的 0.4000 下降至 2017 年的 0.2930，年增长率平均值为 -2.12%（表 7-8，图 7-8）。

表 7-8　2003—2017 年全国恩格尔系数

年份	2003	2004	2005	2006	2007	2008	2009	2010
指标值	0.4000	0.4084	0.3941	0.3783	0.3818	0.3953	0.3772	0.3707
年份	2011	2012	2013	2014	2015	2016	2017	
指标值	0.3732	0.3698	0.3590	0.3097	0.3060	0.3007	0.2930	

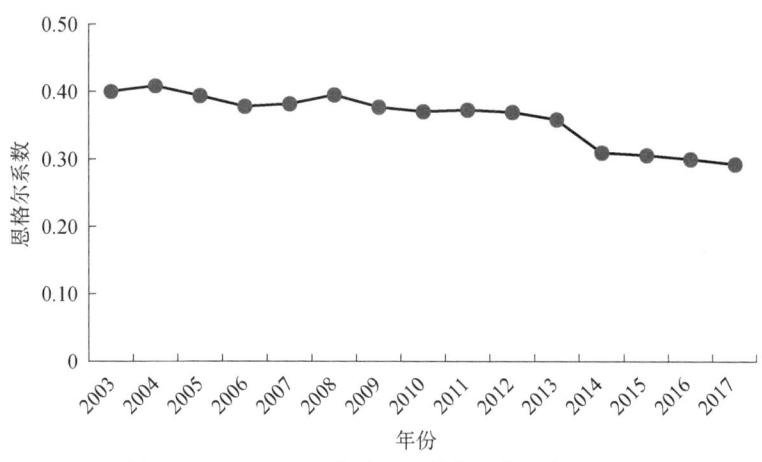

图 7-8　2003—2017 年全国恩格尔系数的变化趋势

（四）建成区面积比

建成区面积是指城市行政区内实际已成片开发建设、市政公用设施和公共设施基本具备的区域。对核心城市而言，它包括集中连片的部分以及分散的若干个已经成片建设起来的、市政公用设施和公共设施基本具备的区域；对一城多镇来说，它由几个连片开发建设起来的、市政公用设施和公共设施基本具备的区域组成。因此，建成区范围一般是指建成区外轮廓线所能包括的地区，也就是这个城市实际建设用地达到的范围（国家统计局城市社会经济调查司，2013）。

建成区面积来源包括以下两种：①官方数据。建成区面积的官方数据通常在各年度的《中国城市统计年鉴》中发布。②民间数据。民间估算建成区面积主要利用了相关软件自动计算面积功能，划出每个城市的房屋覆盖区，将覆盖区的面积作为建成区面积的估计值。然而，该方法用建筑区代替了建成区，因此其结果只具有参考价值。

2013—2017 年，我国建成区面积比呈持续增长趋势，其指标值从 2003 年的 0.0030 增加至 2017 年的 0.0059，年增长率平均值为 5.03%（表 7-9，图 7-9）。在影响我国 2003—2017 年建成区面积比变动的两个基础数据中，地方面积是不变的，地区建成区面积呈持续增长趋势，从 2003 年的 28 308.02 平方公里增长至 2017 年的 56 225.90 平方公里，增长了 98.62%。显然，随着经济的快速发展，我国的城镇化也迅速发展。在我国城镇化过程中，工业发展吸引了大量劳动力，农业人口向城镇快速集聚，城市土地粗放扩张的现象非常显著，城市建成区面积也不断扩大。

表 7-9 2003—2017 年全国建成区面积比

年份	2003	2004	2005	2006	2007	2008	2009	2010
指标值	0.0030	0.0032	0.0034	0.0035	0.0037	0.0039	0.0041	0.0043
年份	2011	2012	2013	2014	2015	2016	2017	
指标值	0.0046	0.0048	0.0050	0.0052	0.0054	0.0057	0.0059	

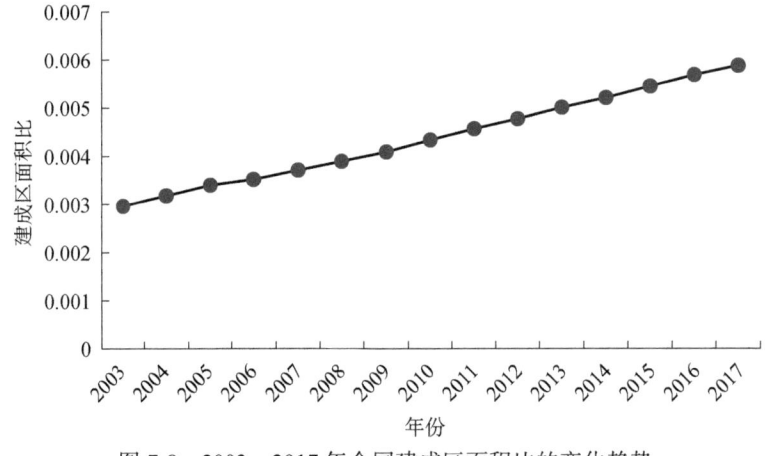

图 7-9 2003—2017 年全国建成区面积比的变化趋势

（五）交通通达度

交通通达度是衡量网络终点之间移动的难易程度的指标，可以用通达指数和分散指数来衡量。通达指数越小，通达性越好；分散指数越小，通达性越好。

关于交通通达度的描述，实际上就被转换成了对分散指数与通达指数的计算。通达指数是指网络中从一个点到其他所有顶点的最短路径，故该指数越大，说明该地的通达距离长，而通达性较差。分散指数是用来衡量网络系统中总的通达程度与联系水平的指标，它是指某网络内部点的通达指数的总和，因此分散指数越小，表示该网络内部之间的联系水平越高，通达性越好（李小建，2006）。

2013—2017 年，我国交通通达度呈持续增长趋势，其指标值从 2013 年的 0.1892 增加至 2017 年的 0.4991，增长率为 163.79%，年增长率平均值为 8.46%（表 7-10，图 7-10）。在影响我国 2003—2017 年交通通达度变动的两个基础数据中，地区面积是不变的，而公路里程数呈现出增加的态势。显然，随着经济的发展，国家基础设施不断完善，交通通达度日益提高。

表7-10　2003—2017年全国交通通达度

年份	2003	2004	2005	2006	2007	2008	2009	2010
指标值	0.1892	0.1956	0.2019	0.3615	0.3747	0.3900	0.4037	0.4191
年份	2011	2012	2013	2014	2015	2016	2017	
指标值	0.4294	0.4431	0.4555	0.4667	0.4786	0.4910	0.4991	

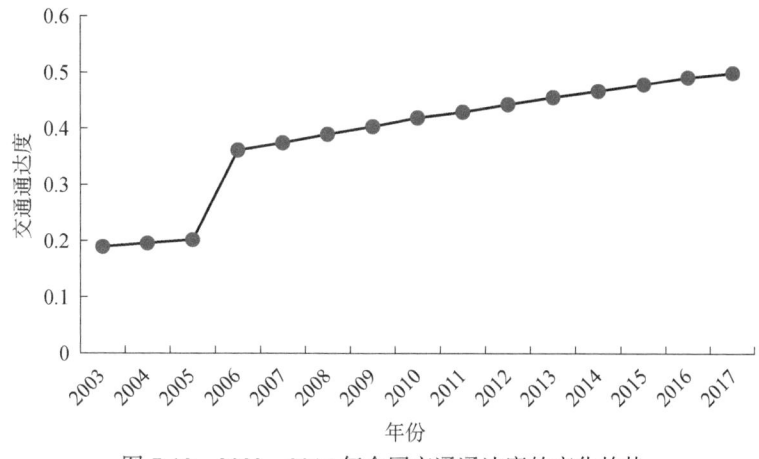

图7-10　2003—2017年全国交通通达度的变化趋势

（六）人均医疗人员指数

2003—2017年，我国人均医疗人员指数呈持续增长趋势，其指标值从2003年的0.0041增加至2017年的0.0085，年增长率平均值为5.43%（表7-11，图7-11）。

表7-11　2003—2017年全国人均医疗人员指数

年份	2003	2004	2005	2006	2007	2008	2009	2010
指标值	0.0041	0.0041	0.0042	0.0044	0.0045	0.0047	0.0059	0.0061
年份	2011	2012	2013	2014	2015	2016	2017	
指标值	0.0064	0.0068	0.0072	0.0075	0.0078	0.0081	0.0085	

三、义务教育国家支持度的基本态势与结构特征

本书中的国家支持度是指国家财政性教育经费总投入占GDP的比例，是衡量教育投入水平的基础线。义务教育经费投入占GDP的比例是指中央和地方财政部

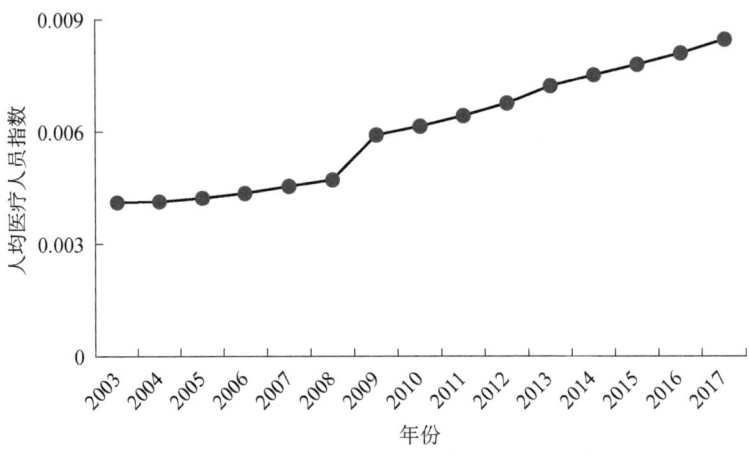

图 7-11 2003—2017 年全国人均医疗人员指数的变化趋势

门的财政预算中实际用于义务教育的费用占地区 GDP 的比例。因为教育经费包括教育事业费（即各级各类学校的人员经费和公用经费）和教育基本建设投资（建筑校舍和购置大型教学设备的费用）等，教育经费投入的方向包括学前教育、义务教育、高中阶段教育、高等教育和其他教育。本书中的该指标只包括投入义务教育领域经费占 GDP 的比例。

2018 年，《国务院办公厅关于进一步调整优化结构提高教育经费使用效益的意见》印发，指出要持续保障财政投入，全面建立生均拨款制度，保证国家财政性教育经费支出占 GDP 的比例一般不低于 4%，确保一般公共预算教育支出逐年只增不减，确保按在校学生人数平均的一般公共预算教育支出逐年只增不减。该意见强调，要科学地规划教育经费支出，始终坚持把义务教育作为教育投入的重中之重。义务教育经费投入和支出占 GDP 的比例反映了国家和地方政府在保障义务教育方面的资源配置力度和义务教育的投入水平。根据国家统计局公布的 2003—2005 年数据，全国教育经费占 GDP 的比例在 2%—3%，基本均为义务教育投入；2006 年后，随着教育体系的不断完善，全国教育经费占 GDP 的比例开始增长；到 2012 年以后，全国教育经费投入占 GDP 的比例均高于 4%。以 2017 年为例，全国教育经费总投入占 GDP 的比例为 4.14%，其中，教育经费总投入在学前教育、义务教育、高中阶段教育、高等教育和其他教育间的分配占比分别为 7.65%、45.49%、15.60%、26.10%、5.17%，义务教育仍然是体量最大和教育经费总投入最高的领域，保障了义务教育事业的稳定发展。

从全国范围看，2003—2017 年，全国义务教育国家支持度保持在 0.0210—0.0271，年际变化幅度较小，整体趋势相对稳定（表 7-12，图 7-12）。

表 7-12　2003—2017 年全国义务教育国家支持度

年份	2003	2004	2005	2006	2007	2008	2009	2010
指标值	0.0210	0.0200	0.0188	0.0182	0.0205	0.0210	0.0222	0.0214
年份	2011	2012	2013	2014	2015	2016	2017	
指标值	0.0220	0.0238	0.0233	0.0239	0.0248	0.0252	0.0271	

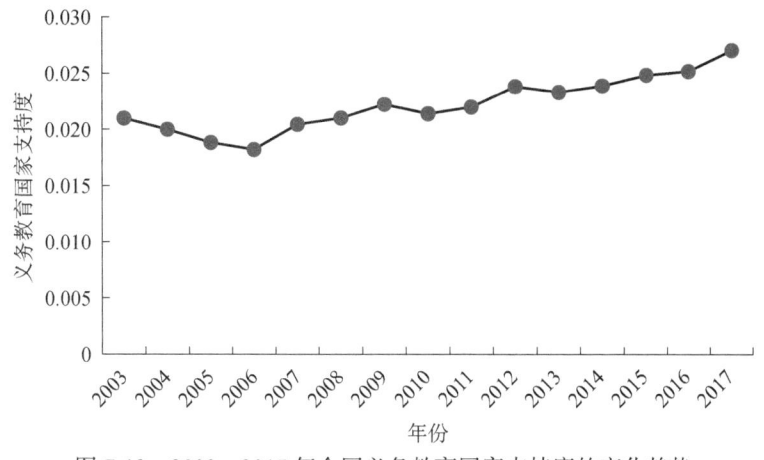

图 7-12　2003—2017 年全国义务教育国家支持度的变化趋势

第二节　全国义务教育前后学段关系指数的基本态势与结构特征

2003—2017 年，我国义务教育前后学段关系指数呈持续增长的态势，其指标值从 2003 年的 0.0485 增长到 2017 年的 0.1011，增长率为 108.45%，年增长率平均值为 5.45%。与此同时，全国义务教育前后学段关系指数的增长呈现出显著的阶段性特征，大致可分为两个阶段——低速增长阶段和高速增长阶段，2003—2009 年为低速增长阶段，2009—2017 年为高速增长阶段（表 7-13，图 7-13）。

表 7-13　2003—2017 年全国义务教育前后学段关系指数

年份	2003	2004	2005	2006	2007	2008	2009	2010
指标值	0.0485	0.0493	0.0502	0.0515	0.0535	0.0552	0.0565	0.0629

续表

年份	2011	2012	2013	2014	2015	2016	2017
指标值	0.0662	0.0729	0.0761	0.0808	0.0856	0.0896	0.1011

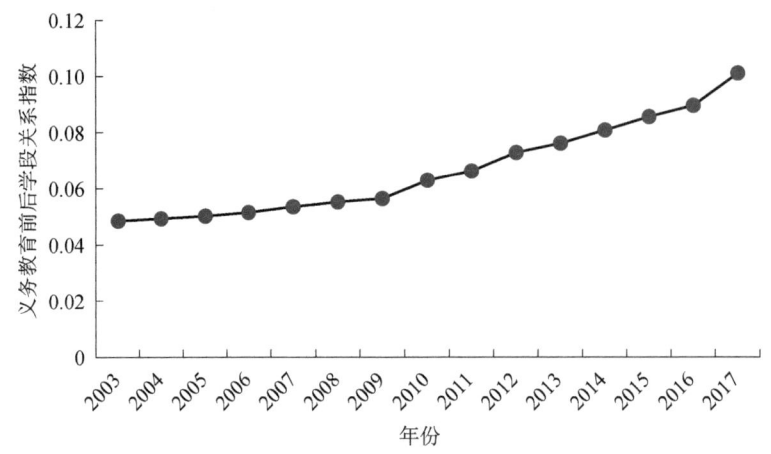

图 7-13　2003—2017 年全国义务教育前后学段关系指数的变化趋势

根据全国义务教育前后学段关系指数的 2 个分指数的指标值相对大小，本书将全国义务教育前后学段关系指数划分为两种基本类型，即学前教育主导型和高中教育主导型。全国义务教育前后学段关系指数在不同时段的指数类型有一定差异。以研究监测的 4 个时间截面来看，2003 年，全国义务教育前后学段关系指数的类型为高中教育主导型；2008 年，该指数类型为高中教育主导型；2013 年，该指数类型为学前教育主导型；2017 年，该指数类型为学前教育主导型。全国义务教育前后学段关系指数整体从高中教育主导型向学前教育主导型转变。

一、学前教育发展指数的基本态势与结构特征

我国学前教育发展指数呈持续增长的态势，其指标值从 2003 年的 0.0436 增长到 2017 年的 0.1134，增长率为 160.01%，年增长率平均值为 7.24%。与此同时，全国学前教育发展指数的增长呈现出显著的阶段性特征，大致可分为两个阶段：低速增长阶段和高速增长阶段。2003—2009 年为低速增长阶段，其总增长率为 17.66%；2009—2017 年为高速增长阶段，其总增长率为 120.05%，较第一阶段的增长速度大幅度提升（表 7-14，图 7-14）。

表 7-14 2003—2017 年全国学前教育发展指数

年份	2003	2004	2005	2006	2007	2008	2009	2010
指标值	0.0436	0.0451	0.0465	0.0479	0.0493	0.0508	0.0513	0.0628
年份	2011	2012	2013	2014	2015	2016	2017	
指标值	0.0653	0.0742	0.0787	0.0841	0.0913	0.0957	0.1134	

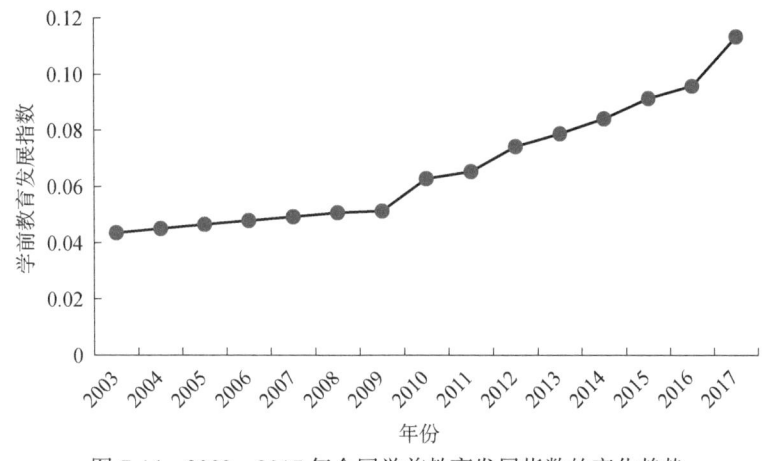

图 7-14 2003—2017 年全国学前教育发展指数的变化趋势

（一）学前教育资源供给指数的基本态势与结构特征

2003—2017 年，我国学前教育资源供给指数呈持续增长的态势，其指标值从 2003 年的 0.0171 增长至 2017 年的 0.0657，增长率达到了 284.21%，其增长速度极快，年增长率平均值为 10.30%（图 7-15，表 7-15）。同时，学前教育资源供给指数增长呈现出较为显著的阶段性特征，大致可以分为两大阶段：2003—2009 年为平稳增长阶段，该时段我国学前教育资源供给指数总体上处于增长状态，但是增长速度较为缓慢，总增长率仅为 36.26%，年增长率平均值为 6.14%；从 2009 年起，学前教育资源供给指数的增长速度突然加快，呈快速增长态势，这个阶段总增长率达到了 181.97%，年增长率平均值为 22.67%，远高于 2003—2017 年的年增长率平均值。

表 7-15 2003—2017 年全国学前教育资源供给指数

年份	2003	2004	2005	2006	2007	2008	2009	2010
指标值	0.0171	0.0181	0.0195	0.0204	0.0215	0.0227	0.0233	0.0296
年份	2011	2012	2013	2014	2015	2016	2017	
指标值	0.0320	0.0376	0.0415	0.0454	0.0512	0.0545	0.0657	

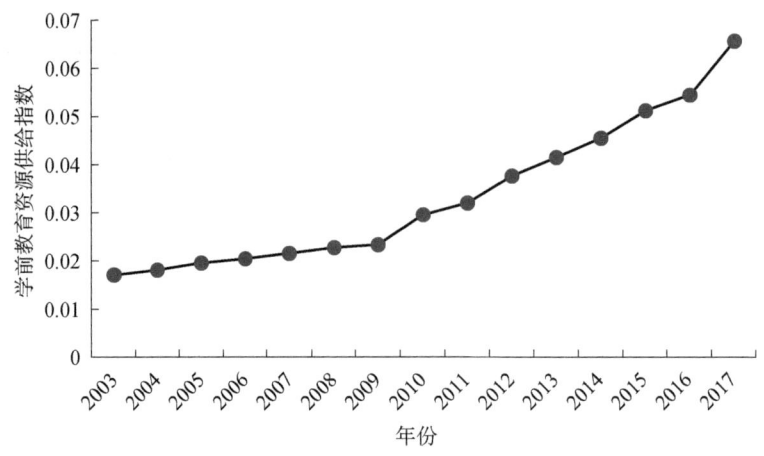

图 7-15　2003—2017 年全国学前教育资源供给指数的变化趋势

（二）学前教育资源质量指数的基本态势与结构特征

我国学前教育资源质量指数总体上处于稳步、平缓增长的趋势。全国学前教育资源质量指数从 2003 年的 0.0265 增长到 2017 年的 0.0477，总增长率为 79.97%，年增长率平均值为 4.44%（表 7-16，图 7-16）。

表 7-16　2003—2017 年全国学前教育资源质量指数

年份	2003	2004	2005	2006	2007	2008	2009	2010
指标值	0.0265	0.0270	0.0270	0.0275	0.0278	0.0281	0.0280	0.0332
年份	2011	2012	2013	2014	2015	2016	2017	
指标值	0.0333	0.0366	0.0373	0.0387	0.0401	0.0413	0.0477	

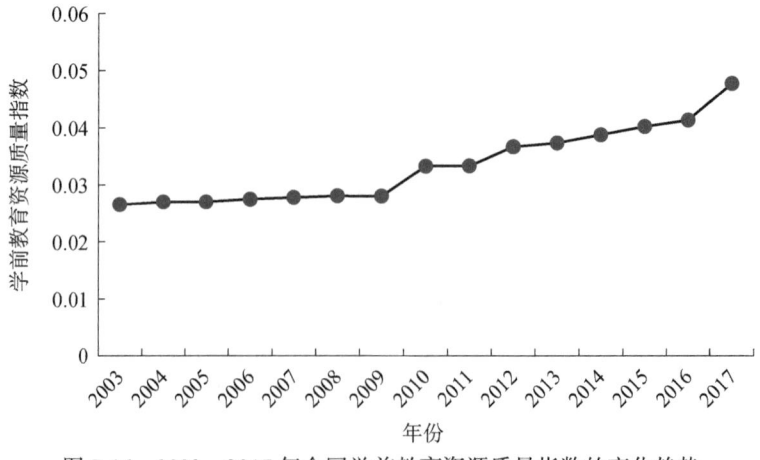

图 7-16　2003—2017 年全国学前教育资源质量指数的变化趋势

二、高中教育发展指数的基本态势与结构特征

我国高中教育发展指数在 2003—2017 年整体呈上升的态势，由 2003 年的 0.0533 上升至 2017 年的 0.0887，总增长率为 66.42%，年增长率平均值为 3.72%（表 7-17，图 7-17）。2003—2017 年，高中教育发展指数的年增长率平均值为 3.72%。整体来看，2003—2017 年，我国高中教育发展指数逐步增长，表明我国高中教育"人、财、物"投入比例逐渐增大。但与一些国家相比，我国高中教育发展水平相对偏低，后续发展中需要进一步加大教育资源的投入。

表 7-17 2003—2017 年全国高中教育发展指数

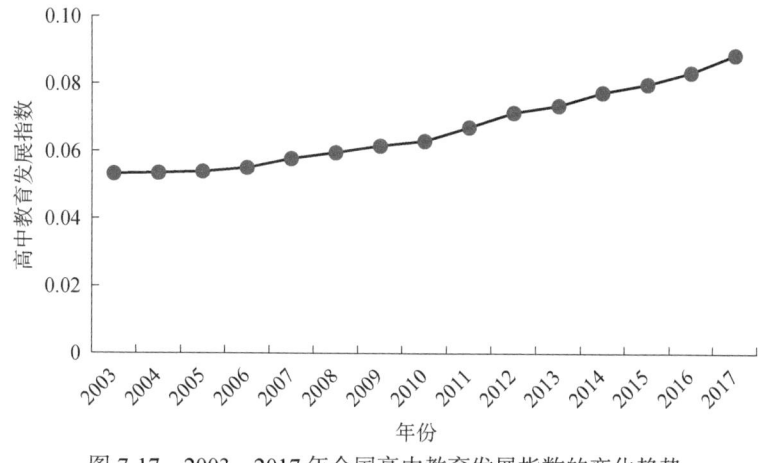

年份	2003	2004	2005	2006	2007	2008	2009	2010
指标值	0.0533	0.0536	0.0539	0.0551	0.0578	0.0597	0.0616	0.0631
年份	2011	2012	2013	2014	2015	2016	2017	
指标值	0.0672	0.0715	0.0736	0.0775	0.0800	0.0835	0.0887	

图 7-17 2003—2017 年全国高中教育发展指数的变化趋势

（一）高中教育资源供给指数的基本态势与结构特征

我国高中教育资源供给指数在 2003—2017 年整体呈上升的态势，由 2003 年的 0.0228 上升至 2017 年的 0.0520，年增长率平均值为 6.12%（表 7-18，图 7-18）。2003—2004 年呈下降趋势，2005—2017 年呈稳定上升趋势。整体来看，2003—2017 年，高中教育资源供给指数有较大的增长，表明我国高中教育"人、财、物"投

入的比例逐渐增大，但单从高中教育资源供给指数这一指标来看，我国高中教育资源发展水平整体较低，后续发展中需要进一步加大教育资源的投入。

表 7-18　2003—2017 年全国高中教育资源供给指数

年份	2003	2004	2005	2006	2007	2008	2009	2010
指标值	0.0228	0.0224	0.0227	0.0236	0.0255	0.0272	0.0290	0.0307
年份	2011	2012	2013	2014	2015	2016	2017	
指标值	0.0338	0.0367	0.0389	0.0423	0.0446	0.0478	0.0520	

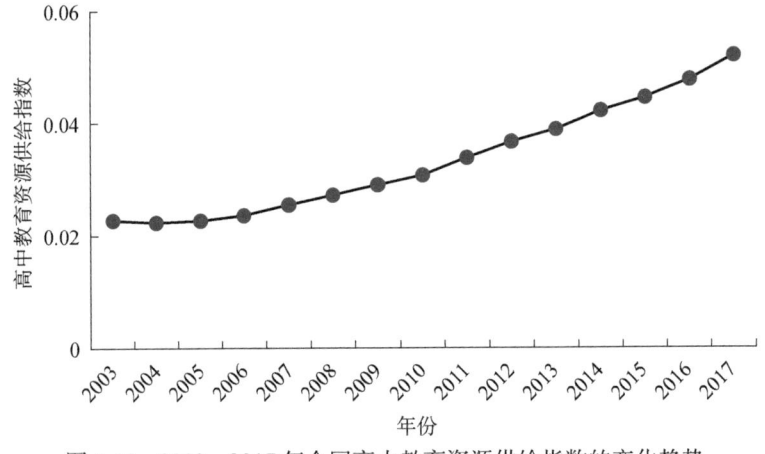

图 7-18　2003—2017 年全国高中教育资源供给指数的变化趋势

（二）高中教育资源质量指数的基本态势与结构特征

我国高中教育资源质量指数在 2003—2017 年呈波动上升的态势，由 2003 年的 0.0306 上升至 2017 年的 0.0367，年增长率平均值为 1.32%（表 7-19，图 7-19）。2003—2012 年上升幅度较大，2012—2017 年出现小幅度波动且变化幅度较小。2004—2017 年，高中教育资源质量指数整体呈上升趋势。整体来看，2003—2017 年，我国高中教育资源质量指数总体上逐步增长，表明我国高中教育"人、财、物"的资源投入结构不断优化，调整逐见成效。

表 7-19　2003—2017 年全国高中教育资源质量指数

年份	2003	2004	2005	2006	2007	2008	2009	2010
指标值	0.0306	0.0312	0.0312	0.0315	0.0323	0.0324	0.0325	0.0323
年份	2011	2012	2013	2014	2015	2016	2017	
指标值	0.0333	0.0348	0.0347	0.0353	0.0354	0.0358	0.0367	

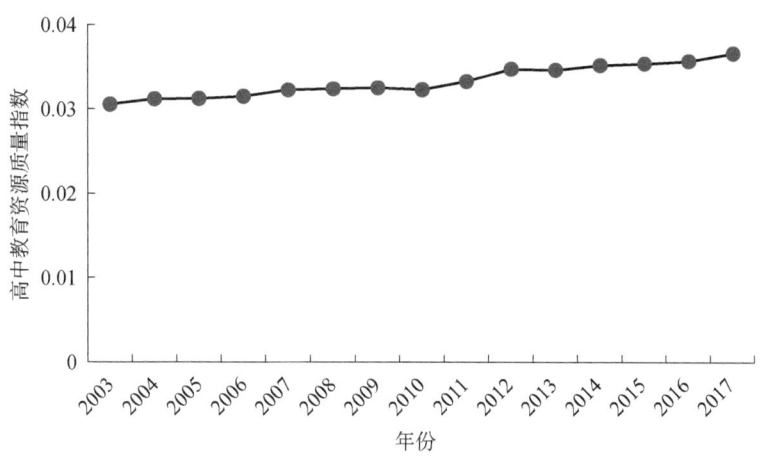

图 7-19　2003—2017 年全国高中教育资源质量指数的变化趋势

第八章　各地区义务教育发展条件的基本态势与结构特征

我国义务教育发展条件存在地区差异，包括空间布局影响指数的省域差异和前后学段关系指数的省域差异。对我国义务教育发展条件地区差异的科学判断，是开展各地区义务教育综合评价的前提和基础。

第一节　各地区义务教育空间布局影响指数的基本态势与结构特征

我国义务教育空间布局影响指数在不同地区存在差异，在义务教育空间布局影响指数的东部地区、中部地区和西部地区差异中，2003 年，东部地区的义务教育空间布局影响指数的指标值最高，中部地区次之，西部地区最低，东部地区的义务教育空间布局影响指数为 0.3819，中部地区的义务教育空间布局影响指数为 0.3098，西部地区的义务教育空间布局影响指数为 0.3083。2017 年，东部地区的义务教育空间布局影响指数为 0.3579，中部地区的义务教育空间布局影响指数为 0.3146，西部地区的义务教育空间布局影响指数为 0.3275。

2003—2017 年，全国东部地区、中部地区和西部地区的义务教育空间布局影响指数年增长率平均值分别为 -0.46%、0.11% 和 0.44%，西部地区义务教育空间布局影响指数增长速度最快，高于中部地区和东部地区（表 8-1，图 8-1）。

表 8-1　2003—2017 年各地区义务教育空间布局影响指数

年份	2003	2004	2005	2006	2007	2008	2009	2010
东部地区	0.3819	0.3826	0.3790	0.3766	0.3725	0.3672	0.3628	0.3646
中部地区	0.3098	0.3069	0.3115	0.3146	0.3161	0.3137	0.3135	0.3112
西部地区	0.3083	0.3105	0.3095	0.3088	0.3113	0.3191	0.3237	0.3242
民族地区	0.4749	0.4753	0.4717	0.4677	0.4710	0.4719	0.4728	0.4779
非民族地区	0.5251	0.5247	0.5283	0.5323	0.5290	0.5281	0.5272	0.5221
年份	2011	2012	2013	2014	2015	2016	2017	
东部地区	0.3646	0.3615	0.3624	0.3604	0.3594	0.3603	0.3579	
中部地区	0.3149	0.3166	0.3155	0.3161	0.3151	0.3155	0.3146	
西部地区	0.3205	0.3219	0.3221	0.3235	0.3255	0.3242	0.3275	
民族地区	0.4746	0.4706	0.4741	0.4766	0.4802	0.4799	0.4866	
非民族地区	0.5254	0.5294	0.5259	0.5234	0.5198	0.5201	0.5134	

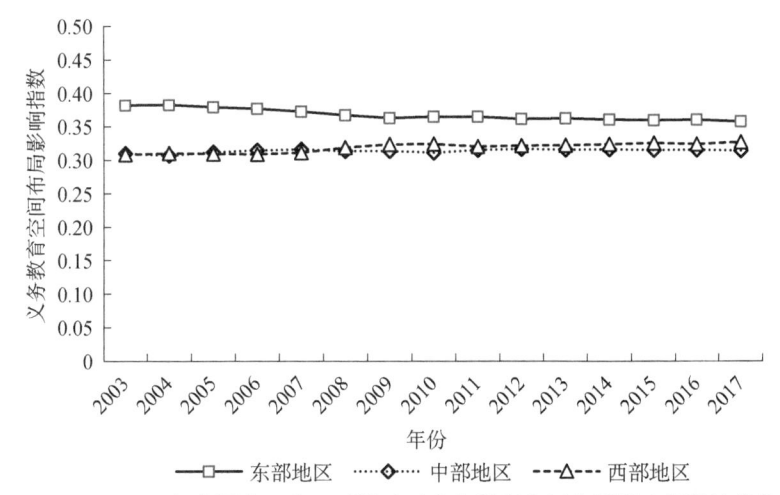

图 8-1　2003—2017 年全国东、中、西部地区义务教育空间布局影响指数的变化趋势

在义务教育空间布局影响指数的民族地区和非民族地区差异中，2003 年，民族地区的义务教育空间布局影响指数低于非民族地区，民族地区的义务教育空间布局影响指数为 0.4749，非民族地区的义务教育空间布局影响指数为 0.5251。2017 年，民族地区的义务教育空间布局影响指数仍低于非民族地区，民族地区的义务教育空间布局影响指数为 0.4866，非民族地区的义务教育空间布局影响指数为 0.5134。2003—2017 年，我国民族地区和非民族地区义务教育空间布局影响指数的年增长率平均值分别为 0.18% 和 -0.16%，民族地区义务教育空间布局影响指数的年增长率平均值相对较高，民族地区和非民族地区该指标的区域差距逐步缩小（表 8-1，图 8-2）。

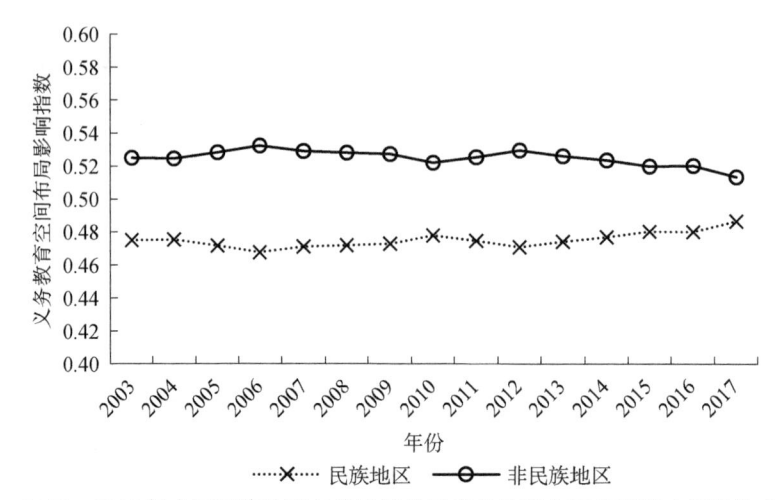

图 8-2 2003—2017 年全国民族地区与非民族地区义务教育空间布局影响指数的变化趋势

根据各地区义务教育空间布局影响指数的 3 个分指数的指标值相对大小，本书将全国东、中、西部地区义务教育空间布局影响指数划分为 3 种基本类型，即教育个人需求主导型、教育区域需求主导型和教育国家支持主导型。全国东、中、西部地区义务教育空间布局影响指数类型在不同时段有差异。以研究所监测的 4 个时间截面来看，2003 年，东部地区义务教育空间布局影响指数的类型为义务教育区域需求主导型，中部地区义务教育空间布局影响指数的类型为教育个人需求主导型，西部地区义务教育空间布局影响指数的类型为教育国家支持主导型；2008 年，东部地区的该指数类型为教育区域需求主导型，中部地区的该指数类型为教育国家支持主导型，西部地区的该指数类型为教育国家支持主导型；2013 年，东部地区的该指数类型为教育区域需求主导型，中部地区的该指数类型为教育国家支持主导型，西部地区的该指数类型为教育国家支持主导型；2017 年，东部地区的该指数类型为教育区域需求主导型，中部地区的该指数类型为教育国家支持主导型，西部地区的该指数类型为教育国家支持主导型。东部地区的义务教育空间布局影响指数类型一直是教育区域需求主导型，中部地区的义务教育空间布局影响指数类型从教育个人需求主导型向教育国家支持主导型转变，西部地区的义务教育空间布局影响指数类型一直为教育国家支持主导型。

根据各地区义务教育空间布局影响指数的 3 个分指数的指标值相对大小，本书将全国民族地区、非民族地区义务教育空间布局影响指数划分为 3 种基本类型，即教育个人需求主导型、教育区域需求主导型和教育国家支持主导型。以研究所监测的 4 个时间截面来看，2003 年，民族地区义务教育空间布局影响指数的类型为教育国家支持主导型，非民族地区义务教育空间布局影响指数的类型为教育区域需求主导型；2008 年，民族地区的该指数类型为教育国家支持主导型，非民族地区的该指数类型为教育区域需求主导型；2013 年，民族地区的该指数类型为教育国家支持主导型，非民族地区的该指数类型为教育区域需求主导型；2017 年，民族地区的该指数类型为教育国家支持主导型，非民族地区的该指数类型为教育区域需求主导型。民族地区义务教育空间布局影响指数类型一直是教育国家支持主导型，非民族地区义务教育空间布局影响指数类型一直为教育区域需求主导型。

全国民族地区、非民族地区义务教育空间布局影响指数类型在不同时段有差异。以研究所监测的 4 个时间截面来看，2003 年，民族地区义务教育空间布局影响指数的类型为义务教育发展主导型，非民族地区义务教育空间布局影响指数的类型为前后学段关系主导型；2008 年，民族地区的该指数类型为义务教育发展主导型，非民族地区的该指数类型为前后学段关系主导型；2013 年，民族地区的该指数类型为义务教育发展主导型，非民族地区的该指数类型为前后学段关系主导型；2017 年，民族地区的该指数类型为义务教育发展主导型，非民族地区的该指数类型为前后学段关系主导型。民族地区义务教育空间布局影响指数整体一直是义务教育发展主导型，非民族地区义务教育空间布局影响指数整体一直为前后学段关系主导型。

一、义务教育个人需求度的基本态势与结构特征

我国义务教育个人需求度在不同地区存在差异。在义务教育个人需求度的东部地区、中部地区和西部地区差异中，2003 年，东部地区的义务教育个人需求度的指标值最高，中部地区次之，西部地区最低，东部地区的义务教育个人教育需求度为 0.1363，中部地区的义务教育个人需求度为 0.1037，西部地区的义务教育个人需求度为 0.0933。2017 年，东部地区的义务教育个人需求度为 0.1310，中部地区的义务教育个人需求度为 0.1040，西部地区的义务教育个人需求度为 0.0984。2003—2017 年，全国东部地区、中部地区和西部地区义务教育个人需求度的年增长率平均值分别为-0.28%、0.02%和 0.38%，西部地区义务教育个人需求度增长速度最快，快于中部地区和东部地区（表 8-2，图 8-3）。

表 8-2　2003—2017 年各地区义务教育个人需求度

年份	2003	2004	2005	2006	2007	2008	2009	2010
东部地区	0.1363	0.1364	0.1376	0.1386	0.1369	0.1359	0.1359	0.1356
中部地区	0.1037	0.1030	0.1032	0.1028	0.1035	0.1038	0.1035	0.1030
西部地区	0.0933	0.0939	0.0925	0.0920	0.0930	0.0936	0.0939	0.0948
民族地区	0.1554	0.1565	0.1556	0.1538	0.1554	0.1556	0.1556	0.1557
非民族地区	0.1780	0.1769	0.1777	0.1796	0.1780	0.1778	0.1777	0.1776

续表

年份	2011	2012	2013	2014	2015	2016	2017
东部地区	0.1349	0.1345	0.1336	0.1313	0.1311	0.1312	0.1310
中部地区	0.1029	0.1033	0.1035	0.1047	0.1046	0.1043	0.1040
西部地区	0.0955	0.0955	0.0962	0.0973	0.0976	0.0978	0.0984
民族地区	0.1551	0.1547	0.1543	0.1566	0.1567	0.1572	0.1570
非民族地区	0.1782	0.1787	0.1790	0.1767	0.1767	0.1761	0.1764

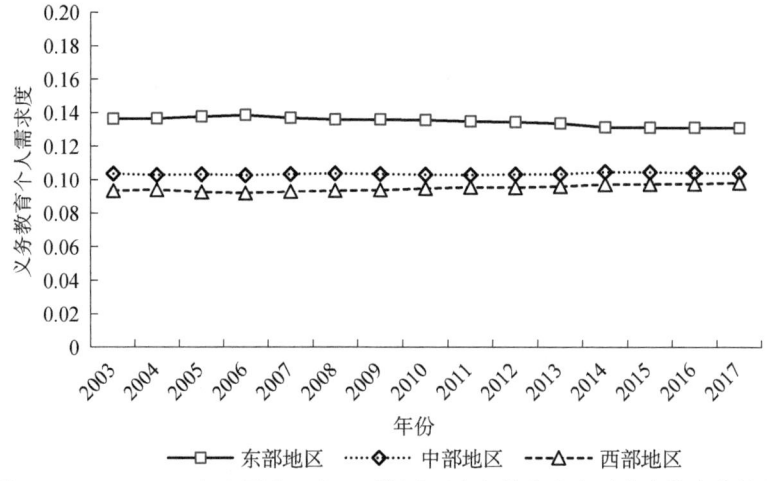

图 8-3 2003—2017 年全国东、中、西部地区义务教育个人需求度的变化趋势

在义务教育个人需求度的民族地区和非民族地区差异中，2003 年，民族地区的义务教育个人需求度低于非民族地区，民族地区的义务教育个人需求度为 0.1554，非民族地区的义务教育个人需求度为 0.1780。2017 年，民族地区的义务教育个人需求度低于非民族地区，民族地区的义务教育个人需求度为 0.1570，非民族地区的义务教育个人需求度为 0.1764。2003—2017 年，我国民族地区和非民族地区义务教育个人需求度的年增长率平均值分别为 0.08% 和 -0.06%，民族地区义务教育个人需求度的年增长率平均值相对高一些，民族地区和非民族地区该指标的差距没有明显的增大（表 8-2，图 8-4）。

（一）人均收入水平

本书中的人均收入水平具体指的是居民人均可支配收入。我国人均收入水平在不同地区存在差异。在人均收入的东部地区、中部地区和西部地区差异中，2003 年，东部地区人均收入指标值最高，中部地区次之，西部地区最低，东部地区人均收入为 6860 元，高于全国平均水平，中部地区人均收入为 4062 元，西部地区人均收入

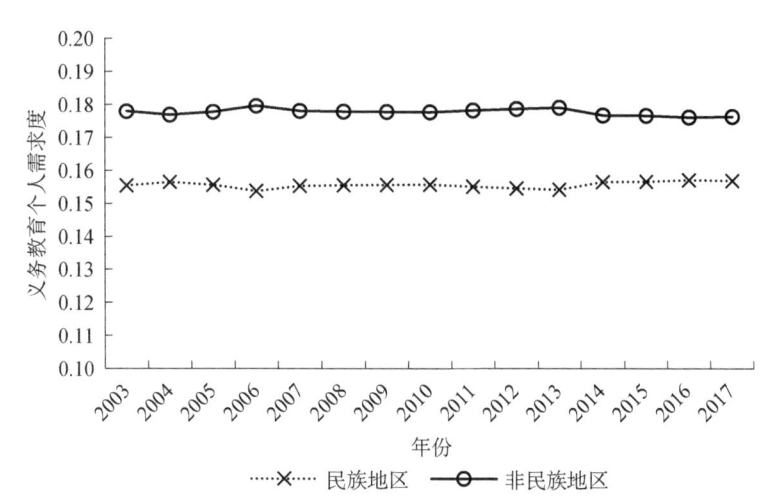

图 8-4　2003—2017 年全国民族地区与非民族地区义务教育个人需求度的变化趋势

为 3601 元，均低于全国平均水平。2017 年，东部地区人均收入最高，中部地区次之，西部地区最低，东部地区人均收入为 33 866 元，高于全国平均水平，中部地区人均收入为 22 648 元，西部地区人均收入为 21 234 元，均低于全国平均水平。2003—2017 年，全国东部地区、中部地区和西部地区人均收入的年增长率平均值分别为 12.15%、13.11% 和 13.58%，西部地区人均收入的增长速度最快，快于中部地区和东部地区（表 8-3，图 8-5）。

表 8-3　2003—2017 年各地区人均收入水平　　　　　　　　单位：元

年份	2003	2004	2005	2006	2007	2008	2009	2010
东部地区	6 860	8 190	8 768	10 239	11 715	13 375	14 670	16 757
中部地区	4 062	4 797	5 208	5 940	7 027	8 161	8 950	10 183
西部地区	3 601	4 287	4 578	5 157	6 130	7 185	7 948	9 183
民族地区	3 932	4 691	5 001	5 555	6 744	7 886	8 688	9 950
非民族地区	5 050	6 007	6 480	7 547	8 766	10 106	11 109	12 756
年份	2011	2012	2013	2014	2015	2016	2017	
东部地区	19 540	22 143	24 539	26 183	28 534	31 053	33 866	
中部地区	11 984	13 772	15 407	17 373	19 024	20 705	22 648	
西部地区	10 835	12 587	14 160	15 926	17 566	19 299	21 234	
民族地区	11 469	13 240	14 843	16 931	18 575	20 236	22 117	
非民族地区	15 014	17 158	19 119	20 876	22 835	24 909	27 247	

在人均收入水平的民族地区和非民族地区差异中，2003 年，民族地区的人均收入水平低于非民族地区，民族地区的人均收入为 3932 元，低于全国平均水平，非民族地区的人均收入为 5050 元，高于全国平均水平。2017 年，民族地区的人均

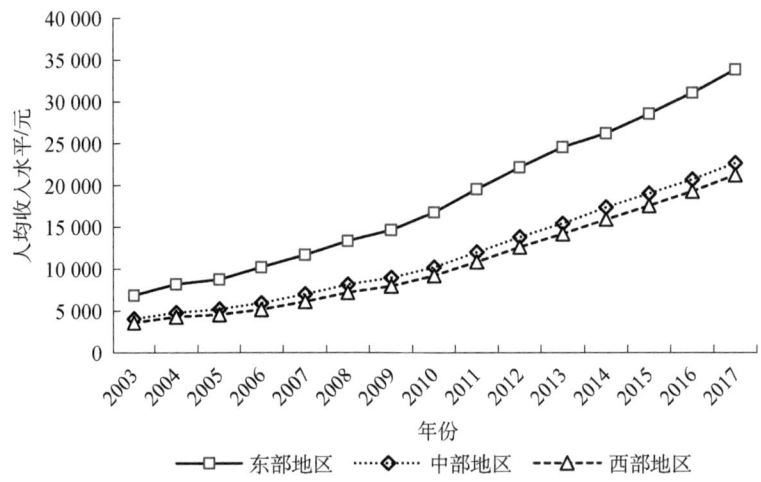

图 8-5 2003—2017 年全国东、中、西部地区人均收入水平的变化趋势

收入水平低于非民族地区，民族地区的人均收入为 22 117 元，低于全国平均水平，非民族地区的人均收入为 27 247 元，高于全国平均水平。2003—2017 年，我国民族地区和非民族地区人均收入水平的年增长率平均值分别为 13.2% 和 12.85%，民族地区的人均收入水平年增长率平均值相对高一些，民族地区和非民族地区该指标仍然存在差距（表 8-3，图 8-6）。

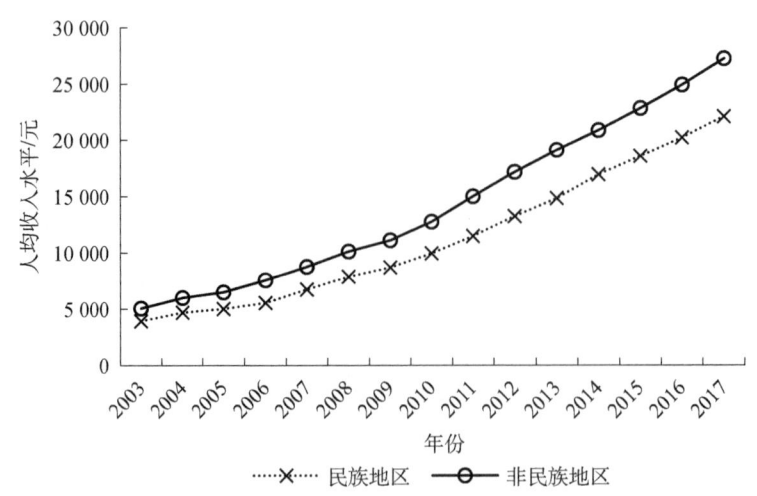

图 8-6 2003—2017 年全国民族地区与非民族地区人均收入水平的变化趋势

（二）人均受教育年限

我国不同地区的人均受教育年限存在差异，在人均受教育年限的东部地区、

中部地区和西部地区差异中，2003 年，东部地区的人均受教育年限的指标值最高，中部地区次之，西部地区最低，东部地区的人均受教育年限为 8.1138 年，高于全国平均水平，中部地区的人均受教育年限为 8.0324 年，西部地区的人均受教育年限为 7.3232 年，均低于全国平均水平。2017 年，东部地区的人均受教育年限的指标值最高，西部地区最低，东部地区的人均受教育年限为 9.6128 年，高于全国平均水平，西部地区的人均受教育年限为 8.7012 年，低于全国平均水平。2003—2017 年，我国东部地区、中部地区、西部地区人均受教育年限的年增长率平均值分别为 1.22%、0.93%和 1.26%。总体上各地区人均受教育年限的增长较为缓慢，西部地区稍快一些，但三个地区均呈现缓慢增长的态势，东部地区、中部地区、西部地区该指标的差距变化不大（表 8-4，图 8-7）。

表 8-4　2003—2017 年各地区人均受教育年限　　　　单位：年

年份	2003	2004	2005	2006	2007	2008	2009	2010
东部地区	8.1138	8.1901	8.1750	8.3601	8.4787	8.5603	8.6885	8.8819
中部地区	8.0324	8.0844	7.8430	8.0428	8.1990	8.2830	8.3609	8.5402
西部地区	7.3232	7.4952	7.1469	7.3799	7.5388	7.6177	7.7163	7.9897
民族地区	7.6985	7.9641	7.7242	7.9348	8.0410	8.0533	8.1520	8.4059
非民族地区	7.8693	7.9509	7.7794	7.9814	8.1270	8.2153	8.3199	8.5332
年份	2011	2012	2013	2014	2015	2016	2017	
东部地区	9.0729	9.1859	9.2747	9.2472	9.4328	9.4766	9.6128	
中部地区	8.7267	8.8092	8.9556	8.9462	9.0749	9.0435	9.1330	
西部地区	8.2787	8.2206	8.4033	8.4093	8.5516	8.5287	8.7012	
民族地区	8.6722	8.5609	8.5701	8.6576	8.7925	8.9091	9.0021	
非民族地区	8.7510	8.8212	8.9645	8.9433	9.1004	9.0924	9.2273	

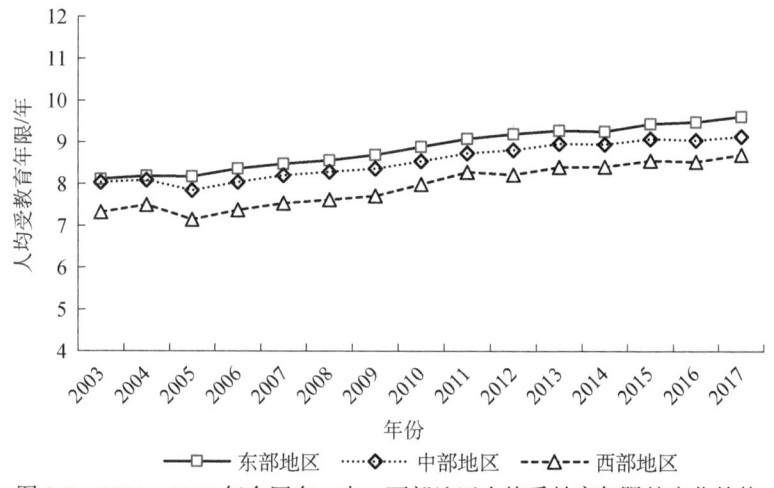

图 8-7　2003—2017 年全国东、中、西部地区人均受教育年限的变化趋势

在人均受教育年限的民族地区和非民族地区差异中，2003 年，民族地区的人均受教育年限的指标值低于非民族地区，民族地区的人均受教育年限为 7.6985 年，低于全国平均水平，非民族地区的人均受教育年限为 7.8693 年，与全国平均水平基本持平。2017 年，民族地区的人均受教育年限仍然低于非民族地区，民族地区的人均受教育年限为 9.0021 年，低于全国平均水平，非民族地区的人均受教育年限略高于全国平均水平，为 9.2273 年。2003—2017 年，我国民族地区和非民族地区人均受教育年限的年增长率平均值分别为 1.14%和 1.15%，总体上人均受教育年限的增长速度比较缓慢，民族地区和非民族地区该指标的差距在 2012—2014 年稍有增大，到 2017 年又趋于缩小，增长态势基本保持一致（表 8-4，图 8-8）。

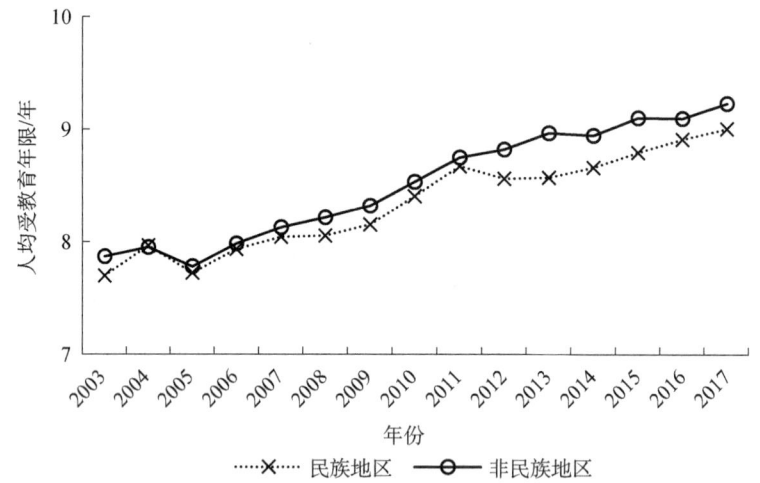

图 8-8　2003—2017 年全国民族地区、非民族地区人均受教育年限的变化趋势

二、义务教育区域需求度的基本态势与结构特征

我国义务教育区域需求度在不同地区存在差异。在义务教育区域需求度的东部地区、中部地区和西部地区差异中，2003 年，东部地区义务教育区域需求度的指标值最高，中部地区次之，西部地区最低，东部地区的义务教育区域需求度为 0.1586，中部地区的义务教育区域需求度为 0.1026，西部地区的义务教育区域需求度为 0.0721。2017 年，东部地区义务教育区域需求度的指标值最高，中部地区次之，西部地区最低，东部地区的义务教育区域需求度为 0.1513，中部地区的义务教育区域需求度为 0.1040，西部地区的义务教育区域需求度为 0.0780。2003—2017 年，全国东部地区、中部地区和西部地区义务教育区域需求度的年增长率平均值

分别为-0.34%、0.10%和0.57%，东部地区低于中部和西部地区，但差距逐渐缩小（表8-5，图8-9）。

表8-5　2003—2017年各地区义务教育区域需求度

年份	2003	2004	2005	2006	2007	2008	2009	2010
东部地区	0.1586	0.1599	0.1596	0.1588	0.1587	0.1577	0.1560	0.1540
中部地区	0.1026	0.1018	0.1015	0.1031	0.1029	0.1035	0.1036	0.1043
西部地区	0.0721	0.0716	0.0722	0.0714	0.0717	0.0721	0.0738	0.0750
民族地区	0.1192	0.1193	0.1206	0.1189	0.1197	0.1201	0.1208	0.1220
非民族地区	0.2141	0.2141	0.2128	0.2145	0.2137	0.2132	0.2125	0.2113
年份	2011	2012	2013	2014	2015	2016	2017	
东部地区	0.1528	0.1520	0.1519	0.1519	0.1520	0.1515	0.1513	
中部地区	0.1045	0.1045	0.1041	0.1038	0.1037	0.1039	0.1040	
西部地区	0.0761	0.0768	0.0774	0.0776	0.0776	0.0779	0.0780	
民族地区	0.1227	0.1231	0.1232	0.1224	0.1221	0.1217	0.1204	
非民族地区	0.2106	0.2103	0.2101	0.2109	0.2112	0.2116	0.2130	

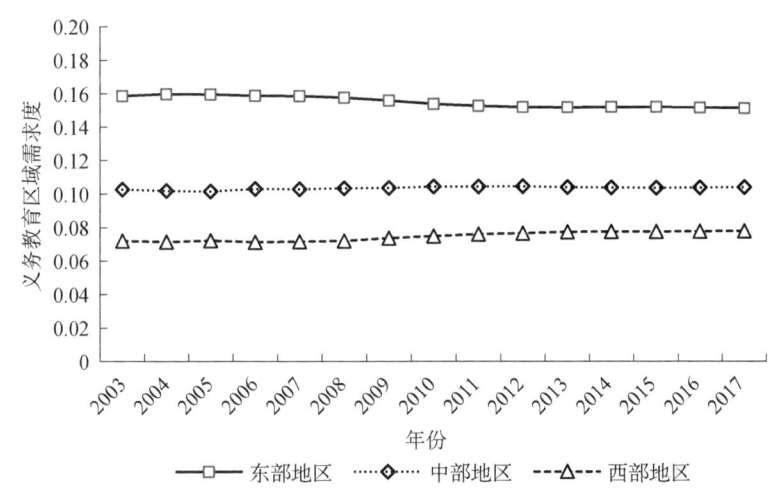

图8-9　2003—2017年全国东、中、西部地区义务教育区域需求度的变化趋势

在义务教育区域需求度的民族地区和非民族地区差异中，2003年，非民族地区的义务教育区域需求度的指标值高于民族地区，非民族地区的义务教育区域需求度为0.2141，民族地区的义务教育区域需求度为0.1192。2017年，非民族地区的义务教育区域需求度高于民族地区，非民族地区的义务教育区域需求度为0.2130，民族地区的义务教育区域需求度为0.1204。2003—2017年，我国民族地区和非民族地区义务教育区域需求度的年增长率平均值分别为0.07%和-0.04%，

民族地区义务教育区域需求度的年增长率平均值相对高一些（表8-5，图8-10）。

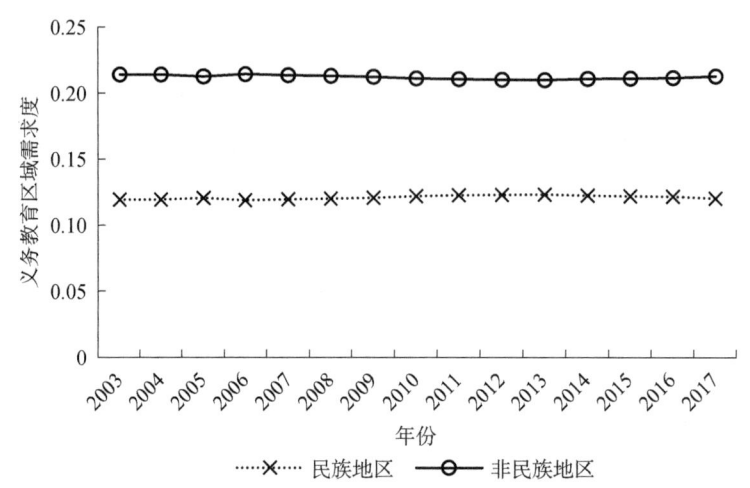

图8-10　2003—2017年全国民族地区与非民族地区义务教育区域需求度的变化趋势

（一）人均GDP

我国人均GDP在不同地区存在差异，且区域差距较明显。在人均GDP的东部地区、中部地区和西部地区差异中，2003年，东部地区人均GDP的指标值最高，中部地区次之，西部地区最低，东部地区的人均GDP为16 442元，高于全国平均水平，中部地区的人均GDP为7775元，西部地区的人均GDP为6261元，均低于全国平均水平。2017年，东部地区人均GDP的指标值最高，中部地区次之，西部地区最低，东部地区的人均GDP为82 170元，高于全国平均水平，中部地区的人均GDP为47 766元，西部地区的人均GDP为44 801元，均低于全国平均水平。2003—2017年，全国东部地区、中部地区和西部地区人均GDP的年增长率平均值分别为12.28%、14.00%和15.29%，东部地区人均GDP水平明显较高，但从年增长率平均值来看，中部和西部地区高于东部地区（表8-6，图8-11）。

在人均GDP的民族地区和非民族地区差异中，2003年，非民族地区人均GDP的指标值高于民族地区，非民族地区的人均GDP为10 833元，高于全国平均水平，民族地区的人均GDP为7318元，低于全国平均水平。2017年，非民族地区人均GDP的指标值高于民族地区，非民族地区的人均GDP为62 278元，高于全国平均水平，民族地区的人均GDP为46 200元，低于全国平均水平。2003—2017年，我国民族地区和非民族地区人均GDP的年增长率平均值分别为14.44%和13.43%，民族地区人均GDP保持较高的增长，民族地区和非民族地区该指标仍然存在差距

（表8-6，图8-12）。

表8-6 2003—2017年各地区人均GDP　　　　　单位：元

年份	2003	2004	2005	2006	2007	2008	2009	2010
东部地区	16 442	19 519	23 511	27 173	31 838	36 865	40 509	45 860
中部地区	7 775	9 376	11 108	12 843	15 387	18 542	20 499	24 871
西部地区	6 261	7 473	9 344	10 970	13 216	15 977	18 255	22 598
民族地区	7 318	8 818	11 515	13 598	16 533	20 098	22 770	28 308
非民族地区	10 833	12 935	15 740	18 255	21 612	25 430	28 170	33 135
年份	2011	2012	2013	2014	2015	2016	2017	
东部地区	53 338	57 836	63 059	67 418	71 075	75 938	82 170	
中部地区	30 119	33 382	36 421	39 098	40 901	44 127	47 766	
西部地区	27 698	31 290	34 673	37 518	39 092	41 972	44 801	
民族地区	34 441	38 092	41 355	44 025	44 936	46 846	46 200	
非民族地区	39 272	43 164	47 265	50 749	53 379	57 353	62 278	

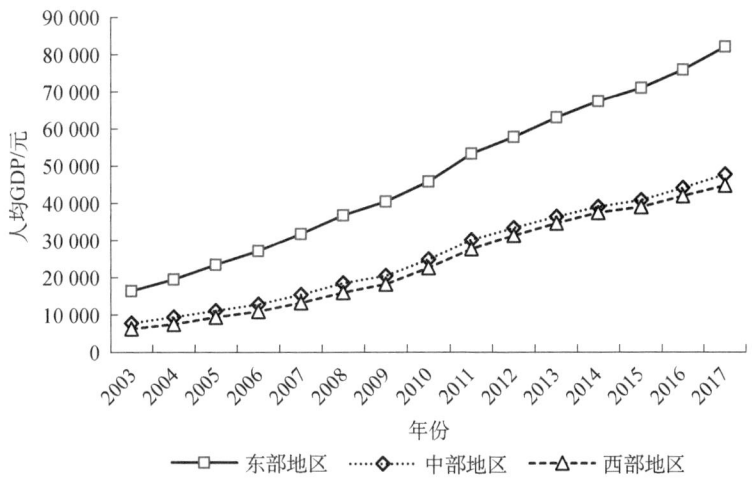

图8-11　2003—2017年全国东、中、西部地区人均GDP的变化趋势

（二）产业结构系数

我国产业结构系数在不同地区存在差异。在产业结构系数的东部地区、中部地区和西部地区差异中，2003年，东部地区产业结构系数的指标值最高，中部地区次之，西部地区最低，东部地区的产业结构系数为0.9102，高于全国平均水平，中部地区的产业结构系数为0.8372，西部地区的产业结构系数为0.8011，

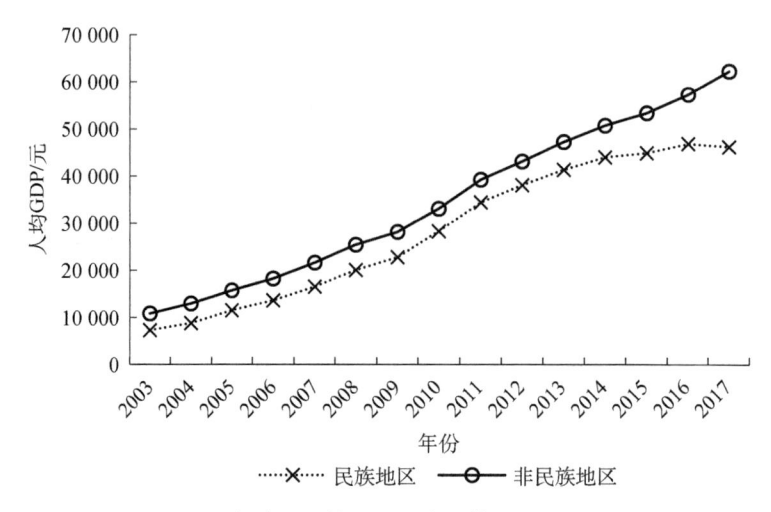

图 8-12　2003—2017 年全国民族地区与非民族地区人均 GDP 的变化趋势

均低于全国平均水平。2017 年，东部地区产业结构系数的指标值依旧最高，中部地区次之，西部地区最低，东部地区的产业结构系数为 0.9527，高于全国平均水平，中部地区的产业结构系数为 0.9042，西部地区的产业结构系数为 0.8835，均低于全国平均水平。2003—2017 年，全国东部地区、中部地区和西部地区产业结构系数的年增长率平均值分别为 0.33%、0.55% 和 0.70%，东部地区产业结构系数的指标值明显高于中部和西部地区（表 8-7，图 8-13）。

表 8-7　2003—2017 年各地区产业结构系数

年份	2003	2004	2005	2006	2007	2008	2009	2010
东部地区	0.9102	0.9114	0.9209	0.9271	0.9306	0.9314	0.9342	0.9367
中部地区	0.8372	0.8297	0.8379	0.8505	0.8556	0.8558	0.8642	0.8709
西部地区	0.8011	0.8006	0.8190	0.8339	0.8369	0.8409	0.8592	0.8653
民族地区	0.7843	0.7899	0.8135	0.8288	0.8342	0.8433	0.8583	0.8588
非民族地区	0.8784	0.8767	0.8880	0.8970	0.9004	0.9005	0.9067	0.9107
年份	2011	2012	2013	2014	2015	2016	2017	
东部地区	0.9377	0.9378	0.9310	0.9424	0.9433	0.9459	0.9527	
中部地区	0.8756	0.8764	0.8727	0.8837	0.8859	0.8902	0.9042	
西部地区	0.8693	0.8712	0.8660	0.8782	0.8775	0.8784	0.8835	
民族地区	0.8658	0.8677	0.8616	0.8731	0.8731	0.8723	0.8716	
非民族地区	0.9122	0.9122	0.9064	0.9178	0.9188	0.9216	0.9302	

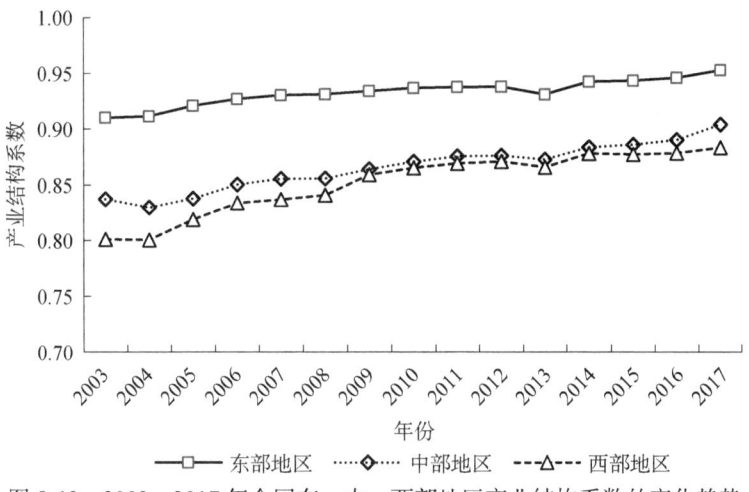

图 8-13 2003—2017 年全国东、中、西部地区产业结构系数的变化趋势

在产业结构系数的民族地区和非民族地区差异中，2003 年，非民族地区产业结构系数的指标值高于民族地区，非民族地区的产业结构系数为 0.8784，高于全国平均水平，民族地区的产业结构系数为 0.7843，低于全国平均水平。2017 年，非民族地区产业结构系数的指标值高于民族地区，非民族地区的产业结构系数为 0.9302，高于全国平均水平，民族地区的产业结构系数为 0.8716，低于全国平均水平。2003—2017 年，我国民族地区和非民族地区产业结构系数的年增长率平均值分别为 0.76% 和 0.41%，民族地区产业结构系数的指标值继续保持增长，民族地区和非民族地区该指标的区域差距总体呈现出缩小趋势（表 8-7，图 8-14）。

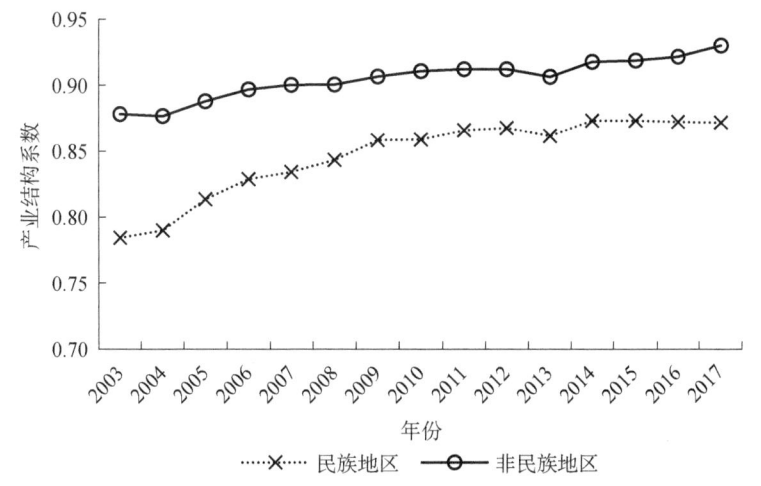

图 8-14 2003—2017 年全国民族地区与非民族地区产业结构系数的变化趋势

（三）恩格尔系数

我国恩格尔系数在不同地区存在差异。在恩格尔系数的东部地区、中部地区和西部地区差异中，2003年，西部地区恩格尔系数的指标值最高，中部地区次之，东部地区最低，西部地区的恩格尔系数为0.4258，中部地区的恩格尔系数为0.4123，均高于全国平均水平，东部地区的恩格尔系数为0.3816，低于全国平均水平。2017年，西部地区恩格尔系数的指标值最高，中部地区次之，东部地区最低，西部地区的恩格尔系数为0.3139，高于全国平均水平，中部地区的恩格尔系数为0.2887，东部地区的恩格尔系数为0.2857，均低于全国平均水平。

2003—2017年，全国东部地区、中部地区和西部地区恩格尔系数的年增长率平均值分别为-1.96%、-2.43%和-2.07%，中部地区的恩格尔系数下降较快，西部地区次之，东部地区下降速度较慢，但三个地区的差距渐趋缩小（表8-8，图8-15）。

在恩格尔系数的民族地区和非民族地区差异中，2003年，民族地区恩格尔系数的指标值高于非民族地区，民族地区的恩格尔系数为0.4069，高于全国平均水平，非民族地区的恩格尔系数为0.3995，低于全国平均水平。2017年，民族地区恩格尔系数的指标值高于非民族地区，民族地区的恩格尔系数为0.3014，高于全国平均水平，非民族地区的恩格尔系数为0.2924，低于全国平均水平。2003—2017年，我国民族地区和非民族地区恩格尔系数的年增长率平均值分别为-2.07%和-2.12%，非民族地区恩格尔系数指标值下降较多（表8-8，图8-16）。

表8-8 2003—2017年各地区恩格尔系数

年份	2003	2004	2005	2006	2007	2008	2009	2010
东部地区	0.3816	0.3877	0.3735	0.3620	0.3635	0.3772	0.3636	0.3571
中部地区	0.4123	0.4205	0.4040	0.3869	0.3888	0.3996	0.3821	0.3742
西部地区	0.4258	0.4388	0.4287	0.4086	0.4183	0.4337	0.4032	0.3996
民族地区	0.4069	0.4213	0.4071	0.3948	0.3937	0.4099	0.3847	0.3724
非民族地区	0.3995	0.4075	0.3933	0.3773	0.3811	0.3944	0.3767	0.3706

年份	2011	2012	2013	2014	2015	2016	2017	
东部地区	0.3606	0.3593	0.3496	0.2998	0.2959	0.2921	0.2857	
中部地区	0.3781	0.3702	0.3578	0.3074	0.3047	0.2979	0.2887	
西部地区	0.3979	0.3940	0.3818	0.3351	0.3303	0.3232	0.3139	
民族地区	0.3739	0.3677	0.3563	0.3264	0.3191	0.3131	0.3014	
非民族地区	0.3731	0.3700	0.3591	0.3086	0.3051	0.2998	0.2924	

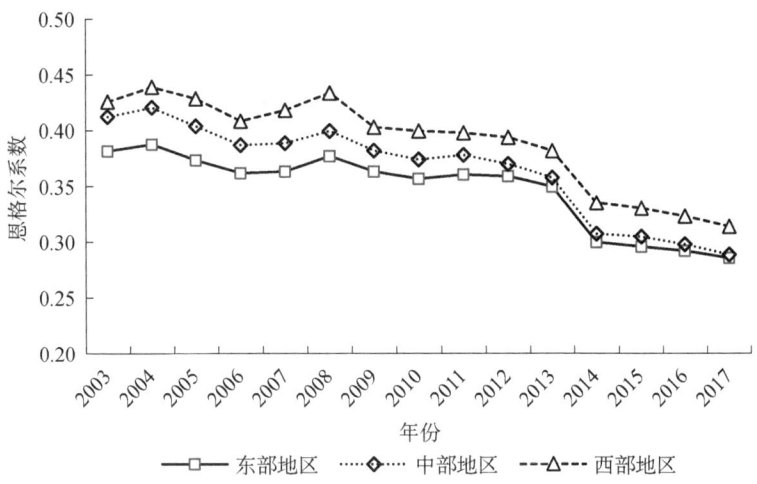

图 8-15　2003—2017 年全国东、中、西部地区恩格尔系数的变化趋势

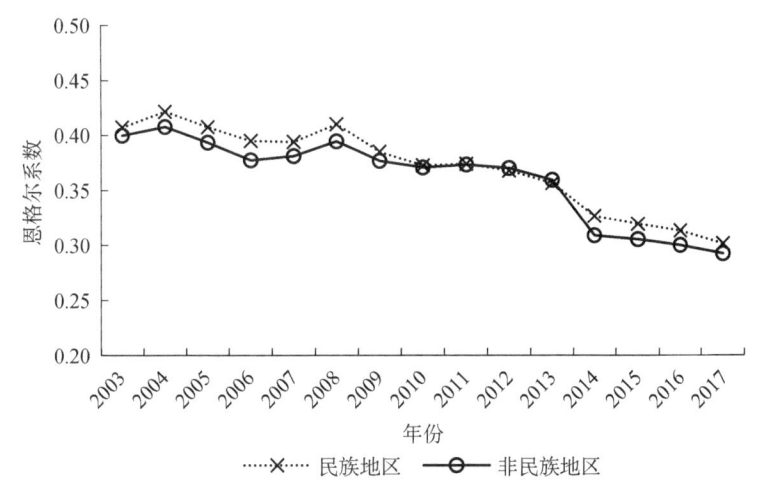

图 8-16　2003—2017 年全国民族地区与非民族地区恩格尔系数的变化趋势

（四）建成区面积比

我国建成区面积比在不同地区存在差异。在建成区面积比的东部地区、中部地区和西部地区差异中，2003 年，东部地区建成区面积比的指标值最高，中部地区次之，西部地区最低，东部地区的建成区面积比为 0.0135，中部地区的建成区面积比为 0.0049，均高于全国平均水平，西部地区的建成区面积比为 0.0009，低于全国平均水平。2017 年，东部地区建成区面积比的指标值最高，中部地区次之，西部地区最低，东部地区的建成区面积比为 0.0270，中部地区的建成区面积比为 0.0087，均高于全国平均水平，西部地区的建成区面积比为 0.0020，

低于全国平均水平。2003—2017 年，全国东部地区、中部地区和西部地区建成区面积比的年增长率平均值分别为 5.12%、4.21% 和 5.89%，东部地区的建成区面积比明显高于中部和西部地区，但从年增长率平均值来看，西部地区最高，东部地区次之，中部地区最低（表 8-9，图 8-17）。

表 8-9　2003—2017 年各地区建成区面积比

年份	2003	2004	2005	2006	2007	2008	2009	2010
东部地区	0.0135	0.0150	0.0161	0.0171	0.0181	0.0188	0.0197	0.0208
中部地区	0.0049	0.0051	0.0054	0.0054	0.0057	0.0061	0.0063	0.0067
西部地区	0.0009	0.0009	0.0010	0.0010	0.0011	0.0011	0.0012	0.0013
民族地区	0.0005	0.0005	0.0006	0.0006	0.0006	0.0007	0.0007	0.0008
非民族地区	0.0050	0.0053	0.0057	0.0059	0.0062	0.0065	0.0068	0.0073

年份	2011	2012	2013	2014	2015	2016	2017	
东部地区	0.0216	0.0224	0.0233	0.0243	0.0253	0.0264	0.0270	
中部地区	0.0070	0.0074	0.0077	0.0079	0.0082	0.0084	0.0087	
西部地区	0.0014	0.0015	0.0016	0.0017	0.0018	0.0019	0.0020	
民族地区	0.0008	0.0009	0.0009	0.0009	0.0010	0.0010	0.0011	
非民族地区	0.0076	0.0080	0.0083	0.0087	0.0091	0.0095	0.0098	

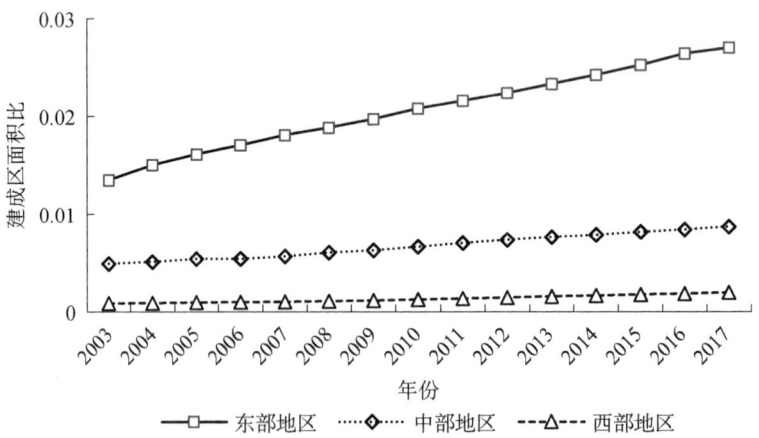

图 8-17　2003—2017 年全国东、中、西部地区建成区面积比的变化趋势

在建成区面积比的民族地区和非民族地区差异中，2003 年，非民族地区建成区面积比的指标值高于民族地区，民族地区的建成区面积比为 0.0005，低于全国平均水平，非民族地区的建成区面积比为 0.0050，高于全国平均水平。2017 年，

非民族地区建成区面积比的指标值高于民族地区，非民族地区的建成区面积比为 0.0098，高于全国平均水平，民族地区的建成区面积比为 0.0011，低于全国平均水平。2003—2017 年，我国民族地区和非民族地区建成区面积比的年增长率平均值分别为 5.29% 和 5.01%，民族地区与非民族地区建成区面积比的指标值都保持了较高的增长，但民族地区和非民族地区该指标的区域差距进一步拉大（表 8-9，图 8-18）。

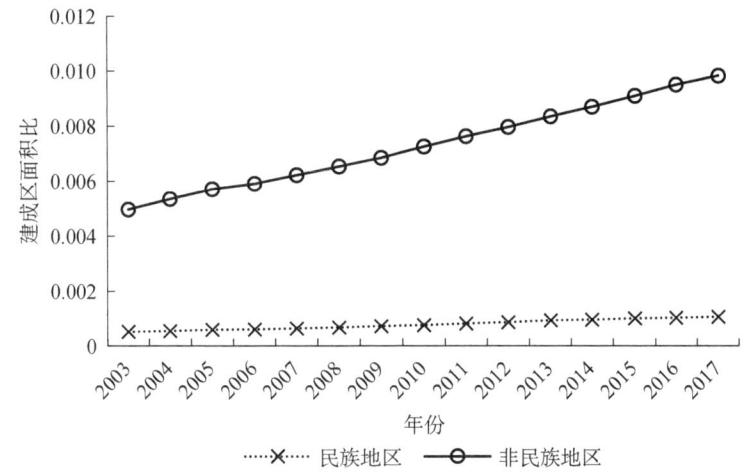

图 8-18　2003—2017 年全国民族地区与非民族地区建成区面积比的变化趋势

（五）交通通达度

我国交通通达度在不同地区存在差异。在交通通达度的东部地区、中部地区和西部地区差异中，2003 年，东部地区交通通达度的指标值最高，中部地区次之，西部地区最低，东部地区的交通通达度为 0.4836，中部地区的交通通达度为 0.3268，均高于全国平均水平，西部地区的交通通达度为 0.1110，低于全国平均水平。2017 年，东部地区的交通通达度的指标值最高，中部地区次之，西部地区最低，东部地区的交通通达度为 1.2031，中部地区的交通通达度为 0.9247，均高于全国平均水平，西部地区的交通通达度为 0.2884，低于全国平均水平。2003—2017 年，全国东部地区、中部地区和西部地区交通通达度的年增长率平均值分别为 8.00%、9.91% 和 7.81%，中部地区的年增长率平均值最高，东部地区次之，西部地区最低，且西部地区远远落后于东部和中部地区（表 8-10，图 8-19）。

表 8-10　2003—2017 年各地区交通通达度

年份	2003	2004	2005	2006	2007	2008	2009	2010
东部地区	0.4836	0.5092	0.5304	0.9444	0.9711	0.9982	1.0179	1.0406
中部地区	0.3268	0.3367	0.3454	0.7150	0.7271	0.7485	0.7636	0.7986
西部地区	0.1110	0.1136	0.1170	0.1867	0.1982	0.2102	0.2226	0.2321
民族地区	0.0626	0.0644	0.0667	0.0993	0.1039	0.1081	0.1109	0.1152
非民族地区	0.2929	0.3030	0.3125	0.5761	0.5965	0.6208	0.6434	0.6679
年份	2011	2012	2013	2014	2015	2016	2017	
东部地区	1.0546	1.0837	1.1247	1.1537	1.1781	1.1884	1.2031	
中部地区	0.8150	0.8369	0.8512	0.8632	0.8832	0.9123	0.9247	
西部地区	0.2403	0.2497	0.2573	0.2657	0.2737	0.2824	0.2884	
民族地区	0.1181	0.1229	0.1273	0.1322	0.1355	0.1428	0.1468	
非民族地区	0.6842	0.7052	0.7242	0.7407	0.7596	0.7762	0.7876	

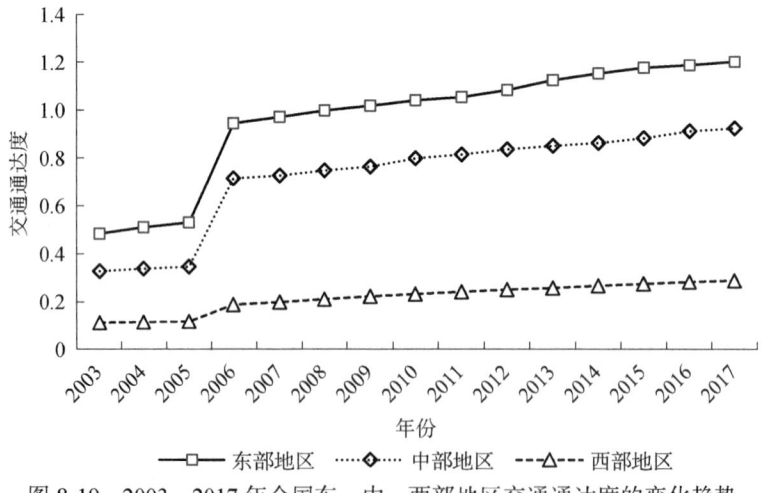

图 8-19　2003—2017 年全国东、中、西部地区交通通达度的变化趋势

在交通通达度的民族地区和非民族地区差异中，2003 年，民族地区交通通达度的指标值低于非民族地区，民族地区的交通通达度为 0.0626，低于全国平均水平，非民族地区的交通通达度为 0.2929，高于全国平均水平。2017 年，民族地区交通通达度的指标值低于非民族地区，民族地区的交通通达度为 0.1468，低于全国平均水平，非民族地区的交通通达度为 0.7876，高于全国平均水平。2003—2017 年，我国民族地区和非民族地区交通通达度的年增长率平均值分别为 6.80% 和 8.76%，非民族地区交通通达度指标值继续保持较高的增长，民族地区和非民族地区该指标的区域差距进一步拉大（表 8-10，图 8-20）。

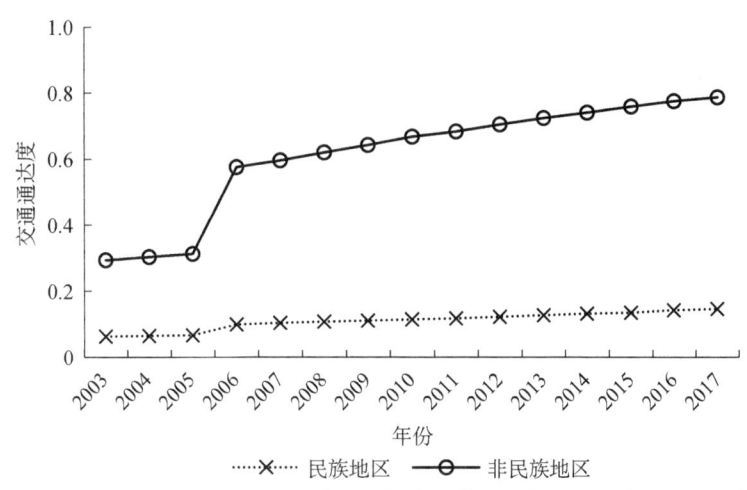

图 8-20　2003—2017 年全国民族地区与非民族地区交通通达度的变化趋势

（六）人均医疗人员指数

我国人均医疗人员指数在不同地区存在差异。在人均医疗人员指数的东部地区、中部地区和西部地区差异中，2003 年，东部地区人均医疗人员指数的指标值最高，中部地区次之，西部地区最低，东部地区的人均医疗人员指数为 0.0046，高于全国平均水平，中部地区和西部地区分别为 0.0040 和 0.0036，均低于全国平均水平。2017 年，东部地区的人均医疗人员指数最高，西部地区次之，中部地区最低，东部地区和西部地区的人均医疗人员指数分别为 0.0088 和 0.0086，均高于全国平均水平，中部地区的人均医疗人员指数为 0.0079，低于全国平均水平。2003—2017 年，全国东部地区、中部地区和西部地区人均医疗人员指数的年增长率平均值分别为 4.63%、4.74%和 5.22%（表 8-11，图 8-21）。

在人均医疗人员指数的民族地区和非民族地区差异中，2003 年，民族地区人均医疗人员指数的指标值高于非民族地区，民族地区的人均医疗人员指数为 0.0042，高于全国平均水平，非民族地区的人均医疗人员指数为 0.0041，与全国平均水平基本持平。2017 年，民族地区人均医疗人员指数的指标值高于非民族地区，民族地区的人均医疗人员指数为 0.0088 人，高于全国平均水平，非民族地区的人均医疗人员指数为 0.0084，低于全国平均水平。2003—2017 年，我国民族地区和非民族地区人均医疗人员指数的年增长率平均值分别为 5.56%和 5.42%（表 8-11，图 8-22）。

表 8-11 2003—2017 年各地区人均医疗人员指数

年份	2003	2004	2005	2006	2007	2008	2009	2010
东部地区	0.0046	0.0047	0.0047	0.0049	0.0051	0.0053	0.0064	0.0065
中部地区	0.0040	0.0040	0.0042	0.0042	0.0044	0.0046	0.0059	0.0061
西部地区	0.0036	0.0036	0.0037	0.0038	0.0040	0.0041	0.0053	0.0058
民族地区	0.0042	0.0043	0.0044	0.0044	0.0047	0.0048	0.0060	0.0064
非民族地区	0.0041	0.0041	0.0042	0.0043	0.0045	0.0047	0.0059	0.0061
年份	2011	2012	2013	2014	2015	2016	2017	
东部地区	0.0067	0.0071	0.0075	0.0078	0.0081	0.0084	0.0088	
中部地区	0.0063	0.0065	0.0069	0.0072	0.0074	0.0077	0.0079	
西部地区	0.0061	0.0065	0.0071	0.0075	0.0078	0.0081	0.0086	
民族地区	0.0067	0.0070	0.0076	0.0079	0.0082	0.0085	0.0088	
非民族地区	0.0064	0.0067	0.0072	0.0075	0.0078	0.0081	0.0084	

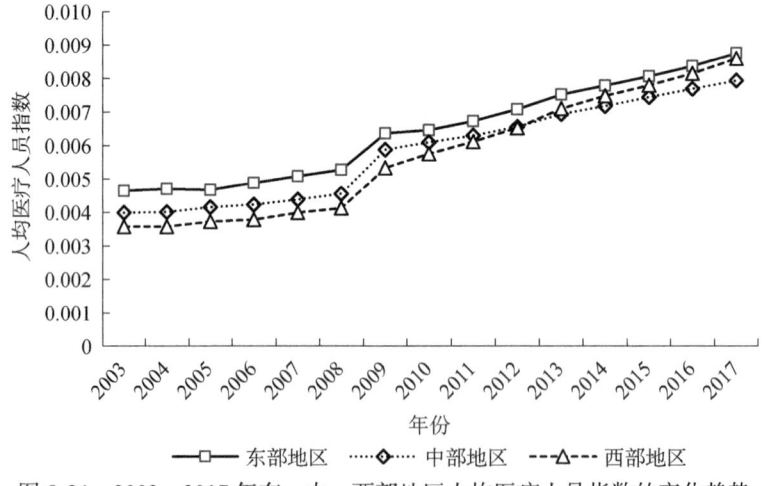

图 8-21 2003—2017 年东、中、西部地区人均医疗人员指数的变化趋势

三、义务教育国家支持度的基本态势与结构特征

我国不同地区义务教育国家支持度主要反映了义务教育经费投入的占比情况。在义务教育国家支持度的东部地区、中部地区和西部地区差异中，2003 年，西部地区的义务教育国家支持度最高，中部地区次之，东部地区最低，西部地区的义务教育国家支持度为 0.1429，高于全国平均水平，中部地区的义务教育国家支持度为 0.1035，东部地区的义务教育国家支持度为 0.0869，均高于全国

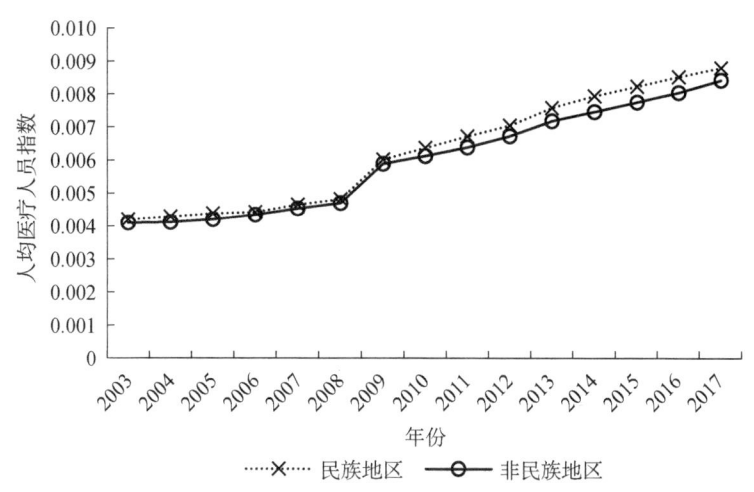

图 8-22　2003—2017 年民族地区与非民族地区人均医疗人员指数的变化趋势

平均水平。2017 年，西部地区的义务教育国家支持度最高，中部地区次之，东部地区最低，西部地区的义务教育国家支持度为 0.1511，中部地区的义务教育国家支持度为 0.1066，东部地区的义务教育国家支持度为 0.0756，均高于全国平均水平。2003—2017 年，我国东部地区、中部地区、西部地区义务教育国家支持度的年增长率平均值分别为-0.95%、0.23%、0.42%。东部地区义务教育国家支持度的年增长率平均值降低，而西部地区呈现缓慢增长态势（表 8-12，图 8-23）。

表 8-12　2003—2017 年义务教育国家支持度

年份	2003	2004	2005	2006	2007	2008	2009	2010
东部地区	0.0869	0.0862	0.0818	0.0792	0.0770	0.0735	0.0709	0.0750
中部地区	0.1035	0.1021	0.1068	0.1087	0.1097	0.1065	0.1064	0.1039
西部地区	0.1429	0.1450	0.1447	0.1454	0.1466	0.1534	0.1560	0.1544
民族地区	0.2003	0.1996	0.1955	0.1951	0.1960	0.1962	0.1963	0.2002
非民族地区	0.1330	0.1338	0.1379	0.1383	0.1374	0.1371	0.1370	0.1332
年份	2011	2012	2013	2014	2015	2016	2017	
东部地区	0.0769	0.0750	0.0769	0.0772	0.0763	0.0776	0.0756	
中部地区	0.1075	0.1087	0.1079	0.1075	0.1068	0.1073	0.1066	
西部地区	0.1489	0.1497	0.1485	0.1487	0.1502	0.1485	0.1511	
民族地区	0.1967	0.1929	0.1965	0.1976	0.2015	0.2010	0.2093	
非民族地区	0.1366	0.1404	0.1368	0.1357	0.1319	0.1323	0.1240	

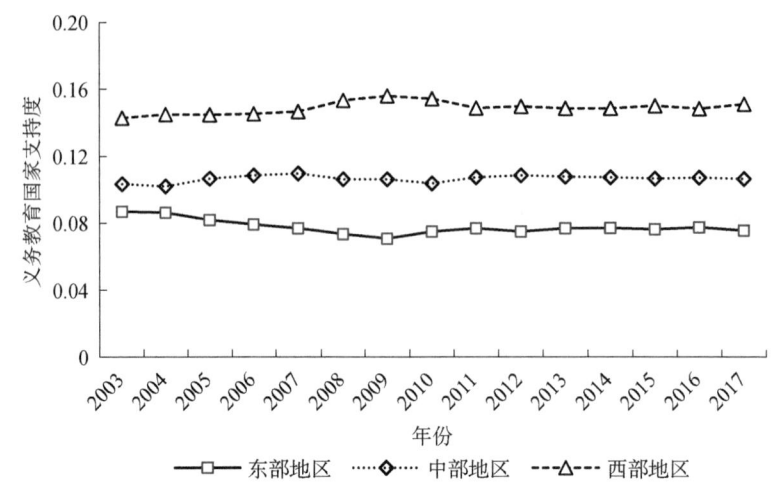

图 8-23　2003—2017 年全国东、中、西部地区义务教育国家支持度的变化趋势

在义务教育国家支持度的民族地区和非民族地区差异中，2003 年，民族地区义务教育国家支持度的指标值高于非民族地区，民族地区的义务教育国家支持度为 0.2003，高于全国平均水平，非民族地区的义务教育国家支持度为 0.1330。2017 年，民族地区的义务教育国家支持度仍然高于非民族地区，民族地区的义务教育国家支持度为 0.2093，非民族地区的义务教育国家支持度为 0.1240。2003—2017 年，我国民族地区和非民族地区义务教育国家支持度的年增长率平均值分别为 0.33%和−0.47%。民族地区和非民族地区该指标的差距在 2016 年后有增大趋势（表 8-12，图 8-24）。

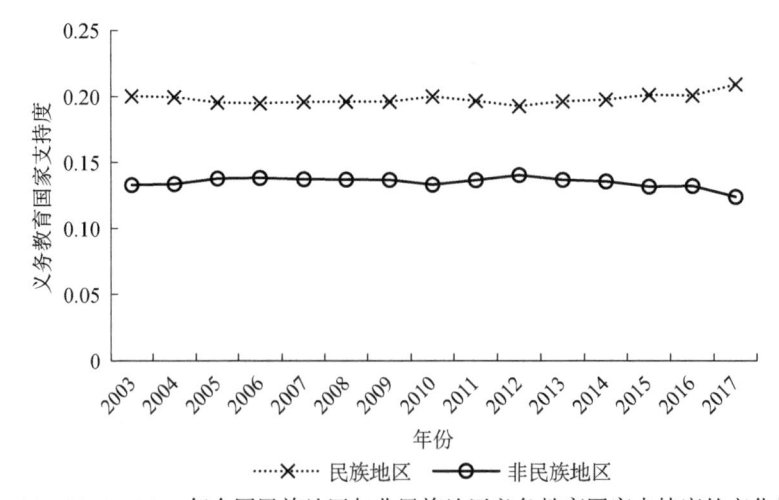

图 8-24　2003—2017 年全国民族地区与非民族地区义务教育国家支持度的变化趋势

第二节　各地区义务教育前后学段关系指数的基本态势与结构特征

在我国义务教育前后学段关系指数的东部地区、中部地区和西部地区差异中，2003年，东部地区的义务教育前后学段关系指数最高，西部地区次之，中部地区最低，东部地区的义务教育前后学段关系指数为0.3849，西部地区的义务教育前后学段关系指数为0.3183，中部地区的义务教育前后学段关系指数为0.2968。2017年，义务教育前后学段关系指数最高的地区仍然为东部地区，西部地区次之，中部地区最低，东部地区的义务教育前后学段关系指数为0.3705，西部地区的义务教育学段前后关系指数为0.3332，中部地区的义务教育学段前后关系指数为0.2963。2003—2017年，全国东部地区、中部地区和西部地区义务教育前后学段关系指数的年增长率平均值分别为-0.27%、-0.01%和0.33%，东部地区虽然出现了负值，但是其指数值仍高于中部地区和西部地区（表8-13，图8-25）。

在义务教育前后学段关系指数的民族地区和非民族地区差异中，2003年，民族地区的义务教育前后学段关系指数低于非民族地区，民族地区的义务教育前后学段关系指数为0.4914，非民族地区的义务教育前后学段关系指数为0.5086。2017年，民族地区的义务教育前后学段关系指数仍低于非民族地区，民族地区的义务教育前后学段关系指数为0.4856，非民族地区的义务教育前后学段关系指数为0.5144。2003—2017年，民族地区和非民族地区义务教育前后学段关系指数的年增长率平均值分别为-0.08%和0.09%，民族地区的年增长率平均值出现了负值，民族地区、非民族地区该指标的差距持续增大（表8-13，图8-26）。

表8-13　2003—2017年各地区义务教育前后学段关系指数

年份	2003	2004	2005	2006	2007	2008	2009	2010
东部地区	0.3849	0.3879	0.3867	0.3874	0.3827	0.3844	0.3841	0.3835
中部地区	0.2968	0.2954	0.2969	0.2948	0.2952	0.2904	0.2884	0.2973
西部地区	0.3183	0.3167	0.3164	0.3178	0.3221	0.3253	0.3275	0.3192
民族地区	0.4914	0.4887	0.4867	0.4892	0.4911	0.4996	0.5035	0.4884
非民族地区	0.5086	0.5113	0.5133	0.5108	0.5089	0.5004	0.4965	0.5116
年份	2011	2012	2013	2014	2015	2016	2017	
东部地区	0.3798	0.3745	0.3771	0.3769	0.3735	0.3715	0.3705	
中部地区	0.2992	0.3002	0.3010	0.2977	0.2957	0.2952	0.2963	

续表

年份	2011	2012	2013	2014	2015	2016	2017
西部地区	0.3211	0.3253	0.3219	0.3254	0.3308	0.3333	0.3332
民族地区	0.4815	0.4830	0.4816	0.4849	0.4893	0.4910	0.4856
非民族地区	0.5185	0.5170	0.5184	0.5151	0.5107	0.5090	0.5144

根据各地区义务教育前后学段关系指数的 2 个分指数的指标值相对大小，本书将全国东、中、西部地区义务教育前后学段关系指数划分为 2 种基本类型，即学前教育发展主导型和高中教育发展主导型。全国东、中、西部地区义务教育前后学段关系指数类型在不同时段有差异。以研究所监测的 4 个时间截面来看，

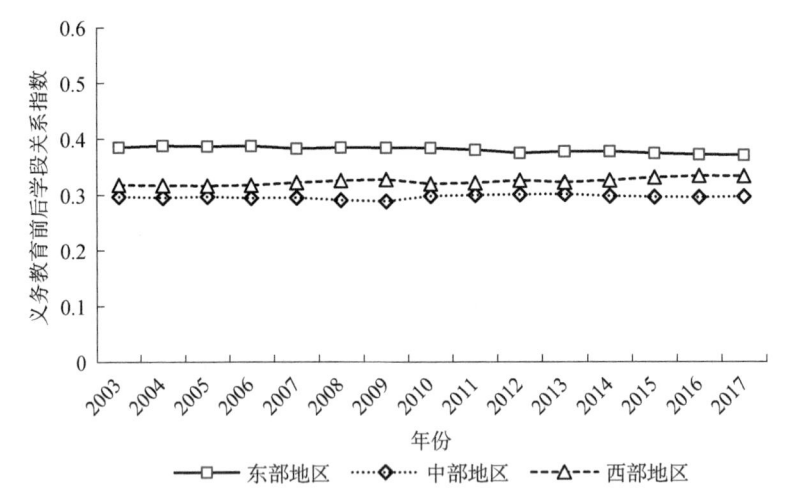

图 8-25　2013—2017 年全国东、中、西部地区义务教育前后学段关系指数的变化趋势

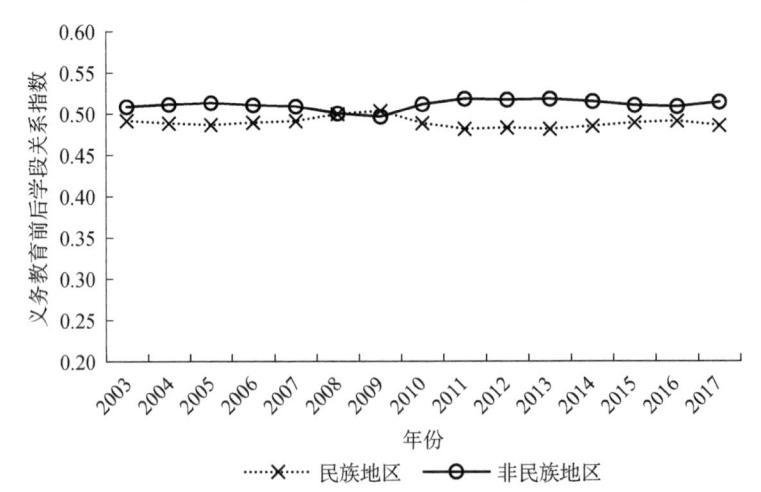

图 8-26　2013—2017 年全国民族地区与非民族地区义务教育前后学段关系指数的变化趋势

2003 年，东部地区义务教育前后学段指数的类型为学前教育主导型，中部地区义务教育前后学段关系指数的类型为高中教育主导型，西部地区义务教育前后学段关系指数的类型为学前教育主导型；2008 年，东部地区的该指数类型为学前教育主导型，中部地区的该指数类型为高中教育主导型，西部地区的该指数类型为学前教育主导型；2013 年，东部地区的该指数类型为学前教育主导型，中部地区的该指数类型为高中教育主导型，西部地区的该指数类型为高中教育主导型；2017 年，东部地区的该指数类型为学前教育主导型，中部地区的该指数类型为高中教育主导型，西部地区的该指数类型为高中教育主导型。东部地区义务教育前后学段关系指数整体一直处于学前教育主导型，中部地区义务教育前后学段关系指数一直处于高中教育主导型，西部地区义务教育前后学段关系指数整体从学前教育主导型向高中教育主导型转变。

全国民族地区和非民族地区义务教育前后学段关系指数类型在不同时段有差异。以研究所监测的 4 个时间截面来看，2003 年，民族地区的该指数类型为学前教育主导型，非民族地区的该指数类型为高中教育主导型；2008 年，民族地区的该指数类型为学前教育主导型，非民族地区的该指数类型为高中教育主导型；2013 年，民族地区的该指数类型为高中教育主导型，非民族地区的该指数类型为学前教育主导型；2017 年，民族地区的该指数类型为高中教育主导型，非民族地区的该指数类型为学前教育主导型。民族地区义务教育前后学段关系指数整体从学前教育主导型向高中教育主导型转变，非民族地区整体上从高中教育主导型向学前教育主导型转变。

一、学前教育发展指数的基本态势与结构特征

我国学前教育发展指数存在区域差异。在学前教育发展指数的东部地区、中部地区和西部地区差异中，2003 年，东部地区的学前教育发展指数最高，西部地区次之，中部地区最低，东部地区的学前教育发展指数为 0.3970，西部地区的学前教育发展指数为 0.3209，中部地区的学前教育发展指数为 0.2821。2017 年，学前教育发展指数最高的地区仍然为东部地区，西部地区次之，中部地区最低，东部地区的学前教育发展指数为 0.3782，西部地区的学前教育发展指数为 0.3275，中部地区的学前教育发展指数为 0.2942。2003—2017 年，全国东部地区、中部地区和西部地区学前教育发展指数的年增长率平均值分别为 -0.34%、0.32% 和 0.17%，其中东部地区出现了负值，但是其指数值仍高于中部地区和西部地区（表 8-14，图 8-27）。

表 8-14　2003—2017 年各地区学前教育发展指数

年份	2003	2004	2005	2006	2007	2008	2009	2010
东部地区	0.3970	0.4013	0.3986	0.4008	0.3970	0.3995	0.3999	0.3999
中部地区	0.2821	0.2822	0.2860	0.2827	0.2810	0.2739	0.2701	0.2887
西部地区	0.3209	0.3165	0.3154	0.3166	0.3220	0.3266	0.3300	0.3114
民族地区	0.5026	0.4995	0.4954	0.4993	0.4970	0.5102	0.5155	0.4826
非民族地区	0.4974	0.5005	0.5046	0.5007	0.5030	0.4898	0.4845	0.5174

年份	2011	2012	2013	2014	2015	2016	2017
东部地区	0.3964	0.3855	0.3884	0.3865	0.3802	0.3765	0.3782
中部地区	0.2899	0.2911	0.2947	0.2920	0.2901	0.2905	0.2942
西部地区	0.3137	0.3234	0.3169	0.3215	0.3297	0.3330	0.3275
民族地区	0.4715	0.4764	0.4722	0.4752	0.4836	0.4890	0.4742
非民族地区	0.5285	0.5236	0.5278	0.5248	0.5164	0.5110	0.5258

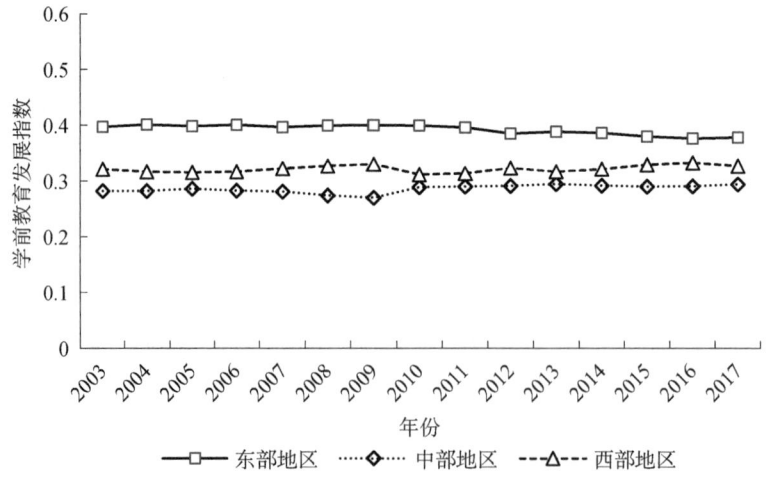

图 8-27　2003—2017 年全国东、中、西部地区学前教育发展指数的变化趋势

在学前教育发展指数的民族地区和非民族地区差异中，2003 年，民族地区的学前教育发展指数高于非民族地区，民族地区的学前教育发展指数为 0.5026，非民族地区的学前教育发展指数为 0.4974。2017 年，民族地区的学前教育发展指数低于非民族地区，民族地区的学前教育发展指数为 0.4742，非民族地区的学前教育发展指数为 0.5258。2003—2017 年，民族地区和非民族地区学前教育发展指数的年增长率平均值分别为 −0.39% 和 0.42%，其中民族地区出现了负值，且在 2010 年非民族地区的增长率反超了民族地区（表 8-14，图 8-28）。

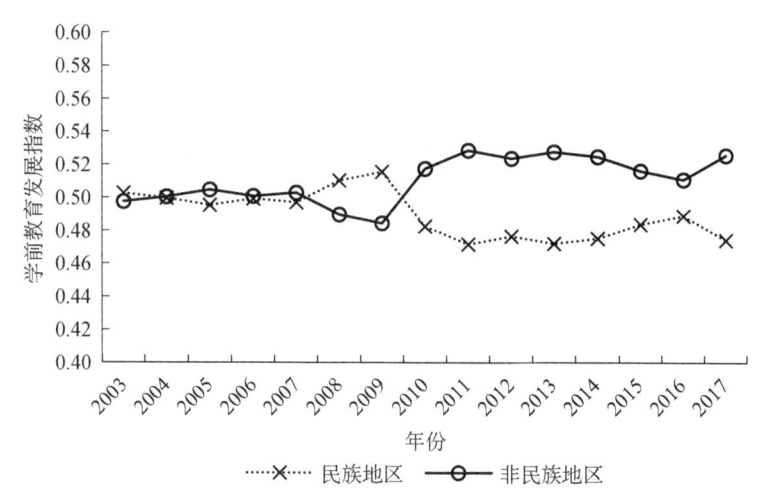

图 8-28 2003—2017 年全国民族地区与非民族地区学前教育发展指数的变化趋势

（一）学前教育资源供给指数

我国学前教育资源供给指数存在显著的空间差异，呈现出东部地区最高，中部地区和西部地区交叉发展的空间格局。在学前教育资源供给指数的东部地区、中部地区、西部地区差异中，2003 年，东部地区的学前教育资源供给指数最高，为 0.2393，西部地区次之，为 0.1335，中部地区最低，为 0.1273。2017 年，东部地区的学前教育资源供给指数仍然是最高的，且与中、西部地区之间的差距还是很大，西部地区和中部地区的学前教育资源供给指数仍然非常接近，但是西部地区略高，为 0.1528，中部地区为 0.1424。2003—2017 年，全国东部地区、中部地区和西部地区学前教育资源供给指数的年增长率平均值分别为 -1.10%、0.83% 和 1.00%，呈现出西高东低的趋势，并且东部地区出现了负值。总体而言，2003—2017 年，我国东部地区的学前教育资源供给指数最高，且远高于中、西部地区的水平，西部地区和中部地区则交叉变化；从演变趋势看，东部地区学前教育资源供给指数总体上在下降，西部地区和中部地区则呈波动上升趋势（表 8-15，图 8-29）。

在学前教育资源供给指数的民族地区和非民族地区差异中，2003 年，我国非民族地区的学前教育资源供给指数高于民族地区，非民族地区的学前教育资源供给指数为 0.2754，民族地区的学前教育资源供给指数为 0.2246。2017 年，非民族地区的学前教育资源供给指数高于民族地区，非民族地区的学前教育资源供给指数为 0.2788，民族地区的学前教育资源供给指数为 0.2212。2003—2017 年，我国民族地区和非民族地区学前教育资源供给指数的年增长率平均值分别为 -1.51%、1.23%，民族地区出现了负值，非民族地区的学前教育资源供给指数的增长速度也较慢，两者之间的差距有可能会不断拉大（表 8-15，图 8-30）。

表 8-15　2003—2017 年各地区学前教育资源供给指数

年份	2003	2004	2005	2006	2007	2008	2009	2010
东部地区	0.2393	0.2386	0.2347	0.2332	0.2294	0.2282	0.2264	0.2229
中部地区	0.1273	0.1305	0.1346	0.1334	0.1335	0.1317	0.1304	0.1400
西部地区	0.1335	0.1310	0.1307	0.1334	0.1371	0.1400	0.1432	0.1371
民族地区	0.2246	0.2240	0.2224	0.2301	0.2265	0.2349	0.2385	0.2232
非民族地区	0.2754	0.2760	0.2776	0.2699	0.2735	0.2651	0.2615	0.2768
年份	2011	2012	2013	2014	2015	2016	2017	
东部地区	0.2207	0.2131	0.2132	0.2118	0.2073	0.2048	0.2048	
中部地区	0.1401	0.1413	0.1423	0.1404	0.1391	0.1404	0.1424	
西部地区	0.1392	0.1455	0.1445	0.1478	0.1536	0.1547	0.1528	
民族地区	0.2222	0.2254	0.2224	0.2247	0.2291	0.2298	0.2212	
非民族地区	0.2778	0.2746	0.2776	0.2753	0.2709	0.2702	0.2788	

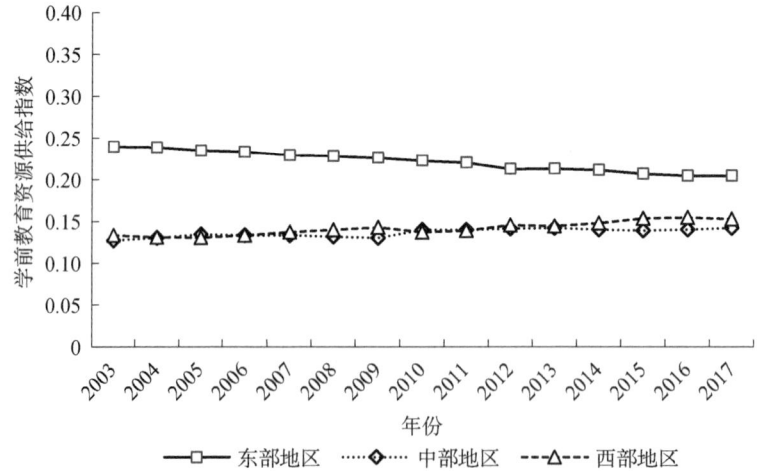

图 8-29　2003—2017 年东、中、西部地区学前教育资源供给指数的变化趋势

（二）学前教育资源质量指数

我国学前教育资源质量指数存在显著的空间差异。在学前教育资源质量指数的东部地区、中部地区、西部地区差异中，2003 年，东部地区、中部地区、西部地区的学前教育资源质量指数非常接近，西部地区最高，东部地区次之，中部地区最低，东部地区、中部地区、西部地区的学前教育资源质量指数分别为 0.1578、0.1548、0.1874。2017 年，西部地区的学前教育资源质量指数最高，东部地区次之，

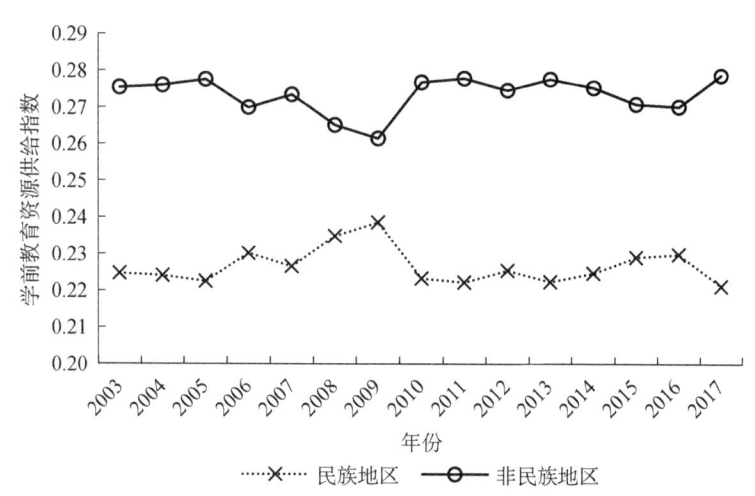

图 8-30　2003—2017 年全国民族地区与非民族地区学前教育资源供给指数的变化趋势

中部地区最低，东部地区、中部地区、西部地区的学前教育资源质量指数分别为 0.1734、0.1518、0.1747。2003—2017 年，东部地区、中部地区、西部地区学前教育资源质量指数的年增长率平均值分别为 0.69%、−0.11%、−0.47%，东部地区保持正增长，而中部地区、西部地区的学前教育资源质量指数年增长率平均值出现负值（表 8-16，图 8-31）。

在学前教育资源质量指数的民族地区和非民族地区差异中，2003 年，民族地区的学前教育资源质量指数高于非民族地区，民族地区的学前教育资源质量指数为 0.2780，非民族地区的学前教育资源质量指数为 0.2220。2017 年，民族地区的学前教育资源质量指数高于非民族地区，民族地区的学前教育资源质量指数为

表 8-16　2003—2017 年各地区学前教育资源质量指数

年份	2003	2004	2005	2006	2007	2008	2009	2010
东部地区	0.1578	0.1627	0.1638	0.1676	0.1676	0.1712	0.1735	0.1769
中部地区	0.1548	0.1517	0.1514	0.1493	0.1475	0.1422	0.1396	0.1487
西部地区	0.1874	0.1855	0.1848	0.1832	0.1849	0.1866	0.1869	0.1743
民族地区	0.2780	0.2756	0.2729	0.2692	0.2705	0.2753	0.2769	0.2593
非民族地区	0.2220	0.2244	0.2271	0.2308	0.2295	0.2247	0.2231	0.2407
年份	2011	2012	2013	2014	2015	2016	2017	
东部地区	0.1757	0.1724	0.1753	0.1747	0.1729	0.1716	0.1734	
中部地区	0.1498	0.1497	0.1523	0.1516	0.1510	0.1501	0.1518	
西部地区	0.1745	0.1778	0.1724	0.1737	0.1761	0.1783	0.1747	
民族地区	0.2493	0.2510	0.2498	0.2505	0.2545	0.2591	0.2530	
非民族地区	0.2507	0.2490	0.2502	0.2495	0.2455	0.2409	0.2470	

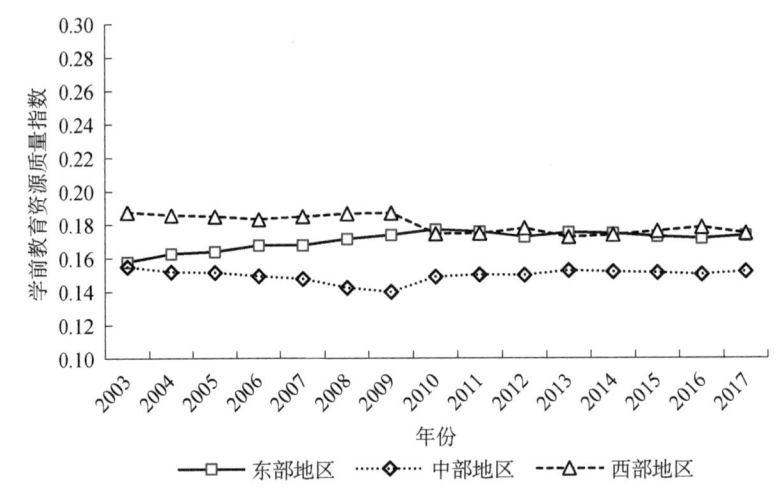

图 8-31　2003—2017 年全国东、中、西部地区学前教育资源质量指数的变化趋势

0.2530，非民族地区的学前教育资源质量指数为 0.2470。2003—2017 年，民族地区和非民族地区学前教育资源质量指数的年增长率平均值分别为 −0.65%、0.80%，民族地区为负值，但民族地区与非民族地区的差距呈现出缩小趋势（表 8-16，图 8-32）。

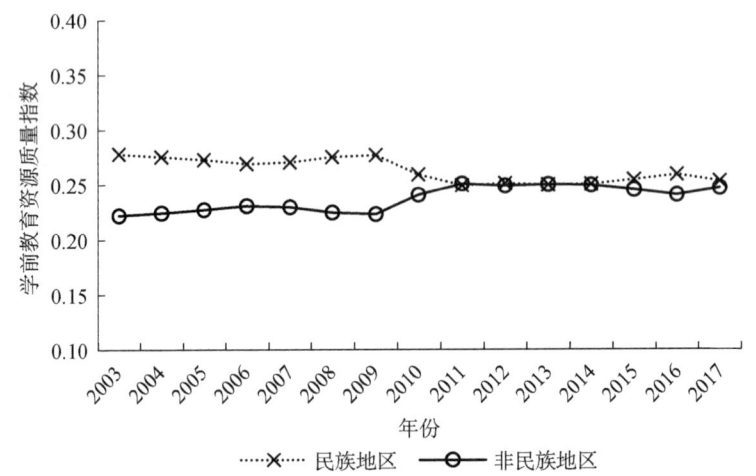

图 8-32　2003—2017 年全国民族地区与非民族地区学前教育资源质量指数的变化趋势

二、高中教育发展指数的基本态势与结构特征

我国高中教育发展指数在不同地区存在差异。在高中教育发展指数的东部地

区、中部地区和西部地区差异中，2003 年，东部地区高中教育发展指数的指标值最高，西部地区次之，中部地区最低，东部地区的高中教育发展指数为 0.3729，西部地区的高中教育发展指数为 0.3157，中部地区的高中教育发展指数为 0.3115。2017 年，东部地区的高中教育发展指数依旧最高，西部地区次之，中部地区最低，东部地区的高中教育发展指数为 0.3628，高于全国平均水平，西部地区的高中教育发展指数为 0.3389，中部地区的高中教育发展指数为 0.2983。2003—2017 年，全国东部地区、中部地区和西部地区高中教育发展指数的年增长率平均值分别为-0.0019%、-0.0031%和 0.0051%，东部地区高中教育发展指数的指标值略高于西部地区，中部地区和西部地区的差距整体渐趋增大（表 8-17，图 8-33）。

在高中教育发展指数的民族地区和非民族地区差异中，2003 年，非民族地区高中教育发展指数的指标值高于民族地区，非民族地区的高中教育发展指数为 0.5197，民族地区的高中教育发展指数为 0.4803。2017 年，非民族地区高中教育发展指数的指标值高于民族地区，非民族地区的高中教育发展指数为 0.5030，民族地区的高中教育发展指数为 0.4970。2003—2017 年，我国民族地区和非民族地区高中教育发展指数的年增长率平均值分别为 0.0025%和-0.0023%，民族地区高中教育发展指数的指标值继续保持较高的增长率，民族地区和非民族地区该指标的差距有所缩小（表 8-17，图 8-34）。

表 8-17　2003—2017 年各地区高中教育发展指数

年份	2003	2004	2005	2006	2007	2008	2009	2010
东部地区	0.3729	0.3745	0.3749	0.3741	0.3684	0.3693	0.3682	0.3670
中部地区	0.3115	0.3086	0.3077	0.3070	0.3094	0.3068	0.3068	0.3059
西部地区	0.3157	0.3169	0.3174	0.3189	0.3222	0.3239	0.3250	0.3270
民族地区	0.4803	0.4778	0.4780	0.4792	0.4851	0.4889	0.4914	0.4943
非民族地区	0.5197	0.5222	0.5220	0.5208	0.5149	0.5111	0.5086	0.5057
年份	2011	2012	2013	2014	2015	2016	2017	
东部地区	0.3631	0.3635	0.3658	0.3674	0.3668	0.3665	0.3628	
中部地区	0.3084	0.3093	0.3073	0.3033	0.3013	0.2999	0.2983	
西部地区	0.3285	0.3272	0.3269	0.3293	0.3319	0.3336	0.3389	
民族地区	0.4915	0.4896	0.4911	0.4946	0.4949	0.4931	0.4970	
非民族地区	0.5085	0.5104	0.5089	0.5054	0.5051	0.5069	0.5030	

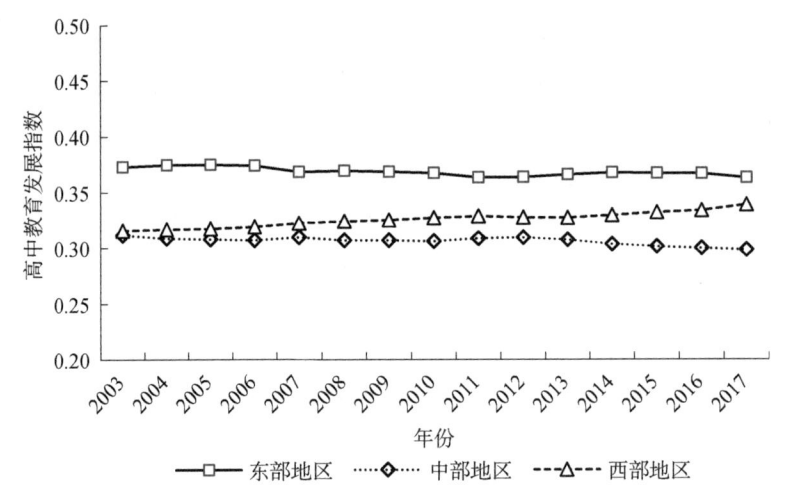

图 8-33　2003—2017 年全国东、中、西部地区高中教育发展指数的变化趋势

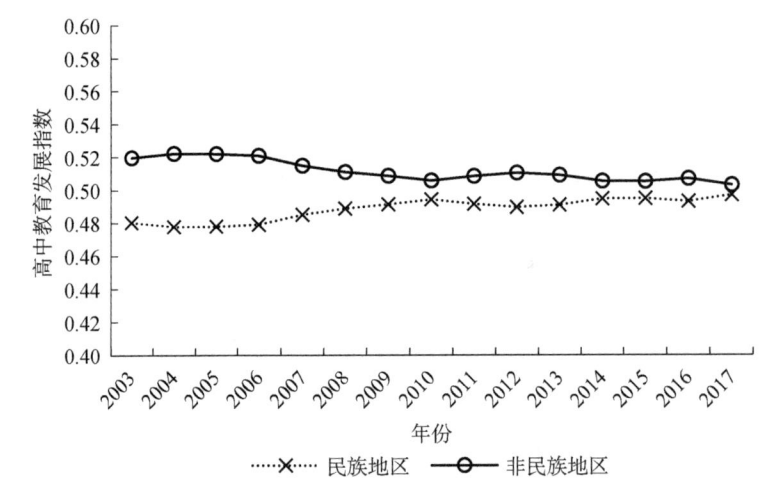

图 8-34　2003—2017 年全国民族地区与非民族地区高中教育发展指数的变化趋势

（一）高中教育资源供给指数

我国高中教育资源供给指数在不同地区存在差异。在高中教育资源供给指数的东部地区、中部地区和西部地区差异中，2003 年，东部地区高中教育资源供给指数的指标值最高，西部地区次之，中部地区最低，东部地区的高中教育资源供给指数为 0.2065，中部地区的高中教育资源供给指数为 0.1445，西部地区的高中教育资源供给指数为 0.1490，均高于全国平均水平。2017 年，东部地区的高中教育资源供给指数依旧最高，西部地区次之，中部地区最低，东部地区的高中教育资源供给指数为 0.2041，西部地区的高中教育资源供给指数为 0.1561，中部地区

的高中教育资源供给指数为0.1398，均高于全国平均水平。2003—2017年，全国东部地区、中部地区和西部地区高中教育资源供给指数的年增长率平均值分别为−0.081%、−0.230%和0.333%，东部地区、中部地区高中教育资源供给指数的年增长率平均值明显低于西部地区，中部地区和西部地区的差距整体渐趋增大（表8-18，图8-35）。

表8-18　2003—2017年各地区高中教育资源供给指数

年份	2003	2004	2005	2006	2007	2008	2009	2010
东部地区	0.2065	0.2075	0.2095	0.2090	0.2081	0.2072	0.2067	0.2050
中部地区	0.1445	0.1425	0.1407	0.1402	0.1412	0.1412	0.1421	0.1430
西部地区	0.1490	0.1500	0.1498	0.1509	0.1507	0.1516	0.1513	0.1520
民族地区	0.2358	0.2368	0.2365	0.2382	0.2380	0.2406	0.2424	0.2460
非民族地区	0.2642	0.2632	0.2635	0.2618	0.2620	0.2594	0.2576	0.2540
年份	2011	2012	2013	2014	2015	2016	2017	
东部地区	0.2022	0.2017	0.2041	0.2057	0.2061	0.2060	0.2041	
中部地区	0.1450	0.1458	0.1444	0.1429	0.1413	0.1404	0.1398	
西部地区	0.1528	0.1525	0.1516	0.1514	0.1527	0.1536	0.1561	
民族地区	0.2454	0.2428	0.2436	0.2449	0.2411	0.2380	0.2375	
非民族地区	0.2546	0.2572	0.2564	0.2551	0.2589	0.2620	0.2625	

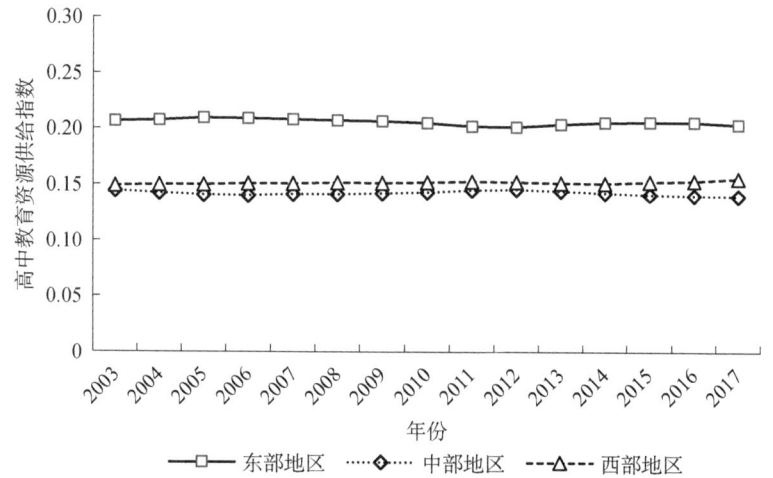

图8-35　2003—2017年全国东、中、西部地区高中教育资源供给指数的变化趋势

在高中教育资源供给指数的民族地区和非民族地区差异中，2003年，非民族地区高中教育资源供给指数的指标值高于民族地区，非民族地区的高中教育资源

供给指数为 0.2642，民族地区的高中教育资源供给指数为 0.2358，均高于全国平均水平。2017 年，非民族地区高中教育资源供给指数的指标值高于民族地区，非民族地区的高中教育资源供给指数为 0.2625，民族地区的高中教育资源供给指数为 0.2375，均高于全国平均水平。2003—2017 年，我国民族地区和非民族地区高中教育资源供给指数的年增长率平均值分别为 0.054%和-0.042%，民族地区高中教育资源供给指数的年增长率平均值相对较高，民族地区和非民族地区该指标仍然存在差距（表 8-18，图 8-36）。

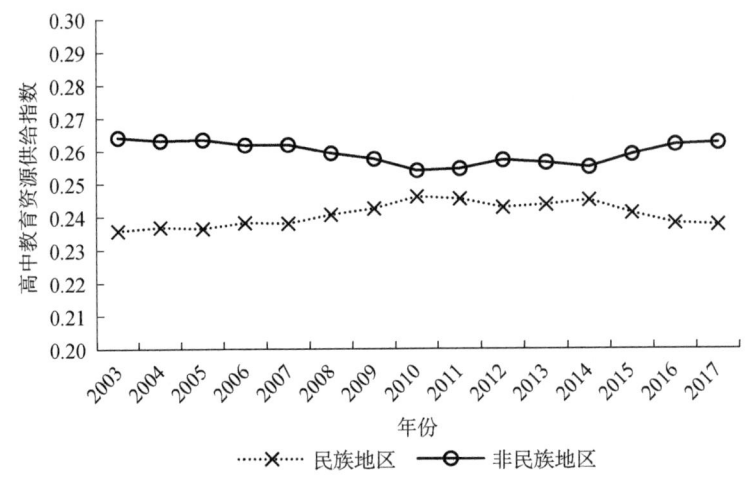

图 8-36 2003—2017 年全国民族地区与非民族地区高中教育资源供给指数的变化趋势

（二）高中教育资源质量指数

我国高中教育资源质量指数在不同地区存在差异。在高中教育资源质量指数的东部地区、中部地区和西部地区差异中，2003 年，中部地区高中教育资源质量指数的指标值最高，西部地区次之，东部地区最低，中部地区的高中教育资源质量指数为 0.1670，西部地区的高中教育资源质量指数为 0.1667，东部地区的高中教育资源质量指数为 0.1663，均高于全国平均水平。2017 年，西部地区高中教育资源质量指数的指标值最高，东部地区次之，中部地区最低，西部地区的高中教育资源质量指数为 0.1828，东部地区的高中教育资源质量指数为 0.1587，中部地区的高中教育资源质量指数为 0.1585，均高于全国平均水平。2003—2017 年，全国东部地区、中部地区和西部地区高中教育资源质量指数的年增长率平均值分别为-0.332%、-0.364%和 0.664%，西部地区高中教育资源质量指数的年增长率平均值明显高于中部和东部地区，中部和东部地区的差距整体渐趋缩小（表 8-19，图 8-37）。

第八章 各地区义务教育发展条件的基本态势与结构特征 | 213

表 8-19　2003—2017 年各地区高中教育资源质量指数

年份	2003	2004	2005	2006	2007	2008	2009	2010
东部地区	0.1663	0.1670	0.1654	0.1651	0.1603	0.1621	0.1615	0.1620
中部地区	0.1670	0.1661	0.1671	0.1668	0.1682	0.1656	0.1647	0.1629
西部地区	0.1667	0.1669	0.1675	0.1681	0.1715	0.1723	0.1737	0.1751
民族地区	0.2445	0.2410	0.2415	0.2411	0.2471	0.2483	0.2490	0.2483
非民族地区	0.2555	0.2590	0.2585	0.2589	0.2529	0.2517	0.2510	0.2517
年份	2011	2012	2013	2014	2015	2016	2017	
东部地区	0.1609	0.1618	0.1617	0.1617	0.1607	0.1605	0.1587	
中部地区	0.1634	0.1635	0.1630	0.1605	0.1600	0.1595	0.1585	
西部地区	0.1756	0.1747	0.1753	0.1779	0.1793	0.1801	0.1828	
民族地区	0.2461	0.2468	0.2474	0.2497	0.2538	0.2551	0.2595	
非民族地区	0.2539	0.2532	0.2526	0.2503	0.2462	0.2449	0.2405	

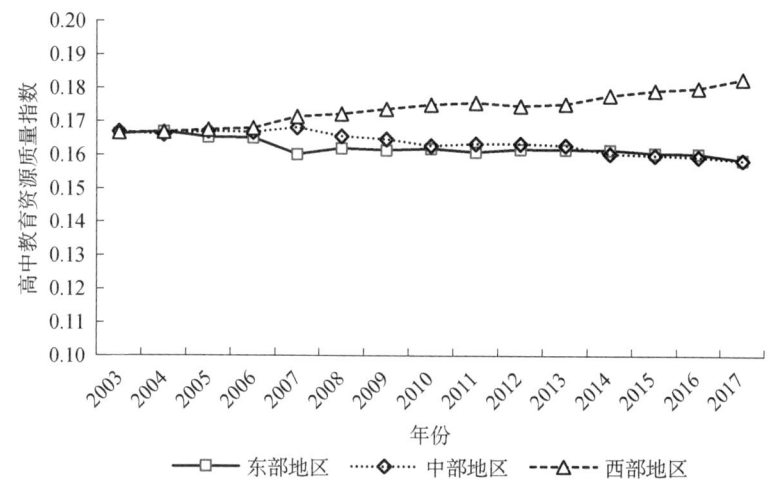

图 8-37　2003—2017 年全国东、中、西部地区高中教育资源质量指数的变化趋势

在高中教育资源质量指数的民族地区和非民族地区差异中，2003 年，非民族地区高中教育资源质量指数的指标值高于民族地区，非民族地区的高中教育资源质量指数为 0.2555，民族地区的高中教育资源质量指数为 0.2445，均高于全国平均水平。2017 年，民族地区高中教育资源质量指数的指标值高于非民族地区，民族地区的高中教育资源质量指数为 0.2595，非民族地区的高中教育资源质量指数为 0.2405，均高于全国平均水平。2003—2017 年，我国民族地区和非民族地区高中教育资源质量指数的年增长率平均值分别为 0.43%和-0.43%，民族地区高中教育资源质量指数指标值继续保持较高的增长率，民族地区和非民族地区该指标的

差距呈现先减小后增大的波动状态（表 8-19，图 8-38）。

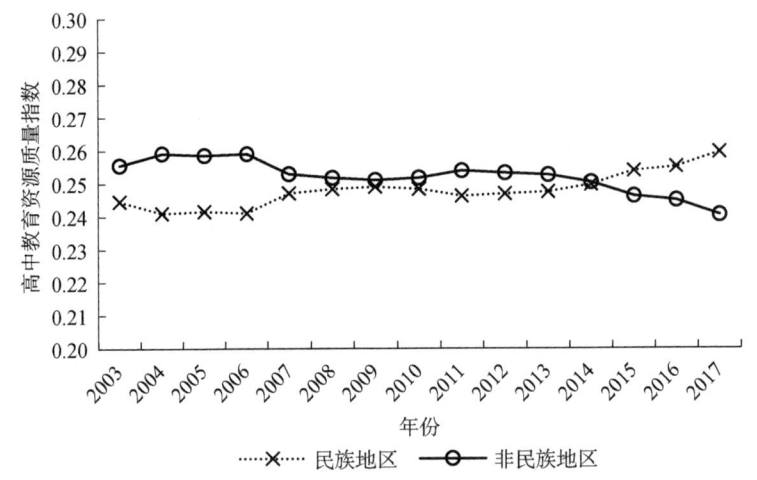

图 8-38　2003—2017 年全国民族地区与非民族地区高中教育资源质量指数的变化趋势

第九章 各省份义务教育发展条件的基本态势与结构特征

我国义务教育发展条件存在省域差异,包括空间布局影响指数的省域差异和前后学段关系指数的省域差异。对我国义务教育发展条件省域差异的科学判断,是开展省域义务教育综合评价的前提和基础。

第一节 各省份义务教育空间布局影响指数的基本态势与结构特征

一、义务教育个人需求度的基本态势与结构特征

在义务教育个人需求度的省域差距中,2003 年,义务教育个人需求度较高的为上海、北京、浙江、天津和广东 5 个省份,指标值较低的为青海、甘肃、贵州、云南和西藏 5 个省份,极高值上海的义务教育个人需求度为 0.0204,极低值西藏的义务教育个人需求度为 0.0071,极差为 2.87 倍。2008 年,义务教育个人需求度较高的为上海、北京、天津、浙江和广东 5 个省份,指标值较低的为青海、云南、甘肃、贵州和西藏 5 个省份,极高值上海的义务教育个人需求度为 0.0201,极低值西藏的义务教育个人需求度为 0.0059,极差为 3.41 倍,较 2003 年有所增加。2013 年,义务教育个人需求度较高的为上海、北京、天津、浙江和广东 5 个省份,指

标值较低的为云南、青海、甘肃、贵州和西藏5个省份，极高值上海的义务教育个人需求度为0.0183，极低值西藏的义务教育个人需求度为0.0055，极差为3.33倍，较2008年有所降低。2017年，义务教育个人需求度较高的为北京、上海、浙江、天津和江苏5个省份，指标值较低的为云南、青海、甘肃、贵州和西藏5个省份，极高值北京的义务教育个人需求度为0.0189，极低值西藏的义务教育个人需求度为0.0066，极差为2.86倍，较2013年有所降低（表9-1）。

2003年，义务教育个人需求度高于全国平均水平的有北京、天津、浙江和上海4个省份，其余省份均低于全国平均水平；2008年，义务教育个人需求度高于全国平均水平的有北京、天津和上海3个省份，其余省份均低于全国平均水平；2013年，义务教育个人需求度无高于全国平均水平的省份；2017年，义务教育个人需求度无高于全国平均水平的省份。

根据义务教育个人需求度指标的阈值[一类地区≥0.015，二类地区为0.01（含）—0.015，三类地区为0.007—0.01，四类地区<0.007]，本书将我国31个省份划分为4类区域类型。2003年，在我国各省份义务教育个人需求度的区域类型中，一类地区包括北京、浙江和上海3个省份，二类地区包括天津、河北、山西、辽宁、吉林、黑龙江、江苏、福建、山东、湖北和广东11个省份；三类地区包括内蒙古、安徽、江西、湖南、广西、河南、西藏、海南、重庆、四川、云南、贵州、陕西、甘肃、青海、宁夏和新疆17个省份；无四类地区。在2008年我国各省义务教育个人需求度的区域类型中，一类地区包括北京、天津和上海3个直辖市，二类地区包括湖南、山西、内蒙古、辽宁、吉林、河北、黑龙江、江苏、浙江、福建、山东、湖北、广东和重庆14个省份，三类地区包括海南、江西、河南、宁夏、陕西、广西、新疆、安徽、四川、青海、云南、甘肃和贵州13个省份；四类地区包括西藏1个自治区。在2013年我国各省义务教育个人需求度的区域类型中，一类地区包括北京和上海2个直辖市；二类地区包括山西、内蒙古、辽宁、吉林、黑龙江、江苏、江西、天津、浙江、福建、山东、湖北、广东、海南和重庆15个省份，三类地区包括除西藏的其他省份，四类地区包括西藏1个自治区。在2017年我国各省义务教育个人需求度的区域类型中，一类地区包括北京和上海2个直辖市，二类地区包括天津、山西、内蒙古、辽宁、福建、山东、湖北、江苏、浙江、湖南、广东、海南和重庆13个省份，三类地区包括除西藏的其他省份，四类地区包括西藏1个自治区。

2003—2017年，我国各省份义务教育个人需求度的年增长率平均值在−0.23%—1.09%，年增长率平均值较高的为云南，为1.09%，年增长率平均值较低的为上海，为−0.72%。

表 9-1 2003—2017 年各省份义务教育个人需求度

地区	2003 年 指标值	排序	2008 年 指标值	排序	2013 年 指标值	排序	2017 年 指标值	排序
北京	0.0196	2	0.0191	2	0.0179	2	0.0189	1
天津	0.0146	4	0.0154	3	0.0148	3	0.0139	4
河北	0.0104	12	0.0100	17	0.0099	20	0.0098	17
山西	0.0100	14	0.0101	13	0.0100	16	0.0100	15
内蒙古	0.0099	16	0.0107	11	0.0108	10	0.0110	10
辽宁	0.0116	8	0.0117	7	0.0120	7	0.0114	8
吉林	0.0106	10	0.0107	10	0.0104	12	0.0099	16
黑龙江	0.0106	11	0.0103	12	0.0101	15	0.0098	19
上海	0.0204	1	0.0201	1	0.0183	1	0.0184	2
江苏	0.0121	7	0.0127	6	0.0131	6	0.0127	5
浙江	0.0152	3	0.0145	4	0.0143	4	0.0139	3
安徽	0.0090	24	0.0090	25	0.0096	21	0.0096	23
福建	0.0122	6	0.0116	8	0.0119	8	0.0115	7
江西	0.0098	18	0.0097	19	0.0100	17	0.0097	20
山东	0.0109	9	0.0111	9	0.0112	9	0.0110	9
河南	0.0091	23	0.0095	20	0.0095	22	0.0094	24
湖北	0.0102	13	0.0101	14	0.0104	13	0.0104	13
湖南	0.0099	15	0.0100	16	0.0099	18	0.0104	12
广东	0.0138	5	0.0137	5	0.0131	5	0.0124	6
广西	0.0092	21	0.0093	23	0.0093	24	0.0093	26
海南	0.0095	20	0.0099	18	0.0102	14	0.0102	14
重庆	0.0098	17	0.0100	15	0.0105	11	0.0104	11
四川	0.0088	26	0.0088	26	0.0092	25	0.0093	25
贵州	0.0076	29	0.0075	30	0.0081	30	0.0084	30
云南	0.0075	30	0.0080	28	0.0085	27	0.0087	27
西藏	0.0071	31	0.0059	31	0.0055	31	0.0066	31
陕西	0.0092	22	0.0094	22	0.0099	19	0.0098	18
甘肃	0.0080	28	0.0076	29	0.0081	29	0.0085	29
青海	0.0084	27	0.0082	27	0.0084	28	0.0087	28
宁夏	0.0088	25	0.0095	21	0.0095	23	0.0097	22
新疆	0.0097	19	0.0091	24	0.0091	26	0.0097	21

（一）人均收入水平

在人均收入水平的省域差距中，2003年，人均收入水平较高的为上海、北京、浙江、广东和天津5个省份，指标值较低的为河南、陕西、云南、甘肃和贵州5个省份，极高值上海的人均收入为13 029元，极低值贵州的人均收入为2804元，极差为4.65倍。2008年，人均收入较高的为上海、北京、浙江、天津和广东5个省份，指标值较低的为青海、云南、贵州、甘肃和西藏5个省份，极高值上海的人均收入为24 938元，极低值西藏的人均收入为5280元，极差为4.72倍，较2003年有所增加。2013年，人均收入较高的为上海、北京、浙江、天津和广东5个省份，指标值较低的为新疆、青海、贵州、甘肃和西藏5个省份，极高值上海的人均收入为41 330元，极低值西藏的人均收入为9767元，极差为4.23倍，较2008年有减小。2017年，人均收入较高的为上海、北京、浙江、天津和江苏5个省份，指标值较低的为青海、云南、贵州、甘肃和西藏5个省份，极高值上海的人均收入为58 325元，极低值西藏的人均收入为16 608元，极差为3.51倍，较2013年有所减小（表9-2）。

2003年，人均收入高于全国平均水平的有北京、天津、黑龙江、辽宁、上海、江苏、浙江、福建、山东和广东10个省份，其余省份均低于全国平均水平；2008年，高于全国平均水平的有北京、天津、辽宁、上海、江苏、浙江、福建、山东和广东9个省份，其余省份均低于全国平均水平；2013年，高于全国平均水平的有北京、天津、辽宁、上海、江苏、浙江、福建、山东和广东9个省份，其余省份均低于全国平均水平；2017年，高于全国平均水平的有北京、天津、辽宁、山东、上海、江苏、浙江、福建和广东9个省份，其余省份均低于全国平均水平。

根据人均收入水平指标的阈值[一类地区≥30 000元，二类地区为10 000（含）—30 000元，三类地区为5000—10 000元，四类地区<5000元]，本书将我国31个省份划分为4类区域类型。在2003年我国各省份人均收入的区域类型中，无一类地区，二类地区包括北京和上海2个直辖市，三类地区包括辽宁、天津、山东、江苏、浙江、福建和广东7个省份，其余省份为四类地区。在2008年我国各省份人均收入的区域类型中，无一类地区，二类地区包括北京、天津、上海、辽宁、江苏、浙江、福建、山东和广东9个省份，三类地区包括除一类地区和二类地区的其他省份，无四类地区。在2013年我国各省份人均收入的区域类型中，一类地区包括北京、上海和浙江3个省份，三类地区包括西藏1个自治区，二类地区包括除一类地区和三类地区的其他省份，无四类地区。在2017年我国各省份人均收入的区域类型中，一类地区包括北京、天津、上海、浙江和福建5个省份，二类地区包括除一类地区的其他省份，无三类、四类地区。

表 9-2　2003—2017 年各省份人均收入水平　　　　单位：元

地区	2003年 指标值	排序	2008年 指标值	排序	2013年 指标值	排序	2017年 指标值	排序
北京	12 148	2	22 601	2	37 307	2	57 255	2
天津	7 978	5	16 801	4	29 332	4	37 113	4
河北	4 480	13	8 418	16	15 587	15	22 599	17
山西	4 126	18	8 167	18	15 197	19	21 307	23
内蒙古	4 391	15	9 712	10	18 518	10	26 898	10
辽宁	5 346	9	10 871	8	20 527	8	28 088	9
吉林	4 542	12	9 135	12	16 479	13	21 656	19
黑龙江	4 702	10	8 582	13	15 352	17	21 445	22
上海	13 029	1	24 938	1	41 330	1	58 325	1
江苏	6 589	7	13 505	6	25 741	6	35 980	5
浙江	9 518	3	17 016	3	30 024	3	42 844	3
安徽	3 616	26	7 762	21	15 285	18	22 859	16
福建	6 731	6	12 067	7	23 112	7	31 021	7
江西	3 969	19	8 076	19	15 179	20	23 047	15
山东	5 366	8	10 717	9	20 104	9	28 247	8
河南	3 512	27	7 617	23	14 574	23	21 166	24
湖北	4 607	11	8 497	14	16 520	12	24 532	12
湖南	4 255	17	8 436	15	15 586	16	24 413	13
广东	8 044	4	14 849	5	26 183	5	33 380	6
广西	3 748	22	7 680	22	14 193	25	20 763	26
海南	3 798	21	8 335	17	16 035	14	23 291	14
重庆	4 400	14	9 246	11	18 184	11	25 168	11
四川	3 635	25	7 305	24	14 393	24	21 624	20
贵州	2 804	31	5 406	29	11 198	29	18 173	29
云南	3 279	29	6 451	28	13 061	26	19 729	28
西藏	4 298	16	5 280	31	9 767	31	16 608	31
陕西	3 504	28	7 229	25	14 893	21	21 933	18
甘肃	3 038	30	5 375	30	10 668	30	17 208	30
青海	3 686	24	6 575	27	12 640	28	19 909	27
宁夏	3 700	23	7 842	20	14 678	22	21 588	21
新疆	3 849	20	6 646	26	12 891	27	20 785	25

2003—2017 年，我国各省份人均收入的年增长率平均值多数在 10%—14%，年增长率平均值较高的为贵州，为 14.33%，较低的为西藏，为 10.51%，极差为 1.36 倍。

（二）人均受教育年限

在人均受教育年限的省域差距中，2003 年，人均受教育年限较高的为北京、上海、天津、辽宁和吉林 5 个省份，指标值较低的为甘肃、贵州、青海、云南和西藏 5 个省份，极高值北京的人均受教育年限为 10.1428 年，极低值西藏的人均受教育年限为 3.8631 年，极差为 2.63 倍。2008 年，人均受教育年限较高的为北京、上海、天津、辽宁和吉林 5 个省份，指标值较低的为青海、甘肃、贵州、云南和西藏 5 个省份，极高值北京的人均受教育年限为 10.6884 年，极低值西藏的人均受教育年限为 4.6943 年，极差为 2.28 倍，较 2003 年有所缩减。2013 年，人均受教育年限较高的为北京、上海、天津、辽宁和黑龙江 5 个省份，指标值较低的为甘肃、贵州、青海、云南和西藏 5 个省份，极高值北京的人均受教育年限为 11.6163 年，极低值西藏的人均受教育年限为 4.3435 年，极差为 2.67 倍，较 2008 年有所增加。2017 年，人均受教育年限较高的为北京、上海、天津、辽宁和山西 5 个省份，指标值较低的为四川、云南、贵州、青海和西藏 5 个省份，极高值北京的人均受教育年限为 12.6651 年，极低值西藏的人均受教育年限为 5.5770 年，极差为 2.27 倍，较 2013 年有所缩小（表 9-3）。

2003 年，人均受教育年限高于全国平均水平的有北京、天津、河北、山西、辽宁、吉林、黑龙江、上海、江西、河南、湖北、湖南、广东、海南、陕西和新疆 16 个省份，其余省份均低于全国平均水平；2008 年，人均受教育年限高于全国平均水平的有北京、天津、河北、山西、内蒙古、辽宁、吉林、黑龙江、上海、江苏、江西、山东、河南、湖北、湖南、广东、海南、陕西和新疆 19 个省份，其余省份均低于全国平均水平；2013 年，人均受教育年限高于全国平均水平的有北京、天津、山西、辽宁、吉林、黑龙江、上海、江苏、浙江、江西、湖北、广东和陕西 13 个省份，其余省份均低于全国平均水平；2017 年，人均受教育年限高于全国平均水平的有北京、天津、山西、内蒙古、辽宁、吉林、黑龙江、上海、江苏、湖北、湖南、广东、海南、陕西和新疆 15 个省份，其余省份均低于全国平均水平。

根据人均受教育年限指标的阈值[一类地区≥10 年，二类地区为 8（含）—10 年，三类地区为 5—8 年，四类地区<5 年]，本书将我国 31 个省份划分为 4 类区域类型。在 2003 年我国各省份人均受教育年限的区域类型中，一类地区包括北京 1 个直辖市，二类地区包括上海、天津、辽宁、吉林、黑龙江、山西、河北、新疆、江西、海南、陕西和湖南 12 个省份，三类地区包括广东、河南、湖北、山东、

表 9-3　2003—2017 年各省份人均受教育年限　　　　　　单位：年

地区	2003年 指标值	排序	2008年 指标值	排序	2013年 指标值	排序	2017年 指标值	排序
北京	10.1428	1	10.6884	1	11.6163	1	12.6651	1
天津	9.1382	3	9.7230	3	10.3081	3	11.0099	3
河北	8.3127	8	8.3098	14	8.8244	19	9.0858	19
山西	8.3445	7	8.7386	6	9.2495	8	9.8621	5
内蒙古	7.7138	19	8.2951	15	8.9094	15	9.5245	7
辽宁	8.8308	4	8.9683	4	9.9067	4	9.9279	4
吉林	8.6384	5	8.8145	5	9.2877	6	9.5062	8
黑龙江	8.3601	6	8.6412	8	9.3581	5	9.3632	13
上海	9.9590	2	10.3188	2	10.3146	2	11.4061	2
江苏	7.6407	21	8.3725	12	9.2850	7	9.4390	10
浙江	7.6983	20	8.1429	20	9.1942	10	9.1275	18
安徽	7.6143	23	7.4002	26	8.4329	25	8.5577	26
福建	7.5403	24	7.7452	23	8.5582	23	9.0826	20
江西	8.2304	10	8.1915	19	9.1446	12	8.7164	23
山东	7.7969	17	8.2204	18	8.8258	18	9.0614	21
河南	7.9348	15	8.2887	16	8.7024	20	8.8942	22
湖北	7.8658	16	8.4048	11	9.2256	9	9.3457	14
湖南	8.0045	13	8.3677	13	8.8726	16	9.3958	12
广东	7.9576	14	8.7026	7	9.1446	13	9.6969	6
广西	7.7227	18	7.9502	22	8.5163	24	8.7144	24
海南	8.1327	11	8.2876	17	9.0999	14	9.4158	11
重庆	7.6334	22	7.7445	24	8.5824	22	9.1360	16
四川	7.3785	25	7.4712	25	8.3421	26	8.4976	27
贵州	6.8358	28	7.0105	29	7.9517	28	8.0933	29
云南	6.0222	30	6.8668	30	7.7646	30	8.1267	28
西藏	3.8631	31	4.6943	31	4.3435	31	5.5770	31
陕西	8.0477	12	8.4255	10	9.1631	11	9.2424	15
甘肃	6.9932	27	7.1215	28	8.2562	27	8.5972	25
青海	6.6695	29	7.1811	27	7.8383	29	7.9674	30
宁夏	7.2921	26	8.0514	21	8.5949	21	9.1280	17
新疆	8.2762	9	8.4588	9	8.8590	17	9.4580	9

广西、内蒙古、浙江、江苏、重庆、安徽、福建、四川、宁夏、甘肃、贵州、青海和云南17个省份，四类地区包括西藏1个自治区。在2008年我国各省份人均受教育年限的区域类型中，一类地区包括北京和上海2个直辖市，二类地区包括天津、河北、山西、内蒙古、辽宁、吉林、黑龙江、江苏、浙江、江西、山东、河南、陕西、湖北、湖南、广东、海南、宁夏和新疆19个省份，三类地区包括安徽、福建、广西、重庆、四川、贵州、云南、甘肃和青海9个省份，四类地区包括西藏1个自治区。在2013年我国各省份人均受教育年限的区域类型中，一类地区包括北京、天津和上海3个直辖市，二类地区包括河北、山西、内蒙古、辽宁、吉林、黑龙江、江苏、浙江、安徽、福建、江西、山东、河南、湖北、湖南、广东、广西、海南、重庆、四川、陕西、甘肃、宁夏和新疆24个省份，三类地区包括贵州、云南和青海3个省份，四类地区包括西藏1个自治区。在2017年我国各省份人均受教育年限的区域类型中，一类地区包括北京、天津和上海3个直辖市，二类地区包括江苏、浙江、安徽、福建、江西、山东、河南、河北、山西、内蒙古、辽宁、吉林、黑龙江、湖北、湖南、广东、广西、海南、重庆、四川、贵州、云南、陕西、甘肃、宁夏和新疆26个省份，三类地区包括青海和西藏2个省份，无四类地区。

2003—2017年，我国各省份人均受教育年限的年增长率多数在1%—1.5%，年增长率平均值较高的为云南，为2.3%，年增长率平均值较低的为河北、江西2个省份，分别为0.6%和0.46%，极高值云南与极低值江西的人均受教育年限年增长率平均值的极差为5倍。

二、义务教育区域需求度的基本态势与结构特征

在义务教育区域需求度的省域差距中，2003年，义务教育区域需求度较高的为上海、北京、天津、江苏和浙江5个省份，指标值较低的为广西、青海、甘肃、贵州和西藏5个省份，极高值上海的义务教育区域需求度为0.0316，极低值西藏的义务教育区域需求度为0.0059，极差为5.36倍。2008年，义务教育区域需求度较高的为上海、北京、天津、江苏和山东5个省份，指标值较低的为贵州、云南、青海、甘肃和西藏5个省份，极高值上海的义务教育区域需求度为0.0332，极低值西藏的义务教育教育区域需求度为0.0056，极差为5.93倍，较2003年有所增长。2013年，义务教育区域需求度较高的为上海、北京、天津、江苏和山东5个省份，指标值较低的为新疆、青海、云南、甘肃和西藏5个省份，极高值上海的义务教育区域需求度为0.0288，极低值西藏的义务教育区域需求度为0.0061，极差为4.72倍，较2008年有所缩减。2017年，义务教育区域需求度较高的为上海、北京、天津、

江苏和山东 5 个省份，指标值较低的为黑龙江、青海、新疆、甘肃和西藏 5 个省份，极高值上海的义务教育区域需求度为 0.0272，极低值西藏的义务教育区域需求度为 0.0063，极差为 4.32 倍，较 2013 年有所缩减（表 9-4）。

表 9-4　2003—2017 年各省份义务教育区域需求度

地区	2003 年 指标值	排序	2008 年 指标值	排序	2013 年 指标值	排序	2017 年 指标值	排序
北京	0.0273	2	0.0242	2	0.0207	2	0.0210	2
天津	0.0217	3	0.0192	3	0.0184	3	0.0196	3
河北	0.0095	12	0.0097	13	0.0096	15	0.0096	14
山西	0.0097	11	0.0098	11	0.0098	14	0.0094	17
内蒙古	0.0076	24	0.0084	19	0.0087	19	0.0078	24
辽宁	0.0119	8	0.0113	8	0.0112	9	0.0102	11
吉林	0.0092	15	0.0093	16	0.0092	18	0.0088	20
黑龙江	0.0088	17	0.0083	20	0.0077	25	0.0074	27
上海	0.0316	1	0.0332	1	0.0288	1	0.0272	1
江苏	0.0142	4	0.0146	4	0.0150	4	0.0152	4
浙江	0.0131	5	0.0134	6	0.0128	6	0.0130	6
安徽	0.0089	16	0.0093	15	0.0098	13	0.0100	13
福建	0.0101	9	0.0094	14	0.0101	12	0.0101	12
江西	0.0079	22	0.0082	21	0.0086	21	0.0087	21
山东	0.0121	7	0.0137	5	0.0140	5	0.0138	5
河南	0.0094	14	0.0112	9	0.0112	8	0.0112	9
湖北	0.0100	10	0.0098	12	0.0103	11	0.0108	10
湖南	0.0086	18	0.0088	17	0.0095	16	0.0095	16
广东	0.0130	6	0.0130	7	0.0124	7	0.0123	7
广西	0.0069	27	0.0070	26	0.0077	26	0.0076	25
海南	0.0095	13	0.0079	23	0.0083	22	0.0085	22
重庆	0.0086	19	0.0102	10	0.0110	10	0.0118	8
四川	0.0071	26	0.0071	25	0.0080	24	0.0081	23
贵州	0.0062	30	0.0069	27	0.0083	23	0.0089	18
云南	0.0075	25	0.0066	28	0.0070	29	0.0074	26
西藏	0.0059	31	0.0056	31	0.0061	31	0.0063	31
陕西	0.0081	20	0.0086	18	0.0094	17	0.0096	15
甘肃	0.0064	29	0.0064	30	0.0067	30	0.0067	30
青海	0.0067	28	0.0066	29	0.0072	28	0.0071	28
宁夏	0.0080	21	0.0081	22	0.0086	20	0.0089	19
新疆	0.0077	23	0.0074	24	0.0072	27	0.0070	29

2003年，义务教育需求度高于全国平均水平的有北京、上海、浙江、河北、山西、辽宁、江苏、河南、海南、湖北、福建、广东、天津和山东14个省份，其余省份均低于全国平均水平；2008年，高于全国平均水平的有上海、山西、辽宁、安徽、河南、北京、浙江、湖北、江苏、福建、天津、广东、山东、重庆和河北15个省份，其余省份均低于全国平均水平；2013年，高于全国平均水平的有北京、天津、河北、山西、辽宁、上海、江苏、浙江、安徽、福建、山东、河南、湖北、广东和重庆15个省份，其余省份均低于全国平均水平；2017年，高于全国平均水平的有北京、天津、河北、山西、辽宁、上海、江苏、浙江、安徽、福建、山东、河南、湖北、湖南、广东、重庆、贵州和陕西18个省份，其余省份均低于全国平均水平。

根据义务教育区域需求度指标的阈值[一类地区≥0.020，二类地区为0.011（含）—0.020，三类地区为0.008—0.011，四类地区<0.008]，本书将我国31个省份划分为4类区域类型。在2003年我国各省份义务教育区域需求度的区域类型中，一类地区包括北京、天津和上海3个直辖市；二类地区包括辽宁、江苏、浙江、山东和广东5个省份；三类地区包括河北、宁夏、山西、吉林、黑龙江、安徽、湖北、福建、河南、湖南、海南、重庆和陕西13个省份；四类地区包括内蒙古、江西、广西、四川、贵州、云南、西藏、甘肃、青海和新疆10个省份。在2008年我国各省份义务教育区域需求度的区域类型中，一类地区包括北京和上海2个直辖市；二类地区包括天津、辽宁、江苏、浙江、山东、河南和广东7个省份；三类地区包括河北、山西、内蒙古、吉林、黑龙江、安徽、福建、江西、湖北、湖南、重庆、陕西和宁夏13个省份；四类地区包括广西、海南、四川、贵州、云南、西藏、甘肃、青海和新疆9个省份。在2013年我国各省份义务教育区域需求度的区域类型中，一类地区包括北京和上海2个直辖市；二类地区包括天津、辽宁、江苏、浙江、山东、河南、广东和重庆8个省份；三类地区包括河北、山西、内蒙古、吉林、安徽、福建、江西、湖北、湖南、海南、四川、贵州、陕西和宁夏14个省份；四类地区包括黑龙江、广西、云南、西藏、甘肃、青海和新疆7个省份。在2017年我国各省份义务教育区域需求度的区域类型中，一类地区包括北京和上海2个直辖市；二类地区包括天津、江苏、浙江、山东、河南、广东和重庆7个省份；三类地区包括河北、山西、辽宁、吉林、安徽、福建、江西、湖北、湖南、海南、四川、贵州、陕西和宁夏14个省份；四类地区包括内蒙古、黑龙江、广西、云南、西藏、甘肃、青海和新疆8个省份。

2003—2017年，我国各省份义务教育区域需求度的年增长率平均值较高的为贵州、重庆、河南、陕西和四川5个省份，较低的为黑龙江、辽宁、上海、新疆和北京5个省份，极高值贵州的义务教育区域需求度年增长率平均值为2.58%，极低值北京的义务教育区域需求度年增长率平均值为-1.81%。

（一）人均GDP

在人均GDP的省域差距中，2003年，人均GDP较高的为上海、北京、天津、浙江和广东5个省份，指标值较低的为安徽、云南、广西、甘肃和贵州5个省份，极高值上海的人均GDP为36 533元，极低值贵州的人均GDP为3504元，极差为10.43倍。2008年，人均GDP较高的为上海、北京、天津、浙江和江苏5个省份，指标值较低的为安徽、西藏、云南、甘肃和贵州5个省份，极高值上海的人均GDP为72 536元，极低值贵州的人均GDP为8789元，极差为8.25倍，较2003年有所缩减。2013年，人均GDP较高的为天津、北京、上海、江苏和浙江5个省份，指标值较低的为广西、西藏、云南、甘肃和贵州5个省份，极高值天津的人均GDP为98 111元，极低值贵州的人均GDP为23 092元，极差为4.25倍，较2008年有明显缩减。2017年，人均GDP较高的为北京、上海、天津、江苏和浙江5个省份，指标值较低的为西藏、广西、贵州、云南和甘肃5个省份，极高值北京的人均GDP为129 042元，极低值甘肃的人均GDP为28 408元，极差为4.54倍，较2013年有所增长（表9-5）。

2003年，人均GDP高于全国平均水平的有北京、天津、辽宁、黑龙江、上海、江苏、浙江、福建、山东和广东10个省份，其余省份均低于全国平均水平；2008年，人均GDP高于全国平均水平的有北京、天津、内蒙古、辽宁、上海、江苏、浙江、福建、山东和广东10个省份，其余省份均低于全国平均水平；2013年，人均GDP高于全国平均水平的有北京、天津、内蒙古、辽宁、吉林、上海、江苏、浙江、福建、山东和广东11个省份，其余省份均低于全国平均水平；2017年，人均GDP高于全国平均水平的有北京、天津、内蒙古、上海、江苏、浙江、福建、山东、广东和重庆10个省份，其余省份均低于全国平均水平。

根据人均GDP指标的阈值[一类地区≥70 000，二类地区为30 000（含）—70 000，三类地区为10 000—30 000，四类地区<10 000]，本书将我国31个省份划分为4类区域类型。在2003年我国各省份人均GDP指标的区域类型中，无一类地区，二类地区包括上海1个直辖市，三类地区包括北京、天津、河北、辽宁、黑龙江、江苏、浙江、福建、山东和广东10个省份，四类地区包括山西、内蒙古、吉林、安徽、江西、河南、湖北、湖南、广西、海南、重庆、四川、贵州、云南、西藏、陕西、甘肃、青海、宁夏和新疆20个省份。在2008年我国各省份人均GDP指标的区域类型中，一类地区包括上海1个直辖市，二类地区包括北京、天津、

表 9-5　2003—2017 年各省份人均 GDP　　　　单位：元

地区	2003年 指标值	排序	2008年 指标值	排序	2013年 指标值	排序	2017年 指标值	排序
北京	25 152	2	61 876	2	93 621	2	129 042	1
天津	24 203	3	54 034	3	98 111	1	119 134	3
河北	10 486	11	23 164	12	38 788	16	45 234	19
山西	7 412	17	20 345	14	34 890	22	41 946	26
内蒙古	9 037	14	32 157	8	67 720	6	63 647	9
辽宁	14 258	8	31 199	9	61 989	7	53 580	14
吉林	9 330	13	23 497	11	47 424	11	55 004	13
黑龙江	11 612	10	21 723	13	37 692	17	41 971	25
上海	36 533	1	72 536	1	90 344	3	126 687	2
江苏	16 826	6	39 483	5	75 266	4	106 950	4
浙江	20 077	4	41 967	4	68 673	5	91 512	5
安徽	6 197	27	14 465	27	31 889	25	43 194	24
福建	15 000	7	30 031	10	57 945	9	82 286	6
江西	6 653	23	14 728	26	31 867	26	43 285	23
山东	13 628	9	32 995	7	56 745	10	72 591	8
河南	7 291	19	19 523	17	34 199	23	46 608	18
湖北	9 000	15	19 840	15	42 752	14	60 112	11
湖南	6 962	21	17 487	21	36 798	19	49 421	16
广东	17 130	5	37 402	6	58 695	8	80 316	7
广西	5 631	29	14 891	25	30 621	27	37 919	28
海南	8 278	16	17 087	23	35 503	21	48 192	17
重庆	7 190	20	17 952	19	43 041	13	63 170	10
四川	6 271	26	15 368	24	32 555	24	44 544	20
贵州	3 504	31	8 789	31	23 092	31	37 824	29
云南	5 634	28	12 547	29	25 245	29	34 110	30
西藏	6 829	22	13 795	28	26 143	28	38 900	27
陕西	6 501	25	18 212	18	43 054	12	57 103	12
甘肃	5 011	30	12 085	30	24 519	30	28 408	31
青海	7 310	18	17 347	22	36 714	20	43 893	22
宁夏	6 640	24	17 784	20	39 412	15	50 492	15
新疆	9 709	12	19 727	16	37 296	18	44 507	21

内蒙古、辽宁、江苏、浙江、福建、山东和广东9个省份，三类地区包括河北、山西、吉林、黑龙江、安徽、江西、河南、湖北、湖南、广西、海南、重庆、四川、云南、西藏、陕西、甘肃、青海、宁夏和新疆20个省份，四类地区包括贵州1个省份。在2013年我国各省份人均GDP指标的区域类型中，一类地区包括北京、天津、上海和江苏4个省份，二类地区包括河北、山西、内蒙古、辽宁、吉林、黑龙江、浙江、安徽、福建、江西、山东、河南、湖北、湖南、广东、广西、海南、重庆、四川、陕西、青海、宁夏和新疆23个省份，三类地区包括云南、西藏、贵州和甘肃4个省份，无四类地区。在2017年我国各省份人均GDP指标的区域类型中，一类地区包括北京、天津、上海、江苏、浙江、福建、山东和广东8个省份，二类地区包括河北、山西、内蒙古、辽宁、吉林、黑龙江、安徽、江西、河南、湖北、湖南、广西、海南、重庆、四川、贵州、云南、西藏、陕西、青海、宁夏和新疆22个省份，三类地区包括甘肃1个省份，无四类地区。

2003—2017年，我国各省份人均GDP的年增长率平均值较高的为贵州、陕西、重庆、宁夏和内蒙古5个省份，较低的为浙江、河北、辽宁、黑龙江和上海5个省份，极高值贵州的人均GDP年增长率平均值为18.64%，极低值上海的人均GDP年增长率平均值为9.45%，极差为1.97倍。

（二）产业结构系数

在产业结构系数的省域差距中，2003年，产业结构系数较高的为上海、北京、天津、浙江和广东5个省份，指标值较低的为新疆、贵州、西藏、广西和海南5个省份，极高值上海的产业结构系数为0.9855，极低值海南的产业结构系数为0.6299，极差为1.56倍。2008年，产业结构系数较高的为上海、北京、天津、山西和浙江5个省份，指标值较低的为云南、湖南、四川、广西和海南5个省份，极高值上海的产业结构系数为0.9918，极低值海南的产业结构系数为0.7001，极差为1.42倍，较2003年有所缩减。2013年，产业结构系数较高的为上海、天津、北京、浙江和广东5个省份，指标值较低的为海南、新疆、黑龙江、云南和广西5个省份，极高值上海的产业结构系数为0.9842，极低值海南的产业结构系数为0.7521，极差为1.31倍，较2008年有所缩减。2017年，产业结构系数较高的为上海、北京、天津、浙江和广东5个省份，指标值较低的为云南、贵州、广西、黑龙江和海南5个省份，极高值上海的产业结构系数为0.9964，极低值海南的产业结构系数为0.7842，极差为1.27倍，较2013年有所缩减（表9-6）。

2003年，产业结构系数高于全国平均水平的有北京、天津、山西、辽宁、黑龙江、上海、江苏、浙江、山东、广东和青海11个省份，其余省份均低于全国平均水平；2008年，产业结构系数高于全国平均水平的有北京、天津、山西、辽宁、

表 9-6 2003—2017 年各省份产业结构系数

地区	2003 年 指标值	排序	2008 年 指标值	排序	2013 年 指标值	排序	2017 年 指标值	排序
北京	0.9739	2	0.9892	2	0.9767	3	0.9957	2
天津	0.9634	3	0.9807	3	0.9820	2	0.9909	3
河北	0.8501	17	0.8743	16	0.8720	20	0.9080	18
山西	0.9124	6	0.9564	4	0.9339	6	0.9537	6
内蒙古	0.8046	23	0.8831	15	0.9005	13	0.8975	23
辽宁	0.8974	8	0.9033	9	0.9097	9	0.9187	14
吉林	0.8070	22	0.8573	18	0.8793	18	0.9267	12
黑龙江	0.8870	9	0.8689	17	0.8209	29	0.8135	30
上海	0.9855	1	0.9918	1	0.9842	1	0.9964	1
江苏	0.9112	7	0.9307	7	0.9291	7	0.9529	7
浙江	0.9225	4	0.9490	5	0.9478	4	0.9626	4
安徽	0.8155	20	0.8402	23	0.8680	23	0.9044	21
福建	0.8676	12	0.8930	10	0.9065	11	0.9312	10
江西	0.8022	24	0.8364	24	0.8815	17	0.9083	17
山东	0.8809	11	0.9034	8	0.9042	12	0.9335	9
河南	0.8241	18	0.8556	19	0.8728	19	0.9071	19
湖北	0.8522	15	0.8429	22	0.8701	21	0.9005	22
湖南	0.8089	21	0.8201	28	0.8693	22	0.9116	15
广东	0.9197	5	0.9448	6	0.9462	5	0.9597	5
广西	0.7615	30	0.7973	30	0.8328	27	0.8446	29
海南	0.6299	31	0.7001	31	0.7521	31	0.7842	31
重庆	0.8505	16	0.8871	14	0.9106	8	0.9343	8
四川	0.7932	26	0.8108	29	0.8652	24	0.8847	25
贵州	0.7800	28	0.8356	25	0.8628	25	0.8499	28
云南	0.7960	25	0.8209	27	0.8304	28	0.8572	27
西藏	0.7798	29	0.8472	21	0.8838	16	0.9064	20
陕西	0.8666	13	0.8900	13	0.8959	14	0.9205	13
甘肃	0.8186	19	0.8542	20	0.8512	26	0.8848	24
青海	0.8817	10	0.8902	12	0.8923	15	0.9092	16
宁夏	0.8560	14	0.8908	11	0.9086	10	0.9272	11
新疆	0.7801	27	0.8356	26	0.8162	30	0.8574	26

上海、江苏、浙江、山东和广东9个省份，其余省份均低于全国平均水平；2013年，产业结构系数高于全国平均水平的有北京、天津、山西、辽宁、上海、江苏、浙江、福建、山东、广东、重庆和宁夏12个省份，其余省份均低于全国平均水平；2017年，产业结构系数高于全国平均水平的有北京、天津、山西、吉林、上海、江苏、浙江、福建、山东、广东、重庆和宁夏12个省份，其余省份均低于全国平均水平。

根据产业结构系数指标的阈值[一类地区≥0.9，二类地区0.8（含）—0.9，三类地区0.7—0.8，四类地区<0.7]，本书将我国31个省份划分为4类区域类型。在2003年我国各省份产业结构系数的区域类型中，一类地区包括北京、天津、山西、上海、江苏、浙江和广东7个省份，二类地区包括河北、内蒙古、辽宁、吉林、黑龙江、安徽、福建、江西、山东、河南、湖北、湖南、重庆、陕西、甘肃、青海和宁夏17个省份，三类地区包括广西、四川、贵州、云南、西藏和新疆6个省份，四类地区包括海南1个省份。在2008年我国各省份产业结构系数的区域类型中，一类地区包括北京、天津、山西、辽宁、上海、江苏、浙江、山东和广东9个省份，二类地区包括河北、内蒙古、吉林、黑龙江、安徽、福建、江西、河南、湖北、湖南、重庆、四川、贵州、云南、西藏、陕西、甘肃、青海、宁夏和新疆20个省份，三类地区包括广西和海南2个省份，无四类地区。在2013年我国各省份产业结构系数的区域类型中，一类地区包括北京、天津、山西、内蒙古、辽宁、上海、江苏、浙江、福建、山东、广东、重庆和宁夏13个省份，二类地区包括河北、吉林、黑龙江、安徽、江西、河南、湖北、湖南、广西、四川、贵州、云南、西藏、陕西、甘肃、青海和新疆17个省份，三类地区包括海南1个省份，无四类地区。在2017年我国各省份产业结构系数的区域类型中，一类地区包括北京、天津、河北、山西、辽宁、吉林、上海、江苏、浙江、安徽、福建、江西、山东、河南、湖北、湖南、广东、重庆、西藏、陕西、青海和宁夏22个省份，二类地区包括内蒙古、黑龙江、广西、四川、贵州、云南、甘肃和新疆8个省份，三类地区包括海南1个省份，无四类地区。

2003—2017年，我国各省份产业结构系数的年增长率平均值较高的为海南、西藏、吉林、江西和湖南5个省份，较低的为天津、辽宁、北京、上海和黑龙江5个省份，极高值海南的产业结构系数年增长率平均值1.59%，极低值黑龙江的产业结构系数年增长率平均值为-0.61%。

（三）恩格尔系数

在恩格尔系数的省域差距中，2003年，恩格尔系数较高的为海南、西藏、贵州、云南和四川5个省份，指标值较低的为山西、山东、陕西、内蒙古和北京5个省份，极高值海南的恩格尔系数为0.5067，极低值北京的恩格尔系数为0.3171，极差为1.60倍。2008年，恩格尔系数较高的为西藏、云南、海南、四川和贵州5个省份，指标值较低的为山西、吉林、山东、内蒙古和北京5个省份，极高值西藏的恩格尔系数为0.5179，极低值北京的恩格尔系数为0.3380，极差为1.53倍，较2003年有所缩减。2013年，恩格尔系数较高的为西藏、海南、重庆、四川和云南5个省份，指标值较低的为河北、宁夏、北京、吉林和山西5个省份，极高值西藏的恩格尔系数为0.5110，极低值山西的恩格尔系数为0.2938，极差为1.74倍，较2008年有所增长。2017年，恩格尔系数较高的为西藏、海南、四川、福建和广东5个省份，指标值较低的为上海、河北、宁夏、山西和北京5个省份，极高值西藏的恩格尔系数为0.4604，极低值北京的恩格尔系数为0.2017，极差为2.28倍，较2013年有所增长（表9-7）。

2003年，恩格尔系数高于全国平均水平的有辽宁、安徽、福建、江西、河南、湖北、湖南、广西、海南、重庆、四川、贵州、云南、西藏和青海15个省份，其余省份均低于全国平均水平；2008年，恩格尔系数高于全国平均水平的有安徽、福建、江西、湖北、湖南、广西、海南、重庆、四川、贵州、云南、西藏、甘肃和青海14个省份，其余省份均低于全国平均水平；2013年，恩格尔系数高于全国平均水平的有天津、安徽、福建、江西、湖北、湖南、广东、广西、海南、重庆、四川、贵州、云南、西藏和甘肃15个省份，其余省份均低于全国平均水平；2017年，恩格尔系数高于全国平均水平的有天津、安徽、福建、江西、湖北、广东、广西、海南、重庆、四川、贵州、云南、西藏和甘肃14个省份，其余省份均低于全国平均水平。

根据恩格尔系数指标的阈值[一类地区≤0.3，二类地区为0.3—0.4（含），三类地区为0.4—0.5，四类地区>0.5]，本书将我国31个省份划分为4类区域类型。在2003年我国各省份恩格尔系数的区域类型中，无一类地区，二类地区包括北京、天津、河北、山西、内蒙古、吉林、黑龙江、上海、江苏、浙江、山东、广东、陕西、甘肃、宁夏和新疆16个省份，三类地区包括辽宁、安徽、福建、江西、河南、湖北、湖南、广西、重庆、四川、贵州、云南、西藏和青海14个省份，四类地区包括海南1个省份。在2008年我国各省份恩格尔系数的区域类型中，无一类地区，二类地区包括北京、天津、河北、山西、内蒙古、辽宁、吉林、黑龙江、上海、江苏、浙江、山东、河南、广东、陕西、宁夏和新疆17个省份，三类地区包括安徽、福建、江西、湖北、湖南、广西、海南、重庆、四川、贵州、云南、甘肃和青海13个省份，四类地区包括西藏1个自治区。在2013年我国各省份恩格尔系数的区域类型中，一类地区包括山西1个省份，二类地区包括北京、天津、

表 9-7　2003—2017 年各省份恩格尔系数

地区	2003 年 指标值	排序	2008 年 指标值	排序	2013 年 指标值	排序	2017 年 指标值	排序
北京	0.3171	31	0.3380	31	0.3136	29	0.2017	31
天津	0.3777	22	0.3758	19	0.3642	14	0.3106	10
河北	0.3675	25	0.3584	25	0.3220	27	0.2523	28
山西	0.3652	27	0.3533	27	0.2938	31	0.2416	30
内蒙古	0.3430	30	0.3476	30	0.3257	26	0.2747	21
辽宁	0.4015	15	0.3928	16	0.3269	25	0.2740	22
吉林	0.3806	20	0.3532	28	0.3031	30	0.2647	26
黑龙江	0.3675	26	0.3540	26	0.3564	16	0.2703	24
上海	0.3693	24	0.3689	22	0.3503	18	0.2523	27
江苏	0.3924	17	0.3887	18	0.3438	21	0.2776	20
浙江	0.3707	23	0.3655	23	0.3470	19	0.2855	18
安徽	0.4494	7	0.4210	12	0.3926	6	0.3259	8
福建	0.4301	9	0.4219	11	0.3845	10	0.3381	4
江西	0.4518	6	0.4436	7	0.3906	7	0.3187	9
山东	0.3640	28	0.3490	29	0.3333	24	0.2720	23
河南	0.4017	14	0.3616	24	0.3358	23	0.2683	25
湖北	0.4208	11	0.4366	9	0.3900	8	0.3018	12
湖南	0.4246	10	0.4380	8	0.3615	15	0.2904	15
广东	0.3985	16	0.3951	15	0.3784	12	0.3343	5
广西	0.4484	8	0.4609	6	0.3852	9	0.3289	7
海南	0.5067	1	0.4702	3	0.4554	2	0.3838	2
重庆	0.4194	12	0.4245	10	0.4126	3	0.3304	6
四川	0.4526	5	0.4680	4	0.4045	4	0.3461	3
贵州	0.4700	3	0.4642	5	0.3844	11	0.3052	11
云南	0.4606	4	0.4808	2	0.3988	5	0.3011	13
西藏	0.4767	2	0.5179	1	0.5110	1	0.4604	1
陕西	0.3610	29	0.3692	21	0.3529	17	0.2781	19
甘肃	0.3916	18	0.4167	13	0.3691	13	0.2956	14
青海	0.4088	13	0.4103	14	0.3387	22	0.2866	16
宁夏	0.3791	21	0.3694	20	0.3173	28	0.2470	29
新疆	0.3911	19	0.3902	17	0.3463	20	0.2866	17

河北、内蒙古、辽宁、吉林、黑龙江、上海、江苏、浙江、安徽、福建、江西、山东、河南、湖北、湖南、广东、广西、贵州、云南、陕西、甘肃、青海、宁夏和新疆26个省份，三类地区包括海南、重庆和四川3个省份，四类地区包括西藏1个省份。在2017年我国各省份恩格尔系数的区域类型中，一类地区包括北京、河北、山西、内蒙古、辽宁、吉林、黑龙江、上海、江苏、浙江、山东、河南、湖南、陕西、甘肃、青海、宁夏和新疆18个省份，二类地区包括天津、安徽、福建、江西、湖北、广东、广西、海南、重庆、四川、贵州和云南12个省份，三类地区包括西藏1个自治区，无四类地区。

2003—2017年，我国各省份恩格尔系数的年增长率平均值较高的为西藏、广东、天津、内蒙古和重庆5个省份，较低的为山西、云南、北京、贵州和宁夏5个省份，极高值西藏的恩格尔系数年增长率平均值为–0.17%，极低值宁夏的恩格尔系数年增长率平均值为–2.94%。

（四）建成区面积比

在建成区面积比的省域差距中，2003年，建成区面积比较高的为上海、北京、天津、江苏和山东5个省份，指标值较低的为云南、内蒙古、新疆、青海和西藏5个省份，极高值上海的建成区面积比为0.0886，极低值西藏的建成区面积比为0.0001，极差为886倍。2008年，建成区面积比较高的为上海、北京、天津、江苏和广东5个省份，指标值较低的为甘肃、内蒙古、新疆、青海和西藏5个省份，极高值上海的建成区面积比为0.1487，极低值西藏的建成区面积比为0.0001，极差为1487倍，较2003年有所增长。2013年，建成区面积比较高的为上海、北京、天津、江苏和广东5个省份，指标值较低的为甘肃、内蒙古、新疆、青海和西藏5个省份，极高值上海的建成区面积比为0.1611，极低值西藏的建成区面积比为0.0001，极差为1611倍，较2008年有所增长。2017年，建成区面积比较高的为上海、天津、北京、江苏和山东5个省份，指标值较低的为甘肃、内蒙古、新疆、青海和西藏5个省份，极高值上海的建成区面积比为0.1611，极低值西藏的建成区面积比为0.0001，极差为1611倍，与2013年持平。

2003年，建成区面积比高于全国平均水平的有北京、天津、河北、山西、辽宁、吉林、上海、江苏、浙江、安徽、福建、江西、山东、河南、湖北、湖南、广东、海南、重庆和宁夏20个省份，其余省份均低于全国平均水平；2008年，建成区面积比高于全国平均水平的有北京、天津、河北、山西、辽宁、吉林、上海、江苏、浙江、安徽、福建、江西、山东、河南、湖北、湖南、广东、海南、重庆和宁夏20个省份，其余省份均低于全国平均水平；2013年，建成区面积比高于全国平均水平的有北京、天津、河北、山西、辽宁、吉林、上海、江苏、浙江、安徽、福建、江西、山东、河南、湖北、湖南、广东、海南、重庆和宁夏20个省份，其余省份均低于全国平均水平；2017年，建成区面积比高于全国平均水平的有北京、天津、河北、山西、辽宁、吉林、上海、江苏、浙江、安徽、福建、江西、山东、河南、湖北、湖南、广东、广西、海南、重庆、陕西和宁夏22个省份，其余省份均低于全国平均水平（表9-8）。

根据建成区面积比指标的阈值[一类地区≥0.1，二类地区为0.01（含）—0.1，三类地区为0.0002—0.01，四类地区<0.0002]，本书将我国31个省份划分为4类区域类型。在2003年我国各省份建成区面积比的区域类型中，无一类地区，二类地区包括北京、天津、辽宁、上海、江苏、浙江、山东和广东8个省份，三类地区包括河北、山西、内蒙古、吉林、黑龙江、安徽、福建、江西、河南、湖北、湖南、广西、海南、重庆、四川、贵州、云南、陕西、甘肃、宁夏和新疆21个省份，四类地区包括西藏和青海2个省份。在2008年我国各省份建成区面积比的区域类型中，一类地区包括上海1个直辖市，二类地区包括北京、天津、辽宁、江苏、浙江、山东、河南和广东8个省份，三类地区包括河北、山西、内蒙古、吉林、黑龙江、安徽、福建、江西、湖北、湖南、广西、海南、重庆、四川、贵州、青海、云南、陕西、甘肃、宁夏和新疆21个省份，四类地区包括西藏1个省份。在2013年我国各省份建成区面积比的区域类型中，一类地区包括上海1个直辖市，二类地区包括北京、天津、辽宁、江苏、浙江、安徽、福建、山东、河南、湖北、广东和重庆12个省份，三类地区包括河北、山西、内蒙古、吉林、黑龙江、江西、湖南、广西、海南、四川、贵州、云南、陕西、甘肃、青海、宁夏和新疆17个省份，四类地区包括西藏1个自治区。在2017年我国各省份建成区面积比的区域类型中，一类地区包括上海1个直辖市，二类地区包括北京、天津、河北、辽宁、江苏、浙江、安徽、福建、山东、河南、湖北、广东和重庆13个省份，三类地区包括山西、内蒙古、吉林、黑龙江、江西、湖南、广西、海南、四川、贵州、云南、陕西、甘肃、青海、宁夏和新疆16个省份，四类地区包括西藏1个自治区。

2003—2017年，我国各省份建成区面积比的年增长率平均值较高的为贵州、云南、重庆、福建和陕西5个省份，较低的为吉林、湖北、辽宁、黑龙江和北京5个省份，极高值贵州的建成区面积比年增长率平均值为7.94%，极低值北京的建成区面积比年增长率平均值为1.50%，极差为5.29倍。

（五）交通通达度

在交通通达度的省域差距中，2003年，交通通达度较高的为上海、天津、北

表 9-8 2003—2017 年各省份建成区面积比

地区	2003 年 指标值	排序	2008 年 指标值	排序	2013 年 指标值	排序	2017 年 指标值	排序
北京	0.0702	2	0.0780	2	0.0778	2	0.0860	3
天津	0.0431	3	0.0567	3	0.0661	3	0.0962	2
河北	0.0062	13	0.0080	13	0.0094	14	0.0112	14
山西	0.0044	18	0.0050	18	0.0067	19	0.0076	19
内蒙古	0.0006	28	0.0007	28	0.0010	28	0.0011	28
辽宁	0.0116	8	0.0134	8	0.0164	8	0.0181	8
吉林	0.0045	17	0.0061	15	0.0072	16	0.0078	18
黑龙江	0.0029	21	0.0032	22	0.0037	25	0.0039	25
上海	0.0886	1	0.1487	1	0.1611	1	0.1611	1
江苏	0.0207	4	0.0283	4	0.0371	4	0.0431	4
浙江	0.0137	6	0.0190	7	0.0236	7	0.0278	7
安徽	0.0075	11	0.0094	10	0.0128	11	0.0147	11
福建	0.0050	15	0.0073	14	0.0105	13	0.0126	12
江西	0.0036	19	0.0049	19	0.0069	18	0.0087	16
山东	0.0143	5	0.0213	6	0.0274	6	0.0325	5
河南	0.0081	9	0.0111	9	0.0137	9	0.0161	10
湖北	0.0076	10	0.0083	12	0.0107	12	0.0125	13
湖南	0.0046	16	0.0057	17	0.0072	17	0.0081	17
广东	0.0137	7	0.0222	5	0.0281	5	0.0318	6
广西	0.0029	22	0.0036	21	0.0049	21	0.0060	22
海南	0.0052	14	0.0060	16	0.0087	15	0.0095	15
重庆	0.0064	12	0.0086	11	0.0136	10	0.0174	9
四川	0.0028	23	0.0029	24	0.0042	23	0.0058	23
贵州	0.0020	25	0.0024	25	0.0041	24	0.0058	24
云南	0.0010	27	0.0016	26	0.0024	26	0.0029	26
西藏	0.0001	31	0.0001	31	0.0001	31	0.0001	31
陕西	0.0025	24	0.0032	23	0.0045	22	0.0063	21
甘肃	0.0011	26	0.0013	27	0.0016	27	0.0019	27
青海	0.0001	30	0.0002	30	0.0002	30	0.0003	30
宁夏	0.0031	20	0.0047	20	0.0063	20	0.0069	20
新疆	0.0004	29	0.0005	29	0.0007	29	0.0008	29

京、江苏和海南5个省份，指标值较低的为甘肃、内蒙古、新疆、青海和西藏5个省份，极高值上海的交通通达度为1.0458，极低值西藏的交通通达度为0.0339，极差为30.85倍。2008年，交通通达度较高的为上海、山东、河南、江苏和重庆5个省份，指标值较低的为甘肃、内蒙古、新疆、青海和西藏5个省份，极高值上海的交通通达度为1.8544，极低值西藏的交通通达度为0.0421，极差为44.05倍，较2003年有所增加。2013年，交通通达度较高的为上海、山东、江苏、重庆和河南5个省份，指标值较低的为甘肃、内蒙古、新疆、青海和西藏5个省份，极高值上海的交通通达度为2.0376，极低值西藏的交通通达度为0.0579，极差为35.19倍，较2008年有所缩减。2017年，交通通达度较高的为上海、重庆、山东、河南和江苏5个省份，指标值较低的为甘肃、内蒙古、新疆、青海和西藏5个省份，极高值上海的交通通达度为2.1487，极低值西藏的交通通达度为0.0732，极差为29.35倍，较2013年有所缩减（表9-9）。

2003年，交通通达度高于全国平均水平的有北京、天津、河北、山西、辽宁、吉林、上海、江苏、浙江、安徽、福建、江西、山东、河南、湖北、湖南、广东、广西、海南、重庆、四川、贵州、云南和陕西24个省份，其余省份均低于全国平均水平；2008年，交通通达度高于全国平均水平的有北京、天津、河北、山西、辽宁、吉林、上海、江苏、浙江、安徽、福建、江西、山东、河南、湖北、湖南、广东、广西、海南、重庆、四川、贵州、云南和陕西24个省份，其余省份均低于全国平均水平；2013年，交通通达度高于全国平均水平的有北京、天津、河北、山西、辽宁、吉林、上海、江苏、浙江、安徽、福建、江西、山东、河南、湖北、湖南、广东、广西、海南、重庆、四川、贵州、云南和陕西24个省份，其余省份均低于全国平均水平；2017年，交通通达度高于全国平均水平的有北京、天津、河北、山西、辽宁、吉林、上海、江苏、浙江、安徽、福建、江西、山东、河南、湖北、湖南、广东、广西、海南、重庆、四川、贵州、云南、陕西和宁夏25个省份，其余省份均低于全国平均水平。

根据交通通达度指标的阈值[一类地区≥1.5，二类地区为0.8（含）—1.5，三类地区为0.4—0.8，四类地区<0.4]，本书将我国31个省份划分为4类区域类型。在2003年我国各省份交通通达度的区域类型中，无一类地区，二类地区包括北京、天津和上海3个直辖市，三类地区包括山西、内蒙古、江苏、浙江、安徽、福建、山东、河南、湖北、湖南、广东、海南、云南和新疆14个省份，四类地区包括河北、辽宁、吉林、黑龙江、江西、广西、重庆、四川、贵州、西藏、陕西、甘肃、青海和新疆14个省份。在2008年我国各省份交通通达度的区域类型中，一类地

表 9-9 2003—2017 年各省份交通通达度

地区	2003 年 指标值	排序	2008 年 指标值	排序	2013 年 指标值	排序	2017 年 指标值	排序
北京	0.8603	3	1.2107	6	1.2901	7	1.3230	9
天津	0.8998	2	1.0673	8	1.3910	6	1.4630	6
河北	0.3442	18	0.7869	15	0.9184	14	1.0089	14
山西	0.4046	15	0.7998	14	0.8938	16	0.9157	16
内蒙古	0.0627	28	0.1245	28	0.1416	28	0.1686	28
辽宁	0.3438	19	0.6942	18	0.7617	19	0.8422	20
吉林	0.2341	23	0.4658	22	0.5037	23	0.5556	23
黑龙江	0.1389	26	0.3216	25	0.3416	26	0.3539	26
上海	1.0458	1	1.8544	1	2.0376	1	2.1487	1
江苏	0.6390	4	1.3736	4	1.5214	3	1.5446	5
浙江	0.4538	11	1.0182	9	1.1339	10	1.1798	11
安徽	0.5004	7	1.0707	7	1.2501	8	1.4625	7
福建	0.4573	10	0.7384	16	0.8295	17	0.9001	18
江西	0.3675	17	0.8032	13	0.9128	15	0.9741	15
山东	0.4985	8	1.4424	2	1.6522	2	1.7686	3
河南	0.4421	12	1.4410	3	1.4960	5	1.6036	4
湖北	0.4686	9	1.0052	10	1.2108	9	1.4380	8
湖南	0.4059	14	0.8789	12	1.1209	11	1.1415	13
广东	0.5928	6	0.9847	11	1.0909	12	1.1805	10
广西	0.2474	21	0.4201	24	0.4714	24	0.5216	24
海南	0.6140	5	0.5460	20	0.7309	20	0.9025	17
重庆	0.3830	16	1.3248	5	1.4981	4	1.8034	2
四川	0.2306	24	0.4600	23	0.6185	21	0.6761	21
贵州	0.2665	20	0.7374	17	1.0151	13	1.1434	12
云南	0.4217	13	0.5171	21	0.5658	22	0.6156	22
西藏	0.0339	31	0.0421	31	0.0579	31	0.0732	31
陕西	0.2440	22	0.6392	19	0.8061	18	0.8507	19
甘肃	0.0895	27	0.2348	27	0.2969	27	0.3161	27
青海	0.0339	30	0.0787	30	0.0974	30	0.1124	30
宁夏	0.1795	25	0.3164	26	0.4300	25	0.5205	25
新疆	0.0523	29	0.0917	29	0.1063	29	0.1158	29

区包括上海1个直辖市，二类地区包括北京、天津、江苏、浙江、安徽、江西、山东、河南、湖北、湖南、广东和重庆12个省份，三类地区包括河北、山西、辽宁、吉林、福建、广西、海南、四川、贵州、云南和陕西11个省份，四类地区包括内蒙古、黑龙江、西藏、甘肃、青海、宁夏和新疆7个省份。在2013年我国各省份交通通达度的区域类型中，一类地区包括上海、江苏和山东3个省份，二类地区包括北京、天津、河北、山西、浙江、安徽、福建、江西、河南、湖北、湖南、广东、重庆、贵州和陕西15个省份，三类地区包括辽宁、吉林、广西、海南、四川、云南和宁夏7个省份，四类地区包括内蒙古、黑龙江、西藏、甘肃、青海和新疆6个省份。在2017年我国各省份交通通达度的区域类型中，一类地区包括上海、江苏、山东、河南和重庆5个省份，二类地区包括北京、天津、河北、山西、辽宁、浙江、安徽、福建、江西、湖北、湖南、广东、海南、贵州和陕西15个省份，三类地区包括吉林、广西、四川、云南和宁夏5个省份，四类地区包括内蒙古、黑龙江、西藏、甘肃、青海和新疆6个省份。

2003—2017年，我国各省份交通通达度的年增长率平均值较高的为重庆、河南、贵州、山东和甘肃5个省份，较低的为福建、海南、北京、天津和云南5个省份，极高值重庆的交通通达度年增长率平均值为15.96%，极低值云南的交通通达度年增长率平均值为2.83%，极差为5.64倍。

（六）人均医疗人员指数

在人均医疗人员指数的省域差距中，2003年，人均医疗人员指数较高的为北京、上海、天津、辽宁和新疆5个省份，指标值较低的为云南、广西、重庆、安徽和贵州5个省份，极高值北京的人均医疗人员指数为0.0102，极低值贵州的人均医疗人员指数为0.0024，极差为4.25倍。2008年，人均医疗人员指数较高的为北京、上海、天津、辽宁和新疆5个省份，指标值较低的为江西、安徽、福建、云南和贵州5个省份，极高值北京的人均医疗人员指数为0.0115，极低值贵州的人均医疗人员指数为0.0028，极差为4.11倍，较2003年有所缩减。2013年，人均医疗人员指数较高的为北京、陕西、山东、新疆和上海5个省份，指标值较低的为贵州、甘肃、江西、安徽和云南5个省份，极高值北京的人均医疗人员指数为0.0124，极低值云南的人均医疗人员指数为0.0057，极差为2.18倍，较2008年有所缩减。2017年，人均医疗人员指数较高的为北京、陕西、西藏、浙江和上海5个省份，指标值较低的为云南、福建、甘肃、江西和安徽5个省份，极高值北京的人均医疗人员指数为0.0145，极低值安徽的人均医疗人员指数为0.0065，极差为2.23倍，较2013年有所增长（表9-10）。

表 9-10　2003—2017 年各省份人均医疗人员指数

地区	2003 年 指标值	排序	2008 年 指标值	排序	2013 年 指标值	排序	2017 年 指标值	排序
北京	0.0102	1	0.0115	1	0.0124	1	0.0145	1
天津	0.0077	3	0.0073	3	0.0072	17	0.0083	19
河北	0.0039	19	0.0043	20	0.0067	23	0.0079	24
山西	0.0051	7	0.0056	8	0.0078	8	0.0086	15
内蒙古	0.0051	8	0.0054	9	0.0078	7	0.0092	7
辽宁	0.0064	4	0.0064	4	0.0077	11	0.0087	11
吉林	0.0060	6	0.0059	6	0.0073	16	0.0083	22
黑龙江	0.0051	9	0.0053	10	0.0073	15	0.0079	23
上海	0.0078	2	0.0086	2	0.0080	5	0.0094	5
江苏	0.0041	17	0.0047	16	0.0069	21	0.0086	14
浙江	0.0044	13	0.0056	7	0.0078	9	0.0098	4
安徽	0.0029	30	0.0037	28	0.0059	30	0.0065	31
福建	0.0033	25	0.0034	29	0.0069	22	0.0077	28
江西	0.0032	26	0.0038	27	0.0060	29	0.0069	30
山东	0.0040	18	0.0047	17	0.0084	3	0.0092	9
河南	0.0036	23	0.0042	21	0.0076	12	0.0087	12
湖北	0.0043	15	0.0050	14	0.0071	20	0.0086	13
湖南	0.0038	20	0.0044	19	0.0066	26	0.0078	25
广东	0.0042	16	0.0050	12	0.0067	25	0.0077	26
广西	0.0030	28	0.0039	25	0.0071	18	0.0083	21
海南	0.0045	11	0.0050	13	0.0071	19	0.0084	18
重庆	0.0030	29	0.0038	26	0.0067	24	0.0083	20
四川	0.0033	24	0.0040	23	0.0074	13	0.0086	16
贵州	0.0024	31	0.0028	31	0.0063	27	0.0084	17
云南	0.0031	27	0.0033	30	0.0057	31	0.0077	27
西藏	0.0037	21	0.0041	22	0.0079	6	0.0099	3
陕西	0.0045	12	0.0049	15	0.0086	2	0.0103	2
甘肃	0.0037	22	0.0040	24	0.0062	28	0.0076	29
青海	0.0043	14	0.0046	18	0.0077	10	0.0094	6
宁夏	0.0048	10	0.0051	11	0.0073	14	0.0091	10
新疆	0.0060	5	0.0061	5	0.0084	4	0.0092	8

2003年，人均医疗人员指数高于全国平均水平的有北京、上海、天津、辽宁、新疆、吉林、山西、内蒙古、黑龙江、宁夏、海南、陕西、浙江、青海、湖北、广东和江苏17个省份，其余省份均低于全国平均水平；2008年，人均医疗人员指数高于全国平均水平的有北京、上海、天津、辽宁、新疆、吉林、浙江、山西、内蒙古、黑龙江、宁夏、广东、海南、湖北和陕西15个省份，其余省份均低于全国平均水平；2013年，人均医疗人员指数高于全国平均水平的有北京、陕西、西藏、新疆、上海、内蒙古、山西、浙江、青海、辽宁、河南、四川、宁夏、黑龙江、山东、吉林和天津17个省份，其余省份均低于全国平均水平；2017年，人均医疗人员指数高于全国平均水平的有北京、陕西、西藏、浙江、上海、青海、内蒙古、新疆、山东、宁夏、辽宁、河南、湖北、江苏、山西和四川16个省份，其余省份均低于全国平均水平。

根据人均医疗人员指数指标的阈值[一类地区≥0.010，二类地区为0.008（含）—0.010，三类地区为0.005—0.0080，四类地区<0.005]，本书将我国31个省份划分为4类区域类型。在2003年我国各省份人均医疗人员指数的区域类型中，一类地区包括北京1个直辖市，无二类地区，三类地区包括新疆、内蒙古、山西、黑龙江、吉林、辽宁、天津和上海8个省份，四类地区包括陕西、甘肃、宁夏、西藏、青海、河北、河南、山东、安徽、福建、广东、云南、重庆、江西、江苏、海南、四川、浙江、广西、湖南、湖北和贵州22个省份。在2008年我国各省份人均医疗人员指数的区域类型中，一类地区包括北京1个直辖市，二类地区包括上海1个直辖市，三类地区包括新疆、内蒙古、湖北、海南、山西、黑龙江、吉林、辽宁、宁夏、天津、浙江和广东12个省份，四类地区包括重庆、陕西、江西、云南、河南、青海、四川、安徽、西藏、甘肃、河北、山东、江苏、湖南、广西、福建和贵州17个省份。在2013年我国各省份人均医疗人员指数的区域类型中，一类地区包括北京1个直辖市，二类地区包括陕西、上海、新疆和山东4个省份，三类地区包括天津、黑龙江、吉林、甘肃、辽宁、四川、安徽、宁夏、河北、河南、江西、山西、湖南、湖北、海南、广东、广西、云南、江苏、浙江、福建、重庆、青海、内蒙古、西藏和贵州26个省份，无四类地区。在2017年我国各省份人均医疗人员指数的区域类型中，一类地区包括陕西和北京2个省份，二类地区包括新疆、西藏、青海、内蒙古、四川、重庆、贵州、广西、宁夏、山西、天津、吉林、辽宁、山东、河南、湖北、上海、浙江、江苏和海南20个省份，三类地区包括黑龙江、安徽、甘肃、云南、河北、湖南、江西、广东和福建9个省份，无四类地区。

2003—2017年，我国各省份人均医疗人员指数的年增长率平均值较高的为贵州、西藏、重庆、四川和广西5个省份，较低的为北京、上海、辽宁、吉林和天津 5 个省份，极高值贵州的人均医疗人员指数的年增长率平均值为 9.86%，极低值天津的人均医疗人员指数的年增长率平均值为 0.55%，极差为 17.93 倍。

三、义务教育国家支持度的基本态势与结构特征

在义务教育国家支持度的省域差距中，2003 年，义务教育国家支持度较高的为西藏、贵州、云南、甘肃和新疆 5 个省份，指标值较低的为黑龙江、上海、辽宁、山东和天津 5 个省份，极高值西藏的义务教育国家支持度为 0.0310，极低值天津的义务教育国家支持度为 0.0057，极差为 5.44 倍。2008 年，义务教育国家支持度较高的为西藏、贵州、甘肃、新疆和青海 5 个省份，指标值较低的为辽宁、江苏、天津、上海和山东 5 个省份，极高值西藏的义务教育国家支持度为 0.0336，极低值山东的义务教育国家支持度为 0.0049，极差为 6.86 倍，较 2003 年有所增加。2013 年，义务教育国家支持度较高的为西藏、贵州、新疆、云南和青海 5 个省份，指标值较低的为江苏、山东、上海、辽宁和天津 5 个省份，极高值西藏的义务教育国家支持度为 0.0331，极低值天津的义务教育国家支持度为 0.0050，极差为 6.62 倍，较 2008 年有所降低。2017 年，义务教育国家支持度较高的为西藏、甘肃、青海、贵州和云南 5 个省份，指标值较低的为福建、山东、江苏、上海和天津 5 个省份，极高值西藏的义务教育国家支持度为 0.0350，极低值天津的义务教育国家支持度为 0.0045，极差为 7.78 倍，较 2013 年有所增加（表 9-11）。

2003 年，义务教育国家支持度高于全国平均水平的只有西藏 1 个自治区，其余省份均低于全国平均水平；2008 年，义务教育国家支持度高于全国平均水平的只有西藏 1 个自治区，其余省份均低于全国平均水平；2013 年，义务教育国家支持度高于全国平均水平的只有西藏 1 个自治区，其余省份均低于全国平均水平；2017 年，义务教育国家支持度高于全国平均水平的只有西藏 1 个自治区，其余省份均低于全国平均水平。

根据义务教育国家支持度指标的阈值[一类地区≥0.03，二类地区为 0.014（含）—0.03，三类地区为 0.009—0.014，四类地区<0.009]，本书将我国 31 个省份划分为 4 类区域类型。在 2003 年我国各省份义务教育国家支持度的区域类型中，一类地区包括西藏 1 个自治区，二类地区包括甘肃、云南、贵州和新疆 4 个省份，三类地区包括北京、青海、内蒙古、吉林、宁夏、陕西、山西、四川、重庆、广西、湖南、广东、海南、江西和安徽 15 个省份，四类地区包括黑龙江、辽宁、天津、河北、山东、河南、湖北、江苏、上海、浙江和福建 11 个省份。在 2008 年我国各省份义务教育国家支持度的区域类型中，一类地区包括西藏 1 个自治区，二类地区

表 9-11 2003—2017 年各省份义务教育国家支持度

地区	2003 年 指标值	排序	2008 年 指标值	排序	2013 年 指标值	排序	2017 年 指标值	排序
北京	0.0090	20	0.0064	26	0.0077	19	0.0068	22
天津	0.0057	31	0.0051	29	0.0050	31	0.0045	31
河北	0.0070	25	0.0069	24	0.0071	22	0.0085	18
山西	0.0112	9	0.0102	14	0.0098	15	0.0093	14
内蒙古	0.0099	17	0.0073	21	0.0072	21	0.0094	13
辽宁	0.0062	29	0.0062	27	0.0055	30	0.0066	25
吉林	0.0097	19	0.0084	17	0.0070	23	0.0077	21
黑龙江	0.0068	27	0.0082	18	0.0083	17	0.0093	15
上海	0.0063	28	0.0050	30	0.0057	29	0.0050	30
江苏	0.0069	26	0.0059	28	0.0061	27	0.0052	29
浙江	0.0087	21	0.0071	22	0.0066	25	0.0063	26
安徽	0.0107	11	0.0110	12	0.0108	12	0.0099	12
福建	0.0078	24	0.0071	23	0.0073	20	0.0061	27
江西	0.0100	16	0.0101	15	0.0122	9	0.0113	10
山东	0.0058	30	0.0049	31	0.0060	28	0.0062	28
河南	0.0084	22	0.0079	19	0.0100	14	0.0088	17
湖北	0.0079	23	0.0077	20	0.0062	26	0.0067	24
湖南	0.0101	15	0.0092	16	0.0082	18	0.0084	19
广东	0.0105	14	0.0067	25	0.0068	24	0.0068	23
广西	0.0132	7	0.0107	13	0.0115	10	0.0127	9
海南	0.0106	13	0.0148	8	0.0150	7	0.0148	7
重庆	0.0099	18	0.0115	10	0.0094	16	0.0090	16
四川	0.0107	10	0.0126	9	0.0110	11	0.0100	11
贵州	0.0179	2	0.0186	2	0.0195	2	0.0174	4
云南	0.0157	3	0.0153	6	0.0166	4	0.0169	5
西藏	0.0310	1	0.0336	1	0.0331	1	0.0350	1
陕西	0.0107	12	0.0114	11	0.0100	13	0.0079	20
甘肃	0.0146	4	0.0170	3	0.0163	6	0.0189	2
青海	0.0129	8	0.0158	5	0.0164	5	0.0181	3
宁夏	0.0136	6	0.0149	7	0.0135	8	0.0132	8
新疆	0.0140	5	0.0159	4	0.0176	3	0.0168	6

包括海南、新疆、青海、甘肃、宁夏、云南和贵州 7 个省份，三类地区包括四川、重庆、陕西、山西、广西、湖南、江西和安徽 8 个省份，四类地区包括内蒙古、黑龙江、辽宁、吉林、河北、北京、天津、河南、湖北、山东、江苏、上海、浙江、福建和广东 15 个省份。在 2013 年我国各省份义务教育国家支持度的区域类型中，一类地区包括西藏 1 个自治区，二类地区包括海南、云南、新疆、青海、甘肃和贵州 6 个省份，三类地区包括四川、重庆、山西、陕西、宁夏、河南、安徽、江西和广西 9 个省份，四类地区包括黑龙江、内蒙古、吉林、辽宁、河北、北京、天津、湖南、山东、江苏、上海、湖北、浙江、福建和广东 15 个省份。在 2017 年我国义务教育国家支持度的区域类型中，一类地区包括西藏 1 个自治区，二类地区包括海南、贵州、云南、甘肃、青海和新疆 6 个省份，三类地区包括内蒙古、黑龙江、宁夏、江西、山西、四川、重庆、安徽和广西 9 个省份，四类地区包括北京、吉林、湖南、河北、陕西、河南、辽宁、天津、山东、江苏、浙江、广东、上海、福建和湖北 15 个省份。

2003—2017 年，我国各省份义务教育国家支持度的年增长率平均值较高的为青海、海南、黑龙江、甘肃和河北 5 个省份，较低的为天津、陕西、江苏、浙江和广东 5 个省份，极高值青海的义务教育国家支持度年增长率平均值为 2.79%，极低值广东的义务教育国家支持度年增长率平均值为-2.84%。

第二节　各省份义务教育前后学段关系指数的基本态势与结构特征

一、学前教育发展指数的基本态势与结构特征

在学前教育发展指数的省域差距中，2003 年，学前教育发展指数较高的为上海、西藏、北京、天津和新疆 5 个省份，学前教育发展指数较低的为贵州、江西、山东、河南和湖南 5 个省份，极高值上海的学前教育发展指数为 0.1058，极低值湖南的学前教育发展指数为 0.0204，极差为 5.19 倍。2008 年，学前教育发展指数较高的为上海、北京、天津、西藏和新疆 5 个省份，学前教育发展指数较低的为海南、贵州、湖南、江西和河南 5 个省份，极高值上海的学前教育发展指数为

0.0982，极低值河南的学前教育发展指数为 0.0207，极差为 4.74 倍，较 2003 年有所缩减。2013 年，学前教育发展指数较高的为北京、上海、西藏、天津和浙江 5 个省份，学前教育发展指数较低的为江西、重庆、广西、河南和安徽 5 个省份，极高值北京的学前教育发展指数为 0.0609，极低值安徽的学前教育发展指数为 0.0239，极差为 2.55 倍，较 2008 年有较大幅度缩减。2017 年，学前教育发展指数较高的为上海、西藏、北京、天津和内蒙古 5 个省份，学前教育发展指数较低的为山西、重庆、广西、河南和安徽 5 个省份，极高值上海的学前教育发展指数为 0.0535，极低值安徽的学前教育发展指数为 0.0229，极差为 2.34 倍，较 2013 年略有缩减（表 9-12）。

根据学前教育发展指数的阈值[一类地区≥0.040，二类地区为 0.030（含）—0.040，三类地区为 0.025—0.030，四类地区<0.025]，本书将我国 31 个省份划分为 4 类区域类型。在 2003 年我国各省份学前教育发展指数的区域类型中，一类地区包括北京、天津、上海和西藏 4 个省份，二类地区包括新疆、内蒙古、宁夏、陕西、浙江和云南 6 个省份，三类地区包括青海、甘肃、山西、湖北、江苏、广东、福建、黑龙江、辽宁和吉林 10 个省份，四类地区包括河北、河南、山东、安徽、江西、湖南、贵州、广西、海南、四川和重庆 11 个省份。在 2008 年我国各省份学前教育发展指数的区域类型中，一类地区包括北京、天津、上海、西藏和新疆 5 个省份，二类地区包括内蒙古、甘肃、宁夏、吉林、河北、山西、江苏、浙江和云南 9 个省份，三类地区包括青海、四川、陕西、湖北、辽宁、广东和福建 7 个省份，四类地区包括黑龙江、山东、河南、安徽、江西、湖南、重庆、贵州、广西和海南 10 个省份。在 2013 年我国各省份学前教育发展指数的区域类型中，一类地区包括北京、天津、上海和西藏 4 个省份，二类地区包括内蒙古、甘肃、宁夏、陕西、吉林、辽宁、江苏、浙江、福建、广东和海南 11 个省份，三类地区包括新疆、青海、四川、重庆、云南、贵州、湖南、湖北、江西、山东、山西、河北和黑龙江 13 个省份，四类地区包括河南、安徽、广西 3 个省份。在 2017 年我国各省份学前教育发展指数的区域类型中，一类地区包括北京、天津、上海和西藏 4 个省份，二类地区包括内蒙古、甘肃、陕西、青海、黑龙江、吉林、辽宁、江苏、浙江、广东和海南 11 个省份，三类地区包括新疆、宁夏、云南、四川、重庆、贵州、湖南、湖北、江西、福建、山东、山西和河北 13 个省份，四类地区包括河南、安徽、广西 3 个省份。

2003—2017 年，我国学前教育发展指数年增长率平均值较高的为海南、湖南、贵州、山东和河北 5 个省份，较低的为北京、云南、新疆、宁夏和上海 5 个省份，极高值海南的学前教育发展指数年增长率平均值为 2.51%，极低值上海的学前教育发展指数年增长率平均值为-4.47%。

表 9-12 2003—2017 年各省份学前教育发展指数

地区	2003 年 指标值	排序	2008 年 指标值	排序	2013 年 指标值	排序	2017 年 指标值	排序
北京	0.0586	3	0.0598	2	0.0609	1	0.0525	3
天津	0.0437	4	0.0502	3	0.0463	4	0.0422	4
河北	0.0232	23	0.0301	13	0.0290	19	0.0291	17
山西	0.0276	18	0.0300	14	0.0274	23	0.0268	27
内蒙古	0.0325	9	0.0369	6	0.0350	7	0.0365	5
辽宁	0.0271	19	0.0266	17	0.0309	12	0.0314	14
吉林	0.0297	12	0.0306	12	0.0324	9	0.0323	12
黑龙江	0.0262	20	0.0242	22	0.0298	16	0.0318	13
上海	0.1058	1	0.0982	1	0.0565	2	0.0535	1
江苏	0.0299	11	0.0319	10	0.0370	6	0.0335	8
浙江	0.0322	10	0.0347	7	0.0370	5	0.0363	6
安徽	0.0228	25	0.0224	26	0.0239	31	0.0229	31
福建	0.0289	15	0.0295	16	0.0303	14	0.0289	19
江西	0.0216	28	0.0208	30	0.0256	27	0.0269	26
山东	0.0211	29	0.0226	25	0.0276	22	0.0276	22
河南	0.0208	30	0.0207	31	0.0239	30	0.0232	30
湖北	0.0288	16	0.0264	19	0.0277	21	0.0270	25
湖南	0.0204	31	0.0214	29	0.0262	25	0.0274	23
广东	0.0294	13	0.0295	15	0.0325	8	0.0336	7
广西	0.0233	22	0.0230	24	0.0241	29	0.0248	29
海南	0.0247	21	0.0221	27	0.0317	10	0.0334	9
重庆	0.0221	26	0.0234	23	0.0255	28	0.0267	28
四川	0.0230	24	0.0254	21	0.0269	24	0.0276	21
贵州	0.0219	27	0.0217	28	0.0257	26	0.0287	20
云南	0.0337	8	0.0313	11	0.0298	17	0.0296	16
西藏	0.0588	2	0.0444	4	0.0467	3	0.0529	2
陕西	0.0348	6	0.0264	18	0.0306	13	0.0326	11
甘肃	0.0290	14	0.0324	9	0.0302	15	0.0334	10
青海	0.0277	17	0.0256	20	0.0293	18	0.0309	15
宁夏	0.0343	7	0.0340	8	0.0310	11	0.0290	18
新疆	0.0365	5	0.0435	5	0.0285	20	0.0271	24

(一) 学前教育资源供给指数

在学前教育资源供给指数的省域差异中，2003 年，学前教育资源供给指数较高的为上海、西藏、北京、天津和陕西5个省份,学前教育资源供给指数较低的为安徽、四川、河南、广西和贵州5个省份,极高值上海的学前教育资源供给指数为0.0670,极低值贵州的学前教育资源供给指数为0.0054,极差为12.41倍。2008年,学前教育资源供给指数较高的为上海、北京、西藏、天津和浙江5个省份,学前教育资源供给指数较低的为河南、江西、安徽、广西和贵州5个省份,极高值上海的学前教育资源供给指数为0.0623,极低值贵州的学前教育资源供给指数为0.0051,极差为12.22倍,较2003年有所缩减。2013年,学前教育资源供给指数较高的为北京、上海、天津、浙江和江苏5个省份,学前教育资源供给指数较低的为云南、河南、安徽、贵州和广西5个省份,极高值北京的学前教育资源供给指数为0.0408,极低值广西的学前教育资源供给指数为0.0087,极差为4.69倍,较2008年快速缩减。2017年,学前教育资源供给指数较高的为北京、上海、西藏、天津和浙江5个省份,学前教育资源供给指数较低的为云南、新疆、河南、安徽和广西5个省份,极高值北京的学前教育资源供给指数为0.0336,极低值广西的学前教育资源供给指数为0.0096,极差为3.50倍,较2013年有所缩减(表9-13)。

根据学前教育资源供给指数指标的阈值[一类地区≥0.020,二类地区为0.015(含)—0.020,三类地区为0.010—0.015,四类地区<0.010],本书将我国31个省份划分为4类区域类型。在2003年我国各省份学前教育资源供给指数的区域类型中,一类地区包括上海、西藏、北京、天津和陕西5个省份,二类地区包括新疆、吉林、浙江、江苏和广东5个省份,三类地区包括海南、云南、福建、湖北、山东、河北、山西、宁夏、甘肃、青海、内蒙古、辽宁和黑龙江13个省份,四类地区包括四川、重庆、贵州、广西、湖南、江西、安徽和河南8个省份。在2008年我国学前教育资源供给指数的区域类型中,一类地区包括上海、北京、天津、浙江和西藏5个省份,二类地区包括新疆、内蒙古、山西、广东和江苏5个省份,三类地区包括云南、四川、青海、甘肃、宁夏、陕西、湖南、湖北、海南、福建、山东、河北、辽宁、吉林和黑龙江15个省份,四类地区包括河南、安徽、江西、广西、贵州和重庆6个省份。在2013年我国学前教育资源供给指数的区域类型中,一类地区包括北京、天津、上海、江苏和浙江5个省份,二类地区包括西藏、内蒙古、陕西、黑龙江、辽宁、吉林、山东、广东和海南9个省份,三类地区包括新疆、甘肃、青海、宁夏、云南、四川、重庆、河北、山西、河南、湖南、湖北、安徽、江西和福建15个省份,四类地区包括贵州和广西2个省份。在2017年我国学前教育资源供给指数的区域类型中,一类地区包括上海、西藏、天津和北京4个省份,二类地区包括内蒙古、辽宁、吉林、青海、黑龙江、陕西、山东、江苏、浙江、广东和海南11个省份,三类地区包括甘肃、宁夏、四川、重庆、河北、山

表 9-13 2003—2017 年各省份学前教育资源供给指数

地区	2003 年 指标值	排序	2008 年 指标值	排序	2013 年 指标值	排序	2017 年 指标值	排序
北京	0.0379	3	0.0403	2	0.0408	1	0.0336	1
天津	0.0217	4	0.0252	4	0.0236	3	0.0212	4
河北	0.0101	23	0.0128	17	0.0122	23	0.0126	26
山西	0.0127	17	0.0156	10	0.0134	19	0.0130	24
内蒙古	0.0145	11	0.0192	6	0.0193	6	0.0191	6
辽宁	0.0144	12	0.0143	13	0.0182	8	0.0175	10
吉林	0.0150	10	0.0149	11	0.0177	9	0.0172	11
黑龙江	0.0129	16	0.0126	18	0.0159	13	0.0159	14
上海	0.0670	1	0.0623	1	0.0320	2	0.0286	2
江苏	0.0177	8	0.0170	8	0.0202	5	0.0190	7
浙江	0.0194	6	0.0202	5	0.0208	4	0.0194	5
安徽	0.0082	27	0.0081	29	0.0101	29	0.0104	30
福建	0.0143	13	0.0121	20	0.0138	17	0.0131	22
江西	0.0092	24	0.0092	28	0.0117	26	0.0133	21
山东	0.0140	14	0.0140	14	0.0167	11	0.0164	13
河南	0.0069	29	0.0096	27	0.0110	28	0.0110	29
湖北	0.0122	18	0.0116	21	0.0132	21	0.0133	19
湖南	0.0084	26	0.0106	23	0.0137	18	0.0141	16
广东	0.0160	9	0.0166	9	0.0175	10	0.0185	8
广西	0.0067	30	0.0077	30	0.0087	31	0.0096	31
海南	0.0136	15	0.0126	19	0.0154	14	0.0167	12
重庆	0.0085	25	0.0099	26	0.0122	24	0.0135	18
四川	0.0081	28	0.0102	25	0.0121	25	0.0131	23
贵州	0.0054	31	0.0051	31	0.0095	30	0.0133	20
云南	0.0101	22	0.0113	22	0.0116	27	0.0121	27
西藏	0.0415	2	0.0270	3	0.0184	7	0.0224	3
陕西	0.0216	5	0.0138	15	0.0161	12	0.0179	9
甘肃	0.0118	19	0.0144	12	0.0133	20	0.0130	25
青海	0.0110	20	0.0104	24	0.0128	22	0.0157	15
宁夏	0.0108	21	0.0131	16	0.0144	15	0.0140	17
新疆	0.0183	7	0.0183	7	0.0139	16	0.0114	28

西、河南、湖南、湖北、安徽、云南、新疆、贵州、江西和福建15个省份，四类地区包括广西1个省份。

2003—2017年，学前教育资源供给指数年增长率平均值较高的为贵州、湖南、四川、河南和重庆5个省份，学前教育资源供给指数年增长率平均值较低的为福建、北京、新疆、西藏和上海5个省份，极高值贵州的学前教育资源供给指数年增长率平均值为6.93%，极低值上海的学前教育资源供给指数年增长率平均值为−5.57%。

（二）学前教育资源质量指数

在学前教育资源质量指数的省域差异中，2003年，我国学前教育资源质量指数较高的为上海、云南、宁夏、天津和北京5个省份，指标值较低的为江西、江苏、湖南、海南和山东5个省份，极高值上海的学前教育资源质量指数为0.0388，极低值山东的学前教育资源质量指数为0.0071，极差为5.46倍。2008年，我国学前教育资源质量指数较高的为上海、新疆、天津、宁夏和云南5个省份，指标值较低的为江西、河南、湖南、海南和山东5个省份，极高值上海的学前教育资源质量指数为0.0359，极低值山东的学前教育资源质量指数为0.0085，极差为4.22倍，较2003年有所缩减。2013年，我国学前教育资源质量指数较高的为西藏、上海、天津、北京和云南5个省份，我国学前教育资源质量指数较低的为重庆、河南、辽宁、湖南和山东5个省份，极高值西藏的学前教育资源质量指数为0.0283，极低值山东的学前教育资源质量指数为0.0109，极差为2.60倍，较2008年有较大幅度缩减。2017年，我国学前教育资源质量指数较高的为西藏、上海、天津、甘肃和北京5个省份，指标值较低的为湖南、重庆、安徽、河南和山东5个省份，极高值西藏的学前教育资源质量指数为0.0305，极低值山东的学前教育资源质量指数为0.0112，极差为2.72倍，较2013年有所增长（表9-14）。

根据学前教育资源质量指数的阈值[一类地区≥0.020，二类地区为0.015（含）—0.020，三类地区为0.010—0.015，四类地区<0.010]，本书将我国31个省份划分为4类区域类型。在2003年我国各省份学前教育资源质量指数的区域类型中，一类地区包括北京、天津、上海、云南和宁夏5个省份，二类地区包括西藏、新疆、内蒙古、青海、甘肃、湖北、贵州和广西8个省份，三类地区包括黑龙江、辽宁、吉林、河北、河南、山西、陕西、四川、重庆、江苏、安徽、湖南、江西、浙江、福建、广东和海南17个省份，四类地区只有山东省。在2008年我国各省份学前教育资源质量指数的区域类型中，一类地区包括上海、新疆、宁夏、天津和云南5个省份，二类地区包括西藏、青海、甘肃、内蒙古、四川、贵州、广西、吉林、河北、北京和福建11个省份，三类地区包括黑龙江、辽宁、山西、陕西、

表 9-14　2003—2017 年各省份学前教育资源质量指数

地区	2003 年 指标值	排序	2008 年 指标值	排序	2013 年 指标值	排序	2017 年 指标值	排序
北京	0.0207	5	0.0195	6	0.0200	4	0.0189	5
天津	0.0220	4	0.0251	3	0.0227	3	0.0210	3
河北	0.0131	24	0.0173	11	0.0167	8	0.0164	10
山西	0.0149	14	0.0145	20	0.0140	23	0.0138	24
内蒙古	0.0180	7	0.0177	8	0.0157	15	0.0174	7
辽宁	0.0127	26	0.0123	25	0.0127	29	0.0139	23
吉林	0.0148	16	0.0157	13	0.0147	19	0.0150	19
黑龙江	0.0133	22	0.0116	26	0.0139	25	0.0159	11
上海	0.0388	1	0.0359	1	0.0245	2	0.0249	2
江苏	0.0123	28	0.0149	17	0.0168	7	0.0144	22
浙江	0.0127	25	0.0145	19	0.0162	14	0.0169	8
安徽	0.0146	18	0.0143	21	0.0138	26	0.0125	29
福建	0.0147	17	0.0174	10	0.0166	10	0.0158	12
江西	0.0124	27	0.0116	27	0.0139	24	0.0136	26
山东	0.0071	31	0.0085	31	0.0109	31	0.0112	31
河南	0.0139	19	0.0110	28	0.0129	28	0.0122	30
湖北	0.0165	12	0.0148	18	0.0145	21	0.0137	25
湖南	0.0120	29	0.0109	29	0.0125	30	0.0133	27
广东	0.0134	21	0.0129	23	0.0150	17	0.0151	17
广西	0.0166	11	0.0152	14	0.0154	16	0.0152	16
海南	0.0110	30	0.0096	30	0.0163	12	0.0167	9
重庆	0.0137	20	0.0135	22	0.0134	27	0.0132	28
四川	0.0149	15	0.0152	15	0.0149	18	0.0146	21
贵州	0.0164	13	0.0166	12	0.0162	13	0.0154	14
云南	0.0236	2	0.0200	5	0.0182	5	0.0176	6
西藏	0.0172	8	0.0174	9	0.0283	1	0.0305	1
陕西	0.0132	23	0.0127	24	0.0145	22	0.0147	20
甘肃	0.0172	9	0.0180	7	0.0169	6	0.0204	4
青海	0.0166	10	0.0152	16	0.0165	11	0.0152	15
宁夏	0.0235	3	0.0210	4	0.0166	9	0.0151	18
新疆	0.0182	6	0.0252	2	0.0146	20	0.0157	13

河南、安徽、江苏、浙江、湖北、湖南、江西、重庆和广东 13 个省份，四类地区包括山东和海南 2 个省份。在 2013 年我国各省份学前教育资源质量指数的区域类型中，一类地区包括北京、天津、上海和西藏 4 个省份，二类地区包括内蒙古、宁夏、甘肃、青海、河北、江苏、浙江、福建、广东、广西、贵州、云南和海南 13 个省份，三类地区包括新疆、黑龙江、吉林、辽宁、陕西、山西、河南、安徽、湖北、湖南、江西、四川、山东和重庆 14 个省份，无四类地区。在 2017 年我国各省份学前教育资源质量指数的区域类型中，一类地区包括天津、上海、甘肃和西藏 4 个省份，二类地区包括新疆、宁夏、内蒙古、青海、黑龙江、吉林、河北、北京、云南、贵州、广东、广西、海南、福建和浙江 15 个省份，三类地区包括辽宁、陕西、山西、河南、江苏、安徽、湖北、湖南、江西、四川、山东和重庆 12 个省份，无四类地区。

2003—2017 年，我国各省份学前教育资源质量指数的年增长率平均值较高的为西藏、海南、山东、浙江和河北 5 个省份，较低的为安徽、湖北、云南、上海和宁夏 5 个省份，极高值西藏的学前教育资源质量指数年增长率平均值为 5.10%，极低值宁夏的学前教育资源质量指数年增长率平均值为 -2.96%。

二、高中教育发展指数的基本态势与结构特征

在高中教育发展指数的省域差距中，2003 年，高中教育发展指数较高的为北京、上海、天津、浙江和广东 5 个省份，指标值较低的为贵州、河北、内蒙古、黑龙江和河南 5 个省份，极高值北京的高中教育发展指数为 0.0500，极低值河南的高中教育发展指数为 0.0257，极差为 1.95 倍。2008 年，高中教育发展指数较高的为上海、北京、浙江、天津和宁夏 5 个省份，指标值较低的为山东、内蒙古、广西、河北和河南 5 个省份，极高值上海的高中教育发展指数为 0.0602，极低值河南的高中教育发展指数为 0.0235，极差为 2.56 倍，较 2003 年有所扩大。2013 年，高中教育发展指数较高的为北京、上海、天津、青海和西藏 5 个省份，指标值较低的为黑龙江、山东、广西、吉林和河南 5 个省份，极高值北京的高中教育发展指数为 0.0626，极低值河南的高中教育发展指数为 0.0241，极差为 2.60 倍，较 2008 年有所扩大。2017 年，高中教育发展指数较高的为北京、上海、西藏、天津和海南 5 个省份，指标值较低的为山东、广西、河北、吉林和河南 5 个省份，极高值北京的高中教育发展指数为 0.0676，极低值河南的高中教育发展指数为 0.0221，极差为 3.06 倍，较 2013 年有所扩大（表 9-15）。

表 9-15 2003—2017 年各省份高中教育发展指数

地区	2003 年 指标值	排序	2008 年 指标值	排序	2013 年 指标值	排序	2017 年 指标值	排序
北京	0.0500	1	0.0549	2	0.0626	1	0.0676	1
天津	0.0419	3	0.0386	4	0.0396	3	0.0385	4
河北	0.0274	28	0.0265	30	0.0277	26	0.0259	29
山西	0.0304	15	0.0304	15	0.0299	13	0.0297	20
内蒙古	0.0272	29	0.0272	28	0.0288	21	0.0314	13
辽宁	0.0305	14	0.0292	21	0.0280	25	0.0280	24
吉林	0.0303	16	0.0278	25	0.0253	30	0.0258	30
黑龙江	0.0272	30	0.0277	26	0.0273	27	0.0269	25
上海	0.0484	2	0.0602	1	0.0567	2	0.0523	2
江苏	0.0354	6	0.0330	8	0.0358	6	0.0349	7
浙江	0.0396	4	0.0389	3	0.0351	7	0.0354	6
安徽	0.0292	21	0.0282	23	0.0294	16	0.0284	22
福建	0.0332	8	0.0344	6	0.0336	9	0.0315	11
江西	0.0291	22	0.0287	22	0.0280	24	0.0281	23
山东	0.0280	26	0.0274	27	0.0272	28	0.0264	27
河南	0.0257	31	0.0235	31	0.0241	31	0.0221	31
湖北	0.0300	18	0.0279	24	0.0285	22	0.0289	21
湖南	0.0324	11	0.0314	13	0.0288	20	0.0266	26
广东	0.0380	5	0.0335	7	0.0305	11	0.0319	10
广西	0.0291	23	0.0269	29	0.0260	29	0.0260	28
海南	0.0329	10	0.0328	10	0.0346	8	0.0355	5
重庆	0.0311	12	0.0306	14	0.0298	14	0.0299	17
四川	0.0300	19	0.0299	17	0.0291	18	0.0300	16
贵州	0.0277	27	0.0299	16	0.0288	19	0.0310	14
云南	0.0310	13	0.0292	19	0.0284	23	0.0298	18
西藏	0.0332	9	0.0329	9	0.0363	5	0.0412	3
陕西	0.0289	24	0.0292	20	0.0300	12	0.0298	19
甘肃	0.0293	20	0.0293	18	0.0294	17	0.0320	9
青海	0.0281	25	0.0327	11	0.0381	4	0.0327	8
宁夏	0.0345	7	0.0348	5	0.0296	15	0.0305	15
新疆	0.0303	17	0.0325	12	0.0330	10	0.0314	12

2003 年，高中教育发展指数高于全国平均水平的有北京、上海、天津、浙江、广东、江苏、宁夏、福建、西藏和海南 10 个省份，其余省份均低于全国平均水平；

2008年，高中教育发展指数高于全国平均水平的有北京、天津、上海、江苏、浙江、福建、海南、西藏、广东、青海、宁夏和新疆12个省份，其余省份均低于全国平均水平；2013年，高中教育发展指数高于全国平均水平的有北京、天津、上海、江苏、浙江、福建、海南、西藏、青海和新疆10个省份，其余省份均低于全国平均水平；2017年，高中教育发展指数高于全国平均水平的有北京、天津、上海、江苏、浙江、海南、西藏和青海8个省份，其余省份均低于全国平均水平。

根据高中教育发展指数的阈值[一类地区≥0.040，二类地区为0.035（含）—0.040，三类地区为0.030—0.035，四类地区<0.030]，本书将我国31个省份划分为4类区域类型。在2003年我国各省份高中教育发展指数的区域类型中，一类地区包括北京、天津和上海3个直辖市，二类地区包括江苏、浙江和广东3个省份，三类地区包括吉林、辽宁、福建、山西、宁夏、湖北、湖南、海南、重庆、云南、四川、新疆和西藏13个省份，四类地区包括黑龙江、内蒙古、河北、山东、安徽、江西、陕西、甘肃、青海、贵州、广西和河南12个省份。在2008年我国各省份高中教育发展指数的区域类型中，一类地区包括北京和上海2个直辖市，二类地区包括天津和浙江2个省份，三类地区包括江苏、福建、广东、海南、湖南、重庆、山西、宁夏、青海、新疆和西藏11个省份，四类地区包括黑龙江、吉林、辽宁、内蒙古、甘肃、四川、云南、贵州、广西、陕西、湖北、河北、山东、安徽、江西和河南16个省份。在2013年我国各省份高中教育发展指数的区域类型中，一类地区包括北京和上海2个直辖市，二类地区包括天津、江苏、浙江、青海和西藏5个省份，三类地区包括福建、广东、陕西、海南和新疆5个省份，四类地区包括黑龙江、吉林、辽宁、内蒙古、河北、山西、宁夏、甘肃、山东、河南、安徽、湖北、湖南、江西、重庆、云南、四川、贵州和广西19个省份。在2017年我国各省份高中教育发展指数的区域类型中，一类地区包括北京、上海和西藏3个省份，二类地区包括天津、浙江和海南3个省份，三类地区包括内蒙古、江苏、广东、福建、宁夏、甘肃、贵州、四川、青海和新疆10个省份，四类地区包括黑龙江、吉林、辽宁、河北、河南、山东、陕西、山西、安徽、江西、湖南、湖北、重庆、云南和广西15个省份。

2003—2017年，我国各省份高中教育发展指数的年增长率平均值较高的为北京、西藏、青海、内蒙古和贵州5个省份，较低的为宁夏、河南、吉林、广东和湖南5个省份，极高值北京的高中教育发展指数年增长率平均值为2.21%，极低值湖南的高中教育发展指数年增长率平均值为-1.38%。

（一）高中教育资源供给指数

在高中教育资源供给指数的省域差距中，2003年，高中教育资源供给指数较高的为北京、上海、浙江、天津和广东5个省份，指标值较低的为江西、贵州、甘肃、陕西和河南5个省份，极高值北京的高中教育资源供给指数为0.0299，极低值河南的高中教育资源供给指数为0.0111，极差为2.69倍。2008年，高中教育资源供给指数较高的为上海、北京、浙江、天津和福建5个省份，指标值较低的为陕西、甘肃、安徽、湖北和河南5个省份，极高值上海的高中教育资源供给指数为0.0427，极低值河南的高中教育资源供给指数为0.0105，极差为4.07倍，较2003年有所扩大。2013年，高中教育资源供给指数较高的为北京、上海、天津、江苏和浙江5个省份，指标值较低的为吉林、广西、甘肃、贵州和河南5个省份，极高值北京的高中教育资源供给指数为0.0412，极低值河南的高中教育资源供给指数为0.0105，极差为3.92倍，较2008年有所缩减。2017年，高中教育资源供给指数较高的为北京、上海、天津、江苏和浙江5个省份，指标值较低的为河北、贵州、江西、广西和河南5个省份，极高值北京的高中教育资源供给指数为0.0463，极低值河南的高中教育资源供给指数为0.0092，极差为5.03倍，较2013年有所扩大（表9-16）。

2003年，高中教育资源供给指数高于全国平均水平的有北京、天津、上海、江苏、浙江、福建、广东、海南、云南和西藏10个省份，其余省份均低于全国平均水平；2008年，高中教育资源供给指数高于全国平均水平的有北京、天津、上海、江苏、浙江、福建和广东7个省份，其余省份均低于全国平均水平；2013年，高中教育资源供给指数高于全国平均水平的有北京、天津、上海、江苏、浙江、福建、西藏、青海和新疆9个省份，其余省份均低于全国平均水平；2017年，高中教育资源供给指数高于全国平均水平的有北京、天津、上海、江苏、浙江、福建、广东、海南和西藏9个省份，其余省份均低于全国平均水平（表9-16）。

根据高中教育资源供给指数的阈值[一类地区≥0.025，二类地区为0.017（含）—0.025，三类地区为0.012—0.017，四类地区<0.012]，本书将我国31个省份划分为4类区域类型。在2003年我国各省份高中教育资源供给指数的区域类型中，一类地区包括北京和上海2个直辖市，二类地区包括天津、江苏、浙江、福建、广东、海南和西藏7个省份，三类地区包括黑龙江、吉林、辽宁、河北、山东、安徽、江西、湖北、湖南、广西、重庆、贵州、云南、四川、青海、新疆、内蒙古、宁夏和山西19个省份，四类地区包括甘肃、陕西和河南3个省份。在2008年我国各省份高中教育资源供给指数的区域类型中，一类地区包括北京和上海2个直辖市，二类地区包括天津、江苏、浙江、福建和广东5个省份，三类地区包括黑龙江、吉林、辽宁、河北、山东、江西、湖南、广西、重庆、贵州、云南、四川、青海、新疆、内蒙古、宁夏、西藏、海南和山西19个省份，四类地区包括甘肃、陕西、湖北、安徽和河南5个省份。在2013年我国各省份高中教育资源供给指数的区域类型中，一类地区包括北京和上海2个直辖市，二类地区包括天津、

表 9-16　2003—2017 年各省份高中教育资源供给指数

地区	2003 年 指标值	排序	2008 年 指标值	排序	2013 年 指标值	排序	2017 年 指标值	排序
北京	0.0299	1	0.0372	2	0.0412	1	0.0463	1
天津	0.0224	4	0.0218	4	0.0229	3	0.0225	3
河北	0.0133	21	0.0128	22	0.0139	15	0.0118	27
山西	0.0139	19	0.0144	15	0.0132	18	0.0140	14
内蒙古	0.0126	26	0.0129	21	0.0145	12	0.0156	10
辽宁	0.0142	16	0.0134	18	0.0137	16	0.0128	22
吉林	0.0148	12	0.0126	25	0.0118	27	0.0119	25
黑龙江	0.0143	14	0.0129	20	0.0125	24	0.0119	26
上海	0.0289	2	0.0427	1	0.0402	2	0.0371	2
江苏	0.0195	6	0.0177	7	0.0209	4	0.0208	4
浙江	0.0228	3	0.0229	3	0.0198	5	0.0200	5
安徽	0.0131	24	0.0116	29	0.0125	25	0.0130	21
福建	0.0182	9	0.0186	5	0.0180	6	0.0166	9
江西	0.0125	27	0.0127	23	0.0120	26	0.0113	29
山东	0.0139	17	0.0146	14	0.0140	14	0.0138	15
河南	0.0111	31	0.0105	31	0.0105	31	0.0092	31
湖北	0.0130	25	0.0115	30	0.0134	17	0.0143	12
湖南	0.0143	15	0.0148	11	0.0140	13	0.0123	24
广东	0.0223	5	0.0180	6	0.0152	11	0.0171	8
广西	0.0136	20	0.0127	24	0.0114	28	0.0101	30
海南	0.0192	8	0.0157	10	0.0160	10	0.0174	7
重庆	0.0145	13	0.0135	17	0.0129	20	0.0135	18
四川	0.0133	22	0.0132	19	0.0128	21	0.0134	19
贵州	0.0120	28	0.0126	26	0.0110	30	0.0118	28
云南	0.0169	10	0.0147	12	0.0131	19	0.0132	20
西藏	0.0194	7	0.0159	9	0.0177	8	0.0194	6
陕西	0.0113	30	0.0117	27	0.0128	22	0.0136	17
甘肃	0.0116	29	0.0116	28	0.0112	29	0.0123	23
青海	0.0139	18	0.0141	16	0.0178	7	0.0150	11
宁夏	0.0133	23	0.0147	13	0.0126	23	0.0137	16
新疆	0.0159	11	0.0160	8	0.0167	9	0.0142	13

江苏、浙江、福建、青海和西藏6个省份，三类地区包括黑龙江、辽宁、内蒙古、河北、山西、陕西、宁夏、山东、安徽、湖北、湖南、江西、广东、重庆、海南、云南、四川和新疆18个省份，四类地区包括吉林、河南、贵州、广西和甘肃5个省份。在2017年我国各省份高中教育资源供给指数的区域类型中，一类地区包括北京和上海2个直辖市，二类地区包括天津、江苏、浙江、广东、海南和西藏6个省份，三类地区包括辽宁、内蒙古、山东、安徽、福建、湖北、湖南、云南、重庆、四川、陕西、山西、宁夏、甘肃、青海和新疆16个省份，四类地区包括黑龙江、吉林、河北、河南、江西、贵州和广西7个省份。

2003—2017年，我国各省份高中教育资源供给指数的年增长率平均值较高的为北京、上海、内蒙古、陕西和湖北5个省份，较低的为河南、吉林、云南、广东和广西5个省份，极高值北京的高中教育资源供给指数年增长率平均值为3.23%，极低值广西的高中教育资源供给指数年增长率平均值为-2.08%。

（二）高中教育资源质量指数

在高中教育资源质量指数的省域差距中，2003年，高中教育资源质量指数较高的为宁夏、北京、天津、上海和湖南5个省份，指标值较低的为山东、河北、西藏、海南和黑龙江5个省份，极高值宁夏的高中教育资源质量指数为0.0212，极低值黑龙江的高中教育资源质量指数为0.0128，极差为1.66倍。2008年，高中教育资源质量指数较高的为宁夏、青海、甘肃、北京和上海5个省份，指标值较低的为内蒙古、广西、河北、河南和山东5个省份，极高值宁夏的高中教育资源质量指数为0.0202，极低值山东的高中教育资源质量指数为0.0128，极差为1.58倍，较2003年有所缩小。2013年，高中教育资源质量指数较高的为北京、青海、海南、西藏和甘肃5个省份，指标值较低的为内蒙古、河北、河南、吉林和山东5个省份，极高值北京的高中教育资源质量指数为0.0213，极低值山东的高中教育资源质量指数为0.0133，极差为1.60倍，较2008年有所扩大。2017年，高中教育资源质量指数较高的为西藏、北京、甘肃、贵州和海南5个省份，指标值较低的为河北、江苏、吉林、河南和山东5个省份，极高值西藏的高中教育资源质量指数为0.0218，极低值山东的高中教育资源质量指数为0.0126，极差为1.73倍，较2013年有所扩大（表9-17）。

2003年，高中教育资源质量指数高于全国平均水平的有北京、天津、山西、辽宁、上海、浙江、安徽、江西、湖北、湖南、重庆、四川、陕西、甘肃和宁夏15个省份，其余省份均低于全国平均水平；2008年，高中教育资源质量指数高于全国平均水平的有北京、天津、山西、上海、浙江、安徽、湖北、湖南、海南、重

表 9-17　2003—2017 年各省份高中教育资源质量指数

地区	2003 年 指标值	排序	2008 年 指标值	排序	2013 年 指标值	排序	2017 年 指标值	排序
北京	0.0201	2	0.0177	4	0.0213	1	0.0213	2
天津	0.0196	3	0.0168	11	0.0166	11	0.0160	14
河北	0.0140	28	0.0137	29	0.0139	28	0.0141	27
山西	0.0165	13	0.0161	18	0.0166	12	0.0157	17
内蒙古	0.0146	23	0.0144	27	0.0142	27	0.0158	16
辽宁	0.0163	14	0.0158	21	0.0143	26	0.0152	21
吉林	0.0155	19	0.0152	24	0.0135	30	0.0138	29
黑龙江	0.0128	31	0.0148	25	0.0148	24	0.0150	22
上海	0.0195	4	0.0175	5	0.0165	13	0.0152	20
江苏	0.0159	16	0.0153	23	0.0149	22	0.0141	28
浙江	0.0168	9	0.0161	17	0.0153	19	0.0154	19
安徽	0.0161	15	0.0166	13	0.0170	9	0.0155	18
福建	0.0150	21	0.0158	20	0.0156	17	0.0149	23
江西	0.0166	11	0.0159	19	0.0161	16	0.0168	9
山东	0.0141	27	0.0128	31	0.0133	31	0.0126	31
河南	0.0147	22	0.0130	30	0.0136	29	0.0129	30
湖北	0.0171	8	0.0164	16	0.0151	21	0.0146	25
湖南	0.0181	5	0.0166	14	0.0148	23	0.0143	26
广东	0.0157	17	0.0154	22	0.0153	20	0.0147	24
广西	0.0154	20	0.0142	28	0.0147	25	0.0159	15
海南	0.0137	30	0.0170	9	0.0186	3	0.0180	5
重庆	0.0165	12	0.0171	8	0.0168	10	0.0164	12
四川	0.0167	10	0.0167	12	0.0162	15	0.0166	11
贵州	0.0157	18	0.0174	7	0.0179	6	0.0192	4
云南	0.0141	25	0.0144	26	0.0153	18	0.0167	10
西藏	0.0138	29	0.0170	10	0.0186	4	0.0218	1
陕西	0.0176	7	0.0174	6	0.0172	7	0.0162	13
甘肃	0.0177	6	0.0177	3	0.0182	5	0.0196	3
青海	0.0141	26	0.0186	2	0.0203	2	0.0177	6
宁夏	0.0212	1	0.0202	1	0.0170	8	0.0168	8
新疆	0.0143	24	0.0165	15	0.0163	14	0.0172	7

庆、四川、贵州、西藏、陕西、甘肃、青海、宁夏和新疆18个省份，其余省份均低于全国平均水平；2013年，高中教育资源质量指数高于全国平均水平的有北京、天津、山西、上海、安徽、江西、海南、重庆、四川、贵州、西藏、陕西、甘肃、青海、宁夏和新疆16个省份，其余省份均低于全国平均水平；2017年，高中教育资源质量指数高于全国平均水平的有北京、江西、海南、重庆、四川、贵州、云南、西藏、陕西、甘肃、青海、宁夏和新疆13个省份，其余省份均低于全国平均水平。

根据高中教育资源质量指数的阈值[一类地区≥0.017，二类地区为0.015（含）—0.017，三类地区为0.013—0.015，四类地区<0.013]，本书将我国31个省份划分为4类区域类型。在2003年我国各省份高中教育资源质量指数的区域类型中，一类地区包括北京、天津、上海、陕西、宁夏、甘肃、湖北和湖南8个省份，二类地区包括吉林、辽宁、山西、安徽、江苏、浙江、江西、福建、广东、广西、贵州、重庆和四川13个省份，三类地区包括山东、河北、河南、内蒙古、海南、云南、青海、西藏和新疆9个省份，四类地区包括黑龙江1个省份。在2008年我国各省份高中教育资源质量指数的区域类型中，一类地区包括北京、上海、海南、贵州、重庆、陕西、宁夏、甘肃、青海和西藏10个省份，二类地区包括吉林、辽宁、天津、江苏、浙江、安徽、湖北、湖南、江西、福建、广东、四川、山西和新疆14个省份，三类地区包括黑龙江、内蒙古、河北、河南、广西和云南6个省份，四类地区包括山东1个省份。在2013年我国各省份高中教育资源质量指数的区域类型中，一类地区包括北京、贵州、海南、宁夏、安徽、陕西、甘肃、青海和西藏9个省份，二类地区包括天津、山西、浙江、湖北、江西、福建、广东、重庆、四川、云南、上海和新疆12个省份，三类地区包括黑龙江、吉林、辽宁、内蒙古、河北、河南、山东、江苏、湖南和广西10个省份，无四类地区。在2017年我国各省份高中教育资源质量指数的区域类型中，一类地区包括北京、海南、贵州、甘肃、青海、西藏和新疆7个省份，二类地区包括内蒙古、黑龙江、辽宁、天津、山西、陕西、上海、宁夏、四川、重庆、云南、广西、安徽、浙江和江西15个省份，三类地区包括吉林、河北、江苏、湖北、湖南、福建和广东7个省份，四类地区包括山东和河南2个省份。

2003—2017年，我国各省份高中教育资源质量指数的年增长率平均值较高的为西藏、海南、青海、贵州和新疆5个省份，较低的为湖北、天津、宁夏、湖南和上海5个省份，极高值西藏的高中教育资源质量指数的年增长率平均值为3.92%，极低值上海的高中教育资源质量指数的年增长率平均值为-1.73%。

第十章　全国义务教育城镇化区域响应的基本态势与结构特征

教育与区域之间存在相互影响、相互促进的互动关系，但就具体区域而言，我国正处于城镇化快速发展阶段，在一定时段内，是教育先于区域发展，还是区域在发展过程中带动教育发展？本章对全国城镇化指数和义务教育城镇化指数进行实证分析。

第一节　全国城镇化指数的基本态势与结构特征

城镇化指数用来表征某区域的城镇化发展水平，本节从城镇化规模和城镇化结构两个维度，以及人口、经济和社会三个方面，进行城镇化水平的测度。

我国城镇化指数呈持续增长趋势，其指标值从 2003 年的 0.0489 增加至 2017 年的 0.0871，年增长率平均值为 4.20%（表 10-1，图 10-1）。在影响我国 2003—2017 年城镇化指数变动的两个基础数据中，全国城镇化规模指数呈持续增长趋势，从 2003 年的 0.0190 增加至 2017 年的 0.0505，增长了 165.79%，全国城镇化结构指数呈持续增长趋势，从 2003 年的 0.0300 增加至 2017 年的 0.0365，增长了 21.67%。

表 10-1　2003—2017 年全国城镇化指数

年份	2003	2004	2005	2006	2007	2008	2009	2010
指标值	0.0489	0.0508	0.0528	0.0556	0.0578	0.0600	0.0622	0.0657
年份	2011	2012	2013	2014	2015	2016	2017	
指标值	0.0694	0.0722	0.0749	0.0782	0.0806	0.0836	0.0871	

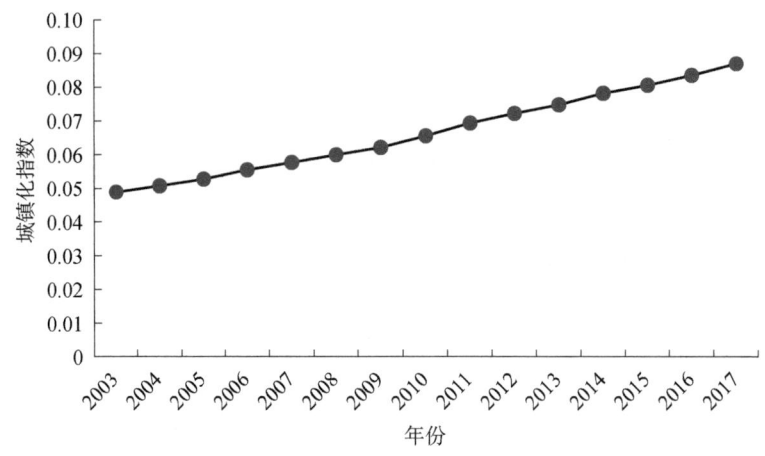

图 10-1　2003—2017 年全国城镇化指数的变化趋势

根据全国城镇化指数的 2 个分指数的指标值相对大小，本书将全国城镇化指数划分为 2 种基本类型，即城镇化规模主导型和城镇化结构主导型。全国城镇化指数在不同时段呈有差异的指数类型，以研究所监测的 4 个时间截面来看，2003 年全国城镇化指数的类型为城镇化结构主导型，2008 年该指数类型为城镇化结构主导型，2013 年该指数类型为城镇化规模主导型，2017 年该指数类型为城镇化规模主导型。全国义务教育综合发展指数整体从城镇化结构主导型向城镇化规模主导型转变。

一、全国城镇化规模指数的基本态势与结构特征

全国城镇化规模指数是通过城镇化规模指标反映某地区的城镇化水平。本书将人口城镇化规模指数、经济城镇化规模指数和社会城镇化规模指数三个指数合成为城镇化规模指数来综合评价城镇化规模。

我国城镇化规模指数呈持续增长趋势，其指标值从 2003 年的 0.0190 增加至 2017 年的 0.0505，年增长率平均值为 7.26%（表 10-2，图 10-2）。显然，我国城镇化水平不断提升，趋势向好。

表 10-2　2003—2017 年全国城镇化规模指数

年份	2003	2004	2005	2006	2007	2008	2009	2010
指标值	0.0190	0.0204	0.0219	0.0239	0.0257	0.0276	0.0294	0.0323
年份	2011	2012	2013	2014	2015	2016	2017	
指标值	0.0355	0.0379	0.0402	0.0431	0.0451	0.0476	0.0505	

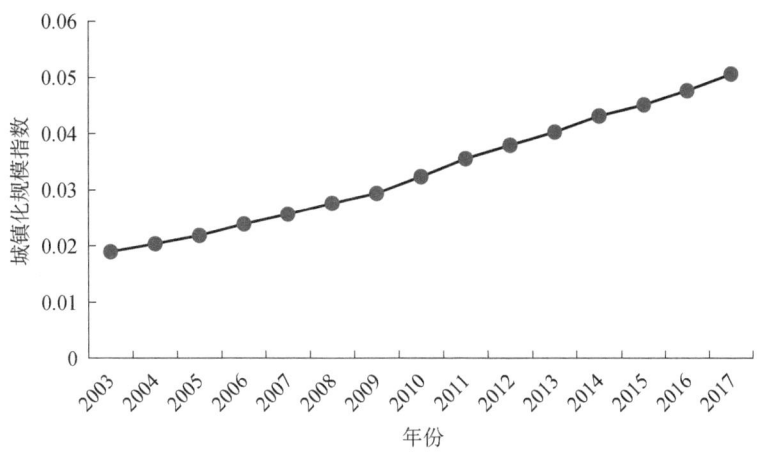

图 10-2　2003—2017 年全国城镇化规模指数的变化趋势

（一）人口城镇化规模指数

人口城镇化是指非城镇人口不断向城市转化和集中，城镇人口占总人口的比例逐渐提高的动态过程。人口城镇化有利于集中化生产。人口城镇化规模指数是衡量区域城镇化发展水平的重要指标之一，本书将城镇人口数作为人口城镇化的主要表征。

我国人口城镇化规模指数呈持续增长趋势，其指标值从 2003 年的 0.0084 增加至 2017 年的 0.0138，年增长率平均值为 3.64%（表 10-3，图 10-3）。这反映了我国人口城镇化水平大幅提升，城市人口不断增多，为我国推进城市化进程提供了人力基础。

表 10-3　2003—2017 年全国人口城镇化规模指数

年份	2003	2004	2005	2006	2007	2008	2009	2010
指标值	0.0084	0.0087	0.0090	0.0097	0.0100	0.0103	0.0106	0.0111
年份	2011	2012	2013	2014	2015	2016	2017	
指标值	0.0116	0.0120	0.0123	0.0127	0.0130	0.0134	0.0138	

（二）经济城镇化规模指数

经济城镇化是衡量区域城镇化发展水平的重要指标之一，城市化就是产业结构不断由低层次向高层次演进的伴生发展过程。本书使用产业结构产值即第二产业和第三产业产值总和作为衡量经济城镇化规模的主要指标。

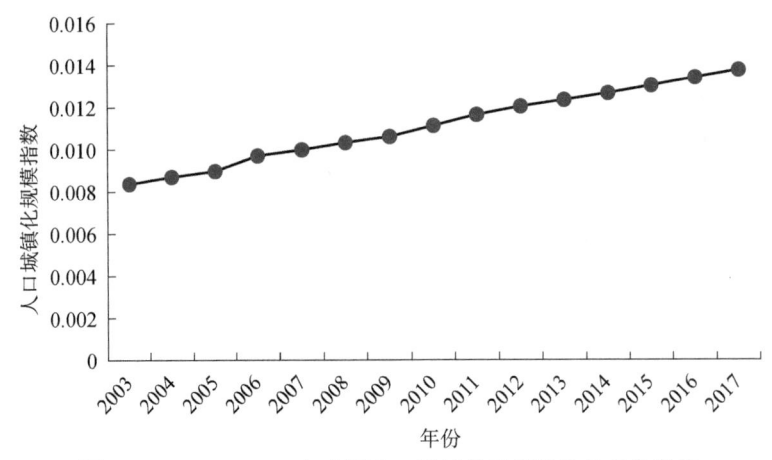

图 10-3　2003—2017 年全国人口城镇化规模指数的变化趋势

我国经济城镇化规模指数呈持续增长趋势，其指标值从 2003 年的 0.0031 增加至 2017 年的 0.0209，年增长率平均值为 14.60%（表 10-4，图 10-4）。这说明我国经济尤其是第二、第三产业实现了迅速增长，对城市化进程起到了推动作用。

表 10-4　2003—2017 年全国经济城镇化规模指数

年份	2003	2004	2005	2006	2007	2008	2009	2010
指标值	0.0031	0.0038	0.0046	0.0055	0.0066	0.0078	0.0088	0.0105
年份	2011	2012	2013	2014	2015	2016	2017	
指标值	0.0126	0.0139	0.0152	0.0166	0.0176	0.0190	0.0209	

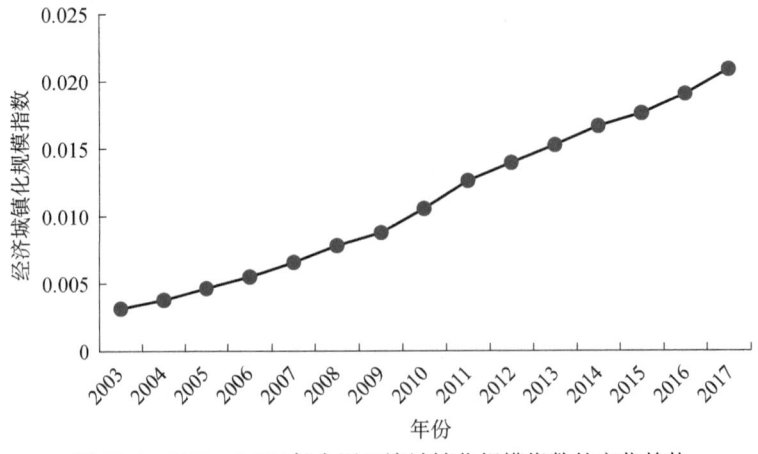

图 10-4　2003—2017 年全国经济城镇化规模指数的变化趋势

（三）社会城镇化规模指数

社会城镇化规模是衡量区域城镇化发展规模的重要指标之一，本书通过城镇居民人均收入、建成区面积和恩格尔系数三个指标进行综合考量。

我国社会城镇化规模指数呈持续增长趋势，其指标值从 2003 年的 0.0075 增加至 2017 年的 0.0159，年增长率平均值为 5.55%（表 10-5，图 10-5）。在影响我国 2003—2017 年社会城镇化规模指数的三个基础数据中，全国城镇居民人均收入呈持续上升趋势，从 2003 年的 8526 元上升至 2017 年的 36 132 元，上升了 323.79%，建成区面积呈持续增长趋势，从 2003 年的 28 308 平方公里增长至 2017 年的 56 226 平方公里，增长了 98.62%，说明 14 年间全国城镇建成区扩张幅度较大，全国城市恩格尔系数呈波动下降趋势，从 2003 年的 0.3710 下降至 2017 年的 0.2869，下降了 22.67%，其中极大值出现在 2008 年（0.3795），极小值出现在 2017 年（0.2869），说明人们的生活质量有所提高和改善。

表 10-5　2003—2017 年全国社会城镇化规模指数

年份	2003	2004	2005	2006	2007	2008	2009	2010
指标值	0.0075	0.0079	0.0083	0.0087	0.0091	0.0095	0.0100	0.0106
年份	2011	2012	2013	2014	2015	2016	2017	
指标值	0.0113	0.0119	0.0127	0.0138	0.0144	0.0151	0.0159	

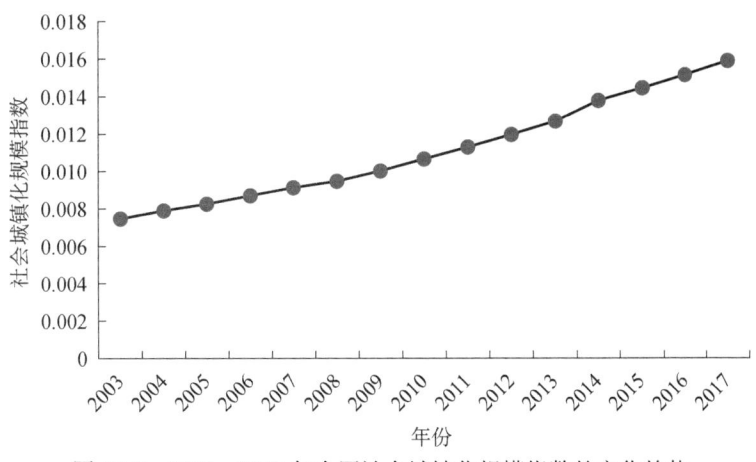

图 10-5　2003—2017 年全国社会城镇化规模指数的变化趋势

二、全国城镇化结构指数的基本态势与结构特征

全国城镇化结构指数是通过城镇化规模指标与总指标的比值反映某地区的

城镇化水平和城乡发展差异。本书将人口城镇化结构指数、经济城镇化结构指数和社会城镇化结构指数三个指数合成为城镇化结构指数来综合评价城镇化结构。

我国城镇化结构指数呈持续增长趋势，其指标值从 2003 年的 0.0300 增加至 2017 年的 0.0365，增长了 21.93%，年增长率平均值为 1.42%（表 10-6，图 10-6）。显然，我国城镇化水平不断提升，趋势向好。

表 10-6　2003—2017 年全国城镇化结构指数

年份	2003	2004	2005	2006	2007	2008	2009	2010
指标值	0.0300	0.0304	0.0310	0.0317	0.0321	0.0324	0.0328	0.0334
年份	2011	2012	2013	2014	2015	2016	2017	
指标值	0.0339	0.0343	0.0346	0.0351	0.0356	0.0360	0.0365	

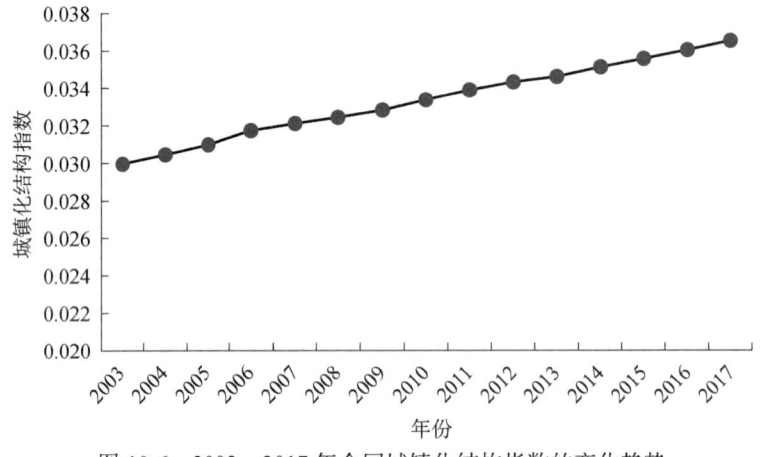

图 10-6　2003—2017 年全国城镇化结构指数的变化趋势

（一）人口城镇化结构指数

人口城镇化有利于集中化生产。人口城镇化结构是衡量区域城镇化发展结构的重要指标之一，本书通过城镇人口比指标作为人口城镇化的主要表征，即城镇人口占总人口的比例。

我国人口城镇化结构指数呈持续增长趋势，其指标值从 2003 年的 0.0087 增加至 2017 年的 0.0132，增长了 51.72%（表 10-7，图 10-7）。这反映了我国人口城镇化水平大幅提升、城市人口不断增多，为我国推进城市化进程提供了人力基础。

表 10-7 2003—2017 年全国人口城镇化结构指数

年份	2003	2004	2005	2006	2007	2008	2009	2010
指标值	0.0087	0.0090	0.0093	0.0100	0.0103	0.0105	0.0108	0.0111
年份	2011	2012	2013	2014	2015	2016	2017	
指标值	0.0116	0.0119	0.0122	0.0124	0.0127	0.0130	0.0132	

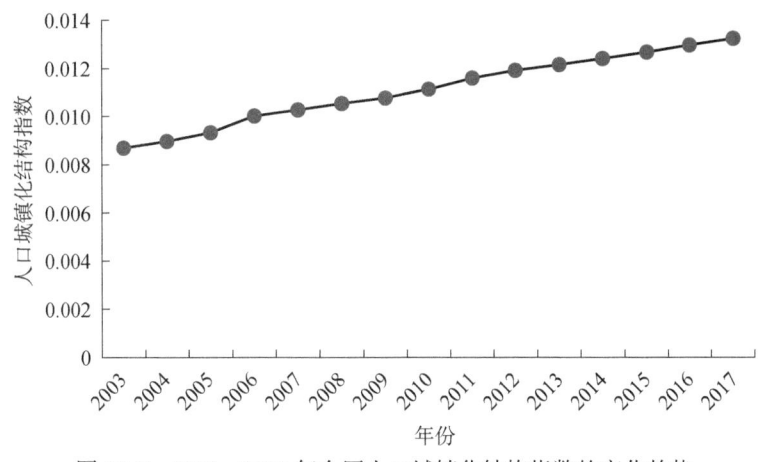

图 10-7 2003—2017 年全国人口城镇化结构指数的变化趋势

（二）经济城镇化结构指数

本书使用产业结构系数即第二产业和第三产业产值占比作为衡量经济城镇化结构的主要指标。我国经济城镇化结构指数呈波动增长趋势，其指标值从 2003 年的 0.0108 增加至 2017 年的 0.0114，增长了 5.56%，年增长率平均值为 0.43%，极大值出现在 2017 年（0.0114），极小值出现在 2004 年（0.0107）（表 10-8，图 10-8）。

表 10-8 2003—2017 年全国经济城镇化结构指数

年份	2003	2004	2005	2006	2007	2008	2009	2010
指标值	0.0108	0.0107	0.0109	0.0110	0.0110	0.0111	0.0111	0.0108
年份	2011	2012	2013	2014	2015	2016	2017	
指标值	0.0112	0.0112	0.0112	0.0111	0.0113	0.0113	0.0114	

（三）社会城镇化结构指数

社会城镇化结构是衡量区域城镇化发展水平的重要指标之一，本书通过城镇

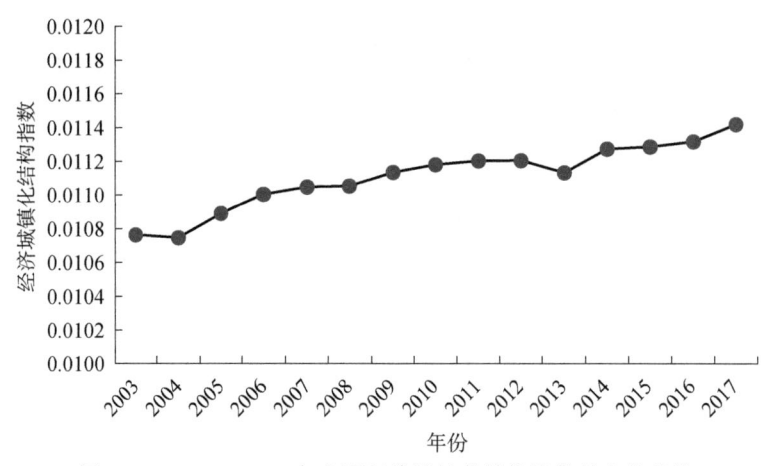

图 10-8　2003—2017 年全国经济城镇化结构指数的变化趋势

居民人均收入比、建成区面积比和恩格尔系数比三个指标进行综合考量。其中，城镇居民人均收入比为城镇居民人均收入占人均国民收入的比例，用以反映城乡居民收入差距，建成区面积比为建成区面积占国土总面积的比例，用以反映城镇建成区面积的增长状况，恩格尔系数比为城市居民恩格尔系数与国民恩格尔系数的比，用以反映城市居民生活水平。

我国社会城镇化结构指数呈持续增长趋势，其指标值从 2003 年的 0.0105 增加至 2017 年的 0.0119，增长了 13.33%，年增长率平均值为 0.88%（表 10-9，图 10-9）。在影响我国 2003—2017 年社会城镇化结构指数的三个基础数据中，全国城镇居民人均收入比呈持续下降趋势，从 2003 年的 1.7183 下降至 2017 年的 1.3460，下降了 21.67%，这说明全国城乡收入差距不断缩小；建成区面积比呈持续增长趋势，从 2003 年的 0.0030 增长至 2017 年的 0.0059，增长了 96.67%，说明 14 年间全国城镇建成区扩张幅度较大；恩格尔系数比呈波动下降趋势，从 2003 年的 1.0782 下降至 2017 年的 1.0212，下降了 5.29%，其中极大值出现在 2003 年（1.0782），极小值出现在 2013 年（1.0147），说明人们的生活质量有所提高和改善。

表 10-9　2003—2017 年全国社会城镇化结构指数

年份	2003	2004	2005	2006	2007	2008	2009	2010
指标值	0.0105	0.0107	0.0108	0.0107	0.0108	0.0108	0.0109	0.0111
年份	2011	2012	2013	2014	2015	2016	2017	
指标值	0.0111	0.0112	0.0113	0.0115	0.0116	0.0118	0.0119	

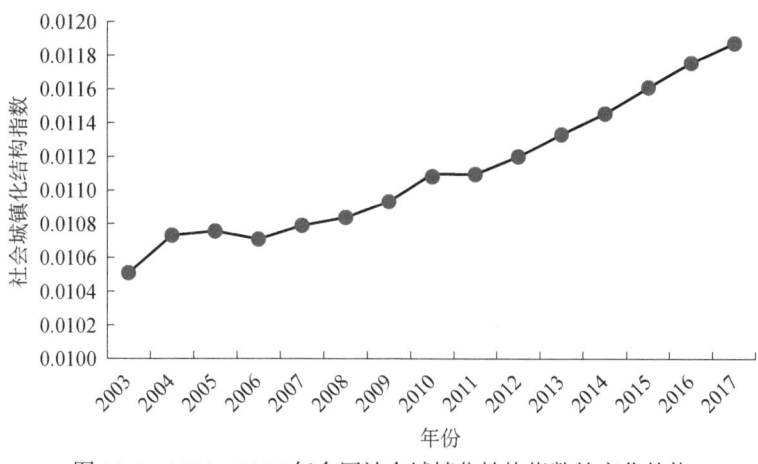

图 10-9　2003—2017 年全国社会城镇化结构指数的变化趋势

第二节　全国义务教育城镇化指数的基本态势与结构特征

教育城镇化是城镇化的重要构成之一，是衡量区域城镇化水平的重要方面。本书选用义务教育城镇化指数测度区域城镇化水平，主要从义务教育城镇化规模和结构两方面，使用义务教育阶段城镇教师人数和城镇学生人数及其占比计算。

全国义务教育城镇化指数呈波动增长趋势，其指标值从 2003 年的 0.0524 增长至 2007 年的 0.0606，2008 年有所下降后增长至 2011 年的 0.0725，2017 年为 0.0836，其间最小值出现在 2004 年（0.0501），最大值出现在 2017 年（0.0836），年增长率平均值为 3.52%（表 10-10，图 10-10）。在影响我国 2003—2017 年义务教育城镇化指数变动的两个基础数据中，义务教育城镇化规模指数呈波动增长趋势，从 2003 年的 0.0273 增长至 2007 年的 0.0304，后波动增长至 2011 年的 0.0362，2017 年持续增长至 0.0421；义务教育城镇化结构指数呈波动增长趋势，从 2003 年的 0.0250 波动增长至 2007 年的 0.0301，后波动增长至 2011 年的 0.0363，2017 年持续增长至 0.0415。

根据全国义务教育城镇化指数的 2 个分指数的指标值相对大小，本书将全国义务教育城镇化指数划分为 2 种基本类型，即义务教育城镇化规模主导型和义务教育城镇化结构主导型。全国义务教育城镇化指数在不同时段呈有差异的指数类型，以研究所监测的4个时间截面来看，2003年全国义务教育综合发展指数的类型为义务教育城镇化结构主导型，2008年该指数类型为义务教育城镇化规模主导型，2013年该指数类型为义务教育城镇化结构主导型，2017年该指数类型为义务教育城镇化规模主导型。全国义务教育综合发展指数整体从义务教育城镇化结构主导型向义务教育城镇化规模主导型转变。

表 10-10　2003—2017 年全国义务教育城镇化指数

年份	2003	2004	2005	2006	2007	2008	2009	2010
指标值	0.0524	0.0501	0.0536	0.0546	0.0606	0.0593	0.0603	0.0622
年份	2011	2012	2013	2014	2015	2016	2017	
指标值	0.0725	0.0753	0.0765	0.0782	0.0796	0.0812	0.0836	

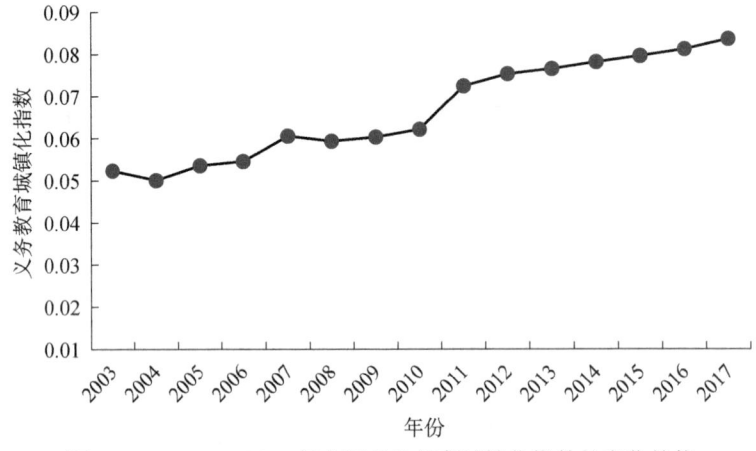

图 10-10　2003—2017 年全国义务教育城镇化指数的变化趋势

一、全国义务教育城镇化规模指数的基本态势与结构特征

全国义务教育城镇化规模指数主要衡量的是义务教育阶段城镇办学规模，本书主要用义务教育阶段城镇教师规模和城镇在校学生规模作为衡量义务教育城镇化规模的主要依据。

全国义务教育城镇化规模指数呈波动增长趋势，其指标值从 2003 年的 0.0273 波动增长至 2007 年的 0.0304，后波动增长至 2011 年的 0.0362，2017 年增长至 0.0421，其间最小值出现在 2004 年（0.0256），最大值出现在 2017 年（0.0421），年增长率平均值为 3.27%（表 10-11，图 10-11）。在影响我国 2003—2017 年义务教育城镇化规模指数变动的两个基础数据中，义务教育城镇教师规模指数呈波动增长趋势，从 2003 年的 0.0530 波动增长至 2007 年的 0.0627，后波动增长至 2011 年的 0.0730，2017 年增长至 0.0846，义务教育城镇在校生规模指数呈波动增长趋势，从 2003 年的 0.0564 增长至 2017 年的 0.0840，总增长率为 49.02%。

表 10-11　2003—2017 年全国义务教育城镇化规模指数

年份	2003	2004	2005	2006	2007	2008	2009	2010
指标值	0.0273	0.0256	0.0271	0.0275	0.0304	0.0297	0.0301	0.0308
年份	2011	2012	2013	2014	2015	2016	2017	
指标值	0.0362	0.0373	0.0375	0.0384	0.0393	0.0405	0.0421	

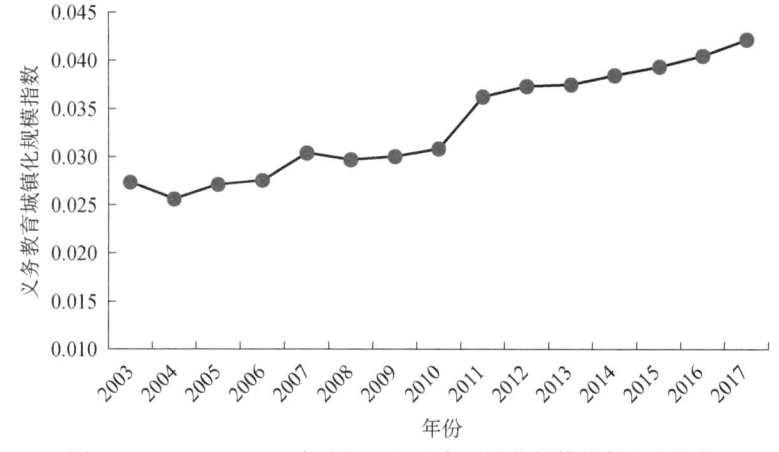

图 10-11　2003—2017 年全国义务教育城镇化规模指数变化趋势

（一）全国义务教育城镇教师规模指数

全国义务教育城镇教师规模指数呈波动增长趋势，从 2003 年的 0.0530 波动增长至 2007 年的 0.0627，后波动增长至 2011 年的 0.0730，2017 年增长至 0.0846，其间最小值出现在 2004 年（0.0482），最大值出现在 2017 年（0.0846），年增长率平均值为 3.62%（表 10-12，图 10-12）。

表 10-12　2003—2017 年全国义务教育城镇教师规模指数

年份	2003	2004	2005	2006	2007	2008	2009	2010
指标值	0.0530	0.0482	0.0532	0.0541	0.0627	0.0589	0.0604	0.0623
年份	2011	2012	2013	2014	2015	2016	2017	
指标值	0.0730	0.0749	0.0761	0.0779	0.0793	0.0814	0.0846	

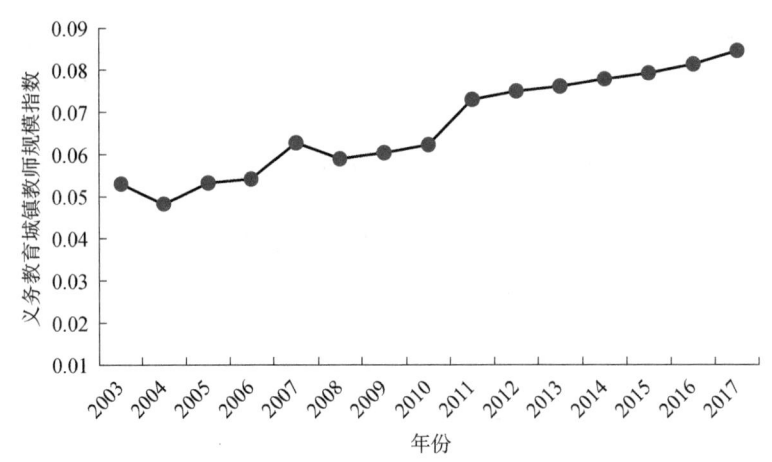

图 10-12　2003—2017 年全国义务教育城镇教师规模指数的变化趋势

（二）全国义务教育城镇在校生规模指数

全国义务教育城镇在校生规模呈波动增长趋势，其指标值从 2003 年的 0.0564 增长至 2017 年的 0.0840，增长了 48.93%，年增长率平均值为 2.99%（表 10-13，图 10-13）。

表 10-13　2003—2017 年全国义务教育城镇在校生规模指数

年份	2003	2004	2005	2006	2007	2008	2009	2010
指标值	0.0564	0.0542	0.0552	0.0560	0.0589	0.0598	0.0598	0.0611
年份	2011	2012	2013	2014	2015	2016	2017	
指标值	0.0718	0.0743	0.0738	0.0759	0.0781	0.0806	0.0840	

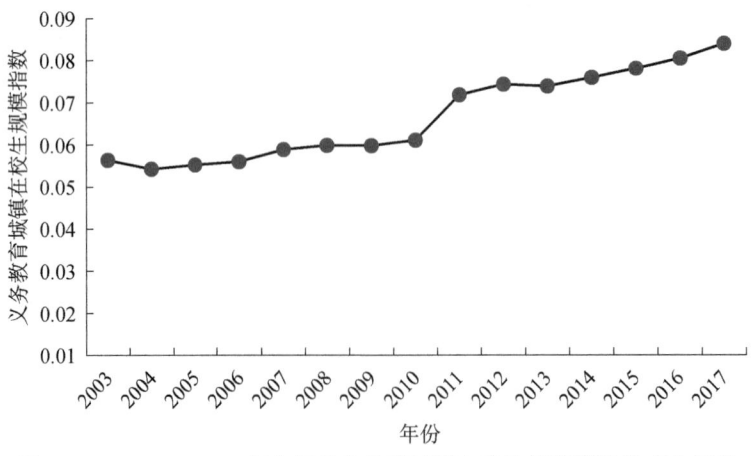

图 10-13　2003—2017 年全国义务教育城镇在校生规模指数的变化趋势

二、全国义务教育城镇化结构指数的基本态势与结构特征

全国义务教育城镇化结构指数主要衡量的是义务教育阶段城镇办学规模与总办学规模的比例,本书主要用义务教育阶段城镇教师比和城镇在校生比作为衡量义务教育城镇化结构的主要依据。

全国义务教育城镇化结构指数呈波动增长趋势,其指标值从2003年的0.0250波动增长至2007年的0.0301,后波动增长至2011年的0.0363,2017年持续增长至0.0415,其间最小值出现在2004年(0.0245),最大值出现在2017年(0.0415),总增长率为65.73%,年增长率平均值为3.78%(表10-14,图10-14)。在影响我国2003—2017年义务教育城镇化结构指数变动的两个基础数据中,义务教育城镇教师比呈波动增长趋势,从2003年的0.3853波动增长至2007年的0.4745,后波动增长至2011年的0.5222,2017年增长至0.5642,增长了46.42%,义务教育城镇在校生规模指数呈持续增长趋势,从2003年的0.4074增长至2017年的0.7647,增长了87.70%。

表10-14　2003—2017年全国义务教育城镇化结构指数

年份	2003	2004	2005	2006	2007	2008	2009	2010
指标值	0.0250	0.0245	0.0264	0.0270	0.0301	0.0296	0.0303	0.0313
年份	2011	2012	2013	2014	2015	2016	2017	
指标值	0.0363	0.0380	0.0391	0.0398	0.0403	0.0408	0.0415	

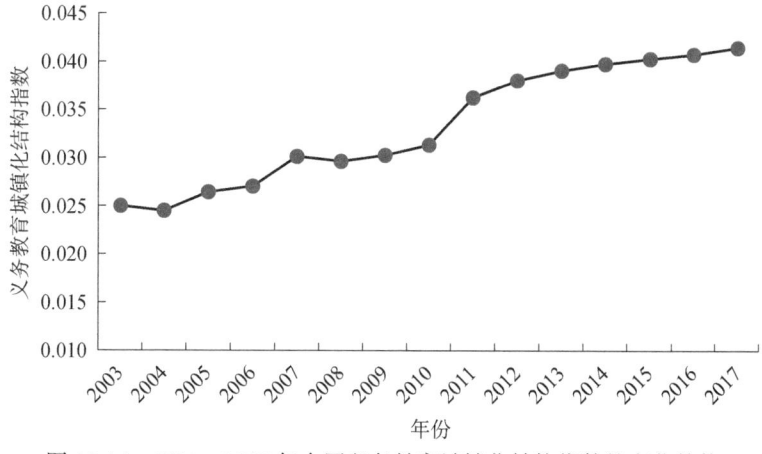

图10-14　2003—2017年全国义务教育城镇化结构指数的变化趋势

（一）全国义务教育城镇教师比

全国义务教育城镇教师比呈波动增长趋势，其指标值从 2003 年的 0.3853 波动增长至 2007 年的 0.4745，后波动增长至 2011 年的 0.5222，2017 年增长至 0.5642，其间最小值出现在 2004 年（0.3724），最大值出现在 2017 年（0.5642），年增长率平均值为 2.91%（表 10-15，图 10-15）。

表 10-15　2003—2017 年全国义务教育城镇教师比

年份	2003	2004	2005	2006	2007	2008	2009	2010
指标值	0.3853	0.3724	0.4088	0.4126	0.4745	0.4438	0.4516	0.4648
年份	2011	2012	2013	2014	2015	2016	2017	
指标值	0.5222	0.5349	0.5415	0.5476	0.5520	0.5572	0.5642	

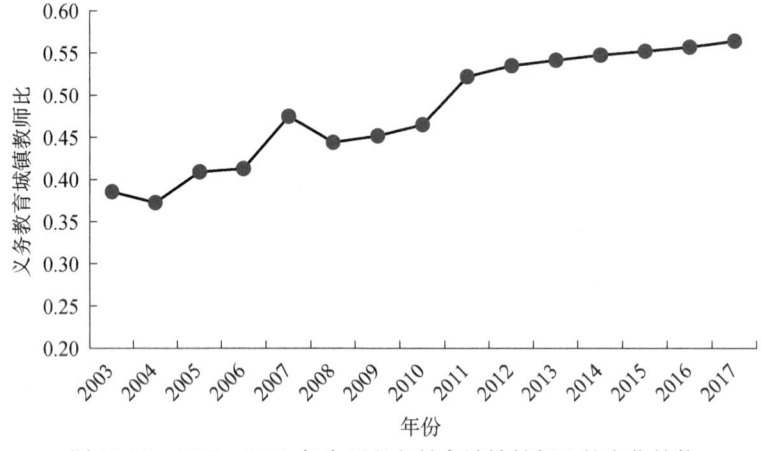

图 10-15　2003—2017 年全国义务教育城镇教师比的变化趋势

（二）全国义务教育城镇在校生比

全国义务教育城镇在校生比呈波动增长趋势，其指标值从 2003 年的 0.4074 波动增长至 2017 年的 0.7647，总增长率为 87.70%，年增长率平均值为 4.70%（表 10-16，图 10-16）。

表 10-16　2003—2017 年全国义务教育城镇在校生比

年份	2003	2004	2005	2006	2007	2008	2009	2010
指标值	0.4074	0.4048	0.4287	0.4450	0.4784	0.4977	0.5105	0.5311
年份	2011	2012	2013	2014	2015	2016	2017	
指标值	0.6337	0.6800	0.7079	0.7255	0.7380	0.7483	0.7647	

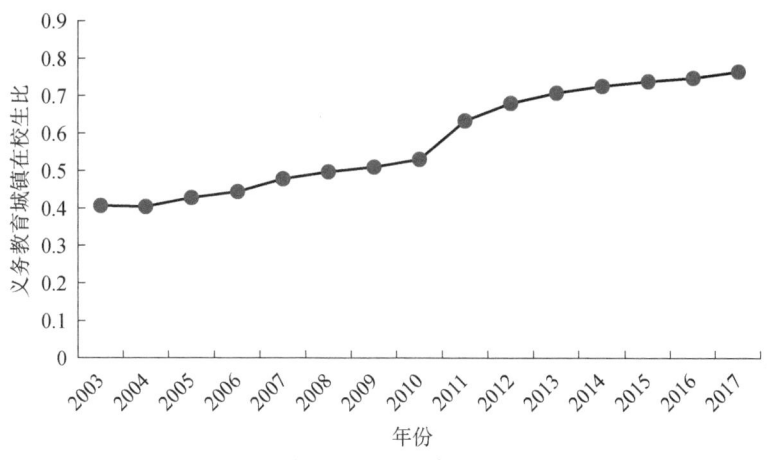

图 10-16　2003—2017 年全国义务教育城镇在校生比的变化趋势

第三节　全国义务教育城镇化与区域城镇化关系指数的基本态势与结构特征

城镇化指数表征某区域的城镇化发展水平,本书从城镇化规模和城镇化结构两个维度,人口、经济和社会三个方面,进行城镇化水平的测度。

我国义务教育城镇化与区域城镇化关系指数呈不稳定的波动态势,整体来看呈波动下降趋势,其指标值从 2003 年的 1.0702 波动下降至 2017 年的 0.9605,下降了 10.25%,年增长率平均值为 −0.67%(表 10-17,图 10-17)。在影响我国 2003—2017 年义务教育城镇化与区域城镇化关系指数变动的两个基础数据中,全国城镇化指数呈持续增长趋势,从 2003 年的 0.0489 增加至 2017 年的 0.0871,增长了 77.93%,全国义务教育城镇化指数呈波动增长趋势,其指标值从 2003 年的 0.0524 波动增长至 2007 年的 0.0606,后波动增长至 2011 年的 0.0725,2017 年增长至 0.0836,其间最小值出现在 2004 年(0.0501),最大值出现在 2017 年(0.0836)。

根据义务教育城镇化与区域城镇化关系指数的 2 个分指数的指标值相对大小,本书将全国义务教育城镇化与区域城镇化关系指数划分为 2 种基本类型,即城镇化主导型和义务教育城镇化主导型。全国义务教育城镇化与区域城镇化关系指数在不同时段呈有差异的指数类型,以研究所监测的 4 个时间截面来看,2003

年该指数的类型为义务教育城镇化主导型，2008 年该指数类型为城镇化主导型，2013 年该指数类型为义务教育城镇化主导型，2017 年该指数类型为城镇化主导型。全国义务教育城镇化与区域城镇化关系指数在义务教育城镇化主导型和城镇化主导型之间往复变化。

表 10-17　2003—2017 年全国义务教育城镇化与区域城镇化关系指数

年份	2003	2004	2005	2006	2007	2008	2009	2010
指标值	1.0702	0.9860	1.0135	0.9813	1.0476	0.9885	0.9697	0.9464
年份	2011	2012	2013	2014	2015	2016	2017	
指标值	1.0436	1.0430	1.0222	0.9997	0.9875	0.9715	0.9605	

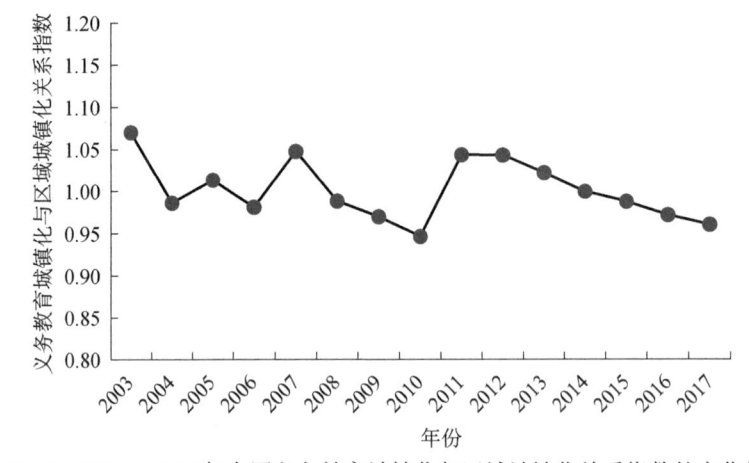

图 10-17　2003—2017 年全国义务教育城镇化与区域城镇化关系指数的变化趋势

第十一章　各地区义务教育城镇化区域响应的基本态势与结构特征

我国东、中、西部地区，民族和非民族地区城镇化规模和结构、义务教育城镇化规模和结构都存在差异。在这一基本态势下寻求地区义务教育的均衡发展，必须对我国各地区义务教育城镇化对区域的响应方式、义务教育城镇化与区域城镇化之间的相互关系进行科学判定。

第一节　各地区城镇化指数及其分指数的基本态势与结构特征

我国各地区城镇化指数存在差异，在区域城镇化指数的东部地区、中部地区和西部地区差异中，2003 年，东部地区城镇化指数的指标值最高，中部地区次之，西部地区最低，东部地区城镇化指数为 0.4473，中部地区城镇化指数为 0.2999，西部地区城镇化指数为 0.2527。2017 年，东部地区城镇化指数为 0.4392，中部地区城镇化指数为 0.2954，西部地区城镇化指数为 0.2653（表 11-1，图 11-1）。2003—2017 年，全国东部地区、中部地区和西部地区城镇化指数的年增长率平均值分别为 -0.13%、-0.11% 和 0.35%，西部地区城镇化指数的指标值与中部地区和东部地区的差距呈现出缩小趋势。

表 11-1　2003—2017 年各地区城镇化指数

年份	2003	2004	2005	2006	2007	2008	2009	2010
东部地区	0.4473	0.4485	0.4504	0.4569	0.4556	0.4525	0.4500	0.4483
中部地区	0.2999	0.2980	0.2945	0.2909	0.2915	0.2931	0.2928	0.2932
西部地区	0.2527	0.2535	0.2552	0.2523	0.2529	0.2545	0.2572	0.2585
民族地区	0.2968	0.2976	0.2989	0.2961	0.2984	0.3001	0.3016	0.3018
非民族地区	0.7032	0.7024	0.7011	0.7039	0.7016	0.6999	0.6984	0.6982

年份	2011	2012	2013	2014	2015	2016	2017	
东部地区	0.4476	0.4448	0.4433	0.4418	0.4414	0.4406	0.4392	
中部地区	0.2931	0.2937	0.2939	0.2942	0.2941	0.2944	0.2954	
西部地区	0.2593	0.2615	0.2628	0.2640	0.2645	0.2650	0.2653	
民族地区	0.3008	0.3014	0.3015	0.3009	0.3009	0.3000	0.2988	
非民族地区	0.6992	0.6986	0.6985	0.6991	0.6991	0.7000	0.7012	

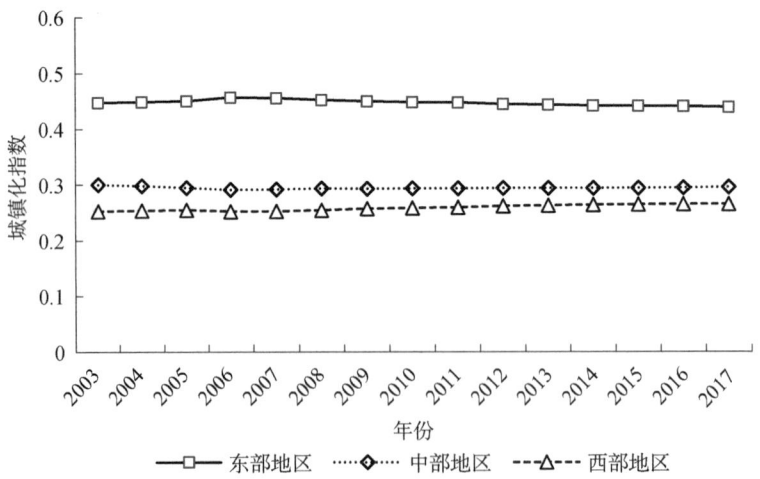

图 11-1　2003—2017 年全国东、中、西部地区城镇化指数的变化趋势

在区域城镇化指数的民族地区和非民族地区差异中，2003 年，非民族地区城镇化指数高于民族地区，非民族地区城镇化指数为 0.7032，民族地区城镇化指数为 0.2968。2017 年，非民族地区城镇化指数下降为 0.7012，民族地区城镇化指数上升为 0.2988。2003—2017 年，我国非民族地区和民族地区城镇化指数的年增长率平均值分别为 -0.02% 和 0.05%，非民族地区城镇化指数总体呈下降趋势，民族地区和非民族地区该指标的区域差距进一步缩小（表 11-1，图 11-2）。

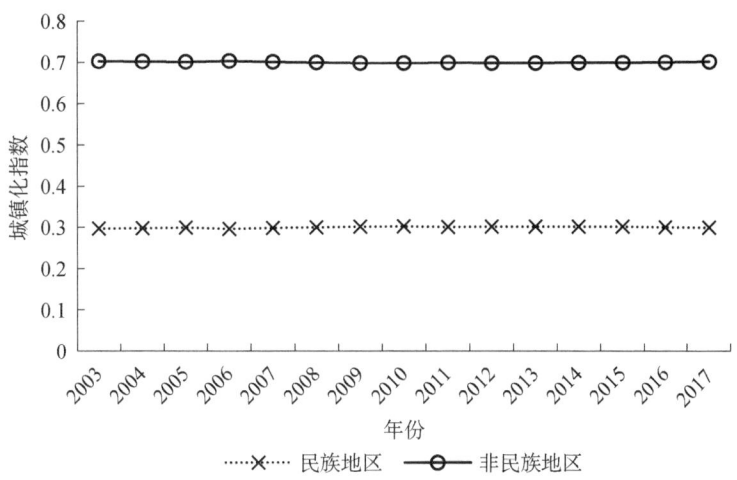

图 11-2　2003—2017 年全国民族地区与非民族地区城镇化指数的变化趋势

一、各地区城镇化规模指数的基本态势与结构特征

我国各地区城镇化规模指数存在差异，在区域城镇化规模指数的东部地区、中部地区和西部地区差异中，2003 年，东部地区城镇化规模指数的指标值最高，中部地区次之，西部地区最低，东部地区城镇化规模指数为 0.2462，中部地区城镇化规模指数为 0.1415，西部地区城镇化规模指数为 0.1123。显然，在城镇化规模上，我国东、中、西部地区的差距较大。2017 年，东部地区城镇化规模指数为 0.2414，中部地区城镇化规模指数为 0.1380，西部地区城镇化规模指数为 0.1206（表 11-2，图 11-3）。

表 11-2　2003—2017 年各地区城镇化规模指数

年份	2003	2004	2005	2006	2007	2008	2009	2010
东部地区	0.2462	0.2471	0.2503	0.2539	0.2530	0.2506	0.2490	0.2485
中部地区	0.1415	0.1406	0.1374	0.1352	0.1357	0.1369	0.1365	0.1368
西部地区	0.1123	0.1122	0.1123	0.1109	0.1113	0.1125	0.1145	0.1148
民族地区	0.0776	0.0775	0.0777	0.0768	0.0783	0.0791	0.0799	0.0799
非民族地区	0.4224	0.4225	0.4223	0.4232	0.4217	0.4209	0.4201	0.4201
年份	2011	2012	2013	2014	2015	2016	2017	
东部地区	0.2472	0.2450	0.2440	0.2429	0.2427	0.2421	0.2414	
中部地区	0.1369	0.1374	0.1373	0.1377	0.1374	0.1376	0.1380	
西部地区	0.1159	0.1176	0.1187	0.1195	0.1198	0.1203	0.1206	
民族地区	0.0796	0.0801	0.0802	0.0797	0.0797	0.0793	0.0785	
非民族地区	0.4204	0.4199	0.4198	0.4203	0.4203	0.4207	0.4215	

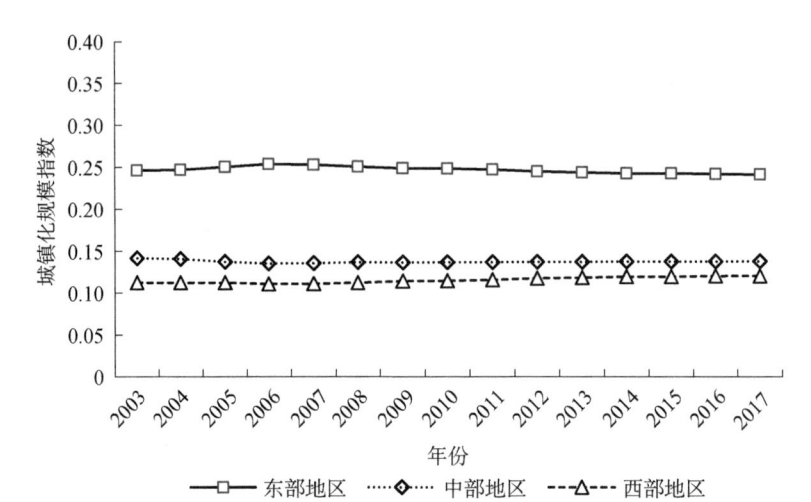

图 11-3　2003—2017 年全国东、中、西部地区城镇化规模指数的变化趋势

2003—2017 年，全国东部地区、中部地区和西部地区城镇化规模指数的年增长率平均值分别为-0.14%、-0.17%和 0.51%，西部地区城镇化规模指数的指标值与中部地区和东部地区的差距不断缩小。

在城镇化规模指数的民族地区和非民族地区差异中，2003 年，非民族地区城镇化规模指数高于民族地区，非民族地区城镇化规模指数为 0.4224，民族地区城镇化规模指数为 0.0776。2017 年，非民族地区城镇化规模指数下降为 0.4215，民族地区城镇化规模指数上升为 0.0785。2003—2017 年，我国非民族地区和民族地区城镇化规模指数的年增长率平均值分别为-0.01%和 0.08%，非民族地区城镇化规模指数的年增长率平均值出现负值（表 11-2，图 11-4）。

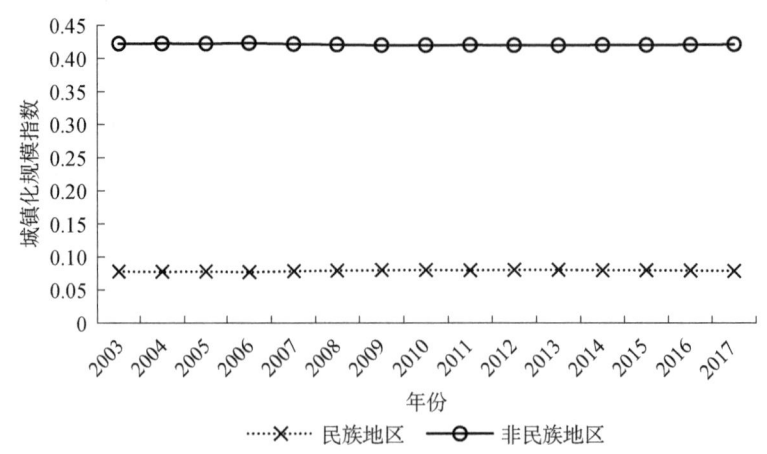

图 11-4　2003—2017 年全国民族地区与非民族地区城镇化规模指数的变化趋势

（一）人口城镇化规模指数

我国各地区人口城镇化规模指数存在差异，在人口城镇化规模指数的东部地区、中部地区和西部地区差异中，2003年，东部地区人口城镇化规模指数的指标值最高，中部地区次之，西部地区最低，东部地区人口城镇化规模指数为0.0762，中部地区人口城镇化规模指数为0.0514，西部地区人口城镇化规模指数为0.0391，在人口城镇化规模上，我国东、中、西部地区的差距较大。2017年，东部地区人口城镇化规模指数为0.0776，中部地区人口城镇化规模指数为0.0484，西部地区人口城镇化规模指数为0.0407（表11-3，图11-5）。2003—2017年，全国东部地区、中部地区和西部地区人口城镇化规模指数的年增长率平均值分别为0.13%、-0.42%和0.30%，总体而言，东部和西部地区人口城镇化规模不断上升，中部地区人口城镇化规模不断缩减。

表11-3　2003—2017年各地区人口城镇化规模指数

年份	2003	2004	2005	2006	2007	2008	2009	2010
东部地区	0.0762	0.0755	0.0764	0.0795	0.0792	0.0786	0.0782	0.0793
中部地区	0.0514	0.0514	0.0502	0.0488	0.0488	0.0490	0.0492	0.0485
西部地区	0.0391	0.0398	0.0400	0.0384	0.0387	0.0391	0.0393	0.0389
民族地区	0.0116	0.0118	0.0118	0.0113	0.0115	0.0116	0.0116	0.0115
非民族地区	0.1551	0.1548	0.1548	0.1554	0.1552	0.1551	0.1550	0.1552
年份	2011	2012	2013	2014	2015	2016	2017	
东部地区	0.0803	0.0797	0.0793	0.0788	0.0784	0.0780	0.0776	
中部地区	0.0479	0.0480	0.0481	0.0482	0.0483	0.0484	0.0484	
西部地区	0.0385	0.0390	0.0393	0.0397	0.0400	0.0403	0.0407	
民族地区	0.0113	0.0113	0.0113	0.0114	0.0115	0.0115	0.0115	
非民族地区	0.1554	0.1554	0.1553	0.1552	0.1552	0.1552	0.1551	

在人口城镇化规模指数的民族地区和非民族地区差异中，2003年，非民族地区人口城镇化规模指数高于民族地区，非民族地区人口城镇化规模指数为0.1551，民族地区人口城镇化规模指数为0.0116。2017年，非民族地区人口城镇化规模指数保持不变，民族地区人口城镇化规模指数下降为0.0115。2003—2017年，我国非民族地区和民族地区人口城镇化规模指数的年增长率平均值分别为0.001%和-0.001%，整体增降幅度不大，民族地区和非民族地区人口城镇化规模指数的区域差距呈较缓的增大趋势（表11-3，图11-6）。

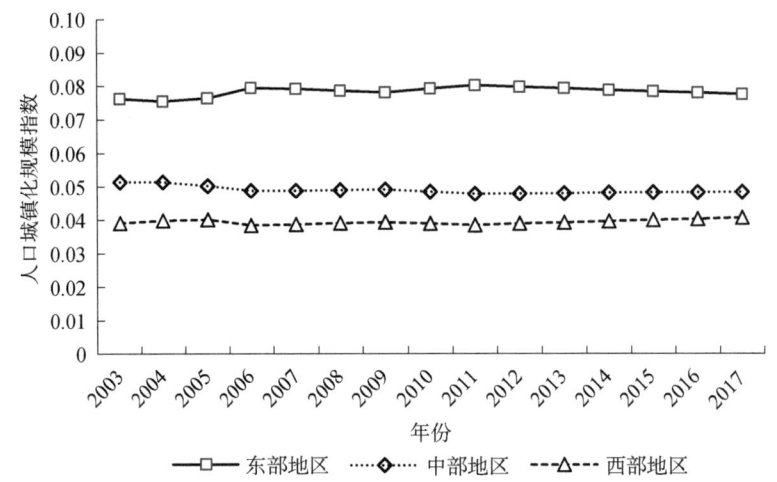

图 11-5 2003—2017 年全国东、中、西部地区人口城镇化规模指数的变化趋势

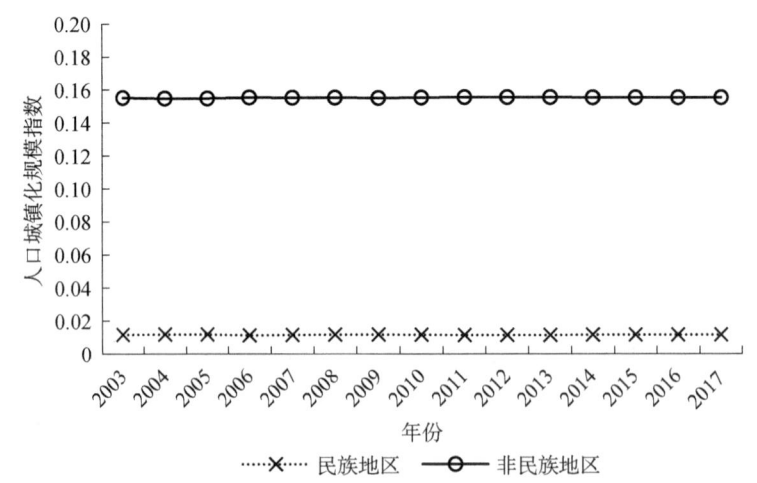

图 11-6 2003—2017 年全国民族地区与非民族地区人口城镇化规模指数的变化趋势

（二）经济城镇化规模指数

我国各地区经济城镇化规模指数存在差异，在经济城镇化规模指数的东部地区、中部地区和西部地区差异中，2003 年，东部地区经济城镇化规模指数的指标值最高，中部地区次之，西部地区最低，东部地区经济城镇化规模指数为 0.1008，中部地区经济城镇化规模指数为 0.0393，西部地区经济城镇化规模指数为 0.0267，在经济城镇化规模上，我国东、中、西部地区的差距较大。2017 年，东部地区经济城镇化规模指数为 0.0944，中部地区经济城镇化规模指数为 0.0398，西部地区经济城镇化规模指数为 0.0325（表 11-4，图 11-7）。2003—2017 年，全国东部地

区、中部地区和西部地区经济城镇化规模指数的年增长率平均值分别为-0.46%、0.11%和1.43%,西部地区经济城镇化规模指数的指标值与中部地区和东部地区的差距总体呈现出缩小趋势。

表 11-4 2003—2017 年各地区经济城镇化规模指数

年份	2003	2004	2005	2006	2007	2008	2009	2010
东部地区	0.1008	0.1009	0.1028	0.1024	0.1018	0.1003	0.0992	0.0978
中部地区	0.0393	0.0392	0.0370	0.0369	0.0372	0.0379	0.0377	0.0385
西部地区	0.0267	0.0266	0.0269	0.0273	0.0277	0.0285	0.0298	0.0304
民族地区	0.0081	0.0082	0.0089	0.0092	0.0095	0.0099	0.0102	0.0104
非民族地区	0.1586	0.1584	0.1578	0.1575	0.1572	0.1568	0.1565	0.1562
年份	2011	2012	2013	2014	2015	2016	2017	
东部地区	0.0960	0.0948	0.0944	0.0941	0.0945	0.0943	0.0944	
中部地区	0.0393	0.0395	0.0394	0.0394	0.0393	0.0395	0.0398	
西部地区	0.0314	0.0323	0.0328	0.0331	0.0329	0.0329	0.0325	
民族地区	0.0108	0.0109	0.0108	0.0108	0.0105	0.0102	0.0093	
非民族地区	0.1559	0.1558	0.1558	0.1559	0.1561	0.1564	0.1574	

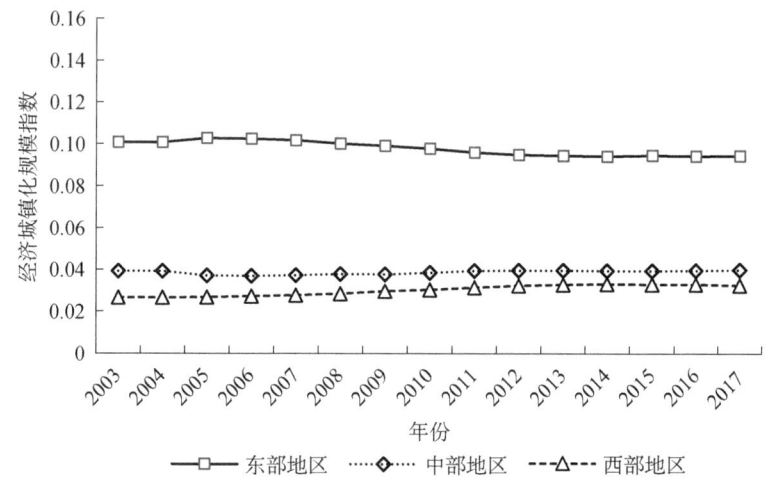

图 11-7 2003—2017 年全国东、中、西部地区经济城镇化规模指数的变化趋势

在经济城镇化规模指数的民族地区和非民族地区差异中,2003 年,非民族地区经济城镇化规模指数高于民族地区,非民族地区经济城镇化规模指数为 0.1586,民族地区经济城镇化规模指数为 0.0081。2017 年,非民族地区经济城镇化规模指数下降为 0.1574,民族地区经济城镇化规模指数上升为 0.0093。2003—2017 年,我国非民族地区和民族地区经济城镇化规模指数的年增长率平均值分别为-0.05%和 0.07%,非民族地区经济城镇化规模指数持续下降,民族地区和非民族地区经济

城镇化规模指数的区域差距缓慢缩小（表 11-4，图 11-8）。

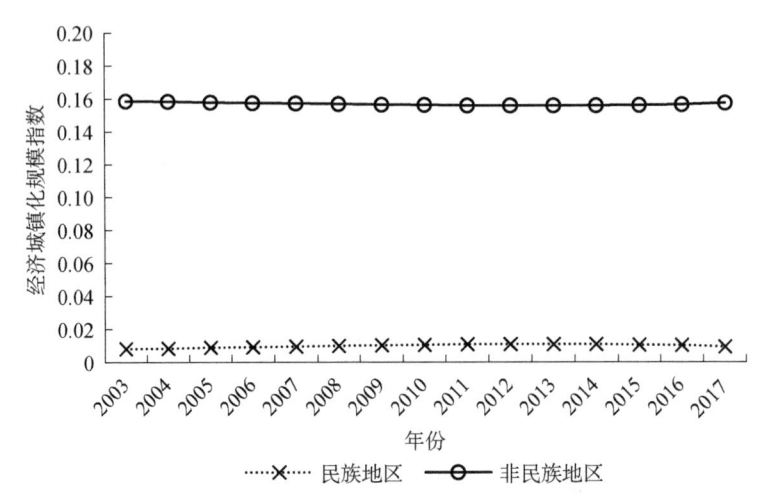

图 11-8　2003—2017 年全国民族地区与非民族地区经济城镇化规模指数的变化趋势

（三）社会城镇化规模指数

我国各地区社会城镇化规模指数存在差异，在社会城镇化规模指数的东部地区、中部地区和西部地区差异中，2003 年，东部地区社会城镇化规模指数的指标值最高，中部地区次之，西部地区最低，东部地区社会城镇化规模指数为 0.0692，中部地区社会城镇化规模指数为 0.0508，西部地区社会城镇化规模指数为 0.0466，在社会城镇化规模上，我国东、中、西部地区的差距不显著。2017 年，东部地区社会城镇化规模指数为 0.0695，中部地区社会城镇化规模指数为 0.0498，西部地区社会城镇化规模指数为 0.0474（表 11-5，图 11-9）。2003—2017 年，全国东部地区、中部地区和西部地区社会城镇化规模指数的年增长率平均值分别为 0.02%、-0.15% 和 0.13%，总体而言，中部地区社会城镇化规模指数的年增长率平均值出现负值，但东部地区、中部地区、西部地区的区域差距整体上呈缩小趋势。

表 11-5　2003—2017 年各地区社会城镇化规模指数

年份	2003	2004	2005	2006	2007	2008	2009	2010
东部地区	0.0692	0.0708	0.0711	0.0720	0.0720	0.0718	0.0716	0.0714
中部地区	0.0508	0.0501	0.0501	0.0496	0.0497	0.0500	0.0497	0.0498
西部地区	0.0466	0.0458	0.0454	0.0451	0.0449	0.0449	0.0454	0.0455
民族地区	0.0579	0.0574	0.0570	0.0563	0.0573	0.0576	0.0581	0.0580
非民族地区	0.1087	0.1093	0.1096	0.1103	0.1093	0.1090	0.1086	0.1086

续表

年份	2011	2012	2013	2014	2015	2016	2017
东部地区	0.0710	0.0705	0.0702	0.0699	0.0698	0.0698	0.0695
中部地区	0.0497	0.0499	0.0498	0.0501	0.0499	0.0497	0.0498
西部地区	0.0460	0.0463	0.0466	0.0467	0.0470	0.0471	0.0474
民族地区	0.0576	0.0579	0.0580	0.0574	0.0577	0.0575	0.0576
非民族地区	0.1091	0.1087	0.1086	0.1092	0.1090	0.1091	0.1090

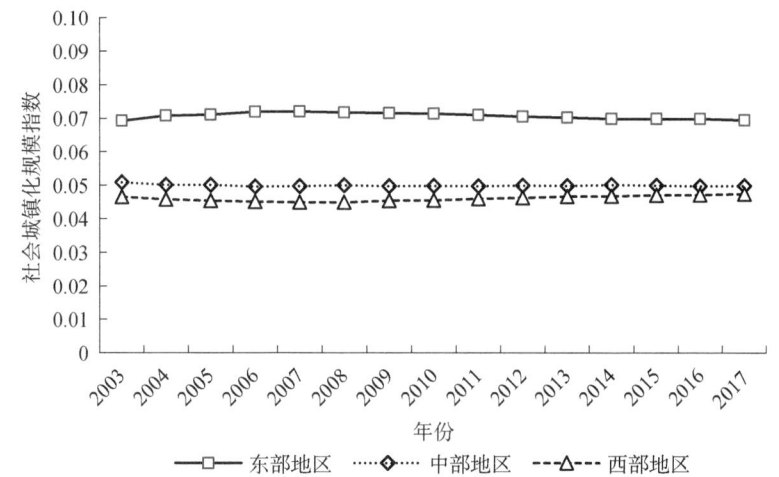

图 11-9 2003—2017 年全国东、中、西部地区社会城镇化规模指数的变化趋势

在社会城镇化规模指数的民族地区和非民族地区差异中，2003 年，非民族地区社会城镇化规模指数高于民族地区，非民族地区社会城镇化规模指数为 0.1087，民族地区社会城镇化规模指数为 0.0579。2017 年，非民族地区社会城镇化规模指数上升为 0.1090，民族地区社会城镇化规模指数下降为 0.0576。2003—2017 年，我国非民族地区和民族地区社会城镇化规模指数的年增长率平均值分别为 0.02% 和 -0.03%，总体而言，民族地区社会城镇化规模指数的年增长率平均值出现负值，民族地区和非民族地区社会城镇化规模指数的区域差距呈现出增大趋势（表 11-5，图 11-10）。

二、各地区城镇化结构指数的基本态势与结构特征

我国各地区城镇化结构指数存在差异，在城镇化结构指数的东部地区、中部地

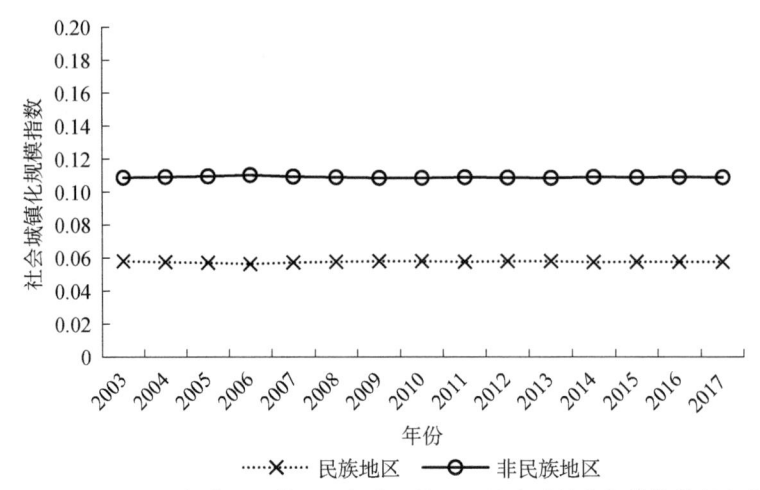

图 11-10 2003—2017 年全国民族地区与非民族地区社会城镇化规模指数的变化趋势

区和西部地区差异中，2003 年，东部地区城镇化结构指数的指标值最高，中部地区次之，西部地区最低，东部地区城镇化结构指数为 0.2011，中部地区城镇化结构指数为 0.1585，西部地区城镇化结构指数为 0.1404，在城镇化结构上，我国东、中西部地区的差距较大。2017 年，东部地区城镇化结构指数为 0.1978，中部地区城镇化结构指数为 0.1574，西部地区城镇化结构指数为 0.1448（表 11-6，图 11-11）。2003—2017 年，全国东部地区、中部地区和西部地区城镇化结构指数的年增长率平均值分别为-0.12%、-0.05%和 0.22%，东部地区、中部地区城镇化结构指数的年增长率平均值出现负值，西部地区城镇化结构指数不断增长，东部地区、中部地区、西部地区的区域差距整体上呈缩小趋势。

表 11-6 2003—2017 年各地区城镇化结构指数

年份	2003	2004	2005	2006	2007	2008	2009	2010
东部地区	0.2011	0.2014	0.2001	0.2030	0.2026	0.2018	0.2011	0.1998
中部地区	0.1585	0.1574	0.1571	0.1556	0.1558	0.1562	0.1562	0.1565
西部地区	0.1404	0.1412	0.1429	0.1414	0.1416	0.1420	0.1427	0.1438
民族地区	0.2192	0.2202	0.2211	0.2193	0.2201	0.2210	0.2217	0.2219
非民族地区	0.2808	0.2798	0.2789	0.2807	0.2799	0.2790	0.2783	0.2781
年份	2011	2012	2013	2014	2015	2016	2017	
东部地区	0.2004	0.1997	0.1993	0.1990	0.1987	0.1985	0.1978	
中部地区	0.1562	0.1564	0.1566	0.1565	0.1567	0.1568	0.1574	
西部地区	0.1434	0.1439	0.1441	0.1445	0.1446	0.1447	0.1448	
民族地区	0.2212	0.2213	0.2213	0.2212	0.2212	0.2208	0.2203	
非民族地区	0.2788	0.2787	0.2787	0.2788	0.2788	0.2792	0.2797	

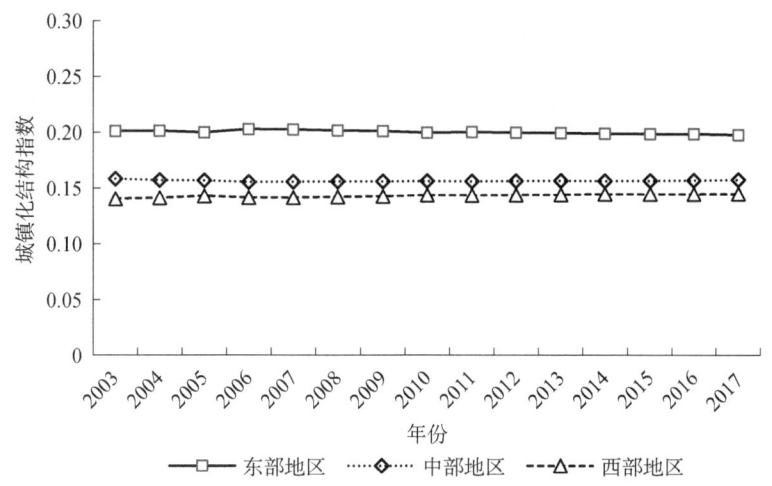

图 11-11　2003—2017 年全国东、中、西部地区城镇化结构指数的变化趋势

在城镇化结构指数的民族地区和非民族地区差异中，2003 年，非民族地区城镇化结构指数高于民族地区，非民族地区城镇化结构指数为 0.2808，民族地区城镇化结构指数为 0.2192。2017 年，非民族地区城镇化结构指数下降为 0.2797，民族地区城镇化结构指数上升为 0.2203。2003—2017 年，我国非民族地区和民族地区城镇化结构指数的年增长率平均值分别为 -0.03% 和 0.04%，非民族地区城镇化结构指数的年增长率平均值出现负值，民族地区和非民族地区城镇化结构指数的区域差距缓慢缩小（表 11-6，图 11-12）。

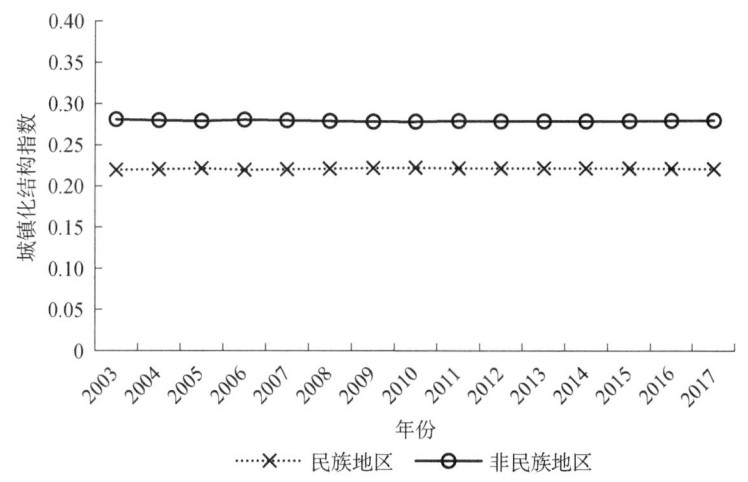

图 11-12　2003—2017 年全国民族地区与非民族地区城镇化结构指数的变化趋势

（一）人口城镇化结构指数

我国各地区人口城镇化结构指数存在差异，在人口城镇化结构指数的东部地区、中部地区和西部地区差异中，2003 年，东部地区人口城镇化结构指数的指标值最高，中部地区次之，西部地区最低，东部地区人口城镇化结构指数为 0.0694，中部地区人口城镇化结构指数为 0.0522，西部地区人口城镇化结构指数为 0.0451，在人口城镇化结构上，我国东、西部地区差距较大。2017 年，东部地区人口城镇化结构指数为 0.0644，中部地区人口城镇化结构指数为 0.0526，西部地区人口城镇化结构指数为 0.0497（表 11-7，图 11-13）。2003—2017 年，全国东部地区、中部地区和西部地区人口城镇化结构指数的年增长率平均值分别为-0.52%、0.06%和 0.71%，东部地区人口城镇化结构指数的年增长率平均值出现负值，东部地区、中部地区、西部地区人口城镇化结构指数的区域差距整体上呈缩小趋势。

表 11-7 2003—2017 年各地区人口城镇化结构指数

年份	2003	2004	2005	2006	2007	2008	2009	2010
东部地区	0.0694	0.0683	0.0669	0.0695	0.0689	0.0681	0.0675	0.0666
中部地区	0.0522	0.0523	0.0524	0.0514	0.0517	0.0520	0.0523	0.0522
西部地区	0.0451	0.0460	0.0474	0.0457	0.0462	0.0466	0.0469	0.0479
民族地区	0.0781	0.0790	0.0795	0.0772	0.0777	0.0779	0.0780	0.0786
非民族地区	0.0886	0.0876	0.0872	0.0895	0.0890	0.0888	0.0886	0.0881
年份	2011	2012	2013	2014	2015	2016	2017	
东部地区	0.0674	0.0667	0.0663	0.0657	0.0653	0.0649	0.0644	
中部地区	0.0518	0.0519	0.0520	0.0522	0.0523	0.0525	0.0526	
西部地区	0.0475	0.0481	0.0483	0.0488	0.0490	0.0493	0.0497	
民族地区	0.0778	0.0777	0.0777	0.0780	0.0779	0.0778	0.0778	
非民族地区	0.0889	0.0890	0.0889	0.0887	0.0887	0.0888	0.0889	

在人口城镇化结构指数的民族地区和非民族地区差异中，2003 年，非民族地区人口城镇化结构指数高于民族地区，非民族地区人口城镇化结构指数为 0.0886，民族地区人口城镇化结构指数为 0.0781。2017 年，非民族地区人口城镇化结构指数上升为 0.0889，民族地区人口城镇化结构指数下降为 0.0778。2003—2017 年，我国非民族地区和民族地区人口城镇化结构指数的年增长率平均值分别为 0.02%和-0.02%，民族地区人口城镇化结构指数的年增长率平均值出现负值，民族地区和非民族地区人口城镇化结构指数的区域差距缓慢增大（表 11-7，图 11-14）。

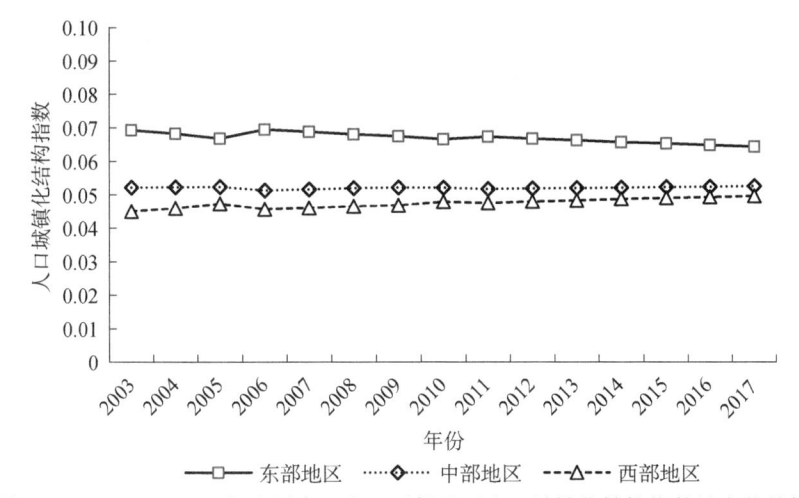

图 11-13　2003—2017 年全国东、中、西部地区人口城镇化结构指数的变化趋势

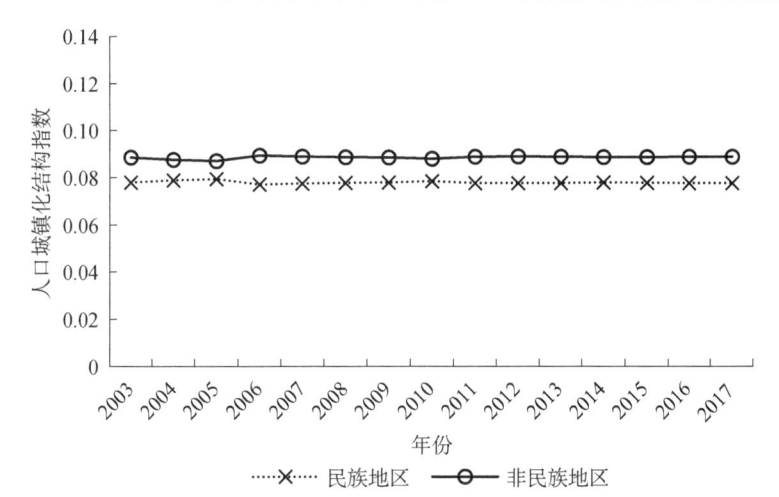

图 11-14　2003—2017 年全国民族地区与非民族地区人口城镇化结构指数的变化趋势

（二）经济城镇化结构指数

我国各地区经济城镇化结构指数存在差异，在经济城镇化结构指数的东部地区、中部地区和西部地区差异中，2003 年东部地区经济城镇化结构指数的指标值最高，中部地区次之，西部地区最低，东部地区经济城镇化结构指数为 0.0595，中部地区经济城镇化结构指数为 0.0548，西部地区经济城镇化结构指数为 0.0524，在经济城镇化结构上，我国东部地区与中西部地区的差距较大。2017 年，东部地区经济城镇化结构指数为 0.0579，中部地区经济城镇化结构指数为 0.0550，西部地区经济城镇化结构指数为 0.0537（表 11-8，图 11-15）。2003—2017 年，全国东

部地区、中部地区和西部地区经济城镇化结构指数的年增长率平均值分别为 −0.19%、0.03%和 0.18%，中部地区、西部地区经济城镇化结构指数的年增长率平均值为正值，东部地区经济城镇化结构指数的年增长率平均值为负值，东部地区、中部地区、西部地区的区域差距整体上呈缩小趋势。

表 11-8　2003—2017 年各地区经济城镇化结构指数

年份	2003	2004	2005	2006	2007	2008	2009	2010
东部地区	0.0595	0.0598	0.0595	0.0592	0.0591	0.0591	0.0586	0.0584
中部地区	0.0548	0.0544	0.0542	0.0543	0.0544	0.0543	0.0542	0.0543
西部地区	0.0524	0.0525	0.0530	0.0532	0.0532	0.0533	0.0539	0.0540
民族地区	0.0786	0.0790	0.0797	0.0800	0.0802	0.0806	0.0811	0.0809
非民族地区	0.0880	0.0877	0.0870	0.0866	0.0865	0.0861	0.0856	0.0858
年份	2011	2012	2013	2014	2015	2016	2017	
东部地区	0.0583	0.0582	0.0581	0.0581	0.0581	0.0581	0.0579	
中部地区	0.0544	0.0544	0.0545	0.0545	0.0545	0.0547	0.0550	
西部地区	0.0540	0.0541	0.0541	0.0541	0.0540	0.0539	0.0537	
民族地区	0.0812	0.0812	0.0812	0.0813	0.0812	0.0810	0.0806	
非民族地区	0.0855	0.0854	0.0854	0.0854	0.0855	0.0856	0.0860	

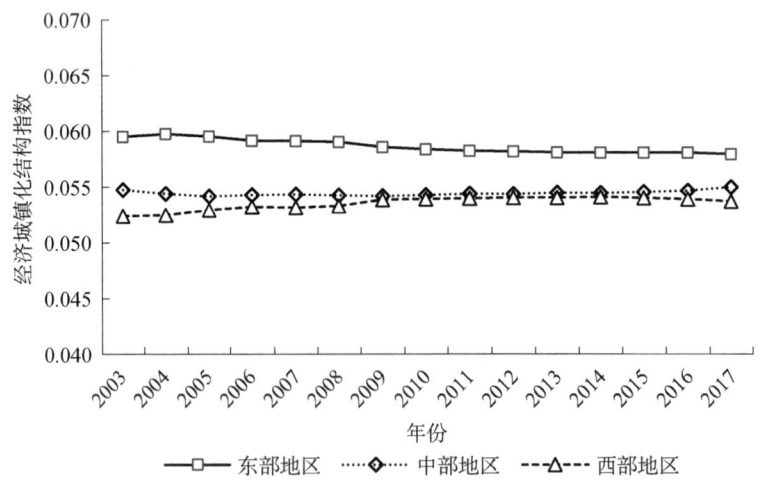

图 11-15　2003—2017 年全国东、中、西部地区经济城镇化结构指数的变化趋势

在经济城镇化结构指数的民族地区和非民族地区差异中，2003 年，非民族地区经济城镇化结构指数高于民族地区，非民族地区经济城镇化结构指数为 0.0880，

民族地区经济城镇化结构指数为 0.0786。2017 年，非民族地区经济城镇化结构指数下降为 0.0860，民族地区经济城镇化结构指数上升为 0.0806。2003—2017 年，我国非民族地区和民族地区经济城镇化结构指数的年增长率平均值分别为-0.16%和 0.18%，非民族地区经济城镇化结构指数的年增长率平均值出现负值，民族地区和非民族地区经济城镇化结构指数仍然存在一定差距（表 11-8，图 11-16）。

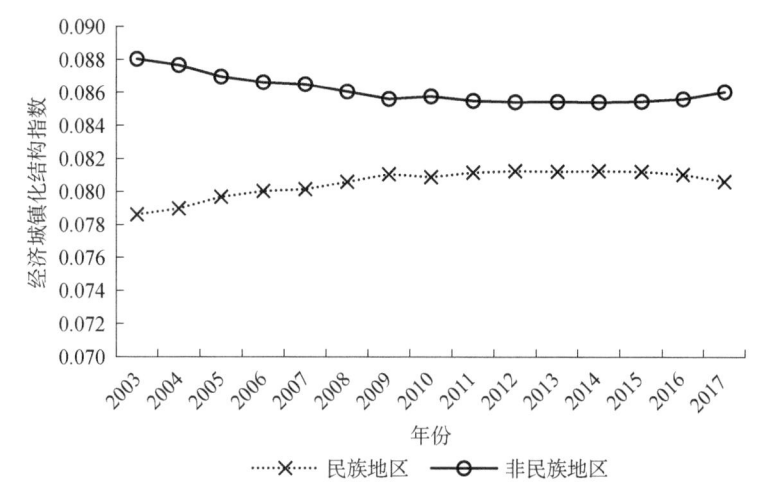

图 11-16　2003—2017 年全国民族地区与非民族地区经济城镇化结构指数的变化趋势

（三）社会城镇化结构指数

我国各地区社会城镇化结构指数存在差异，在社会城镇化结构指数的东部地区、中部地区和西部地区差异中，2003 年，东部地区社会城镇化结构指数的指标值最高，中部地区次之，西部地区最低，东部地区社会城镇化结构指数为 0.0722，中部地区社会城镇化结构指数为 0.0515，西部地区社会城镇化结构指数为 0.0429，在社会城镇化结构上，我国东、中、西部地区差距较大。2017 年，东部地区社会城镇化结构指数为 0.0755，中部地区社会城镇化结构指数为 0.0498，西部地区社会城镇化结构指数为 0.0414（表 11-9，图 11-17）。2003—2017 年，全国东部地区、中部地区和西部地区社会城镇化结构指数的年增长率平均值分别为 0.31%、-0.23%和-0.26%，总体而言，中部地区、西部地区社会城镇化结构指数的年增长率平均值出现负值，东部地区、中部地区、西部地区的区域差距整体上呈扩大趋势。

在社会城镇化结构指数的民族地区和非民族地区差异中，2003 年，非民族地区的社会城镇化结构指数高于民族地区，非民族地区的社会城镇化结构指数为

表 11-9　2003—2017 年各地区社会城镇化结构指数

年份	2003	2004	2005	2006	2007	2008	2009	2010
东部地区	0.0722	0.0733	0.0737	0.0742	0.0746	0.0747	0.0749	0.0748
中部地区	0.0515	0.0506	0.0505	0.0500	0.0498	0.0499	0.0498	0.0500
西部地区	0.0429	0.0427	0.0425	0.0425	0.0422	0.0421	0.0419	0.0419
民族地区	0.0625	0.0621	0.0620	0.0621	0.0623	0.0625	0.0626	0.0624
非民族地区	0.1041	0.1045	0.1047	0.1046	0.1044	0.1042	0.1040	0.1042
年份	2011	2012	2013	2014	2015	2016	2017	
东部地区	0.0748	0.0748	0.0749	0.0752	0.0753	0.0755	0.0755	
中部地区	0.0501	0.0501	0.0501	0.0499	0.0498	0.0497	0.0498	
西部地区	0.0418	0.0418	0.0417	0.0416	0.0416	0.0414	0.0414	
民族地区	0.0622	0.0624	0.0623	0.0620	0.0621	0.0619	0.0619	
非民族地区	0.1045	0.1043	0.1043	0.1046	0.1046	0.1048	0.1048	

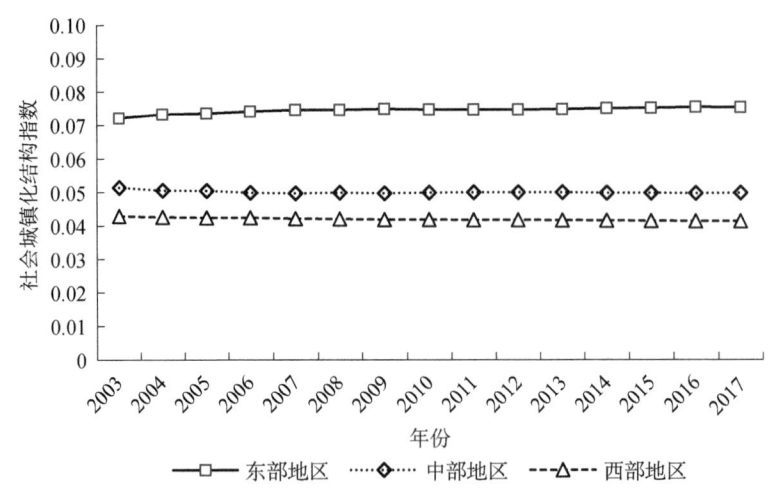

图 11-17　2003—2017 年全国东、中、西部地区社会城镇化结构指数的变化趋势

0.1041，民族地区的社会城镇化结构指数为 0.0625。2017 年，非民族地区的社会城镇化结构指数上升为 0.1048，民族地区的社会城镇化结构指数下降为 0.0619。2003—2017 年，我国非民族地区和民族地区社会城镇化结构指数的年增长率平均值分别为 0.05%和-0.08%，民族地区社会城镇化结构指数的年增长率平均值出现负值，民族地区和非民族地区社会城镇化结构指数的区域差距呈现出增大趋势（表 11-9，图 11-18）。

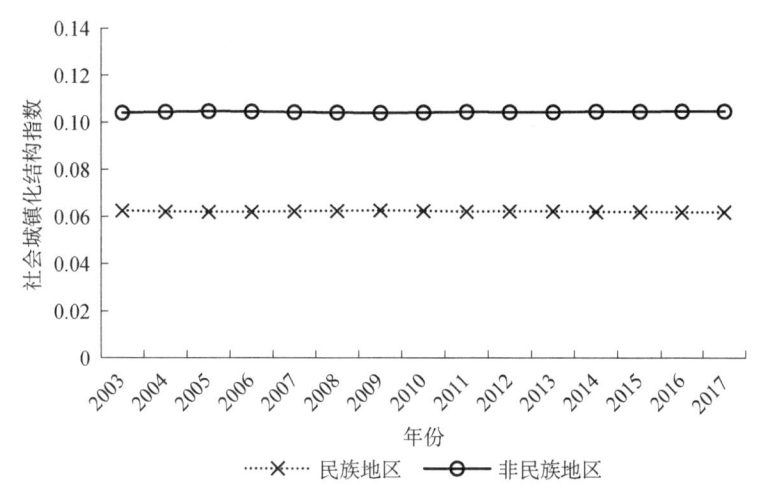

图 11-18　2003—2017 年全国民族地区与非民族地区社会城镇化结构指数的变化趋势

第二节　各地区义务教育城镇化指数的基本态势与结构特征

我国各地区义务教育城镇化指数存在差异，在义务教育城镇化指数的东部地区、中部地区和西部地区差异中，2003 年，东部地区义务教育城镇化指数的指标值最高，中部地区次之，西部地区最低，东部地区义务教育城镇化指数为 0.4189，中部地区义务教育城镇化指数为 0.2996，西部地区义务教育城镇化指数为 0.2816，我国义务教育城镇化的东部地区与中西部地区差距较大。2017 年，东部地区义务教育城镇化指数为 0.3872，中部地区义务教育城镇化指数为 0.3142，西部地区义务教育城镇化指数为 0.2987（表 11-10，图 11-19）。2003—2017 年，全国东部地区、中部地区和西部地区义务教育城镇化指数的年增长率平均值分别为-0.54%、0.38%和 0.52%，东部地区义务教育城镇化指数的年增长率平均值出现负值，中部地区、西部地区义务教育城镇化指数的年增长率平均值为正值，东部地区、中部地区、西部地区的差距整体上呈波动变化。

在义务教育城镇化指数的民族地区和非民族地区差异中，2003 年，非民族地区义务教育城镇化指数高于民族地区，非民族地区的义务教育城镇化指数为 0.7090，

表 11-10 2003—2017 年各地区义务教育城镇化指数

年份	2003	2004	2005	2006	2007	2008	2009	2010
东部地区	0.4189	0.4264	0.4309	0.4085	0.3937	0.4054	0.4046	0.4072
中部地区	0.2996	0.3061	0.2968	0.2797	0.2868	0.2897	0.2880	0.2879
西部地区	0.2816	0.2675	0.2723	0.3117	0.3194	0.3050	0.3074	0.3050
民族地区	0.2910	0.3003	0.2954	0.3034	0.3013	0.2982	0.2984	0.2962
非民族地区	0.7090	0.6997	0.7046	0.6966	0.6987	0.7018	0.7016	0.7038
年份	2011	2012	2013	2014	2015	2016	2017	
东部地区	0.3970	0.3937	0.3941	0.3930	0.3913	0.3901	0.3872	
中部地区	0.3108	0.3131	0.3127	0.3130	0.3137	0.3145	0.3142	
西部地区	0.2922	0.2932	0.2932	0.2941	0.2950	0.2955	0.2987	
民族地区	0.2838	0.2828	0.2799	0.2789	0.2792	0.2772	0.2784	
非民族地区	0.7162	0.7172	0.7201	0.7211	0.7208	0.7228	0.7216	

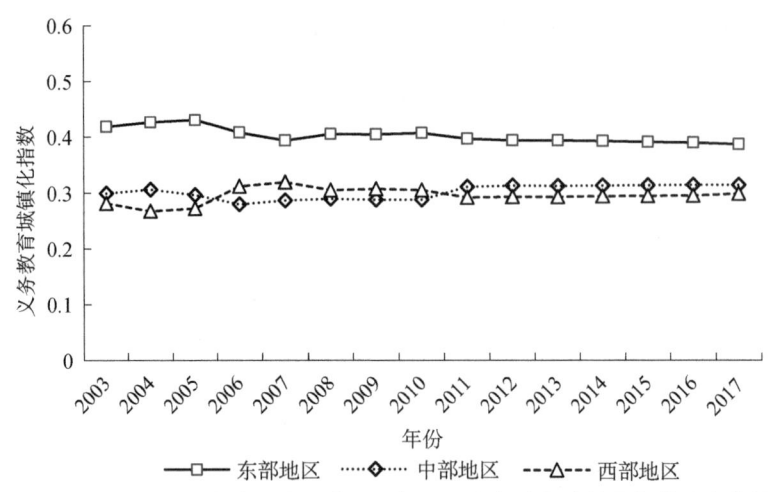

图 11-19 2003—2017 年全国东、中、西部地区义务教育城镇化指数的变化趋势

民族地区的义务教育城镇化指数为 0.2910。2017 年，非民族地区的义务教育城镇化指数上升为 0.7216，民族地区的义务教育城镇化指数下降为 0.2784。2003—2017 年，我国非民族地区和民族地区义务教育城镇化指数的年增长率平均值分别为 0.13% 和 -0.30%，民族地区义务教育城镇化指数的年增长率平均值出现负值，民族地区和非民族地区义务教育城镇化指数的区域差距持续扩大（表 11-10，图 11-20）。

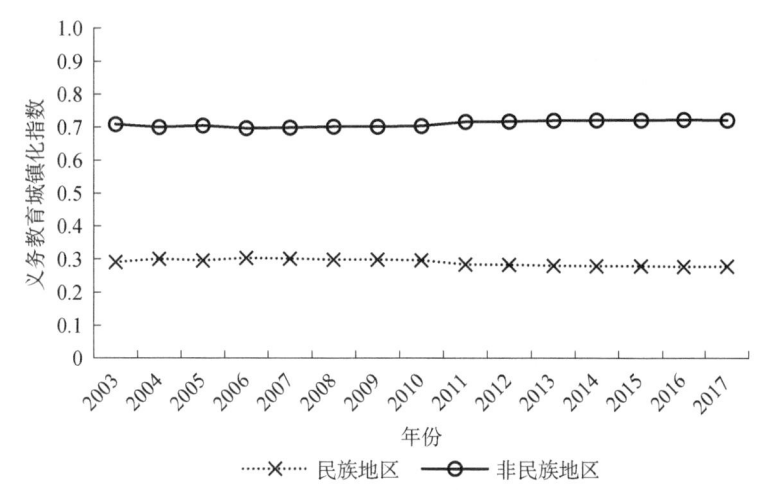

图 11-20 2003—2017 年全国民族地区与非民族地区义务教育城镇化指数的变化趋势

一、各地区义务教育城镇化规模指数的基本态势与结构特征

我国各地区义务教育城镇化规模指数存在差异，在义务教育城镇化规模指数的东部地区、中部地区和西部地区差异中，2003 年，东部地区义务教育城镇化规模指数的指标值最高，中部地区次之，西部地区最低，东部地区义务教育城镇化规模指数为 0.2168，中部地区义务教育城镇化规模指数为 0.1534，西部地区义务教育城镇化规模指数为 0.1298，我国义务教育城镇化规模指数的东部地区与中部地区、西部地区差距较大。2017 年，东部地区义务教育城镇化规模指数为 0.2065，中部地区义务教育城镇化规模指数为 0.1526，西部地区义务教育城镇化规模指数为 0.1409（表 11-11，图 11-21）。2003—2017 年，全国东部地区、中部地区和西部地区义务教育城镇化规模指数的年增长率平均值分别为 -0.33%、0.003% 和 0.69%，东部地区义务教育城镇化规模指数的年增长率平均值出现负值，中部地区、西部地区义务教育城镇化规模指数的年增长率平均值有所上升，东部地区、中部地区、西部地区的区域差距整体上呈波动状态。

在义务教育城镇化规模指数的民族地区和非民族地区差异中，2003 年，非民族地区义务教育城镇化规模指数高于民族地区，非民族地区义务教育城镇化规模指数为 0.4604，民族地区义务教育城镇化规模指数为 0.0396。2017 年，非民族地区义务教育城镇化规模指数下降为 0.4591，民族地区义务教育城镇化规模指数上升为 0.0409。2003—2017 年，我国非民族地区和民族地区义务教育城镇化规模指

表 11-11　2003—2017 年各地区义务教育城镇化规模指数

年份	2003	2004	2005	2006	2007	2008	2009	2010
东部地区	0.2168	0.2199	0.2222	0.2104	0.2028	0.2085	0.2079	0.2094
中部地区	0.1534	0.1540	0.1486	0.1398	0.1434	0.1445	0.1439	0.1440
西部地区	0.1298	0.1261	0.1292	0.1497	0.1538	0.1470	0.1482	0.1467
民族地区	0.0396	0.0438	0.0430	0.0453	0.0449	0.0441	0.0443	0.0438
非民族地区	0.4604	0.4562	0.4570	0.4547	0.4551	0.4559	0.4557	0.4562
年份	2011	2012	2013	2014	2015	2016	2017	
东部地区	0.2045	0.2041	0.2062	0.2071	0.2072	0.2073	0.2065	
中部地区	0.1553	0.1555	0.1534	0.1528	0.1529	0.1529	0.1526	
西部地区	0.1402	0.1403	0.1404	0.1400	0.1399	0.1398	0.1409	
民族地区	0.0411	0.0411	0.0410	0.0407	0.0407	0.0404	0.0409	
非民族地区	0.4589	0.4589	0.4590	0.4593	0.4593	0.4596	0.4591	

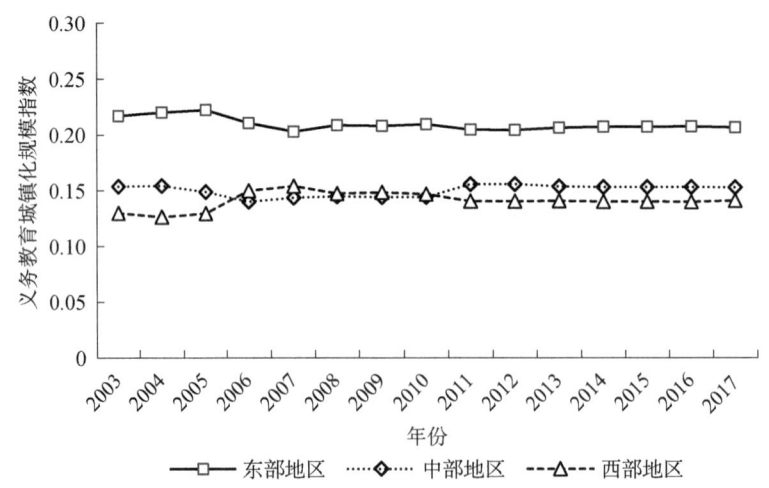

图 11-21　2003—2017 年全国东、中、西部地区义务教育城镇化规模指数的变化趋势

数的年增长率平均值分别为 -0.02% 和 0.30%，非民族地区义务教育城镇化规模指数相对下降，民族地区和非民族地区义务教育城镇化规模指数的区域差距呈波动状态（表 11-11，图 11-22）。

（一）义务教育城镇教师数

我国各地区义务教育城镇教师数存在差异，在义务教育城镇教师数的东部地区、中部地区和西部地区差异中，2003 年，东部地区义务教育城镇教师数的指标

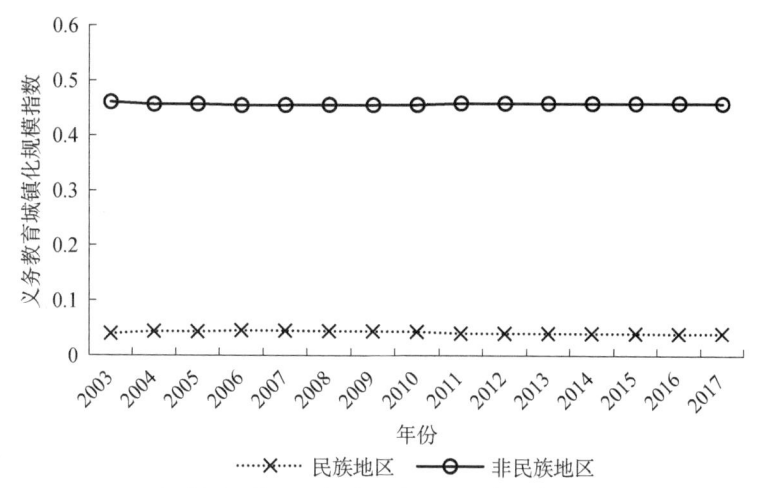

图 11-22　2003—2017 年全国民族地区与非民族地区义务教育城镇化规模指数的变化趋势

值最高，中部地区次之，西部地区最低，东部地区义务教育城镇教师数为 184.88 万人，中部地区义务教育城镇教师数为 132.86 万人，西部地区义务教育城镇教师数为 103.89 万人，我国义务教育城镇教师数的东部地区与中、西部地区差距较大。2017 年，东部地区义务教育城镇教师数为 297.52 万人，中部地区义务教育城镇教师数为 202.18 万人，西部地区义务教育城镇教师数为 191.38 万人（表 11-12，图 11-23）。2003—2017 年，全国东部地区、中部地区和西部地区义务教育城镇教师数的年增长率平均值分别为 3.13%、3.44% 和 4.89%，东部地区、中部地区、西部地区义务教育城镇教师数均相对增长，中部、西部地区的增长幅度较大。

表 11-12　2003—2017 年各地区义务教育城镇教师数　　单位：万人

年份	2003	2004	2005	2006	2007	2008	2009	2010
东部地区	184.88	170.94	192.07	185.86	201.06	200.66	205.76	213.87
中部地区	132.86	118.28	125.77	120.87	143.39	135.06	136.87	140.05
西部地区	103.89	94.26	105.88	123.97	154.76	133.22	137.93	141.54
民族地区	31.89	33.97	36.66	39.31	46.09	41.99	43.26	44.16
非民族地区	389.74	349.51	387.06	391.39	453.12	426.95	437.30	451.30
年份	2011	2012	2013	2014	2015	2016	2017	
东部地区	242.58	247.61	252.39	258.78	263.34	270.42	279.52	
中部地区	179.46	182.94	184.58	188.08	190.91	194.70	202.18	
西部地区	158.97	165.82	168.60	172.68	176.59	182.51	191.38	
民族地区	47.91	49.81	50.16	51.10	52.07	53.95	56.20	
非民族地区	533.10	546.56	555.41	568.44	578.76	593.68	616.88	

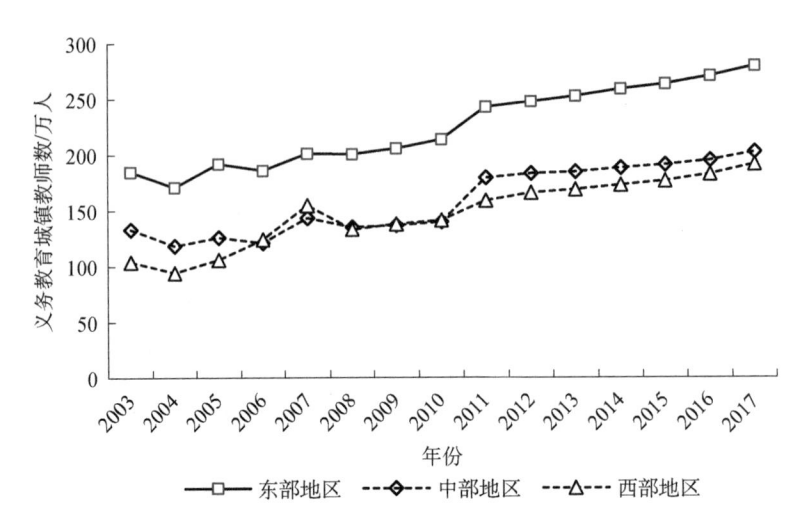

图 11-23　2003—2017 年全国东、中、西部地区义务教育城镇教师数的变化趋势

在义务教育城镇教师数的民族地区和非民族地区差异中，2003 年，非民族地区义务教育城镇教师数高于民族地区，非民族地区义务教育城镇教师数为 389.74 万人，民族地区义务教育城镇教师数为 31.89 万人。2017 年，非民族地区义务教育城镇教师数上升为 616.88 万人，民族地区义务教育城镇教师数上升为 56.20 万人。2003—2017 年，我国非民族地区和民族地区义务教育城镇教师数的年增长率平均值分别为 3.58% 和 4.28%，民族地区义务教育城镇教师数增长的幅度相对较大（表 11-12，图 11-24）。

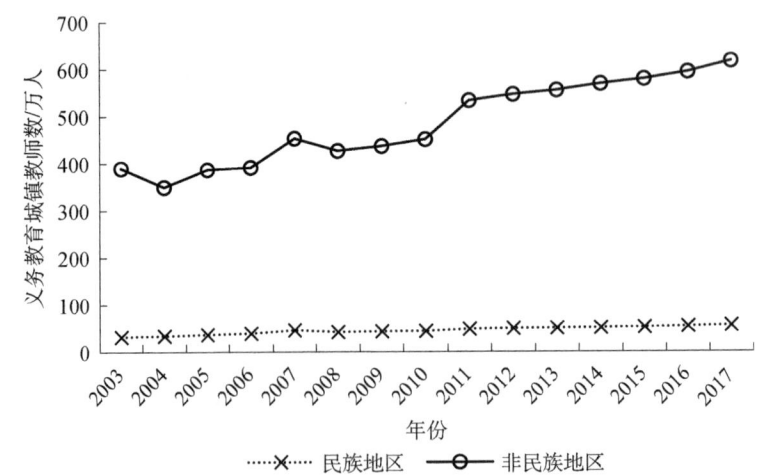

图 11-24　2003—2017 年全国民族地区与非民族地区义务教育城镇教师数的变化趋势

(二) 义务教育城镇在校生数

我国各地区义务教育城镇在校生数存在差异，在义务教育城镇在校生数的东部地区、中部地区和西部地区差异中，2003 年，东部地区义务教育城镇在校生数的指标值最高，中部地区次之，西部地区最低，东部地区义务教育城镇在校生数为 3198.05 万人，中部地区义务教育城镇在校生数为 2226.93 万人，西部地区义务教育城镇在校生数为 2033.63 万人，我国义务教育城镇在校生数的东部地区与中部地区、西部地区差距较大。2017 年，东部地区义务教育城镇在校生数为 4564.71 万人，中部地区义务教育城镇在校生数为 3444.80 万人，西部地区义务教育城镇在校生数为 3105.48 万人（表 11-13，图 11-25）。2003—2017 年，全国东部地区、中部地区和西部地区义务教育城镇在校生数的年增长率平均值分别为 2.67%、3.38% 和 3.24%，东部地区、中部地区、西部地区义务教育城镇在校生数均持续上升，中部地区、西部地区的上升幅度相对较大。

表 11-13　2003—2017 年各地区义务教育城镇在校生数　　单位：万人

年份	2003	2004	2005	2006	2007	2008	2009	2010
东部地区	3 198.05	3 112.88	3 179.71	3 038.68	3 181.56	3 213.73	3 193.66	3 280.09
中部地区	2 226.93	2 207.14	2 173.02	2 065.32	2 231.94	2 296.55	2 301.67	2 369.42
西部地区	2 033.63	1 854.34	1 950.66	2 305.12	2 377.35	2 406.26	2 419.73	2 432.41
民族地区	616.04	622.43	623.40	666.98	681.48	688.29	690.49	694.18
非民族地区	6 842.57	6 551.93	6 679.98	6 742.13	7 109.37	7 228.26	7 224.57	7 387.74

年份	2011	2012	2013	2014	2015	2016	2017
东部地区	3 805.00	3 945.64	3 984.66	4 123.13	4 251.09	4 388.20	4 564.71
中部地区	2 968.68	3 100.71	3 017.77	3 089.06	3 194.10	3 313.82	3 444.80
西部地区	2 727.69	2 786.02	2 766.67	2 825.19	2 890.55	2 954.85	3 105.48
民族地区	777.02	795.20	791.68	807.92	830.33	832.60	888.54
非民族地区	8 724.35	9 037.17	8 977.42	9 229.45	9 505.41	9 824.27	10 226.45

在义务教育城镇在校生数的民族地区和非民族地区差异中，2003 年，非民族地区义务教育城镇在校生数高于民族地区，非民族地区义务教育城镇在校生数为 6842.57 万人，民族地区义务教育城镇在校生数为 616.04 万人。2017 年，非民族地区义务教育城镇在校生数上升为 10 226.45 万人，民族地区义务教育城镇在校生数上升为 888.54 万人。2003—2017 年，我国非民族地区和民族地区义务教育城镇在校生数的年增长率平均值分别为 3.02% 和 2.70%，非族地区义务教育城镇在校生数的增长幅度相对较大（表 11-13，图 11-26）。

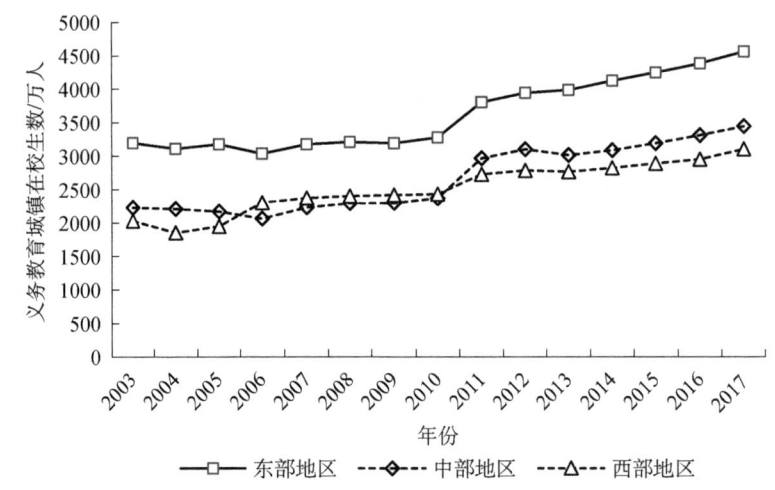

图 11-25　2003—2017 年全国东、中、西部地区义务教育城镇在校生数的变化趋势

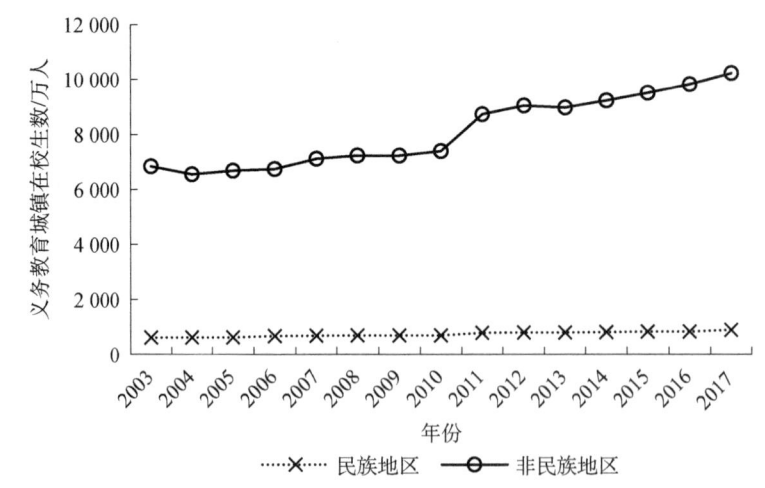

图 11-26　2003—2017 年全国民族地区与非民族地区义务教育城镇在校生数的变化趋势

二、各地区义务教育城镇化结构指数的基本态势与结构特征

我国各地区义务教育城镇化结构指数存在差异，在义务教育城镇化结构指数的东部地区、中部地区和西部地区差异中，2003 年，东部地区义务教育城镇化结构指数的指标值最高，西部地区次之，中部地区最低，东部地区义务教育城镇化结构指数为 0.2021，中部地区义务教育城镇化结构指数为 0.1461，西部地区义务教育城镇化结构指数为 0.1518，我国义务教育城镇化结构指数的东部地区与中、西部地区差距较大。2017 年，东部地区义务教育城镇化结构指数为 0.1807，中部

地区义务教育城镇化结构指数为 0.1616，西部地区义务教育城镇化结构指数为 0.1578（表 11-14，图 11-27）。2003—2017 年，全国东部地区、中部地区和西部地区义务教育城镇化结构指数的年增长率平均值分别为-0.77%、0.76%和 0.37%，东部地区义务教育城镇化结构指数相对下降，中部地区、西部地区义务教育城镇化结构指数相对上升，东部地区、中部地区、西部地区的区域差距整体上呈缩小趋势。

表 11-14 2003—2017 年各地区义务教育城镇化结构指数

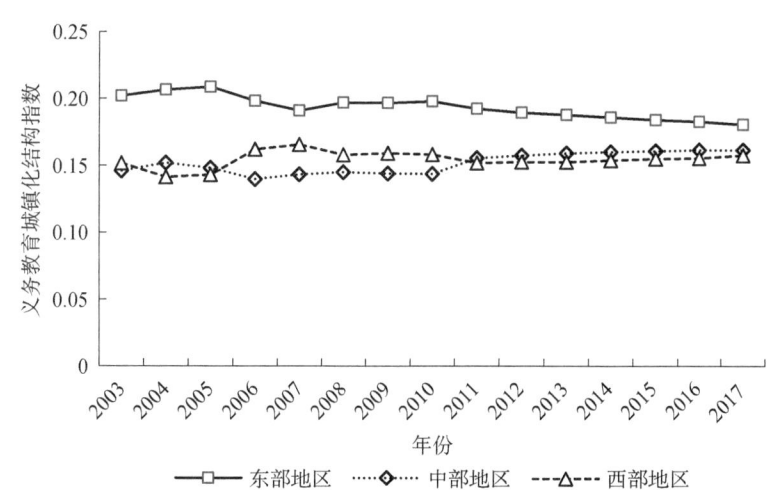

年份	2003	2004	2005	2006	2007	2008	2009	2010
东部地区	0.2021	0.2065	0.2087	0.1981	0.1910	0.1969	0.1967	0.1978
中部地区	0.1461	0.1520	0.1482	0.1399	0.1434	0.1451	0.1441	0.1439
西部地区	0.1518	0.1415	0.1431	0.1620	0.1656	0.1579	0.1592	0.1583
民族地区	0.2514	0.2565	0.2525	0.2581	0.2563	0.2540	0.2541	0.2524
非民族地区	0.2486	0.2435	0.2475	0.2419	0.2437	0.2460	0.2459	0.2476
年份	2011	2012	2013	2014	2015	2016	2017	
东部地区	0.1925	0.1896	0.1879	0.1858	0.1841	0.1827	0.1807	
中部地区	0.1555	0.1576	0.1593	0.1601	0.1608	0.1616	0.1616	
西部地区	0.1520	0.1528	0.1528	0.1540	0.1551	0.1557	0.1578	
民族地区	0.2427	0.2417	0.2389	0.2382	0.2385	0.2369	0.2376	
非民族地区	0.2573	0.2583	0.2611	0.2618	0.2615	0.2631	0.2624	

图 11-27 2003—2017 年全国东、中、西部地区义务教育城镇化结构指数的变化趋势

在义务教育城镇化结构指数的民族地区和非民族地区差异中，2003 年，民族地区义务教育城镇化结构指数高于非民族地区，非民族地区义务教育城镇化结构

指数为 0.2486，民族地区义务教育城镇化结构指数为 0.2514。2017 年，非民族地区义务教育城镇化结构指数上升为 0.2624，民族地区义务教育城镇化结构指数下降为 0.2376。2003—2017 年，我国非民族地区和民族地区义务教育城镇化结构指数的年增长率平均值分别为 0.40%和-0.39%，民族地区义务教育城镇化结构指数相对下降，民族地区和非民族地区义务教育城镇化结构指数的区域差距呈波动状态（表 11-14，图 11-28）。

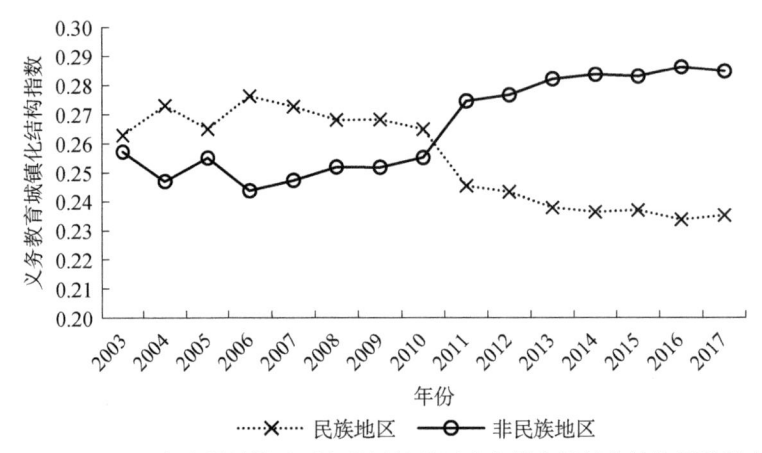

图 11-28　2003—2017 年全国民族地区与非民族地区义务教育城镇化结构指数的变化趋势

（一）义务教育城镇教师比

我国各地区义务教育城镇教师比存在差异，在义务教育城镇教师比的东部地区、中部地区和西部地区差异中，2003 年，东部地区义务教育城镇教师比的指标值最高，西部地区次之，中部地区最低，东部地区义务教育城镇教师比为 0.4544，中部地区义务教育城镇教师比为 0.3363，西部地区义务教育城镇教师比为 0.3551，表明我国义务教育城镇化结构的东部地区与中部地区、西部地区的差距较大。2017 年，东部地区义务教育城镇教师比为 0.6069，中部地区义务教育城镇教师比为 0.5416，西部地区义务教育城镇教师比为 0.5329（表 11-15，图 11-29）。2003—2017 年，全国东部地区、中部地区和西部地区义务教育城镇教师比的年增长率平均值分别为 2.17%、3.73%和 3.33%，东部地区、中部地区、西部地区义务教育城镇教师比均有所增长，其中，中部地区义务教育城镇教师比的增长幅度最大，东部地区、中部地区、西部地区的区域差距整体上呈波动状态。

在义务教育城镇教师比的民族地区和非民族地区差异中，2003 年，民族地区义务教育城镇教师比高于非民族地区，非民族地区义务教育城镇教师比为 0.3849，民族地区义务教育城镇教师比为 0.3902。2017 年，非民族地区义务教育城镇教师

表 11-15　2003—2017 年各地区义务教育城镇教师比

年份	2003	2004	2005	2006	2007	2008	2009	2010
东部地区	0.4544	0.4482	0.5006	0.4831	0.5191	0.5166	0.5257	0.5450
中部地区	0.3363	0.3365	0.3584	0.3437	0.4070	0.3845	0.3885	0.3992
西部地区	0.3551	0.3177	0.3508	0.4032	0.4955	0.4204	0.4306	0.4387
民族地区	0.3902	0.3897	0.4144	0.4388	0.5065	0.4593	0.4671	0.4750
非民族地区	0.3849	0.3708	0.4083	0.4102	0.4715	0.4423	0.4502	0.4639
年份	2011	2012	2013	2014	2015	2016	2017	
东部地区	0.5919	0.6006	0.6061	0.6065	0.6059	0.6058	0.6069	
中部地区	0.4940	0.5057	0.5130	0.5209	0.5270	0.5339	0.5416	
西部地区	0.4681	0.4866	0.4929	0.5025	0.5105	0.5196	0.5329	
民族地区	0.4877	0.5069	0.5078	0.5116	0.5197	0.5280	0.5304	
非民族地区	0.5255	0.5376	0.5448	0.5511	0.5551	0.5600	0.5675	

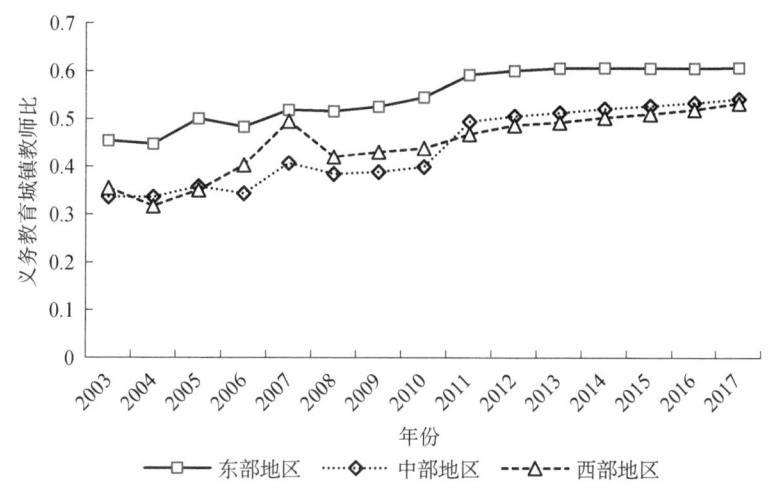

图 11-29　2003—2017 年全国东、中、西部地区义务教育城镇教师比的变化趋势

比上升为 0.5675，民族地区义务教育城镇教师比上升为 0.5304。2003—2017 年，我国非民族地区和民族地区义务教育城镇教师比的年增长率平均值分别为 2.97% 和 2.34%，非民族地区义务教育城镇教师比的增长速度偏快，民族地区和非民族地区义务教育城镇教师比的区域差距缓慢扩大（表 11-15，图 11-30）。

（二）义务教育城镇在校生比

我国各地区义务教育城镇在校生比存在差异，在义务教育城镇在校生比的东

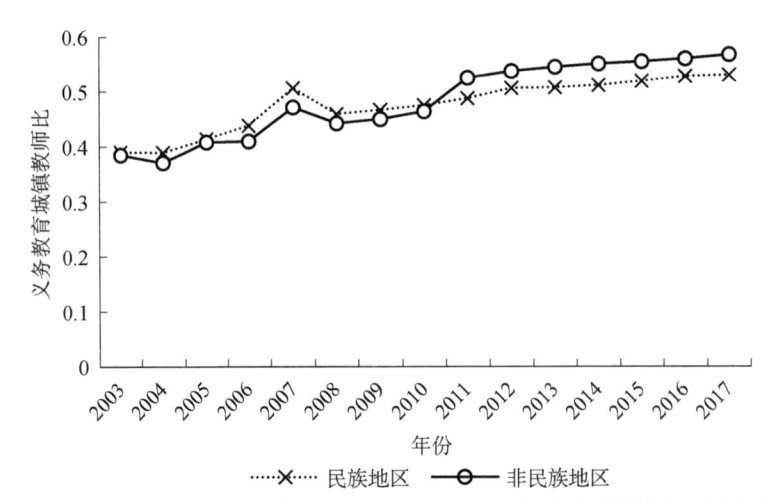

图 11-30 2003—2017 年全国民族地区与非民族地区义务教育城镇教师比的变化趋势

部地区、中部地区和西部地区差异中，2003 年，东部地区义务教育城镇在校生比的指标值最高，西部地区次之，中部地区最低，东部地区义务教育城镇在校生比为 0.5006，中部地区义务教育城镇在校生比为 0.3539，西部地区义务教育城镇在校生比为 0.3615，表明我国义务教育城镇化结构的东部地区与中部地区、西部地区差距较大。2017 年，东部地区义务教育城镇在校生比为 0.8245，中部地区义务教育城镇在校生比为 0.7390，西部地区义务教育城镇在校生比为 0.7159（表 11-16，图 11-31）。2003—2017 年，全国东部地区、中部地区和西部地区义务教育城镇在校生比的年增长率平均值分别为 3.71%、5.59%和 5.16%，东部地区、中部地区、西部地区义务教育城镇在校生比均有所上升，其中中部地区义务教育城镇在校生比的上升

表 11-16 2003—2017 年各地区义务教育城镇在校生比

年份	2003	2004	2005	2006	2007	2008	2009	2010
东部地区	0.5006	0.5062	0.5387	0.5323	0.5710	0.5912	0.6056	0.6320
中部地区	0.3539	0.3656	0.3791	0.3731	0.4115	0.4316	0.4396	0.4566
西部地区	0.3615	0.3351	0.3611	0.4265	0.4495	0.4674	0.4844	0.5028
民族地区	0.4107	0.4256	0.4386	0.4711	0.4916	0.5102	0.5240	0.5386
非民族地区	0.4071	0.4030	0.4278	0.4426	0.4772	0.4966	0.5092	0.5304
年份	2011	2012	2013	2014	2015	2016	2017	
东部地区	0.7379	0.7746	0.7929	0.8026	0.8086	0.8156	0.8245	
中部地区	0.5767	0.6354	0.6732	0.6938	0.7095	0.7234	0.7390	
西部地区	0.5818	0.6212	0.6446	0.6654	0.6809	0.6902	0.7159	
民族地区	0.6097	0.6352	0.6418	0.6528	0.6621	0.6511	0.6780	
非民族地区	0.6359	0.6843	0.7144	0.7326	0.7455	0.7578	0.7732	

幅度最大，东部地区、中部地区、西部地区的区域差距整体上呈波动趋势。

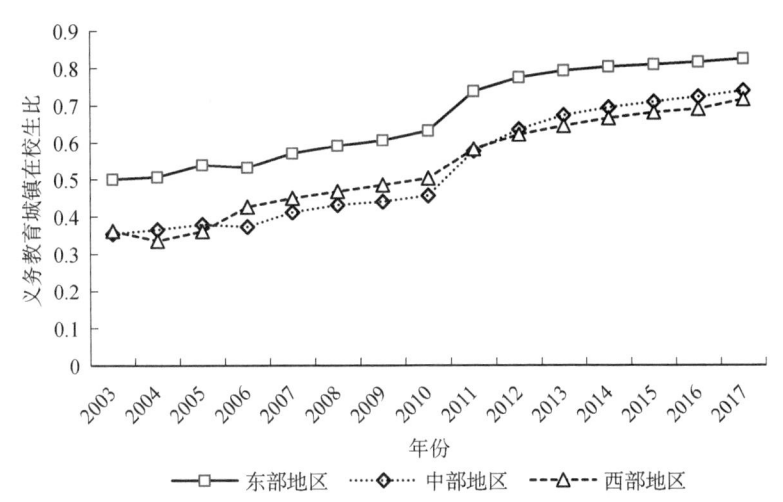

图 11-31　2003—2017 年全国东、中、西部地区义务教育城镇在校生比的变化趋势

在义务教育城镇在校生比的民族地区和非民族地区差异中，2003 年，民族地区义务教育城镇在校生比高于非民族地区，非民族地区义务教育城镇在校生比为 0.4071，民族地区义务教育城镇在校生比为 0.4107。2017 年，非民族地区义务教育城镇在校生比上升为 0.7732，民族地区义务教育城镇在校生比上升为 0.6780。2003—2017 年，我国非民族地区和民族地区义务教育城镇在校生比的年增长率平均值分别为 4.79% 和 3.70%，非民族地区义务教育城镇在校生比的增长速度偏快，民族地区和非民族地区义务教育城镇在校生比的区域差距持续扩大（表 11-16，图 11-32）。

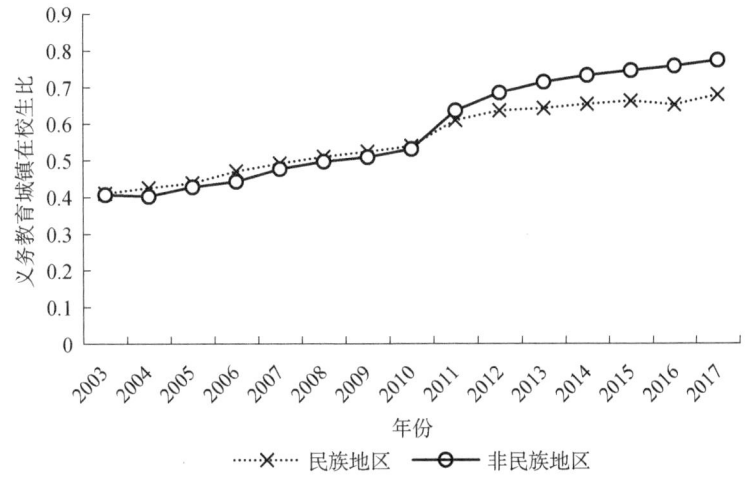

图 11-32　2003—2017 年全国民族地区与非民族地区义务教育城镇在校生比的变化趋势

第三节 各地区义务教育城镇化区域响应关系及响应类型的基本态势与结构特征

我国各地区义务教育城镇化与区域城镇化关系指数存在差异，在义务教育城镇化与区域城镇化关系指数的东部地区、中部地区和西部地区差异中，2003 年，西部地区义务教育城镇化与区域城镇化关系指数最高，中部地区次之，东部地区最低，西部地区义务教育城镇化与区域城镇化关系指数为 1.1141，中部地区义务教育城镇化与区域城镇化关系指数为 0.9987，东部地区义务教育城镇化与区域城镇化关系指数为 0.9364，我国义务教育城镇化结构的东部地区与中部地区、西部地区差距较大。2017 年，东部地区义务教育城镇化与区域城镇化关系指数为 0.8815，中部地区义务教育城镇化与区域城镇化关系指数为 1.0633，西部地区义务教育城镇化与区域城镇化关系指数为 1.1257（表 11-17，图 11-33）。2003—2017 年，全国东部地区、中部地区和西部地区义务教育城镇化与区域城镇化关系指数的年增长率平均值分别为 -0.40%、0.48% 和 0.18%，东部地区义务教育城镇化与区域城镇化关系指数相对下降，中部地区、西部地区义务教育城镇化与区域城镇化关系指数有所上升，东部地区与中部地区、西部地区的区域差距整体上呈波动状态。

表 11-17 2003—2017 年各地区义务教育城镇化与区域城镇化关系指数

年份	2003	2004	2005	2006	2007	2008	2009	2010
东部地区	0.9364	0.9507	0.9568	0.8942	0.8642	0.8959	0.8991	0.9083
中部地区	0.9987	1.0269	1.0078	0.9618	0.9841	0.9884	0.9836	0.9818
西部地区	1.1141	1.0555	1.0672	1.2357	1.2630	1.1983	1.1952	1.1797
民族地区	0.9804	1.0091	0.9886	1.0247	1.0097	0.9936	0.9893	0.9814
非民族地区	1.0083	0.9962	1.0049	0.9896	0.9959	1.0027	1.0046	1.0081

年份	2011	2012	2013	2014	2015	2016	2017	
东部地区	0.8869	0.8853	0.8890	0.8894	0.8864	0.8854	0.8815	
中部地区	1.0605	1.0659	1.0640	1.0639	1.0667	1.0681	1.0633	
西部地区	1.1268	1.1211	1.1157	1.1140	1.1153	1.1150	1.1257	
民族地区	0.9434	0.9381	0.9283	0.9269	0.9278	0.9240	0.9320	
非民族地区	1.0244	1.0267	1.0309	1.0315	1.0311	1.0326	1.0290	

在义务教育城镇化与区域城镇化关系指数的民族地区和非民族地区差异中，

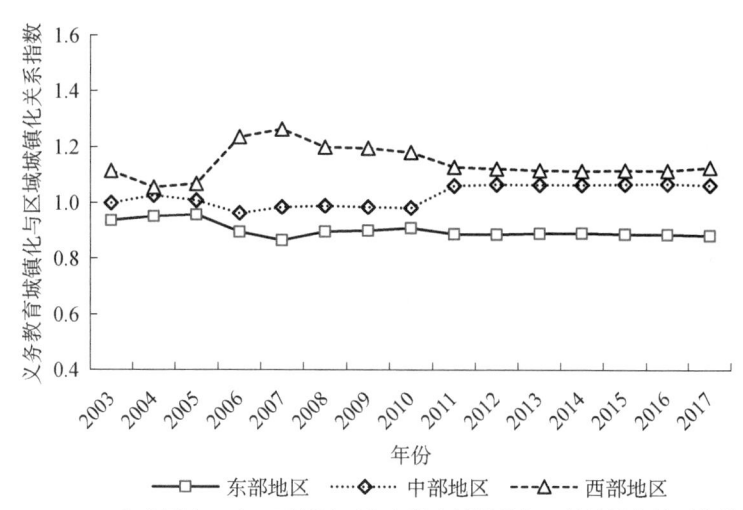

图 11-33　2003—2017 年全国东、中、西部地区义务教育城镇化与区域城镇化关系指数的变化趋势

2003 年，非民族地区义务教育城镇化与区域城镇化关系指数高于民族地区，非民族地区的义务教育城镇化与区域城镇化关系指数为 1.0083，民族地区义务教育城镇化与区域城镇化关系指数为 0.9804。2017 年，非民族地区义务教育城镇化与区域城镇化关系指数上升为 1.0290，民族地区义务教育城镇化与区域城镇化关系指数下降为 0.9320。2003—2017 年，我国非民族地区和民族地区义务教育城镇化与区域城镇化关系指数的年增长率平均值分别为 0.15% 和 -0.34%，民族地区的义务教育城镇化与区域城镇化关系指数相对下降，民族地区和非民族地区的义务教育城镇化与区域城镇化关系指数的区域差距呈波动状态（表 11-17，图 11-34）。

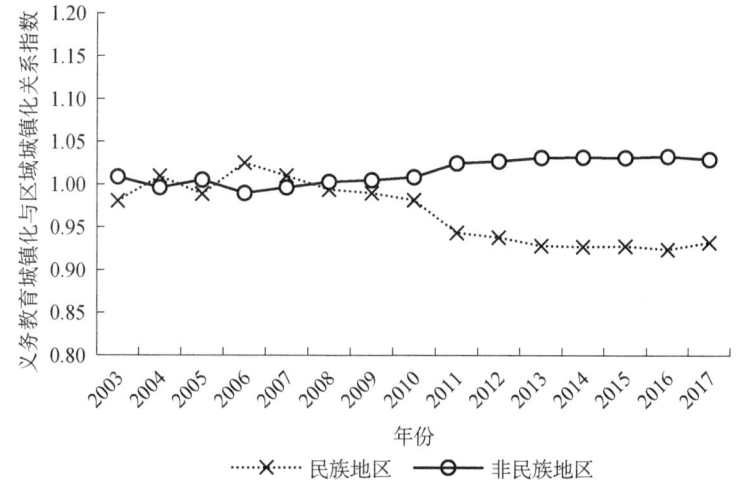

图 11-34　2003—2017 年全国民族地区与非民族地区义务教育城镇化与区域城镇化关系指数的变化趋势

第十二章　各省份义务教育城镇化区域响应的基本态势与结构特征

我国各省份的城镇化规模和结构、义务教育城镇化规模和结构都存在区域差异。在这一基本态势下寻求省域义务教育的均衡发展，必须对我国省域义务教育城镇化对区域的响应方式、义务教育城镇化与城镇化之间的相互关系进行科学判定。

第一节　各省份城镇化指数的基本态势与结构特征

在城镇化指数的省域差距中，2003年，城镇化指数较高的为广东、江苏、山东、上海和北京5个省份，指标值较低的为甘肃、宁夏、青海、西藏和海南5个省份，极高值广东的城镇化指数为0.0569，极低值海南的城镇化指数为0.0167，极差为3.41倍。2008年，城镇化指数较高的为广东、上海、江苏、山东和浙江5个省份，指标值较低的为甘肃、宁夏、海南、青海和西藏5个省份，极高值广东的城镇化指数为0.0646，极低值西藏的城镇化指数为0.0154，极差为4.19倍，较2003年有所增长。2013年，城镇化指数较高的为广东、江苏、山东、上海和浙江5个省份，指标值较低的为甘肃、宁夏、海南、青海和西藏5个省份，极高值广东的城镇化指数为0.0622，极低值西藏的城镇化指数为0.0154，极差为4.04倍，较2008年有所缩减。2017年，城镇化指数较高的为广东、江苏、山东、上海和浙江5个省份，指标值较低的为甘肃、宁夏、海南、青海和西藏5个省份，极高值广东的城镇化指数为0.0618，极低值西藏的城镇化指数为0.0158，极差为3.91倍，较2013年有所缩减（表12-1）。

表 12-1　2003—2017 年各省份城镇化指数

地区	2003 年 指标值	排序	2008 年 指标值	排序	2013 年 指标值	排序	2017 年 指标值	排序
北京	0.0467	5	0.0440	6	0.0412	6	0.0411	6
天津	0.0332	13	0.0352	10	0.0352	10	0.0360	8
河北	0.0374	8	0.0364	9	0.0353	9	0.0356	9
山西	0.0275	17	0.0278	17	0.0280	17	0.0275	19
内蒙古	0.0256	22	0.0272	19	0.0278	19	0.0258	22
辽宁	0.0401	7	0.0373	8	0.0373	8	0.0333	13
吉林	0.0270	18	0.0276	18	0.0269	22	0.0258	23
黑龙江	0.0345	11	0.0305	16	0.0280	18	0.0264	20
上海	0.0492	4	0.0544	2	0.0506	4	0.0476	4
江苏	0.0539	2	0.0540	3	0.0551	2	0.0560	2
浙江	0.0461	6	0.0447	5	0.0433	5	0.0433	5
安徽	0.0303	16	0.0305	15	0.0316	15	0.0323	15
福建	0.0328	14	0.0309	14	0.0323	14	0.0325	14
江西	0.0262	19	0.0264	22	0.0277	20	0.0283	17
山东	0.0532	3	0.0537	4	0.0521	3	0.0527	3
河南	0.0372	9	0.0387	7	0.0383	7	0.0393	7
湖北	0.0370	10	0.0326	11	0.0341	12	0.0347	11
湖南	0.0323	15	0.0318	13	0.0331	13	0.0341	12
广东	0.0569	1	0.0646	1	0.0622	1	0.0618	1
广西	0.0255	23	0.0263	23	0.0267	23	0.0264	21
海南	0.0167	31	0.0189	29	0.0193	29	0.0194	29
重庆	0.0262	20	0.0265	20	0.0280	16	0.0288	16
四川	0.0336	12	0.0324	12	0.0343	11	0.0355	10
贵州	0.0214	26	0.0211	26	0.0226	25	0.0235	25
云南	0.0237	24	0.0237	24	0.0249	24	0.0255	24
西藏	0.0178	30	0.0154	31	0.0154	31	0.0158	31
陕西	0.0261	21	0.0264	21	0.0275	21	0.0281	18
甘肃	0.0212	27	0.0209	27	0.0211	27	0.0214	27
青海	0.0191	29	0.0181	30	0.0183	30	0.0186	30
宁夏	0.0193	28	0.0200	28	0.0203	28	0.0205	28
新疆	0.0221	25	0.0220	25	0.0218	26	0.0225	26

2003 年，城镇化指数高于全国平均水平的有广东、江苏、山东、上海、北京、浙江、辽宁、河北、河南、湖北、黑龙江、四川、天津、福建和湖南 15 个省份，

其余省份均低于全国平均水平；2008 年，城镇化指数高于全国平均水平的有广东、上海、江苏、山东、浙江、北京、河南、辽宁、河北、天津、湖北和四川 12 个省份，其余省份均低于全国平均水平；2013 年，城镇化指数高于全国平均水平的有广东、江苏、山东、上海、浙江、北京、河南、辽宁、河北、天津、四川、湖北和湖南 13 个省份，其余省份均低于全国平均水平；2017 年，城镇化指数高于全国平均水平的有广东、江苏、山东、上海、浙江、北京、河南、天津、河北、四川、湖北、湖南、辽宁和福建 14 个省份，其余省份均低于全国平均水平。

根据城镇化指数指标的阈值[一类地区≥0.04，二类地区为 0.03（含）—0.04，三类地区为 0.02—0.03，四类地区<0.02]，本书将我国 31 个省份划分为 4 类区域类型。在 2003 年我国各省份城镇化指数的区域类型中，一类地区包括北京、辽宁、山东、江苏、浙江、上海和广东 7 个省份，二类地区包括黑龙江、河北、天津、河南、湖北、湖南、安徽、四川和福建 9 个省份，三类地区包括吉林、内蒙古、新疆、陕西、甘肃、山西、重庆、江西、贵州、云南和广西 11 个省份，四类地区包括青海、西藏、宁夏和海南 4 个省份。在 2008 年我国各省份城镇化指数的区域类型中，一类地区包括北京、山东、江苏、浙江、上海和广东 6 个省份，二类地区包括黑龙江、辽宁、河北、天津、河南、湖北、湖南、安徽、四川和福建 10 个省份，三类地区包括新疆、内蒙古、陕西、吉林、山西、甘肃、重庆、宁夏、贵州、云南、广西和江西 12 个省份，四类地区包括海南、青海和西藏 3 个省份。在 2013 年我国各省份城镇化指数的区域类型中，一类地区包括北京、山东、江苏、上海、浙江和广东 6 个省份，二类地区包括辽宁、河北、天津、河南、湖北、湖南、四川、安徽和福建 9 个省份，三类地区包括黑龙江、吉林、贵州、内蒙古、新疆、陕西、山西、甘肃、重庆、宁夏、云南、广西和江西 13 个省份，四类地区包括西藏、青海和海南 3 个省份。在 2017 年我国各省份城镇化指数的区域类型中，一类地区包括北京、山东、江苏、上海、浙江和广东 6 个省份，二类地区包括辽宁、河北、天津、河南、湖北、湖南、四川、安徽和福建 9 个省份，三类地区包括黑龙江、吉林、新疆、内蒙古、陕西、山西、甘肃、宁夏、重庆、贵州、云南、广西和江西 13 个省份，四类地区包括西藏、青海和海南 3 个省份。

2003—2017 年，我国各省份城镇化指数的年增长率平均值较高的为海南、重庆、贵州、广东和天津 5 个省份，较低的为浙江、西藏、北京、辽宁和黑龙江 5 个省份，极高值海南的城镇化指数的年增长率平均值为 1.08%，极低值北京的城镇化指数的年增长率平均值为-1.89%。

根据各省份城镇化指数的 2 个分指数的指数值高于或低于各省份平均水平的情况，本书将各省份义务教育空间布局影响指数划分为 4 种基本类型。在 2003 年我国各省份城镇化指数的区域类型中，一类地区包括北京、辽宁、黑龙江、上海、江苏、浙江、山东和广东 8 个省份，二类地区包括河北、安徽、福建、河南、湖北、湖南和四川 7 个省份，三类地区包括天津 1 个直辖市，四类地区包括山西、内蒙古、吉林、江西、广西、海南、重庆、贵州、云南、西藏、陕西、甘肃、青海、宁夏和新疆 15 个省份。在 2008 年我国各省份城镇化指数的区域类型中，一类地区包括北京、辽宁、上海、江苏、浙江、山东和广东 7 个省份，二类地区包括河北、安徽、河南、湖北、湖南和四川 6 个省份，三类地区包括天津等 1 个直辖市，四类地区包括山西、内蒙古、吉林、黑龙江、福建、江西、广西、海南、重庆、贵州、云南、西藏、陕西、甘肃、宁夏、青海和新疆等 17 个省份。在 2013 年我国各省份城镇化指数的区域类型中，一类地区包括北京、辽宁、上海、江苏、浙江、山东和广东 7 个省份，二类地区包括河北、安徽、福建、河南、湖北、湖南和四川 7 个省份，三类地区包括天津 1 个直辖市，四类地区包括山西、内蒙古、吉林、黑龙江、江西、广西、海南、重庆、贵州、云南、西藏、陕西、甘肃、宁夏、青海和新疆 16 个省份。在 2017 年我国各省份城镇化指数的区域类型中，一类地区包括北京、辽宁、上海、江苏、浙江、山东和广东 7 个省份，二类地区包括河北、安徽、福建、河南、湖北、湖南和四川 7 个省份，三类地区包括天津和重庆 2 个直辖市，四类地区包括山西、内蒙古、吉林、黑龙江、江西、广西、海南、贵州、云南、西藏、陕西、甘肃、宁夏、青海和新疆 15 个省份。

一、各省份城镇化规模指数的基本态势与结构特征

在城镇化规模指数的省域差距中，2003 年，城镇化规模指数较高的为广东、山东、江苏、浙江和河南 5 个省份，指标值较低的为西藏、青海、海南、宁夏和甘肃 5 个省份，极高值广东的城镇化规模指数为 0.0394，极低值西藏的城镇化规模指数为 0.0041，极差为 9.61 倍。2008 年，城镇化规模指数较高的为广东、山东、江苏、浙江和河南 5 个省份，指标值较低的为西藏、青海、海南、宁夏和甘肃 5 个省份，极高值广东的城镇化规模指数为 0.0459，极低值西藏的城镇化规模指数为 0.0033，极差为 13.91 倍，较 2003 年有所增长。2013 年，城镇化规模指数较高的为广东、山东、江苏、浙江和河南 5 个省份，指标值较低的为西藏、青海、海南、宁夏和甘肃 5 个省份，极高值广东的城镇化规模指数为 0.0437，极低值西藏的城镇化规模指数为 0.0032，极差为 13.66 倍，较 2008 年有所缩减。2017 年，城镇化规模指数较高的为广东、江苏、山东、浙江和河南 5 个省份，指标值较低的为西藏、青海、海南、宁夏和甘肃 5 个省份，极高值广东的城镇化规模指数为 0.0437，极低值西藏的城镇化规模指数为 0.0033，极差为 13.24 倍，较 2013 年有所缩减

（表12-2）。

表12-2 2003—2017年各省份城镇化规模指数

地区	2003年 指标值	排序	2008年 指标值	排序	2013年 指标值	排序	2017年 指标值	排序
北京	0.0163	14	0.0168	12	0.0162	14	0.0169	12
天津	0.0101	24	0.0111	22	0.0117	23	0.0113	22
河北	0.0227	6	0.0219	6	0.0208	6	0.0207	7
山西	0.0123	18	0.0127	17	0.0128	20	0.0123	20
内蒙古	0.0110	22	0.0124	19	0.0129	19	0.0112	23
辽宁	0.0221	7	0.0203	7	0.0204	8	0.0168	13
吉林	0.0119	19	0.0123	20	0.0120	21	0.0109	24
黑龙江	0.0182	11	0.0154	15	0.0136	15	0.0124	19
上海	0.0182	10	0.0187	9	0.0172	11	0.0171	11
江苏	0.0355	3	0.0357	3	0.0362	2	0.0371	2
浙江	0.0279	4	0.0271	4	0.0257	4	0.0257	4
安徽	0.0162	15	0.0162	13	0.0167	12	0.0172	10
福建	0.0169	13	0.0155	14	0.0163	13	0.0166	14
江西	0.0124	16	0.0124	18	0.0133	16	0.0137	15
山东	0.0364	2	0.0370	2	0.0352	3	0.0354	3
河南	0.0231	5	0.0245	5	0.0237	5	0.0244	5
湖北	0.0212	8	0.0180	10	0.0190	9	0.0195	8
湖南	0.0182	12	0.0177	11	0.0187	10	0.0194	9
广东	0.0394	1	0.0459	1	0.0437	1	0.0437	1
广西	0.0124	17	0.0128	16	0.0129	18	0.0127	17
海南	0.0047	29	0.0050	29	0.0051	29	0.0051	29
重庆	0.0111	21	0.0109	23	0.0119	22	0.0125	18
四川	0.0203	9	0.0192	8	0.0205	7	0.0214	6
贵州	0.0085	26	0.0082	26	0.0091	25	0.0099	25
云南	0.0107	23	0.0107	24	0.0116	24	0.0120	21
西藏	0.0041	31	0.0033	31	0.0032	31	0.0033	31
陕西	0.0117	20	0.0122	21	0.0130	17	0.0134	16
甘肃	0.0081	27	0.0078	27	0.0078	27	0.0079	27
青海	0.0046	30	0.0044	30	0.0045	30	0.0047	30
宁夏	0.0049	28	0.0053	28	0.0055	28	0.0055	28
新疆	0.0088	25	0.0086	25	0.0087	26	0.0091	26

2003年，城镇化规模指数高于全国平均水平的有广东、山东、江苏、浙江、河南、河北、辽宁、湖北、四川、上海、黑龙江、湖南、福建、北京和安徽15个

省份，其余省份均低于全国平均水平；2008年，城镇化规模指数高于全国平均水平的有广东、山东、江苏、浙江、河南、河北、辽宁、四川、上海、湖北、湖南、北京和安徽13个省份，其余省份均低于全国平均水平；2013年，城镇化规模指数高于全国平均水平的有广东、江苏、山东、浙江、河南、河北、四川、辽宁、湖北、湖南、上海、安徽、福建和北京14个省份，其余省份均低于全国平均水平；2017年，城镇化规模指数高于全国平均水平的有广东、江苏、山东、浙江、河南、四川、河北、湖北、湖南、安徽、上海、北京、辽宁和福建14个省份，其余省份均低于全国平均水平。

根据城镇化规模指数指标的阈值[一类地区≥0.03，二类地区为0.02（含）—0.03，三类地区为0.01—0.02，四类地区<0.01]，本书将我国31个省份划分为4类区域类型。在2003年我国各省份城镇化规模指数的区域类型中，一类地区包括山东、江苏和广东3个省份，二类地区包括辽宁、河北、河南、湖北、浙江和四川6个省份，三类地区包括北京、天津、上海、黑龙江、吉林、内蒙古、陕西、山西、重庆、云南、广西、湖南、江西、安徽和福建15个省份，四类地区包括新疆、西藏、甘肃、青海、宁夏、贵州和海南7个省份。在2008年我国各省份城镇化规模指数的区域类型中，一类地区包括山东、江苏和广东3个省份，二类地区包括辽宁、河北、河南和浙江4个省份，三类地区包括黑龙江、吉林、内蒙古、陕西、山西、湖北、湖南、四川、北京、天津、重庆、安徽、江西、福建、云南、上海和广西17个省份，四类地区包括新疆、西藏、青海、甘肃、宁夏、贵州和海南7个省份。在2013年我国各省份城镇化规模指数的区域类型中，一类地区包括山东、江苏和广东3个省份，二类地区包括辽宁、河北、河南、四川和浙江5个省份，三类地区包括黑龙江、吉林、内蒙古、陕西、山西、北京、天津、上海、安徽、重庆、广西、湖北、湖南、江西、福建和云南16个省份，四类地区包括新疆、西藏、青海、甘肃、宁夏、贵州和海南7个省份。在2017年我国各省份城镇化规模指数的区域类型中，一类地区包括山东、江苏和广东3个省份，二类地区包括河北、河南、浙江和四川4个省份，三类地区包括黑龙江、吉林、辽宁、内蒙古、北京、上海、天津、陕西、山西、重庆、湖北、湖南、安徽、江西、福建、广西和云南17个省份，四类地区包括西藏、新疆、贵州、青海、甘肃、海南和宁夏7个省份。

2003—2017年，我国各省份城镇化规模指数的年增长率平均值较高的为贵州、宁夏、陕西、重庆和云南5个省份，较低的为浙江、河北、西藏、辽宁和黑龙江5个省份，极高值贵州的城镇化规模指数年增长率平均值为1.15%，极低值黑龙江的城镇化规模指数年增长率平均值为2.71%。

（一）人口城镇化规模指数

在人口城镇化规模指数的省域差距中，2003 年，人口城镇化规模指数较高的为山东、广东、江苏、河南和湖北 5 个省份，指标值较低的为天津、宁夏、海南、青海和西藏 5 个省份，极高值山东的人口城镇化规模指数为 0.0129，极低值西藏的人口城镇化规模指数为 0.0003，极差为 43 倍。2008 年，人口城镇化规模指数较高的为广东、山东、江苏、河南和四川 5 个省份，指标值较低的为甘肃、海南、宁夏、青海和西藏 5 个省份，极高值广东的人口城镇化规模指数为 0.0164，极低值西藏的人口城镇化规模指数为 0.0002，极差为 82 倍，较 2003 年有所增长。2013 年，人口城镇化规模指数较高的为广东、山东、江苏、河南和四川 5 个省份，指标值较低的为新疆、海南、宁夏、青海和西藏 5 个省份，极高值广东的人口城镇化规模指数为 0.0164，极低值西藏的人口城镇化规模指数为 0.0002，极差为 82 倍，与 2008 年持平。2017 年，人口城镇化规模指数较高的为广东、山东、江苏、河南和四川 5 个省份，指标值较低的为新疆、海南、宁夏、青海和西藏 5 个省份，极高值广东的人口城镇化规模指数为 0.0159，极低值西藏的人口城镇化规模指数为 0.0002，极差为 79.5 倍，较 2013 年有所缩减（表 12-3）。

2003 年，人口城镇化规模指数高于全国平均水平的有山东、广东、江苏、河南、湖北、河北、四川、浙江、辽宁、湖南、黑龙江、安徽和福建 13 个省份，其余省份均低于全国平均水平。2008 年，人口城镇化规模指数高于全国平均水平的有广东、山东、江苏、河南、四川、浙江、河北、湖南、辽宁、湖北、安徽和黑龙江 12 个省份，其余省份均低于全国平均水平。2013 年，人口城镇化规模指数高于全国平均水平的有广东、山东、江苏、河南、四川、河北、浙江、湖南、湖北、辽宁和安徽 11 个省份，其余省份均低于全国平均水平。2017 年，人口城镇化规模指数高于全国平均水平的有广东、山东、江苏、河南、四川、河北、浙江、湖南、湖北、安徽和辽宁 11 个省份，其余省份均低于全国平均水平。

根据人口城镇化规模指数指标的阈值[一类地区≥0.010，二类地区为 0.005（含）—0.010，三类地区为 0.001—0.005，四类地区＜0.001]，本书将我国 31 个省份划分为 4 类区域类型。在 2003 年我国各省份人口城镇化规模指数的区域类型中，一类地区包括山东、江苏和广东 3 个省份，二类地区包括黑龙江、辽宁、河北、河南、湖北、湖南、安徽、浙江、福建和四川 10 个省份，三类地区包括吉林、内蒙古、新疆、甘肃、山西、陕西、重庆、云南、贵州、广西、江西、北京、天津和上海 14 个省份，四类地区包括青海、海南、宁夏和西藏 4 个省份。在 2008 年我国各省份人口城镇化规模指数的区域类型中，一类地区包括山东、江苏和广东

表 12-3　2003—2017 年各省份人口城镇化规模指数

地区	2003 年 指标值	排序	2008 年 指标值	排序	2013 年 指标值	排序	2017 年 指标值	排序
北京	0.0039	21	0.0039	20	0.0041	20	0.0038	21
天津	0.0018	27	0.0025	25	0.0027	25	0.0026	25
河北	0.0084	6	0.0079	7	0.0080	6	0.0084	6
山西	0.0043	17	0.0042	18	0.0043	18	0.0043	18
内蒙古	0.0036	22	0.0034	23	0.0033	23	0.0032	23
辽宁	0.0079	9	0.0070	9	0.0066	10	0.0060	11
吉林	0.0040	18	0.0039	21	0.0034	22	0.0031	24
黑龙江	0.0067	11	0.0057	12	0.0050	13	0.0046	15
上海	0.0035	23	0.0045	16	0.0049	15	0.0043	19
江苏	0.0116	3	0.0113	3	0.0115	3	0.0112	3
浙江	0.0083	8	0.0080	6	0.0080	7	0.0078	7
安徽	0.0066	12	0.0067	11	0.0065	11	0.0068	10
福建	0.0056	13	0.0049	15	0.0052	12	0.0052	12
江西	0.0048	14	0.0049	14	0.0050	14	0.0051	13
山东	0.0129	1	0.0122	2	0.0119	2	0.0123	2
河南	0.0088	4	0.0092	4	0.0094	4	0.0097	4
湖北	0.0086	5	0.0070	10	0.0072	9	0.0071	9
湖南	0.0075	10	0.0073	8	0.0073	8	0.0076	8
广东	0.0123	2	0.0164	1	0.0164	1	0.0159	1
广西	0.0047	15	0.0050	13	0.0048	16	0.0049	14
海南	0.0007	29	0.0011	28	0.0011	28	0.0011	28
重庆	0.0039	20	0.0038	22	0.0039	21	0.0040	20
四川	0.0083	7	0.0083	5	0.0083	5	0.0086	5
贵州	0.0032	24	0.0030	24	0.0030	24	0.0034	22
云南	0.0039	19	0.0041	19	0.0043	19	0.0046	16
西藏	0.0003	31	0.0002	31	0.0002	31	0.0002	31
陕西	0.0044	16	0.0043	17	0.0044	17	0.0044	17
甘肃	0.0024	25	0.0023	27	0.0023	26	0.0025	26
青海	0.0007	30	0.0006	30	0.0006	30	0.0006	30
宁夏	0.0007	28	0.0008	29	0.0008	29	0.0008	29
新疆	0.0022	26	0.0023	26	0.0023	27	0.0025	27

3个省份，二类地区包括黑龙江、广西、辽宁、河北、河南、湖北、湖南、安徽、浙江和四川10个省份，三类地区包括吉林、内蒙古、新疆、甘肃、山西、陕西、重庆、云南、贵州、江西、福建、海南、北京、天津和上海15个省份，四类地区包括青海、宁夏和西藏3个省份。在2013年我国各省份人口城镇化规模指数的区域类型中，一类地区包括山东、江苏和广东3个省份，二类地区包括辽宁、河北、河南、湖北、湖南、安徽、江西、浙江、福建和四川10个省份，三类地区包括黑龙江、吉林、内蒙古、新疆、甘肃、山西、陕西、重庆、云南、贵州、广西、海南、北京、天津和上海15个省份，四类地区包括青海、宁夏和西藏3个省份。在2017年我国各省份人口城镇化规模指数的区域类型中，一类地区包括山东、江苏和广东3个省份，二类地区包括辽宁、河北、河南、湖北、湖南、安徽、江西、浙江、福建和四川10个省份，三类地区包括黑龙江、吉林、内蒙古、新疆、甘肃、山西、陕西、重庆、云南、贵州、广西、海南、北京、天津和上海15个省份，四类地区包括青海、宁夏和西藏3个省份。

2003—2017年，我国各省份人口城镇化规模指数的年增长率平均值较高的为海南、天津、广东、上海和云南5个省份，较低的为湖北、吉林、辽宁、西藏和黑龙江5个省份，极高值海南的人口城镇化规模指数年增长率平均值为3.97%，极低值黑龙江的人口城镇化规模指数年增长率平均值为-2.70%。

（二）经济城镇化规模指数

在经济城镇化规模指数的省域差距中，2003年，经济城镇化规模指数较高的为广东、江苏、山东、浙江和上海5个省份，指标值较低的为贵州、海南、青海、宁夏和西藏5个省份，极高值广东的经济城镇化规模指数为0.0176，极低值西藏的经济城镇化规模指数为0.0002，极差为88倍。2008年，经济城镇化规模指数较高的为广东、江苏、山东、浙江和河南5个省份，指标值较低的为甘肃、海南、宁夏、青海和西藏5个省份，极高值广东的经济城镇化规模指数为0.0192，极低值西藏的经济城镇化规模指数为0.0002，极差为96倍，较2003年有所增长。2013年，经济城镇化规模指数较高的为广东、江苏、山东、浙江和河南5个省份，指标值较低的为甘肃、海南、宁夏、青海和西藏5个省份，极高值广东的经济城镇化规模指数为0.0172，极低值西藏的经济城镇化规模指数为0.0002，极差为86倍，较2008年有所缩小。2017年，经济城镇化规模指数较高的为广东、江苏、山东、浙江和河南5个省份，指标值较低的为甘肃、海南、宁夏、青海和西藏5个省份，极高值广东的经济城镇化规模指数为0.0183，极低值西藏的经济城镇化规模指数为0.0003，极差为61倍，较2013年有所缩小（表12-4）。

表 12-4 2003—2017 年各省份经济城镇化规模指数

地区	2003 年 指标值	排序	2008 年 指标值	排序	2013 年 指标值	排序	2017 年 指标值	排序
北京	0.0050	14	0.0059	9	0.0056	13	0.0059	12
天津	0.0033	16	0.0035	18	0.0041	17	0.0039	16
河北	0.0085	6	0.0080	6	0.0072	6	0.0066	9
山西	0.0032	18	0.0038	17	0.0034	21	0.0031	20
内蒙古	0.0024	24	0.0039	16	0.0044	15	0.0031	21
辽宁	0.0076	8	0.0069	8	0.0072	7	0.0046	14
吉林	0.0029	21	0.0031	21	0.0033	23	0.0029	23
黑龙江	0.0055	12	0.0041	15	0.0035	20	0.0027	24
上海	0.0087	5	0.0077	7	0.0062	10	0.0065	10
江苏	0.0160	2	0.0160	2	0.0161	2	0.0174	2
浙江	0.0122	4	0.0116	4	0.0104	4	0.0106	4
安徽	0.0046	15	0.0042	14	0.0049	14	0.0052	13
福建	0.0064	10	0.0055	11	0.0058	12	0.0064	11
江西	0.0032	17	0.0031	22	0.0037	18	0.0039	17
山东	0.0154	3	0.0159	3	0.0145	3	0.0144	3
河南	0.0082	7	0.0089	5	0.0082	5	0.0086	5
湖北	0.0065	9	0.0054	12	0.0063	9	0.0068	7
湖南	0.0053	13	0.0052	13	0.0062	11	0.0066	8
广东	0.0176	1	0.0192	1	0.0172	1	0.0183	1
广西	0.0029	19	0.0032	20	0.0035	19	0.0033	19
海南	0.0006	28	0.0006	28	0.0007	28	0.0007	28
重庆	0.0027	23	0.0026	24	0.0034	22	0.0039	18
四川	0.0061	11	0.0058	10	0.0066	8	0.0069	6
贵州	0.0015	27	0.0016	26	0.0020	25	0.0024	25
云南	0.0028	22	0.0027	23	0.0029	24	0.0030	22
西藏	0.0002	31	0.0002	31	0.0002	31	0.0003	31
陕西	0.0029	20	0.0035	19	0.0042	16	0.0043	15
甘肃	0.0015	26	0.0015	27	0.0016	27	0.0014	27
青海	0.0005	29	0.0005	30	0.0006	30	0.0005	30
宁夏	0.0005	30	0.0006	29	0.0007	29	0.0007	29
新疆	0.0021	25	0.0020	25	0.0002	26	0.0020	26

2003 年，经济城镇化规模指数高于全国平均水平的有广东、江苏、山东、浙江、上海、河北、河南、辽宁、湖北、福建、四川和黑龙江 12 个省份，其余省份

均低于全国平均水平；2008 年，经济城镇化规模指数高于全国平均水平的有广东、江苏、山东、浙江、河南、河北、上海、辽宁、北京、四川、福建和湖北 12 个省份，其余省份均低于全国平均水平；2013 年，经济城镇化规模指数高于全国平均水平的有广东、江苏、山东、浙江、河南、河北、辽宁、四川、湖北、上海、湖南、福建和北京 13 个省份，其余省份均低于全国平均水平；2017 年，经济城镇化规模指数高于全国平均水平的有广东、江苏、山东、浙江、河南、四川、湖北、湖南、河北、上海、福建和北京 12 个省份，其余省份均低于全国平均水平。

根据经济城镇化规模指数指标的阈值[一类地区≥0.010，二类地区为 0.005（含）—0.010，三类地区为 0.001—0.005，四类地区<0.001]，本书将我国 31 个省份划分为 4 类区域类型。在 2003 年我国各省份经济城镇化规模指数的区域类型中，一类地区包括山东、江苏、浙江和广东 4 个省份，二类地区包括黑龙江、辽宁、北京、河北、河南、湖北、湖南、上海、福建和四川 10 个省份，三类地区包括吉林、内蒙古、新疆、天津、山西、陕西、甘肃、贵州、重庆、云南、广西、江西和安徽 13 个省份，四类地区包括青海、海南、宁夏和西藏 4 个省份。在 2008 年我国各省份经济城镇化规模指数的区域类型中，一类地区包括山东、江苏、浙江和广东 4 个省份，二类地区包括辽宁、河北、河南、湖北、湖南、北京、上海、福建和四川 9 个省份，三类地区包括黑龙江、吉林、内蒙古、山西、新疆、陕西、甘肃、重庆、云南、贵州、广西、天津、江西和安徽 14 个省份，四类地区包括青海、宁夏、海南和西藏 4 个省份。在 2013 年我国各省份经济城镇化规模指数的区域类型中，一类地区包括山东、江苏、浙江和广东 4 个省份，二类地区包括辽宁、河北、河南、湖北、湖南、北京、上海、福建和四川 9 个省份，三类地区包括黑龙江、吉林、内蒙古、甘肃、山西、陕西、重庆、云南、贵州、广西、安徽、江西和天津 13 个省份，四类地区包括青海、新疆、宁夏、海南和西藏 5 个省份。在 2017 年我国各省份经济城镇化规模指数的区域类型中，一类地区包括山东、江苏、浙江和广东 4 个省份，二类地区包括河北、河南、湖北、湖南、北京、上海、安徽、福建和四川 9 个省份，三类地区包括黑龙江、吉林、辽宁、内蒙古、新疆、甘肃、山西、陕西、重庆、云南、贵州、广西、天津和江西 14 个省份，四类地区包括青海、宁夏、海南和西藏 4 个省份。

2003—2017 年，我国各省份经济城镇化规模指数的年增长率平均值较高的为贵州、宁夏、陕西、重庆和内蒙古 5 个省份，较低的为浙江、河北、上海、辽宁和黑龙江 5 个省份，极高值贵州的经济城镇化规模指数年增长率平均值为 3.64%，极低值黑龙江的经济城镇化规模指数年增长率平均值为-4.78%。

(三)社会城镇化规模指数

在社会城镇化规模指数的省域差距中,2003年,社会城镇化规模指数较高的为广东、山东、江苏、北京和浙江5个省份,指标值较低的为贵州、宁夏、西藏、青海和海南5个省份,极高值广东的社会城镇化规模指数为0.0098,极低值海南的社会城镇化规模指数为0.0034,极差为2.89倍。2008年,社会城镇化规模指数较高的为广东、山东、江苏、浙江和北京5个省份,指标值较低的为宁夏、贵州、海南、青海和西藏5个省份,极高值广东的社会城镇化规模指数为0.0104,极低值西藏的社会城镇化规模指数为0.0030,极差为3.47倍,较2003年有所增长。2013年,社会城镇化规模指数较高的为广东、山东、江苏、浙江和辽宁5个省份,指标值较低的为宁夏、甘肃、海南、青海和西藏5个省份,极高值广东的社会城镇化规模指数为0.0101,极低值西藏的社会城镇化规模指数为0.0029,极差为3.48倍,较2008年有所增长。2017年,社会城镇化规模指数较高的为广东、山东、江苏、浙江和北京5个省份,指标值较低的为宁夏、甘肃、青海、海南和西藏5个省份,极高值广东的社会城镇化规模指数为0.0095,极低值西藏的社会城镇化规模指数为0.0029,极差为3.28倍,较2013年有所下降(表12-5)。

2003年,社会城镇化规模指数高于全国平均水平的有广东、山东、江苏、北京、浙江、辽宁、河南、湖北、上海、黑龙江、四川、河北和湖南13个省份,其余省份均低于全国平均水平;2008年,社会城镇化规模指数高于全国平均水平的有广东、山东、江苏、浙江、北京、上海、辽宁、河南、河北、黑龙江和湖北11个省份,其余省份均低于全国平均水平;2013年,社会城镇化规模指数高于全国平均水平的有广东、山东、江苏、浙江、辽宁、北京、河南、上海、河北、四川和湖北11个省份,其余省份均低于全国平均水平;2017年,社会城镇化规模指数高于全国平均水平的有广东、山东、江苏、浙江、北京、上海、辽宁、河南、四川、河北和湖北11个省份,其余省份均低于全国平均水平。

根据社会城镇化规模指数指标的阈值[一类地区≥0.008,二类地区为0.006(含)—0.008,三类地区为0.004—0.006,四类地区<0.004],本书将我国31个省份划分为4类区域类型。在2003年我国各省份社会城镇化规模指数的区域类型中,一类地区包括山东和广东2个省份,二类地区包括黑龙江、辽宁、北京、河南、湖北、江苏、上海和浙江8个省份,三类地区包括吉林、河北、内蒙古、新疆、甘肃、山西、陕西、重庆、四川、云南、湖南、广西、江西、天津、福建和安徽16个省份,四类地区包括贵州、青海、海南、宁夏和西藏5个省份。在2008年我国各省份社会城镇化规模指数的区域类型中,一类地区包括山东、江苏和广

表 12-5 2003—2017 年各省份社会城镇化规模指数

地区	2003 年 指标值	排序	2008 年 指标值	排序	2013 年 指标值	排序	2017 年 指标值	排序
北京	0.0074	4	0.0070	5	0.0064	6	0.0072	5
天津	0.0050	17	0.0051	18	0.0049	19	0.0048	19
河北	0.0058	12	0.0059	9	0.0056	9	0.0057	10
山西	0.0048	19	0.0048	19	0.0051	18	0.0049	17
内蒙古	0.0050	16	0.0052	17	0.0052	17	0.0050	16
辽宁	0.0066	6	0.0064	7	0.0065	5	0.0063	7
吉林	0.0051	14	0.0053	12	0.0053	14	0.0049	18
黑龙江	0.0060	10	0.0056	10	0.0052	16	0.0051	14
上海	0.0061	9	0.0065	6	0.0061	8	0.0063	6
江苏	0.0079	3	0.0084	3	0.0085	3	0.0085	3
浙江	0.0074	5	0.0075	4	0.0073	4	0.0073	4
安徽	0.0050	15	0.0052	13	0.0053	13	0.0052	13
福建	0.0049	18	0.0052	15	0.0053	12	0.0051	15
江西	0.0043	24	0.0044	22	0.0046	22	0.0047	20
山东	0.0081	2	0.0089	2	0.0088	2	0.0087	2
河南	0.0061	7	0.0063	8	0.0061	7	0.0061	8
湖北	0.0061	8	0.0055	11	0.0055	11	0.0056	11
湖南	0.0054	13	0.0052	14	0.0052	15	0.0052	12
广东	0.0095	1	0.0104	1	0.0101	1	0.0095	1
广西	0.0047	20	0.0046	20	0.0047	20	0.0045	24
海南	0.0034	31	0.0034	29	0.0034	29	0.0033	30
重庆	0.0045	21	0.0045	21	0.0046	21	0.0047	22
四川	0.0059	11	0.0052	16	0.0056	10	0.0059	9
贵州	0.0038	27	0.0036	28	0.0040	26	0.0041	26
云南	0.0041	26	0.0040	25	0.0044	25	0.0045	25
西藏	0.0036	29	0.0030	31	0.0029	31	0.0029	31
陕西	0.0044	23	0.0044	23	0.0044	24	0.0047	21
甘肃	0.0042	25	0.0040	26	0.0039	28	0.0040	28
青海	0.0035	30	0.0033	30	0.0034	30	0.0035	29
宁夏	0.0037	28	0.0040	27	0.0040	27	0.0041	27
新疆	0.0045	22	0.0043	24	0.0044	23	0.0046	23

东 3 个省份，二类地区包括辽宁、河南、北京、上海和浙江 5 个省份，三类地区包括黑龙江、吉林、内蒙古、新疆、山西、陕西、河北、天津、重庆、甘肃、宁夏、云南、四川、广西、湖南、湖北、江西、安徽和福建 19 个省份，四类地区包括青海、西藏、贵州和海南 4 个省份。在 2013 年我国各省份社会城镇化规模指数的区域类型中，一类地区包括山东、江苏、广东 3 个省份，二类地区包括辽宁、河南、北京、上海和浙江 5 个省份，三类地区包括黑龙江、吉林、河北、天津、内蒙古、新疆、宁夏、山西、陕西、重庆、四川、云南、贵州、湖北、湖南、广西、安徽、江西和福建 19 个省份，四类地区包括青海、甘肃、海南和西藏 4 个省份。在 2017 年我国各省份社会城镇化规模指数的区域类型中，一类地区包括山东、江苏和广东 3 个省份，二类地区包括辽宁、北京、河南、上海和浙江 5 个省份，三类地区包括黑龙江、吉林、河北、天津、内蒙古、新疆、山西、陕西、四川、重庆、甘肃、云南、贵州、湖北、宁夏、湖南、广西、福建、安徽和江西 20 个省份，四类地区包括青海、海南和西藏 3 个省份。

2003—2017 年，我国各省份社会城镇化规模指数的年增长率平均值较高的为宁夏、云南、贵州、江西和山东 5 个省份，较低的为甘肃、辽宁、湖北、黑龙江和西藏 5 个省份，极高值宁夏的社会城镇化规模指数年增长率平均值为 0.73%，极低值西藏的社会城镇化规模指数年增长率平均值为 −1.38%。

1. 城镇居民人均收入

在我国城镇居民人均收入的省域差距中，2003 年，我国城镇居民人均收入较高的为上海、北京、浙江、广东和天津 5 个省份，指标值较低的为青海、黑龙江、甘肃、贵州和宁夏 5 个省份，极高值上海的城镇居民人均收入为 14 868 元，极低值宁夏的城镇居民人均收入为 6531 元，极差为 2.28 倍。2008 年，城镇居民人均收入较高的为上海、北京、浙江、广东和天津 5 个省份，指标值较低的为贵州、青海、黑龙江、新疆和甘肃 5 个省份，极高值上海的城镇居民人均收入为 26 675 元，极低值甘肃的城镇居民人均收入为 10 969 元，极差为 2.43 倍，较 2003 年有所增长。2013 年，我国城镇居民人均收入较高的为上海、北京、浙江、广东和江苏 5 个省份，指标值较低的为西藏、新疆、黑龙江、青海和甘肃 5 个省份，极高值上海的城镇居民人均收入为 43 851 元，极低值甘肃的城镇居民人均收入为 18 965 元，极差为 2.31 倍，较 2008 年有所降低。2017 年，城镇居民人均收入较高的为上海、北京、浙江、江苏和广东 5 个省份，指标值较低的为山西、贵州、吉林、甘肃和黑龙江 5 个省份，极高值上海的城镇居民人均收入为 62 596 元，极低值黑龙江的城镇居民人均收入为 27 446 元，极差为 2.28 倍，较 2013 年有所降低（表 12-6）。

表 12-6 2003—2017 年各省份城镇居民人均收入   单位：元

地区	2003年 指标值	2003年 排序	2008年 指标值	2008年 排序	2013年 指标值	2013年 排序	2017年 指标值	2017年 排序
北京	13 883	2	24 725	2	40 321	2	62 406	2
天津	10 313	5	19 423	5	32 294	6	40 278	6
河北	7 239	17	13 441	14	22 580	19	30 548	22
山西	7 005	22	13 119	18	22 456	20	29 132	27
内蒙古	7 013	20	14 433	9	25 497	10	35 670	9
辽宁	7 241	16	14 393	10	25 578	9	34 993	10
吉林	7 005	21	12 830	23	22 275	23	28 319	29
黑龙江	6 679	28	11 581	29	19 597	29	27 446	31
上海	14 868	1	26 675	1	43 851	1	62 596	1
江苏	9 263	7	18 680	6	32 538	5	43 622	4
浙江	13 180	3	22 727	3	37 851	3	51 261	3
安徽	6 778	26	12 990	19	23 114	15	31 640	14
福建	10 000	6	17 962	7	30 816	7	39 001	7
江西	6 901	24	12 866	21	21 873	24	31 198	15
山东	8 400	9	16 305	8	28 264	8	36 789	8
河南	6 926	23	13 231	16	22 398	21	29 558	24
湖北	7 322	14	13 153	17	22 906	17	31 889	13
湖南	7 674	12	13 821	13	23 414	12	33 948	11
广东	12 380	4	19 733	4	33 090	4	40 975	5
广西	7 785	11	14 146	12	23 305	13	30 502	23
海南	7 259	15	12 608	25	22 929	16	30 817	17
重庆	8 094	10	14 368	11	25 216	11	32 193	12
四川	7 042	19	12 633	24	22 368	22	30 727	20
贵州	6 569	30	11 759	27	20 667	26	29 080	28
云南	7 644	13	13 250	15	23 236	14	30 996	16
西藏	8 766	8	12 482	26	20 023	27	30 671	21
陕西	6 806	25	12 858	22	22 858	18	30 810	18
甘肃	6 657	29	10 969	31	18 965	31	27 763	30
青海	6 745	27	11 640	28	19 499	30	29 169	26
宁夏	6 531	31	12 932	20	21 833	25	29 472	25
新疆	7 174	18	11 432	30	19 874	28	30 775	19

2003 年，城镇居民人均收入高于全国平均水平的有上海、北京、浙江、广东、天津、福建、江苏、西藏和山东 9 个省份，其余省份均低于全国平均水平；2008 年，

城镇居民人均收入高于全国平均水平的有上海、北京、浙江、广东、天津、江苏、福建和山东8个省份，其余省份均低于全国平均水平；2013年，城镇居民人均收入高于全国平均水平的有上海、北京、浙江、广东、江苏、天津、福建、山东和辽宁9个省份，其余省份均低于全国平均水平；2017年，城镇居民人均收入高于全国平均水平的有上海、北京、浙江、江苏、广东、天津、福建、山东、内蒙古和辽宁10个省份，其余省份均低于全国平均水平。

根据我国城镇居民人均收入指标的阈值[一类地区≥30 000元，二类地区20 000（含）—30 000元，三类地区10 000—20 000元，四类地区<10 000元]，本书将我国31个省份划分为4类区域类型。在2003年我国各省份城镇居民人均收入的区域类型中，无一、二类地区，三类地区包括北京、天津、浙江、福建、上海和广东6个省份，四类地区包括黑龙江、吉林、辽宁、内蒙古、新疆、青海、甘肃、山东、西藏、陕西、山西、宁夏、河北、河南、四川、重庆、湖北、湖南、云南、贵州、广西、江西、江苏、安徽和海南25个省份。在2008年我国各省份城镇居民人均收入的区域类型中，无一类地区，二类地区包括北京、上海和浙江3个省份，三类地区包括黑龙江、吉林、辽宁、内蒙古、新疆、青海、西藏、陕西、江苏、甘肃、山西、山东、宁夏、天津、河北、河南、四川、重庆、湖北、湖南、云南、贵州、广西、广东、江西、福建、安徽和海南28个省份，无四类地区。在2013年我国各省份城镇居民人均收入的区域类型中，一类地区包括北京、天津、江苏、浙江、福建、广东和上海7个省份，二类地区包括辽宁、吉林、内蒙古、宁夏、陕西、山西、河北、山东、河南、安徽、湖北、湖南、重庆、四川、西藏、云南、贵州、广西、江西、海南20个省份，三类地区包括黑龙江、甘肃、新疆和青海4个省份，无四类地区。在2017年我国各省份城镇居民人均收入的区域类型中，一类地区包括辽宁、内蒙古、新疆、西藏、陕西、山东、北京、天津、江苏、浙江、上海、河北、四川、重庆、湖北、湖南、云南、广西、广东、江西、福建、安徽和海南23个省份，二类地区包括吉林、山西、黑龙江、河南、宁夏、青海、甘肃和贵州8个省份，无三类、四类地区。

2003—2017年，我国各省份城镇居民人均收入的年增长率平均值较高的为内蒙古、辽宁、江苏、安徽和陕西5个省份，较低的为天津、福建、浙江、西藏和广东5个省份，极高值内蒙古的城镇居民人均收入年增长率平均值为12.40%，极低值广东的城镇居民人均收入年增长率平均值为9.07%。

2. 建成区面积

在我国各省份建成区面积的省域差距中，2003年，我国各省份建成区面积较高的为广东、山东、江苏、辽宁和湖北5个省份，指标值较低的为贵州、宁夏、海南、青海和西藏5个省份，极高值广东的建成区面积为2546.89平方公里，极低值西藏的建成区面积为72.43平方公里，极差为35.16倍。2008年，建成区面积较高的为广东、山东、江苏、辽宁和浙江5个省份，指标值较低的为贵州、宁夏、海南、青海和西藏5个省份，极高值广东的建成区面积为4132.63平方公里，极低值西藏的建成区面积为79.00平方公里，极差为52.31倍，较2003年有所增大。2013年，我国建成区面积较高的为广东、山东、江苏、浙江和辽宁5个省份，指标值较低的为贵州、宁夏、海南、青海和西藏5个省份，极高值广东的建成区面积为5232.10平方公里，极低值西藏的建成区面积为120.30平方公里，极差为43.49倍，较2008年有所降低。2017年，建成区面积较高的为广东、山东、江苏、四川和浙江5个省份，指标值较低的为甘肃、宁夏、海南、青海和西藏5个省份，极高值广东的建成区面积为5911.10平方公里，极低值西藏的建成区面积为147.60平方公里，极差为40.05倍，较2013年有所降低（表12-7）。

2003年，建成区面积高于全国平均水平的有山东、广东、江苏、北京、浙江、辽宁、河南、湖北、湖南、黑龙江、四川、河北和安徽13个省份，其余省份均低于全国平均水平；2008年，建成区面积高于全国平均水平的有广东、山东、江苏、河南、河北、浙江、四川、北京、黑龙江、安徽、辽宁和湖北12个省份，其余省份均低于全国平均水平；2013年，建成区面积高于全国平均水平的有广东、山东、江苏、河南、四川、河北、浙江、湖北、黑龙江、辽宁和安徽11个省份，其余省份均低于全国平均水平；2017年，建成区面积高于全国平均水平的有广东、山东、江苏、河南、四川、河北、辽宁、浙江、湖北、安徽和黑龙江11个省份，其余省份均低于全国平均水平。

根据我国建成区面积指标的阈值[一类地区≥2000平方公里，二类地区为1000（含）—2000平方公里，三类地区为200—1000平方公里，四类地区<200平方公里]，本书将我国31个省份划分为4类区域类型。在2003年我国各省份建成区面积的区域类型中，一类地区包括江苏、山东和广东3个省份，二类地区包括黑龙江、辽宁、河北、北京、河南、湖北、四川、安徽和浙江9个省份，三类地区包括吉林、内蒙古、新疆、甘肃、宁夏、山西、陕西、重庆、云南、贵州、湖南、广西、江西、上海、天津和福建16个省份，四类地区包括青海、海南和西藏3个省份。在2008年我国各省份建成区面积的区域类型中，一类地区包括山东、江苏和广东3个省份，二类地区包括黑龙江、吉林、辽宁、河北、北京、河南、湖北、湖南、四川、安徽和浙江11个省份，三类地区包括内蒙古、新疆、甘肃、宁夏、山西、陕西、天津、重庆、云南、贵州、广西、江西、上海、海南和福建15个省份，四类地区包括青海和西藏2个省份。在2013年我国各省份建成区面积的区域类型中，一类地区包括辽宁、山东、江苏、浙江、广东、河南、湖北和四川8

表 12-7　2003—2017 年各省份建成区面积　　单位：平方公里

地区	2003 年 指标值	排序	2008 年 指标值	排序	2013 年 指标值	排序	2017 年 指标值	排序
北京	1180.10	10	1310.94	11	1306.50	14	1445.50	16
天津	487.47	24	640.85	24	747.30	25	1087.60	24
河北	1171.04	11	1528.33	8	1787.20	9	2120.20	9
山西	678.68	17	784.10	20	1040.70	21	1178.30	22
内蒙古	679.28	16	885.42	16	1206.20	16	1269.20	20
辽宁	1694.59	4	1955.53	4	2386.50	5	2643.80	7
吉林	850.53	14	1135.36	14	1344.00	13	1452.10	15
黑龙江	1362.50	7	1524.21	9	1758.40	11	1819.70	11
上海	549.58	21	921.69	15	998.80	22	998.80	25
江苏	2119.52	3	2904.32	3	3809.60	3	4426.50	3
浙江	1397.02	6	1939.09	5	2399.20	4	2829.30	5
安徽	1044.17	12	1310.88	12	1777.30	10	2039.30	10
福建	598.43	19	877.35	17	1263.20	15	1516.90	13
江西	598.54	18	819.09	19	1151.40	18	1454.10	14
山东	2195.39	2	3261.03	2	4187.50	2	4971.50	2
河南	1345.90	9	1857.24	6	2289.10	6	2685.30	6
湖北	1415.58	5	1564.56	7	2006.70	8	2340.80	8
湖南	959.38	13	1195.25	13	1505.00	12	1709.40	12
广东	2546.89	1	4132.63	1	5232.10	1	5911.10	1
广西	685.35	15	840.57	18	1153.60	17	1413.70	18
海南	176.66	29	204.80	29	296.00	29	323.80	29
重庆	523.71	22	708.37	22	1114.90	19	1423.10	17
四川	1357.37	8	1391.68	10	2058.10	7	2832.30	4
贵州	348.05	27	407.42	27	695.40	27	986.40	26
云南	410.50	26	623.76	25	935.80	23	1142.10	23
西藏	72.43	31	79.00	31	120.30	31	147.60	31
陕西	508.28	23	659.74	23	915.00	24	1287.10	19
甘肃	478.33	25	581.28	26	726.70	26	868.70	27
青海	101.84	30	110.65	30	157.40	30	199.90	30
宁夏	206.13	28	310.89	28	420.70	28	458.10	28
新疆	564.78	20	750.96	21	1064.90	20	1243.60	21

个省份，二类地区包括黑龙江、吉林、内蒙古、新疆、山西、河北、北京、重庆、广西、湖南、江西、福建和安徽 13 个省份，三类地区包括天津、甘肃、宁夏、陕西、云南、贵州、上海和海南 8 个省份，四类地区包括青海和西藏 2 个省份。在 2017 年我国各省份建成区面积的区域类型中，一类地区包括辽宁、河北、河南、湖北、安徽、山东、江苏、浙江、四川和广东 10 个省份，二类地区包括黑龙江、吉林、天津、北京、内蒙古、新疆、陕西、山西、重庆、云南、广西、湖南、江西和福建 14 个省份，三类地区包括甘肃、宁夏、贵州、上海和海南 5 个省份，四类地区包括青海和西藏 2 个省份。

2003—2017 年，我国各省份建成区面积的年增长率平均值较高的为贵州、重庆、云南、福建和陕西 5 个省份，较低的为吉林、湖北、辽宁、黑龙江和北京 5 个省份，极高值贵州的建成区面积的年增长率平均值为 7.94%，极低值北京的建成区面积的年增长率平均值为 1.50%。

3. 恩格尔系数

在我国恩格尔系数的省域差距中，2003 年，我国恩格尔系数较高的为海南、西藏、贵州、云南和四川 5 个省份，指标值较低的为山西、山东、陕西、内蒙古、和北京 5 个省份，极高值海南的恩格尔系数为 0.5067，极低值北京的恩格尔系数为 0.3171，极差为 1.60 倍。2008 年，恩格尔系数较高的为西藏、云南、海南、四川和贵州 5 个省份，指标值较低的为山西、吉林、山东、内蒙古和北京 5 个省份，极高值西藏的恩格尔系数为 0.5179，极低值北京的恩格尔系数为 0.3380，极差为 1.53 倍，较 2003 年有所降低。2013 年，我国恩格尔系数较高的为西藏、海南、重庆、四川和云南 5 个省份，指标值较低的为河北、宁夏、北京、吉林和山西 5 个省份，极高值西藏的恩格尔系数为 0.5110，极低值山西的恩格尔系数为 0.2938，极差为 1.74 倍，较 2008 年有所增长。2017 年，恩格尔系数较高的为西藏、海南、四川、福建和广东 5 个省份，指标值较低的为上海、河北、宁夏、山西和北京 5 个省份，极高值西藏的恩格尔系数为 0.4604，极低值北京的恩格尔系数为 0.2017，极差为 2.28 倍，较 2013 年有所增长（表 12-8）。

2003 年，恩格尔系数高于全国平均水平的有海南、西藏、贵州、云南、四川、江西、安徽、广西、福建、湖南、湖北、重庆和青海 13 个省份，其余省份均低于全国平均水平；2008 年，恩格尔系数高于全国平均水平的有西藏、云南、海南、四川、贵州、广西、江西、湖南、湖北、重庆、福建、安徽、甘肃和青海 14 个省份，其余省份均低于全国平均水平；2013 年，恩格尔系数高于全国平均水平的有西藏、海南、重庆、四川、云南、安徽、江西、湖北、广西、福建、贵州、广东、甘肃和天津 14 个省份，其余省份均低于全国平均水平；2017 年，

表 12-8 2003—2017 年各省份恩格尔系数

地区	2003年 指标值	排序	2008年 指标值	排序	2013年 指标值	排序	2017年 指标值	排序
北京	0.3171	31	0.3380	31	0.3136	29	0.2017	31
天津	0.3777	22	0.3758	19	0.3642	14	0.3106	10
河北	0.3675	25	0.3584	25	0.3220	27	0.2523	28
山西	0.3652	27	0.3533	27	0.2938	31	0.2416	30
内蒙古	0.3430	30	0.3476	30	0.3257	26	0.2747	21
辽宁	0.4015	15	0.3928	16	0.3269	25	0.2740	22
吉林	0.3806	20	0.3532	28	0.3031	30	0.2647	26
黑龙江	0.3675	26	0.3540	26	0.3564	16	0.2703	24
上海	0.3693	24	0.3689	22	0.3503	18	0.2523	27
江苏	0.3924	17	0.3887	18	0.3438	21	0.2776	20
浙江	0.3707	23	0.3655	23	0.3470	19	0.2855	18
安徽	0.4494	7	0.4210	12	0.3926	6	0.3259	8
福建	0.4301	9	0.4219	11	0.3845	10	0.3381	4
江西	0.4518	6	0.4436	7	0.3906	7	0.3187	9
山东	0.3640	28	0.3490	29	0.3333	24	0.2720	23
河南	0.4017	14	0.3616	24	0.3358	23	0.2683	25
湖北	0.4208	11	0.4366	9	0.3900	8	0.3018	12
湖南	0.4246	10	0.4380	8	0.3615	15	0.2904	15
广东	0.3985	16	0.3951	15	0.3784	12	0.3343	5
广西	0.4484	8	0.4609	6	0.3852	9	0.3289	7
海南	0.5067	1	0.4702	3	0.4554	2	0.3838	2
重庆	0.4194	12	0.4245	10	0.4126	3	0.3304	6
四川	0.4526	5	0.4680	4	0.4045	4	0.3461	3
贵州	0.4700	3	0.4642	5	0.3844	11	0.3052	11
云南	0.4606	4	0.4808	2	0.3988	5	0.3011	13
西藏	0.4767	2	0.5179	1	0.5110	1	0.4604	1
陕西	0.3610	29	0.3692	21	0.3529	17	0.2781	19
甘肃	0.3916	18	0.4167	13	0.3691	13	0.2956	14
青海	0.4088	13	0.4103	14	0.3387	22	0.2866	16
宁夏	0.3791	21	0.3694	20	0.3173	28	0.2470	29
新疆	0.3911	19	0.3902	17	0.3463	20	0.2866	17

恩格尔系数高于全国平均水平的有西藏、海南、四川、福建、广东、重庆、广西、安徽、江西、天津、贵州、湖北和云南 13 个省份，其余省份均低于全国平均水平。

根据我国恩格尔系数指标的阈值[一类地区≥0.5，二类地区为 0.4（含）—0.5，三类地区为 0.3—0.4，四类地区<0.3]，本书将我国 31 个省份划分为 4 类区域类型。在 2003 年我国各省份恩格尔系数的区域类型中，一类地区包括海南 1 个省份，二类地区包括辽宁、河南、安徽、湖北、湖南、江西、福建、重庆、四川、云南、贵州、广西、青海和西藏 14 个省份，三类地区包括黑龙江、吉林、内蒙古、新疆、北京、甘肃、宁夏、山西、陕西、河北、天津、山东、浙江、上海、江苏和广东 16 个省份，无四类地区。在 2008 年我国各省份恩格尔系数的区域类型中，一类地区包括西藏 1 个自治区，二类地区包括青海、甘肃、四川、重庆、云南、贵州、广西、海南、湖南、湖北、安徽、江西和福建 13 个省份，三类地区包括黑龙江、吉林、北京、辽宁、内蒙古、新疆、宁夏、山西、陕西、河南、河北、天津、山东、江苏、浙江、广东和上海 17 个省份，无四类地区。在 2013 年我国各省份恩格尔系数的区域类型中，一类地区包括西藏 1 个自治区，二类地区包括四川、重庆和海南 3 个省份，三类地区包括黑龙江、吉林、辽宁、河北、北京、天津、内蒙古、新疆、青海、甘肃、宁夏、陕西、河南、山东、江苏、浙江、安徽、上海、湖北、湖南、江西、福建、广东、广西、贵州和云南 26 个省份，四类地区包括山西 1 个省份。在 2017 年我国各省份恩格尔系数的区域类型中，无一类地区，二类地区包括西藏 1 个自治区，三类地区包括四川、重庆、云南、贵州、广西、广东、江西、湖北、天津、海南、安徽和福建 12 个省份，四类地区包括黑龙江、吉林、辽宁、河北、北京、山东、河南、陕西、山西、宁夏、甘肃、青海、上海、内蒙古、新疆、湖南、江苏和浙江 18 个省份。

2003—2017 年，我国各省份恩格尔系数整体呈负增长趋势。其中，年负增长率的平均值较高的为宁夏、贵州、北京、云南和山西 5 个省份，较低的为重庆、内蒙古、天津、广东和西藏 5 个省份，极高值宁夏的恩格尔系数年负增长率平均值为-2.94%，极低值西藏的恩格尔系数年负增长率平均值为-0.17%。

二、各省份城镇化结构指数的基本态势与结构特征

在城镇化结构指数的省域差距中，2003 年，城镇化结构指数较高的为上海、北京、天津、江苏和浙江 5 个省份，指标值较低的为广西、甘肃、云南、贵州和海南 5 个省份，极高值上海的城镇化结构指数为 0.0309，极低值海南的城镇化结

构指数为 0.0120，极差为 2.58 倍。2008 年，城镇化结构指数较高的为上海、北京、天津、广东和江苏 5 个省份，指标值较低的为四川、甘肃、云南、贵州和西藏 5 个省份，极高值上海的城镇化结构指数为 0.0357，极低值西藏的城镇化结构指数为 0.0121，极差为 2.95 倍，较 2003 年有所缩减。2013 年，城镇化结构指数较高的为上海、北京、天津、江苏和广东 5 个省份，指标值较低的为贵州、云南、甘肃、新疆和西藏 5 个省份，极高值上海的城镇化结构指数为 0.0334，极低值西藏的城镇化结构指数为 0.0121，极差为 2.76 倍，较 2008 年有所缩减。2017 年，城镇化结构指数较高的为上海、天津、北京、江苏和广东 5 个省份，指标值较低的为贵州、甘肃、云南、新疆和西藏 5 个省份，极高值上海的城镇化结构指数为 0.0306，极低值西藏的城镇化结构指数为 0.0125，极差为 2.45 倍，较 2013 年有所缩减（表 12-9）。

2003 年，城镇化结构指数高于全国平均水平的有上海、北京、天津、江苏、浙江、辽宁、广东、山东和黑龙江 9 个省份，其余省份均低于全国平均水平；2008 年，城镇化结构指数高于全国平均水平的有上海、北京、天津、广东、江苏、浙江、辽宁和山东 8 个省份，其余省份均低于全国平均水平；2013 年，城镇化结构指数高于全国平均水平的有上海、北京、天津、江苏、广东、浙江、辽宁和山东 8 个省份，其余省份均低于全国平均水平；2017 年，城镇化结构指数高于全国平均水平的有上海、天津、北京、江苏、广东、浙江、山东、辽宁和重庆 9 个省份，其余省份均低于全国平均水平。

根据城镇化结构指数指标的阈值［一类地区≥0.020，二类地区为 0.019（含）—0.020，三类地区为 0.015—0.019，四类地区＜0.015］，本书将我国 31 个省份划分为 4 类区域类型。在 2003 年我国各省份城镇化结构指数的区域类型中，一类地区包括北京、天津和上海 3 个直辖市，无二类地区，三类地区包括山西、辽宁、山东、湖北、重庆、黑龙江、吉林、福建、江苏、浙江和广东 11 个省份，四类地区包括河南、贵州、安徽、内蒙古、河北、海南、陕西、宁夏、甘肃、青海、新疆、西藏、云南、四川、湖南、广西和江西 17 个省份。在 2008 年我国各省份城镇化结构指数的区域类型中，一类地区包括北京、上海和天津 3 个直辖市，无二类地区，三类地区包括江苏、浙江、广东、黑龙江、吉林、辽宁、山东、山西、重庆和福建 10 个省份，四类地区包括内蒙古、河北、河南、陕西、甘肃、宁夏、青海、西藏、新疆、四川、云南、湖北、湖南、贵州、广西、海南、安徽和江西 18 个省份。在 2013 年我国各省份城镇化结构指数的区域类型中，一类地区包括北京、上海和天津 3 个直辖市，无二类地区，三类地区包括江苏、浙江、广东、辽宁、山东、山西、湖北、重庆和福建 9 个省份，四类地区包括黑龙江、吉林、内蒙古、

表 12-9 2003—2017 年各省份城镇化结构指数

地区	2003年 指标值	排序	2008年 指标值	排序	2013年 指标值	排序	2017年 指标值	排序
北京	0.0304	2	0.0273	2	0.0250	2	0.0242	3
天津	0.0230	3	0.0241	3	0.0235	3	0.0246	2
河北	0.0147	15	0.0145	17	0.0145	19	0.0149	15
山西	0.0152	12	0.0151	13	0.0152	11	0.0151	12
内蒙古	0.0146	16	0.0148	14	0.0149	14	0.0146	21
辽宁	0.0181	6	0.0170	7	0.0170	7	0.0165	8
吉林	0.0151	13	0.0152	11	0.0149	13	0.0148	17
黑龙江	0.0163	9	0.0151	12	0.0143	22	0.0140	24
上海	0.0309	1	0.0357	1	0.0334	1	0.0306	1
江苏	0.0184	4	0.0183	5	0.0188	4	0.0189	4
浙江	0.0182	5	0.0176	6	0.0177	6	0.0176	6
安徽	0.0141	22	0.0144	18	0.0148	15	0.0151	13
福建	0.0159	10	0.0153	10	0.0160	10	0.0159	10
江西	0.0138	23	0.0139	22	0.0144	20	0.0147	20
山东	0.0168	8	0.0168	8	0.0169	8	0.0173	7
河南	0.0141	21	0.0143	19	0.0146	17	0.0149	16
湖北	0.0158	11	0.0147	16	0.0151	12	0.0152	11
湖南	0.0141	20	0.0141	21	0.0144	21	0.0147	19
广东	0.0175	7	0.0187	4	0.0185	5	0.0181	5
广西	0.0132	27	0.0135	25	0.0138	26	0.0137	26
海南	0.0120	31	0.0138	23	0.0142	23	0.0143	22
重庆	0.0151	14	0.0156	9	0.0161	9	0.0163	9
四川	0.0132	26	0.0132	27	0.0138	25	0.0140	23
贵州	0.0130	30	0.0129	30	0.0135	27	0.0136	27
云南	0.0130	29	0.0130	29	0.0133	28	0.0135	29
西藏	0.0137	24	0.0121	31	0.0121	31	0.0125	31
陕西	0.0144	19	0.0142	20	0.0145	18	0.0147	18
甘肃	0.0131	28	0.0131	28	0.0132	29	0.0135	28
青海	0.0145	17	0.0138	24	0.0138	24	0.0140	25
宁夏	0.0144	18	0.0147	15	0.0148	16	0.0149	14
新疆	0.0133	25	0.0133	26	0.0130	30	0.0134	30

河北、新疆、西藏、青海、甘肃、宁夏、陕西、四川、云南、贵州、广西、湖南、江西、安徽、河南和海南19个省份。在2017年我国各省份城镇化结构指数的区域类型中，一类地区包括北京、上海和天津3个直辖市，无二类地区，三类地区包括辽宁、山东、江苏、浙江、广东、山西、重庆、湖北、安徽和福建10个省份，四类地区包括黑龙江、吉林、内蒙古、河北、新疆、西藏、青海、甘肃、宁夏、陕西、四川、云南、贵州、广西、湖南、江西、河南和海南18个省份。

2003—2017年，我国各省份城镇化结构指数的年增长率平均值较高的为海南、重庆、天津、安徽和四川5个省份，较低的为青海、辽宁、西藏、黑龙江和北京5个省份，极高值海南的城镇化结构指数年增长率平均值为1.26%，极低值北京的城镇化结构指数年增长率平均值为-1.62%。

（一）人口城镇化结构指数

在人口城镇化结构指数的省域差距中，2003年，人口城镇化结构指数较高的为北京、上海、辽宁、天津和浙江5个省份，指标值较低的为甘肃、河南、云南、海南和贵州5个省份，极高值北京的人口城镇化结构指数为0.0105，极低值贵州的人口城镇化结构指数为0.0033，极差为3.18倍。2008年，人口城镇化结构指数较高的为上海、北京、天津、广东和辽宁5个省份，指标值较低的为河南、云南、甘肃、贵州和西藏5个省份，极高值上海的人口城镇化结构指数为0.0099，极低值西藏的人口城镇化结构指数为0.0025，极差为3.96倍，较2003年有所增长。2013年，人口城镇化结构指数较高的为上海、北京、天津、广东和辽宁5个省份，指标值较低的为河南、云南、甘肃、贵州和西藏5个省份，极高值上海的人口城镇化结构指数为0.0088，极低值西藏的人口城镇化结构指数为0.0023，极差为3.83倍，较2008年有所缩减。2017年，人口城镇化结构指数较高的为上海、北京、天津、广东和江苏5个省份，指标值较低的为广西、云南、甘肃、贵州和西藏5个省份，极高值上海的人口城镇化结构指数为0.0080，极低值西藏的人口城镇化结构指数为0.0028，极差为2.86倍，较2013年有所缩减（表12-10）。

2003年，人口城镇化结构指数高于全国平均水平的有北京、上海、辽宁、天津、浙江、黑龙江、福建、江苏、广东、内蒙古、吉林、湖北和山东13个省份，其余省份均低于全国平均水平；2008年，人口城镇化结构指数高于全国平均水平的有上海、北京、天津、广东、辽宁、浙江、黑龙江、江苏、吉林、内蒙古、重庆和福建12个省份，其余省份均低于全国平均水平；2013年，人口城镇化结构指数高于全国平均水平的有上海、北京、天津、广东、辽宁、江苏、浙江、福建、

表 12-10　2003—2017 年各省份人口城镇化结构指数

地区	2003 年 指标值	排序	2008 年 指标值	排序	2013 年 指标值	排序	2017 年 指标值	排序
北京	0.0105	1	0.0095	2	0.0085	2	0.0079	2
天津	0.0072	4	0.0086	3	0.0081	3	0.0076	3
河北	0.0049	17	0.0047	20	0.0048	21	0.0050	19
山西	0.0052	14	0.0050	16	0.0052	16	0.0052	16
内蒙古	0.0060	10	0.0058	10	0.0058	9	0.0057	10
辽宁	0.0075	3	0.0067	5	0.0066	5	0.0062	7
吉林	0.0059	11	0.0059	9	0.0054	13	0.0052	18
黑龙江	0.0070	6	0.0062	7	0.0057	11	0.0054	12
上海	0.0081	2	0.0099	1	0.0088	1	0.0080	1
江苏	0.0062	8	0.0061	8	0.0063	6	0.0063	5
浙江	0.0071	5	0.0064	6	0.0063	7	0.0062	6
安徽	0.0041	24	0.0045	23	0.0047	23	0.0049	22
福建	0.0064	7	0.0056	12	0.0060	8	0.0059	8
江西	0.0045	22	0.0046	21	0.0048	19	0.0050	21
山东	0.0056	13	0.0053	14	0.0053	14	0.0055	11
河南	0.0036	28	0.0040	27	0.0043	27	0.0046	25
湖北	0.0057	12	0.0050	15	0.0054	12	0.0054	13
湖南	0.0045	23	0.0047	18	0.0047	22	0.0050	20
广东	0.0062	9	0.0071	4	0.0067	4	0.0064	4
广西	0.0039	25	0.0043	25	0.0044	25	0.0045	27
海南	0.0034	30	0.0054	13	0.0052	15	0.0053	14
重庆	0.0049	16	0.0056	11	0.0058	10	0.0058	9
四川	0.0038	26	0.0042	26	0.0044	24	0.0046	24
贵州	0.0033	31	0.0032	30	0.0037	30	0.0042	30
云南	0.0035	29	0.0037	28	0.0040	28	0.0043	28
西藏	0.0048	19	0.0025	31	0.0023	31	0.0028	31
陕西	0.0047	20	0.0047	19	0.0051	18	0.0052	17
甘肃	0.0036	27	0.0036	29	0.0040	29	0.0042	29
青海	0.0051	15	0.0046	22	0.0048	20	0.0048	23
宁夏	0.0049	18	0.0050	17	0.0051	17	0.0053	15
新疆	0.0046	21	0.0044	24	0.0044	26	0.0045	26

内蒙古、重庆和黑龙江11个省份，其余省份均低于全国平均水平；2017年，人口城镇化结构指数高于全国平均水平的有上海、北京、天津、广东、江苏、浙江、辽宁、福建、重庆、内蒙古、山东、黑龙江和湖北13个省份，其余省份均低于全国平均水平。

根据人口城镇化结构指数指标的阈值[一类地区≥0.008，二类地区为0.006（含）—0.008，三类地区为0.004—0.006，四类地区<0.004]，本书将我国31个省份划分为4类区域类型。在2003年我国各省份人口城镇化结构指数的区域类型中，一类地区包括北京和上海2个直辖市，二类地区包括黑龙江、内蒙古、辽宁、天津、江苏、浙江、福建和广东8个省份，三类地区包括吉林、新疆、青海、西藏、宁夏、山西、陕西、河北、山东、重庆、湖北、安徽、湖南和江西14个省份，四类地区包括甘肃、四川、云南、贵州、广西、海南和河南7个省份。在2008年我国各省份人口城镇化结构指数的区域类型中，一类地区包括北京、天津和上海3个直辖市，二类地区包括黑龙江、辽宁、江苏、浙江和广东5个省份，三类地区包括吉林、内蒙古、新疆、青海、宁夏、山西、陕西、四川、重庆、广西、湖南、湖北、江西、福建、河南、安徽、海南、河北和山东19个省份，四类地区包括西藏、云南、贵州和甘肃4个省份。在2013年我国各省份人口城镇化结构指数的区域类型中，一类地区包括北京、天津和上海3个直辖市，二类地区包括辽宁、江苏、浙江、福建和广东5个省份，三类地区包括黑龙江、吉林、内蒙古、新疆、青海、宁夏、山西、陕西、河北、山东、河南、重庆、四川、甘肃、云南、湖北、湖南、安徽、江西、广西和海南21个省份，四类地区包括西藏和贵州2个省份。在2017年我国各省份人口城镇化结构指数的区域类型中，一类地区包括上海1个直辖市，二类地区包括辽宁、北京、天津、江苏、浙江和广东6个省份，三类地区包括黑龙江、吉林、内蒙古、新疆、青海、宁夏、山西、陕西、河北、山东、河南、四川、重庆、甘肃、湖北、云南、贵州、湖南、广西、海南、江西、安徽和福建23个省份，四类地区包括西藏1个自治区。

2003—2017年，我国各省份人口城镇化结构指数的年增长率平均值较高的为海南、贵州、河南、四川和云南5个省份，较低的为浙江、辽宁、黑龙江、北京和西藏5个省份，极高值海南的人口城镇化结构指数的年增长率平均值为3.83%，极低值西藏的人口城镇化结构指数的年增长率平均值为-3.28%。

（二）经济城镇化结构指数

在经济城镇化结构指数的省域差距中，2003年，经济城镇化结构指数较高的为上海、北京、天津、浙江和广东5个省份，指标值较低的为新疆、贵州、西藏、广西和海南5个省份，极高值上海的经济城镇化结构指数为0.0062，极低值海南的经济城镇化结构指数为 0.0040，极差为 1.55 倍。2008 年，经济城镇化结构指数较高的为上海、北京、天津、山西和浙江 5 个省份，指标值较低的为云南、湖南、四川、广西和海南 5 个省份，极高值上海的经济城镇化结构指数为 0.0061，极低值海南的经济城镇化结构指数为 0.0043，极差为 1.42 倍，较 2003 年有所减小。2013 年，经济城镇化结构指数较高的为上海、天津、北京、浙江和广东 5 个省份，指标值较低的为广西、云南、黑龙江、新疆和海南 5 个省份，极高值上海的经济城镇化结构指数为 0.0060，极低值海南的经济城镇化结构指数为 0.0045，极差为 1.33 倍，较 2008 年有所减小。2017 年，经济城镇化结构指数较高的为上海、北京、天津、浙江和广东 5 个省份，指标值较低的为云南、贵州、广西、黑龙江和海南 5 个省份，极高值上海的经济城镇化结构指数为 0.0059，极低值海南的经济城镇化结构指数为 0.0046，极差为 1.28 倍，较 2013 年有所减小（表12-11）。

2003 年，经济城镇化结构指数高于全国平均水平的有上海、北京、天津、浙江、广东、山西、江苏、辽宁、黑龙江、青海、山东、福建、陕西、宁夏和湖北 15 个省份，其余省份均低于全国平均水平；2008 年，经济城镇化结构指数高于全国平均水平的有上海、北京、天津、山西、浙江、广东、江苏、山东、辽宁、福建、宁夏、青海、陕西、重庆和内蒙古 15 个省份，其余省份均低于全国平均水平；2013 年，经济城镇化结构指数高于全国平均水平的有上海、天津、北京、山西、浙江、广东、江苏、山东、辽宁、福建、宁夏、陕西、重庆和内蒙古 14 个省份，其余省份均低于全国平均水平；2017 年，经济城镇化结构指数高于全国平均水平的有上海、北京、天津、山西、浙江、广东、江苏、山东、辽宁、福建、吉林、宁夏、陕西和重庆 14 个省份，其余省份均低于全国平均水平。

根据经济城镇化结构指数指标的阈值[一类地区≥0.0055，二类地区为 0.0050（含）—0.0055，三类地区为 0.0040—0.0050，四类地区<0.0040]，本书将我国 31 个省份划分为 4 类区域类型。在 2003 年我国各省份经济城镇化结构指数的区域类型中，一类地区包括黑龙江、辽宁、青海、北京、天津、山西、山东、江苏、浙江、陕西、上海、福建和广东 13 个省份，二类地区包括吉林、内蒙古、甘肃、宁夏、河北、河南、四川、云南、重庆、湖北、湖南、江西和安徽 13 个省份，三类地区包括新疆、贵州、广西、海南和西藏 5 个省份，无四类地区。在 2008 年我国各省份经济城镇化结构指数的区域类型中，一类地区包括山西、北京、天津、辽宁、福建、山东、陕西、青海、宁夏、上海、江苏、浙江和广东 13 个省份，二类地区包括黑龙江、吉林、内蒙古、河北、河南、湖北、湖南、安徽、江西、云

表 12-11 2003—2017 年各省份经济城镇化结构指数

地区	2003年 指标值	排序	2008年 指标值	排序	2013年 指标值	排序	2017年 指标值	排序
北京	0.0062	2	0.0061	2	0.0059	3	0.0059	2
天津	0.0061	3	0.0060	3	0.0059	2	0.0058	3
河北	0.0054	17	0.0054	16	0.0053	20	0.0054	18
山西	0.0058	6	0.0059	4	0.0056	6	0.0056	6
内蒙古	0.0051	23	0.0054	15	0.0054	13	0.0053	23
辽宁	0.0057	8	0.0055	9	0.0055	9	0.0054	14
吉林	0.0051	22	0.0053	18	0.0053	18	0.0055	12
黑龙江	0.0056	9	0.0054	17	0.0050	29	0.0048	30
上海	0.0062	1	0.0061	1	0.0060	1	0.0059	1
江苏	0.0058	7	0.0057	7	0.0056	7	0.0056	7
浙江	0.0059	4	0.0058	5	0.0057	4	0.0057	4
安徽	0.0052	20	0.0052	23	0.0052	23	0.0053	21
福建	0.0055	12	0.0055	10	0.0055	11	0.0055	10
江西	0.0051	24	0.0051	24	0.0053	17	0.0054	17
山东	0.0056	11	0.0055	8	0.0055	12	0.0055	9
河南	0.0052	18	0.0052	19	0.0053	19	0.0054	19
湖北	0.0054	15	0.0052	22	0.0053	21	0.0053	22
湖南	0.0051	21	0.0050	28	0.0053	22	0.0054	15
广东	0.0058	5	0.0058	6	0.0057	5	0.0057	5
广西	0.0048	30	0.0049	30	0.0050	27	0.0050	29
海南	0.0040	31	0.0043	31	0.0045	31	0.0046	31
重庆	0.0054	16	0.0054	14	0.0055	8	0.0055	8
四川	0.0050	26	0.0050	29	0.0052	24	0.0052	25
贵州	0.0049	28	0.0051	25	0.0052	25	0.0050	28
云南	0.0050	25	0.0050	27	0.0050	28	0.0051	27
西藏	0.0049	29	0.0052	21	0.0053	16	0.0054	20
陕西	0.0055	13	0.0055	13	0.0054	14	0.0054	13
甘肃	0.0052	19	0.0052	20	0.0051	26	0.0052	24
青海	0.0056	10	0.0055	12	0.0054	15	0.0054	16
宁夏	0.0054	14	0.0055	11	0.0055	10	0.0055	11
新疆	0.0049	27	0.0051	26	0.0049	30	0.0051	26

南、贵州、重庆、甘肃、西藏、四川和新疆16个省份，三类地区包括广西和海南

2个省份，无四类地区。在 2013 年我国各省份经济城镇化结构指数的区域类型中，一类地区包括辽宁、北京、天津、山西、山东、宁夏、江苏、福建、浙江、上海、广东和重庆 12 个省份，二类地区包括吉林、内蒙古、河北、甘肃、青海、西藏、四川、陕西、河南、安徽、黑龙江、湖南、湖北、江西、云南、贵州和广西 17 个省份，三类地区包括海南和新疆 2 个省份，无四类地区。在 2017 年我国各省份经济城镇化结构指数的区域类型中，一类地区包括山西、吉林、北京、天津、上海、福建、江苏、山东、宁夏、重庆、浙江和广东 12 个省份，二类地区包括辽宁、内蒙古、新疆、西藏、青海、甘肃、陕西、河北、河南、安徽、湖南、湖北、广西、江西、贵州、云南和四川 17 个省份，三类地区包括黑龙江和海南 2 个省份，无四类地区。

2003—2017 年，我国各省份的经济城镇化结构指数年增长率平均值较高的为海南、西藏、吉林、江西和湖南 5 个省份，较低的为天津、辽宁、北京、上海和黑龙江 5 个省份，极高值海南的经济城镇化结构指数年增长率平均值为 1.07%，极低值黑龙江的经济城镇化结构指数年增长率平均值为 -1.12%。

（三）社会城镇化结构指数

在社会城镇化结构指数的省域差距中，2003 年，社会城镇化结构指数较高的为上海、北京、天津、江苏和山东 5 个省份，指标值较低的为西藏、新疆、青海、黑龙江和内蒙古 5 个省份，极高值上海的社会城镇化结构指数为 0.0166，极低值内蒙古的社会城镇化结构指数为 0.0036，极差为 4.61 倍。2008 年，社会城镇化结构指数较高的为上海、北京、天津、江苏和山东 5 个省份，指标值较低的为吉林、新疆、青海、内蒙古和黑龙江 5 个省份，极高值上海的社会城镇化结构指数为 0.0197，极低值黑龙江的社会城镇化结构指数为 0.0036，极差为 5.47 倍，较 2003 年有所增大。2013 年，社会城镇化结构指数较高的为上海、北京、天津、江苏和山东 5 个省份，指标值较低的为陕西、新疆、黑龙江、青海和内蒙古 5 个省份，极高值上海的社会城镇化结构指数为 0.0186，极低值内蒙古的社会城镇化结构指数为 0.0036，极差为 5.17 倍，较 2008 年有所减小。2017 年，社会城镇化结构指数较高的为上海、天津、北京、江苏和山东 5 个省份，指标值较低的为甘肃、新疆、黑龙江、青海和内蒙古 5 个省份，极高值上海的社会城镇化结构指数为 0.0167，极低值内蒙古的社会城镇化结构指数为 0.0036，极差为 4.64 倍，较 2013 年有所减小（表 12-12）。

表 12-12　2003—2017 年各省份社会城镇化结构指数

地区	2003年 指标值	排序	2008年 指标值	排序	2013年 指标值	排序	2017年 指标值	排序
北京	0.0137	2	0.0118	2	0.0106	2	0.0104	3
天津	0.0097	3	0.0094	3	0.0095	3	0.0112	2
河北	0.0044	19	0.0045	13	0.0045	15	0.0045	13
山西	0.0043	21	0.0042	24	0.0043	19	0.0043	20
内蒙古	0.0036	31	0.0036	30	0.0036	31	0.0036	31
辽宁	0.0049	9	0.0047	9	0.0049	9	0.0049	10
吉林	0.0041	24	0.0041	27	0.0042	24	0.0042	22
黑龙江	0.0036	30	0.0036	31	0.0037	29	0.0038	29
上海	0.0166	1	0.0197	1	0.0186	1	0.0167	1
江苏	0.0064	4	0.0065	4	0.0069	4	0.0070	4
浙江	0.0053	8	0.0054	7	0.0056	7	0.0057	7
安徽	0.0048	10	0.0047	10	0.0049	10	0.0048	11
福建	0.0040	26	0.0043	19	0.0045	13	0.0045	12
江西	0.0042	22	0.0042	23	0.0043	22	0.0043	17
山东	0.0056	5	0.0059	5	0.0062	5	0.0062	5
河南	0.0053	7	0.0050	8	0.0050	8	0.0050	8
湖北	0.0047	14	0.0045	14	0.0045	14	0.0045	14
湖南	0.0046	15	0.0044	16	0.0044	18	0.0043	18
广东	0.0055	6	0.0058	6	0.0061	6	0.0061	6
广西	0.0045	16	0.0043	17	0.0043	20	0.0042	23
海南	0.0047	13	0.0042	22	0.0044	17	0.0044	15
重庆	0.0047	11	0.0046	12	0.0048	11	0.0050	9
四川	0.0044	18	0.0041	25	0.0041	25	0.0042	21
贵州	0.0047	12	0.0046	11	0.0046	12	0.0044	16
云南	0.0044	17	0.0042	20	0.0043	21	0.0042	25
西藏	0.0039	27	0.0044	15	0.0044	16	0.0043	19
陕西	0.0041	23	0.0041	26	0.0040	27	0.0041	26
甘肃	0.0043	20	0.0043	18	0.0041	26	0.0041	27
青海	0.0038	29	0.0038	29	0.0036	30	0.0038	30
宁夏	0.0041	25	0.0042	21	0.0042	23	0.0042	24
新疆	0.0038	28	0.0038	28	0.0037	28	0.0038	28

2003年，社会城镇化结构指数高于全国平均水平的有山东、广东、江苏、北京、浙江、辽宁、河南、上海、天津、安徽、重庆、贵州和海南13个省份，其余省份均低于全国平均水平；2008年，社会城镇化结构指数高于全国平均水平的有

广东、山东、江苏、河南、辽宁、浙江、上海、北京、安徽、天津和贵州 11 个省份，其余省份均低于全国平均水平；2013 年，社会城镇化结构指数高于全国平均水平的有广东、山东、江苏、河南、浙江、天津、安徽、重庆、上海、辽宁和北京 11 个省份，其余省份均低于全国平均水平；2017 年，社会城镇化结构指数高于全国平均水平的有广东、山东、江苏、河南、重庆、天津、安徽、辽宁、浙江、北京和上海 11 个省份，其余省份均低于全国平均水平。

根据社会城镇化结构指数指标的阈值[一类地区≥0.009，二类地区为 0.007（含）—0.009，三类地区为 0.005—0.007，四类地区＜0.005]，本书将我国 31 个省份划分为 4 类区域类型。在 2003 年我国各省份社会城镇化结构指数的区域类型中，一类地区包括北京、天津和上海 3 个直辖市，无二类地区，三类地区包括山东、河南、江苏、浙江和广东 5 个省份，四类地区包括黑龙江、吉林、辽宁、湖北、重庆、贵州、安徽、内蒙古、新疆、甘肃、宁夏、青海、西藏、陕西、海南、山西、河北、四川、云南、广西、湖南、江西和福建 23 个省份。在 2008 年我国各省份社会城镇化结构指数的区域类型中，一类地区包括北京、天津和上海 3 个直辖市，无二类地区，三类地区包括河南、山东、江苏、浙江和广东 5 个省份，四类地区包括黑龙江、吉林、辽宁、内蒙古、新疆、甘肃、宁夏、青海、西藏、陕西、山西、河北、四川、重庆、云南、贵州、广西、湖南、湖北、海南、江西、安徽和福建 23 个省份。在 2013 年我国各省份社会城镇化结构指数的区域类型中，一类地区包括北京、天津和上海 3 个直辖市，无二类地区，三类地区包括河南、山东、江苏、浙江和广东 5 个省份，四类地区包括黑龙江、吉林、辽宁、内蒙古、新疆、甘肃、宁夏、青海、西藏、陕西、山西、河北、四川、重庆、云南、贵州、广西、湖南、湖北、海南、江西、安徽和福建 23 个省份。在 2017 年我国各省份社会城镇化结构指数的区域类型中，一类地区包括北京、天津和上海 3 个直辖市，二类地区包含江苏 1 个省份，三类地区包括山东、浙江、河南、重庆和广东 5 个省份，四类地区包括黑龙江、吉林、辽宁、内蒙古、新疆、甘肃、宁夏、青海、西藏、陕西、山西、河北、四川、云南、贵州、广西、湖南、湖北、海南、江西、安徽和福建 22 个省份。

2003—2017 年，我国各省份社会城镇化结构指数的年增长率平均值较高的为天津、福建、广东、山东和西藏 5 个省份，较低的为海南、云南、广西、贵州和北京 5 个省份，极高值天津的社会城镇化结构指数年增长率平均值为 1.11%，极低值北京的社会城镇化结构指数年增长率平均值为-1.91%。

1. 城镇居民人均收入与地区居民人均收入比

在我国城镇居民人均收入与地区居民人均收入比的省域差距中，2003年，我国城镇居民人均收入与地区居民人均收入比较高的为贵州、云南、甘肃、广西和西藏5个省份，指标值较低的为浙江、辽宁、天津、北京和上海5个省份，极高值贵州的城镇居民人均收入与地区居民人均收入比为2.3425，极低值上海的城镇居民人均收入与地区居民人均收入比为1.1411，极差为2.05倍。2008年，城镇居民人均收入与地区居民人均收入比较高的为西藏、贵州、云南、甘肃和广西5个省份，指标值较低的为广东、辽宁、天津、北京和上海5个省份，极高值西藏的城镇居民人均收入与地区居民人均收入比为2.3640，极低值上海的城镇居民人均收入与地区居民人均收入比为1.0696，极差为2.21倍，较2003年有所增大。2013年，我国城镇居民人均收入与地区居民人均收入比较高的为西藏、贵州、云南、甘肃和广西5个省份，指标值较低的为浙江、辽宁、天津、北京和上海5个省份，极高值西藏的城镇居民人均收入与地区居民人均收入比为2.0501，极低值上海的城镇居民人均收入与地区居民人均收入比为1.0610，极差为1.93倍，较2008年有所减小。2017年，城镇居民人均收入与地区居民人均收入比较高的为西藏、甘肃、贵州、云南和新疆5个省份，指标值较低的为江苏、浙江、北京、天津和上海5个省份，极高值西藏的城镇居民人均收入与地区居民人均收入比为1.8468，极低值上海的城镇居民人均收入与地区居民人均收入比为1.0732，极差为1.72倍，较2013年有所减小（表12-13）。

2003年，城镇居民人均收入与地区居民人均收入比高于全国平均水平的有贵州、云南、甘肃、广西、西藏、河南、陕西、四川、海南、安徽、新疆、重庆、青海、湖南、宁夏和江西16个省份，其余省份均低于全国平均水平；2008年，城镇居民人均收入与地区居民人均收入比高于全国平均水平的有山西、湖南、宁夏、安徽、新疆、四川、河南、青海、陕西、广西、甘肃、云南、贵州和西藏14个省份，其余省份均低于全国平均水平；2013年，城镇居民人均收入与地区居民人均收入比高于全国平均水平的有贵州、云南、甘肃、广西、西藏、河南、陕西、四川、河北、安徽、新疆、山西、青海、湖南和宁夏15个省份，其余省份均低于全国平均水平；2017年，城镇居民人均收入与地区居民人均收入比高于全国平均水平的有贵州、云南、甘肃、广西、西藏、河南、陕西、四川、安徽、新疆、山西、青海、湖南和宁夏14个省份，其余省份均低于全国平均水平。

根据我国城镇居民人均收入与地区居民人均收入比指标的阈值[一类地区≥2，二类地区为1.5（含）—2.0，三类地区为1.2—1.5，四类地区<1.2]，本书将

表12-13　2003—2017年各省份城镇居民人均收入与地区居民人均收入比

地区	2003年 指标值	排序	2008年 指标值	排序	2013年 指标值	排序	2017年 指标值	排序
北京	1.1428	30	1.0940	30	1.0808	30	1.0900	29
天津	1.2927	29	1.1560	29	1.1010	29	1.0853	30
河北	1.6159	18	1.5967	15	1.4486	15	1.3517	16
山西	1.6980	17	1.6064	14	1.4777	14	1.3672	13
内蒙古	1.5972	19	1.4861	22	1.3768	21	1.3261	17
辽宁	1.3543	28	1.3240	28	1.2461	28	1.2459	25
吉林	1.5422	22	1.4045	23	1.3517	22	1.3077	19
黑龙江	1.4205	25	1.3495	25	1.2765	24	1.2799	22
上海	1.1411	31	1.0696	31	1.0610	31	1.0732	31
江苏	1.4058	26	1.3832	24	1.2640	25	1.2124	27
浙江	1.3847	27	1.3356	26	1.2607	27	1.1964	28
安徽	1.8747	10	1.6737	11	1.5122	11	1.3842	12
福建	1.4857	24	1.4885	21	1.3333	23	1.2573	24
江西	1.7387	16	1.5932	16	1.4409	16	1.3536	15
山东	1.5654	21	1.5214	19	1.4059	18	1.3024	20
河南	1.9723	6	1.7372	8	1.5369	9	1.3965	10
湖北	1.5894	20	1.5480	18	1.3866	20	1.2999	21
湖南	1.8035	14	1.6383	13	1.5022	12	1.3906	11
广东	1.5392	23	1.3289	27	1.2638	26	1.2275	26
广西	2.0773	4	1.8419	5	1.6421	5	1.4691	6
海南	1.9115	9	1.5127	20	1.4299	17	1.3231	18
重庆	1.8393	12	1.5539	17	1.3867	19	1.2791	23
四川	1.9373	8	1.7295	9	1.5540	6	1.4210	8
贵州	2.3425	1	2.1753	2	1.8457	2	1.6002	3
云南	2.3312	2	2.0539	3	1.7789	3	1.5711	4
西藏	2.0396	5	2.3640	1	2.0501	1	1.8468	1
陕西	1.9426	7	1.7786	6	1.5348	10	1.4047	9
甘肃	2.1915	3	2.0409	4	1.7778	4	1.6134	2
青海	1.8302	13	1.7705	7	1.5426	7	1.4651	7
宁夏	1.7650	15	1.6489	12	1.4874	13	1.3652	14
新疆	1.8638	11	1.7201	10	1.5417	8	1.4806	5

我国31个省份划分为4类区域类型。在2003年我国各省份城镇居民人均收入与

地区居民人均收入比的区域类型中，一类地区包括西藏、甘肃、云南、贵州和广西5个省份，二类地区包括吉林、内蒙古、河北、新疆、青海、宁夏、四川、重庆、山西、陕西、河南、山东、安徽、湖北、湖南、江西、广东和海南18个省份，三类地区包括黑龙江、辽宁、天津、江苏、浙江和福建6个省份，四类地区包括北京和上海2个直辖市。在2008年我国各省份城镇居民人均收入与地区居民人均收入比的区域类型中，一类地区包括西藏、甘肃、云南和贵州4个省份，二类地区包括河北、陕西、山西、宁夏、青海、新疆、四川、重庆、河南、湖北、湖南、广西、江西、安徽、山东和海南16个省份，三类地区包括黑龙江、吉林、辽宁、内蒙古、江苏、浙江、福建和广东8个省份，四类地区包括北京、天津和上海3个直辖市。在2013年我国各省份城镇居民人均收入与地区居民人均收入比的区域类型中，一类地区包括西藏1个自治区，二类地区包括新疆、青海、甘肃、四川、云南、贵州、湖南、广西、陕西、河南和安徽11个省份，三类地区包括黑龙江、吉林、辽宁、内蒙古、宁夏、山西、河北、山东、江苏、浙江、重庆、湖北、江西、福建、广东和海南16个省份，四类地区包括北京、天津和上海3个直辖市。在2017年我国各省份城镇居民人均收入与地区居民人均收入比的区域类型中，无一类地区，二类地区包括西藏、甘肃、云南和贵州4个省份，三类地区包括黑龙江、吉林、辽宁、内蒙古、新疆、青海、宁夏、四川、重庆、山西、陕西、河北、山东、河南、湖北、湖南、江苏、安徽、江西、广西、福建、广东和海南23个省份，四类地区包括北京、天津、浙江和上海4个省份。

2003—2017年，我国各省份城镇居民人均收入与地区居民人均收入比整体呈负增长趋势。其中，年增长率平均值较高的为北京、上海、辽宁、西藏和黑龙江5个省份，较低的为河南、海南、重庆、贵州和云南5个省份，极高值北京的城镇居民人均收入比年增长率平均值为−0.33%，极低值云南的城镇居民人均收入比年增长率平均值为−2.76%。

2. 建成区面积比

在我国建成区面积比的省域差距中，2003年，我国义务教育学校建成区面积比较高的为上海、北京、天津、江苏和山东5个省份，指标值较低的为云南、内蒙古、新疆、青海和西藏5个省份，极高值上海的建成区面积比为0.0886，极低值西藏的建成区面积比为0.0001，极差为886倍。2008年，建成区面积比较高的为上海、北京、天津、江苏和广东5个省份，指标值较低的为甘肃、内蒙古、新疆、青海和西藏5个省份，极高值上海的建成区面积比为0.1487，极低值西藏的建成区面积比为0.0001，极差为1487倍，较2003年显著增大。2013年，我国建成区面积比较高的为上海、北京、天津、江苏和广东5个省份，指标值较低的为甘肃、内蒙古、新疆、青海和西藏5个省份，极高值上海的建成区面积比为0.1611，极低值西藏的建成区面积比为0.0001，极差为1611倍，较2008年显著增大。2017年，建成区面积比较高的为上海、北京、天津、江苏和山东5个省份，指标值较低的为甘肃、内蒙古、新疆、青海和西藏5个省份，极高值上海的建成区面积比为0.1611，极低值西藏的建成区面积比为0.0001，极差为1611倍，与2013年持平（表12-14）。

2003年，建成区面积比高于全国平均水平的有上海、北京、天津、江苏、山东、浙江、广东和辽宁8个省份，其余省份均低于全国平均水平；2008年，建成区面积比高于全国平均水平的有上海、北京、天津、江苏、山东、浙江和广东7个省份，其余省份均低于全国平均水平；2013年，建成区面积比高于全国平均水平的有上海、北京、天津、江苏、山东、浙江和广东7个省份，其余省份均低于全国平均水平；2017年，建成区面积比高于全国平均水平的有上海、北京、天津、江苏、山东、浙江和广东7个省份，其余省份均低于全国平均水平。

根据建成区面积比指标的阈值[一类地区≥0.100，二类地区为0.010（含）—0.100，三类地区为0.005—0.010，四类地区<0.005]，本书将我国31个省份划分为4类区域类型。在2003年我国各省份建成区面积比的区域类型中，无一类地区，二类地区包括辽宁、天津、北京、山东、江苏、浙江、上海和广东8个省份，三类地区包括河北、河南、重庆、福建、湖北、安徽和海南7个省份，四类地区包括黑龙江、吉林、内蒙古、新疆、青海、西藏、甘肃、宁夏、山西、陕西、四川、云南、贵州、广西、湖南和江西16个省份。在2008年我国各省份建成区面积比的区域类型中，一类地区包括上海1个直辖市，二类地区包括辽宁、北京、天津、山东、河南、江苏、浙江和广东8个省份，三类地区包括吉林、河北、山西、重庆、湖北、湖南、安徽、福建和海南9个省份，四类地区包括黑龙江、内蒙古、新疆、青海、西藏、甘肃、宁夏、陕西、四川、云南、贵州、广西和江西13个省份。在2013年我国各省份建成区面积比的区域类型中，一类地区包括上海1个直辖市，二类地区包括辽宁、北京、天津、山东、河南、重庆、湖北、安徽、江苏、浙江、福建和广东12个省份，三类地区包括吉林、河北、山西、宁夏、湖南、江西和海南7个省份，四类地区包括黑龙江、内蒙古、新疆、西藏、青海、甘肃、陕西、四川、云南、贵州和广西11个省份。在2017年我国各省份建成区面积比的区域类型中，一类地区包括上海1个直辖市，二类地区包括辽宁、北京、天津、河北、山东、河南、重庆、湖北、安徽、江苏、浙江、福建和广东13个省份，

表12-14 2003—2017年各省份建成区面积比

地区	2003年 指标值	排序	2008年 指标值	排序	2013年 指标值	排序	2017年 指标值	排序
北京	0.0702	2	0.0780	2	0.0778	2	0.0860	2
天津	0.0431	3	0.0567	3	0.0661	3	0.0962	3
河北	0.0062	13	0.0080	13	0.0094	14	0.0112	14
山西	0.0044	18	0.0050	18	0.0067	19	0.0076	19
内蒙古	0.0006	28	0.0007	28	0.0010	28	0.0011	28
辽宁	0.0116	8	0.0134	8	0.0164	8	0.0181	8
吉林	0.0045	17	0.0061	15	0.0072	16	0.0078	18
黑龙江	0.0029	21	0.0032	22	0.0037	25	0.0039	25
上海	0.0886	1	0.1487	1	0.1611	1	0.1611	1
江苏	0.0207	4	0.0283	4	0.0371	4	0.0431	4
浙江	0.0137	6	0.0190	7	0.0236	7	0.0278	7
安徽	0.0075	11	0.0094	10	0.0128	11	0.0147	11
福建	0.0050	15	0.0073	14	0.0105	13	0.0126	12
江西	0.0036	19	0.0049	19	0.0069	18	0.0087	16
山东	0.0143	5	0.0213	6	0.0274	6	0.0325	5
河南	0.0081	9	0.0111	9	0.0137	9	0.0161	10
湖北	0.0076	10	0.0083	12	0.0107	12	0.0125	13
湖南	0.0046	16	0.0057	17	0.0072	17	0.0081	17
广东	0.0137	7	0.0222	5	0.0281	5	0.0318	6
广西	0.0029	22	0.0036	21	0.0049	21	0.0060	22
海南	0.0052	14	0.0060	16	0.0087	15	0.0095	15
重庆	0.0064	12	0.0086	11	0.0136	10	0.0174	9
四川	0.0028	23	0.0029	24	0.0042	23	0.0058	23
贵州	0.0020	25	0.0024	25	0.0041	24	0.0058	24
云南	0.0010	27	0.0016	26	0.0024	26	0.0029	26
西藏	0.0001	31	0.0001	31	0.0001	31	0.0001	31
陕西	0.0025	24	0.0032	23	0.0045	22	0.0063	21
甘肃	0.0011	26	0.0013	27	0.0016	27	0.0019	27
青海	0.0001	30	0.0002	30	0.0002	30	0.0003	30
宁夏	0.0031	20	0.0047	20	0.0063	20	0.0069	20
新疆	0.0004	29	0.0005	29	0.0007	29	0.0008	29

三类地区包括吉林、山西、宁夏、陕西、四川、贵州、广西、湖南、江西和海南

10 个省份，四类地区包括黑龙江、内蒙古、新疆、青海、西藏、甘肃和云南 7 个省份。

2003—2017 年，我国各省份建成区面积比的年增长率平均值较高的为贵州、重庆、云南、福建和陕西 5 个省份，较低的为吉林、湖北、辽宁、黑龙江和北京 5 个省份，极高值贵州的建成区面积比年增长率平均值为 7.94%，极低值北京的建成区面积比年增长率平均值为 1.50%。

3. 城乡恩格尔系数比

在城乡恩格尔系数比的省域差距中，2003 年，我国城乡恩格尔系数较高的为河南、湖南、贵州、四川和海南 5 个省份，指标值较低的为安徽、浙江、天津、北京和上海 5 个省份，极高值河南的城乡恩格尔系数比为 1.1914，极低值上海的城乡恩格尔系数比为 0.9937，极差为 1.20 倍。2008 年，城乡恩格尔系数较高的为湖南、甘肃、广西、贵州和重庆 5 个省份，指标值较低的为上海、陕西、浙江、北京和黑龙江 5 个省份，极高值湖南的城乡恩格尔系数比为 1.0971，极低值黑龙江的城乡恩格尔系数比为 0.9759，极差为 1.12 倍，较 2003 年略有下降。2013 年，我国城乡恩格尔系数比较高的为贵州、西藏、云南、山西和福建 5 个省份，指标值较低的为江苏、新疆、湖北、陕西和青海 5 个省份，极高值贵州的城乡恩格尔系数比为 1.0716，极低值青海的城乡恩格尔系数比为 0.9598，极差为 1.12 倍，与 2008 年持平。2017 年，城乡恩格尔系数比较高的为西藏、山西、广东、云南和四川 5 个省份，指标值较低的为天津、黑龙江、广西、湖北和陕西 5 个省份，极高值西藏的城乡恩格尔系数比为 1.0492，极低值陕西的城乡恩格尔系数比为 0.9777，极差为 1.07 倍，较 2013 年有所减小（表 12-15）。

2003 年，城乡恩格尔系数比高于全国平均水平的有河南、湖南、贵州、四川、海南、江西、广西、青海、云南、重庆、湖北、新疆、内蒙古和山西 14 个省份，其余省份均低于全国平均水平；2008 年，城乡恩格尔系数比高于全国平均水平的有湖南、甘肃、广西、贵州、重庆、江西、四川、内蒙古、宁夏、海南、山西、广东、新疆和吉林 14 个省份，其余省份均低于全国平均水平；2013 年，城乡恩格尔系数比高于全国平均水平的有贵州、西藏、云南、山西、福建、吉林、江西、广东、湖南、内蒙古、四川、海南、广西、辽宁和重庆 15 个省份，其余省份均低于全国平均水平；2017 年，城乡恩格尔系数比高于全国平均水平的有西藏、山西、广东、云南、四川、海南、重庆、新疆、福建、吉林、河北、浙江、江西、湖南和上海 15 个省份，其余省份均低于全国平均水平。

表 12-15　2003—2017 年各省份城乡恩格尔系数比

地区	2003年 指标值	排序	2008年 指标值	排序	2013年 指标值	排序	2017年 指标值	排序
北京	1.0013	30	1.0003	30	1.0087	18	1.0168	16
天津	1.0026	29	1.0077	25	0.9956	24	0.9948	27
河北	1.0453	21	1.0320	19	0.9971	23	1.0257	11
山西	1.0891	14	1.0459	11	1.0522	4	1.0478	2
内蒙古	1.0897	13	1.0594	8	1.0248	10	1.0036	24
辽宁	1.0188	26	1.0077	26	1.0155	14	0.9950	25
吉林	1.0676	19	1.0389	14	1.0366	6	1.0270	10
黑龙江	1.0331	23	0.9759	31	0.9955	25	0.9927	28
上海	0.9937	31	1.0066	27	1.0041	20	1.0208	15
江苏	1.0255	24	1.0244	21	0.9902	27	1.0106	21
浙江	1.0118	28	1.0033	29	1.0077	19	1.0234	12
安徽	1.0165	27	1.0269	20	1.0038	21	1.0140	19
福建	1.0191	25	1.0386	15	1.0406	5	1.0272	9
江西	1.1216	6	1.0644	6	1.0362	7	1.0233	13
山东	1.0770	17	1.0384	16	1.0137	16	1.0155	18
河南	1.1941	1	1.0375	17	1.0128	17	1.0046	23
湖北	1.1009	11	1.0354	18	0.9813	29	0.9813	30
湖南	1.1850	2	1.0971	1	1.0286	9	1.0216	14
广东	1.0715	18	1.0457	12	1.0311	8	1.0396	3
广西	1.1206	7	1.0868	3	1.0167	13	0.9896	29
海南	1.1320	5	1.0466	10	1.0175	12	1.0322	6
重庆	1.1048	10	1.0709	5	1.0145	15	1.0292	7
四川	1.1634	4	1.0644	7	1.0215	11	1.0384	5
贵州	1.1817	3	1.0773	4	1.0716	1	0.9948	26
云南	1.1069	9	1.0215	22	1.0528	3	1.0395	4
西藏	1.0825	16	1.0113	24	1.0614	2	1.0492	1
陕西	1.0436	22	1.0060	28	0.9689	30	0.9777	31
甘肃	1.0874	15	1.0875	2	1.0024	22	1.0124	20
青海	1.1114	8	1.0137	23	0.9598	31	1.0155	17
宁夏	1.0529	20	1.0530	9	0.9930	26	1.0084	22
新疆	1.0903	12	1.0454	13	0.9890	28	1.0274	8

根据我国城乡恩格尔系数比指标的阈值[一类地区≥1.10，二类地区为1.05

（含）—1.10，三类地区为 1.00—1.05，四类地区<1.00]，本书将我国 31 个省份划分为 4 类区域类型。在 2003 年我国各省份城乡恩格尔系数比的区域类型中，一类地区包括青海、四川、云南、重庆、贵州、广西、湖南、湖北、河南、海南和江西 11 个省份，二类地区包括吉林、内蒙古、新疆、西藏、甘肃、宁夏、山西、山东和广东 9 个省份，三类地区包括黑龙江、辽宁、陕西、河北、北京、天津、安徽、浙江、江苏和福建 10 个省份，四类地区包括上海 1 个直辖市。在 2008 年我国城乡恩格尔系数比的区域类型中，无一类地区，二类地区包括内蒙古、甘肃、宁夏、四川、重庆、贵州、广西、湖南和江西 9 个省份，三类地区包括吉林、辽宁、新疆、青海、西藏、河北、天津、北京、陕西、山西、河南、湖北、安徽、山东、江苏、浙江、福建、云南、上海、广东和海南 21 个省份，四类地区包括黑龙江 1 个省份。在 2013 年我国各省份城乡恩格尔系数比的区域类型中，无一类地区，二类地区包括山西、西藏、云南和贵州 4 个省份，三类地区包括吉林、辽宁、内蒙古、甘肃、四川、北京、河南、山东、浙江、安徽、上海、重庆、湖南、江西、福建、广东、广西和海南 18 个省份，四类地区包括黑龙江、新疆、青海、宁夏、陕西、湖北、江苏、河北和天津 9 个省份。在 2017 年我国各省份城乡恩格尔系数比的区域类型中，无一类地区，无二类地区，三类地区包括吉林、内蒙古、新疆、西藏、青海、甘肃、宁夏、四川、云南、重庆、湖南、江西、广东、海南、福建、浙江、安徽、江苏、河南、山东、上海、山西、河北和北京 24 个省份，四类地区包括黑龙江、辽宁、陕西、湖北、贵州、天津和广西 7 个省份。

2003—2017 年，我国城乡恩格尔系数比年增长率平均值较高的为上海、北京、浙江、福建和安徽 5 个省份，较低的为湖北、广西、湖南、贵州和河南 5 个省份，极高值上海的城乡恩格尔系数比年增长率平均值为 0.19%，极低值河南的城乡恩格尔系数比年增长率平均值为 -1.21%。

第二节　各省份义务教育城镇化指数的基本态势与结构特征

在义务教育城镇化指数的省域差距中，2003 年，义务教育城镇化指数较高的为浙江、广东、山东、上海和重庆 5 个省份，指标值较低的为云南、甘肃、新疆、青海和宁夏 5 个省份，极高值浙江的义务教育城镇化指数为 0.0597，极低值宁夏的义务教育城镇化指数为 0.0168，极差为 3.55 倍。2008 年，义务教育城镇化指数较高的为广东、四川、浙江、山东和江苏 5 个省份，指标值较低的为陕西、新疆、西藏、宁夏和青海 5 个省份，极高值广东的义务教育城镇化指数为 0.0739，极低值青海的义务教育城镇化指数为 0.0150，极差为 4.93 倍，较 2003 年有所增长。2013 年，义务教育城镇化指数较高的为广东、山东、河南、江苏和四川 5 个省份，指标值较低的为新疆、甘肃、宁夏、青海和西藏 5 个省份，极高值广东的义务教育城镇化指数为 0.0658，极低值西藏的义务教育城镇化指数为 0.0141，极差为 4.67 倍，较 2008 年有所减小。2017 年，义务教育城镇化指数较高的为广东、山东、河南、江苏和河北 5 个省份，指标值较低的为海南、新疆、宁夏、青海和西藏 5 个省份，极高值广东的义务教育城镇化指数为 0.0637，极低值西藏的义务教育城镇化指数为 0.0138，极差为 4.62 倍，较 2013 年有所减小（表 12-16）。

2003 年，义务教育城镇化指数高于全国平均水平的有浙江、广东、山东、上海、重庆、江西、河北、河南、湖北、湖南、四川、天津、福建、江苏和北京 15 个省份，其余省份均低于全国平均水平；2008 年，义务教育城镇化指数高于全国平均水平的有广东、四川、浙江、山东、江苏、河南、上海、河北、湖南、广西和内蒙古 11 个省份，其余省份均低于全国平均水平；2013 年，义务教育城镇化指数高于全国平均水平的有广东、山东、河南、江苏、四川、浙江、河北、湖南、湖北、陕西、安徽和江西 12 个省份，其余省份均低于全国平均水平；2017 年，义务教育城镇化指数高于全国平均水平的有广东、山东、河南、江苏、河北、四川、湖南、浙江、湖北、广西、安徽、江西、陕西、福建和贵州 15 个省份，其余省份均低于全国平均水平。

根据义务教育城镇化指数指标的阈值[一类地区≥0.06，二类地区为 0.04（含）—0.06，三类地区为 0.02—0.04，四类地区<0.02]，本书将我国 31 个省份划分为 4 类区域类型。在 2003 年我国各省份义务教育城镇化指数的区域类型中，无一类地区，二类地区包括山东、上海、浙江和广东 4 个省份，三类地区包括黑龙江、吉林、辽宁、内蒙古、河北、北京、天津、山西、河南、湖北、湖南、江苏、安徽、四川、重庆、陕西、贵州、广西、海南、江西和福建 21 个省份，四类地区包括新疆、青海、西藏、甘肃、宁夏和云南 6 个省份。在 2008 年我国各省份义务教育城镇化指数的区域类型中，一类地区包括广东 1 个省份，二类地区包括山东、江苏、浙江、河南和四川 5 个省份，三类地区包括黑龙江、吉林、辽宁、河北、北京、天津、山西、内蒙古、安徽、上海、重庆、湖北、湖南、甘肃、江西、福建、贵州、海南、广西和云南 20 个省份，四类地区包括新疆、西藏、青海、宁夏和陕西 5 个省份。在 2013 年我国各省份义务教育城镇化指数的区域类型中，一

表 12-16 2003—2017 年各省份义务教育城镇化指数

地区	2003 年 指标值	排序	2008 年 指标值	排序	2013 年 指标值	排序	2017 年 指标值	排序
北京	0.0341	15	0.0321	13	0.0266	22	0.0244	23
天津	0.0357	12	0.0288	18	0.0233	25	0.0223	25
河北	0.0376	7	0.0373	8	0.0398	7	0.0423	5
山西	0.0269	22	0.0301	16	0.0315	15	0.0301	17
内蒙古	0.0303	18	0.0341	11	0.0305	18	0.0288	19
辽宁	0.0322	16	0.0270	21	0.0321	13	0.0299	18
吉林	0.0300	19	0.0288	17	0.0257	23	0.0243	24
黑龙江	0.0278	21	0.0287	19	0.0296	19	0.0280	20
上海	0.0419	4	0.0378	7	0.0277	20	0.0262	21
江苏	0.0343	14	0.0443	5	0.0502	4	0.0496	4
浙江	0.0597	1	0.0491	3	0.0400	6	0.0380	8
安徽	0.0282	20	0.0309	15	0.0332	11	0.0337	11
福建	0.0347	13	0.0279	20	0.0311	16	0.0328	14
江西	0.0388	6	0.0266	23	0.0325	12	0.0334	12
山东	0.0545	3	0.0490	4	0.0534	2	0.0547	2
河南	0.0376	8	0.0427	6	0.0530	3	0.0547	3
湖北	0.0362	9	0.0314	14	0.0348	9	0.0352	9
湖南	0.0361	10	0.0367	9	0.0369	8	0.0395	7
广东	0.0596	2	0.0739	1	0.0658	1	0.0637	1
广西	0.0306	17	0.0346	10	0.0316	14	0.0340	10
海南	0.0222	25	0.0218	25	0.0223	26	0.0210	27
重庆	0.0397	5	0.0323	12	0.0309	17	0.0304	16
四川	0.0358	11	0.0513	2	0.0425	5	0.0422	6
贵州	0.0251	23	0.0270	22	0.0272	21	0.0324	15
云南	0.0182	27	0.0258	24	0.0248	24	0.0257	22
西藏	0.0197	26	0.0179	29	0.0141	31	0.0138	31
陕西	0.0226	24	0.0199	27	0.0345	10	0.0331	13
甘肃	0.0179	28	0.0204	26	0.0196	28	0.0221	26
青海	0.0176	30	0.0150	31	0.0156	30	0.0158	30
宁夏	0.0168	31	0.0178	30	0.0185	29	0.0184	29
新疆	0.0178	29	0.0192	28	0.0204	27	0.0193	28

类地区包括广东 1 个省份，二类地区包括山东、江苏、河南、浙江和四川 5 个省份，三类地区包括黑龙江、吉林、辽宁、河北、北京、内蒙古、陕西、山西、重庆、湖北、新疆、安徽、湖南、江西、福建、上海、天津、贵州、海南、广西和云南 21 个省份，四类地区包括西藏、青海、甘肃和宁夏 4 个省份。在 2017 年我国各省份义务教育城镇化指数的区域类型中，一类地区包括广东 1 个省份，二类地区包括山东、河北、河南、江苏和四川 5 个省份，三类地区包括黑龙江、吉林、辽宁、内蒙古、山西、陕西、北京、上海、安徽、重庆、湖北、湖南、甘肃、江西、福建、浙江、天津、贵州、海南、广西和云南 21 个省份，四类地区包括新疆、青海、西藏和宁夏 4 个省份。

2003—2017 年，我国各省份义务教育城镇化指数的年增长率平均值较高的为陕西、江苏、重庆、河南和云南 5 个省份，较低的为北京、西藏、浙江、上海和天津 5 个省份，极高值陕西的义务教育城镇化指数年增长率平均值为 3.61%，极低值天津的义务教育城镇化指数年增长率平均值为-3.22%。

根据各省份义务教育城镇化指数的 2 个分指数的指数值高于或低于各省份平均水平的情况，本书将各省份义务教育空间布局影响指数划分为 4 种基本类型。在 2003 年我国各省份义务教育城镇化指数的区域类型中，一类地区包括浙江、福建、山东、广东和重庆 5 个省份，二类地区包括河北、辽宁、江苏、安徽、江西、河南、湖北、湖南和四川 9 个省份，三类地区包括北京、天津、吉林、上海、海南和西藏 6 个省份，四类地区包括山西、内蒙古、黑龙江、广西、贵州、云南、陕西、甘肃、青海、宁夏和新疆 11 个省份。在 2008 年我国各省份义务教育城镇化指数的区域类型中，一类地区包括江苏、浙江、广东和四川 4 个省份，二类地区包括河北、安徽、山东、河南、湖北、湖南和广西 7 个省份，三类地区包括北京、天津、内蒙古、吉林、上海、海南、重庆和西藏 8 个省份，四类地区包括山西、辽宁、黑龙江、福建、江西、贵州、云南、陕西、甘肃、青海、宁夏和新疆 12 个省份。在 2013 年我国各省份义务教育城镇化指数的区域类型中，一类地区包括江苏、浙江、山东、湖北、广东和陕西 6 个省份，二类地区包括河北、安徽、江西、河南、湖南、广西和四川 7 个省份，三类地区包括北京、天津、山西、内蒙古、辽宁、吉林、黑龙江、上海、福建、海南和重庆 11 个省份，四类地区包括贵州、云南、西藏、甘肃、青海、宁夏和新疆 7 个省份。在 2017 年我国各省份义务教育城镇化指数的区域类型中，一类地区包括江苏、浙江、山东、湖北和广东 5 个省份，二类地区包括河北、安徽、江西、河南、湖南、广西、四川和贵州 8 个省份，三类地区包括北京、天津、山西、内蒙古、辽宁、吉林、黑龙江、上海、福建、海南、重庆和陕西 12 个省份，四类地区包括云南、西藏、甘肃、青海、宁夏和新疆 6 个省份。

一、各省份义务教育城镇化规模指数的基本态势与结构特征

在义务教育城镇化规模指数的省域差距中，2003 年，义务教育城镇化规模指数较高的为广东、山东、浙江、河南和河北 5 个省份，指标值较低的为新疆、海南、宁夏、西藏和青海 5 个省份，极高值广东的义务教育城镇化规模指数为 0.0424，极低值青海的义务教育城镇化规模指数为 0.0022，极差为 19.27 倍。2008 年，义务教育城镇化规模指数较高的为广东、四川、山东、河南和江苏 5 个省份，指标值较低的为天津、海南、宁夏、青海和西藏 5 个省份，极高值广东的义务教育城镇化规模指数为 0.0540，极低值西藏的义务教育城镇化规模指数为 0.0015，极差为 36 倍，较 2003 年有大幅增长。2013 年，义务教育城镇化规模指数较高的为广东、河南、山东、江苏和四川 5 个省份，指标值较低的为海南、天津、宁夏、青海和西藏 5 个省份，极高值广东的义务教育城镇化规模指数为 0.0480，极低值西藏的义务教育城镇化规模指数为 0.0012，极差为 40 倍，较 2008 年有所增长。2017 年，义务教育城镇化规模指数较高的为广东、河南、山东、江苏和河北 5 个省份，指标值较低的为海南、天津、宁夏、青海和西藏 5 个省份，极高值广东的义务教育城镇化规模指数为 0.0468，极低值西藏的义务教育城镇化规模指数为 0.0012，极差为 39 倍，较 2013 年有所减小（表 12-17）。

2003 年，义务教育城镇化规模指数高于全国平均水平的有广东、山东、浙江、河南、河北、四川、江西、湖北、湖南、江苏、重庆、安徽、福建和辽宁 14 个省份，其余省份均低于全国平均水平；2008 年，义务教育城镇化规模指数高于全国平均水平的有广东、四川、山东、河南、江苏、浙江、河北、湖南、广西、安徽和湖北 11 个省份，其余省份均低于全国平均水平；2013 年，义务教育城镇化规模指数高于全国平均水平的有广东、河南、山东、江苏、四川、河北、湖南、浙江、安徽、湖北、江西、广西和陕西 13 个省份，其余省份均低于全国平均水平；2017 年，义务教育城镇化规模指数高于全国平均水平的有广东、河南、山东、江苏、河北、四川、湖南、浙江、安徽、广西、江西和湖北 12 个省份，其余省份均低于全国平均水平。

根据义务教育城镇化规模指数指标的阈值[一类地区≥0.03，二类地区为 0.02（含）—0.03，三类地区为 0.01—0.02，四类地区<0.01]，本书将我国 31 个省份划分为 4 类区域类型。在 2003 年我国各省份义务教育城镇化规模指数的区域类型中，一类地区包括山东和广东 2 个省份，二类地区包括河北、河南、湖北、湖南、江西、浙江、江苏和四川 8 个省份，三类地区包括黑龙江、吉林、辽宁、内蒙古、

表 12-17　2003—2017 年各省份义务教育城镇化规模指数

地区	2003 年 指标值	排序	2008 年 指标值	排序	2013 年 指标值	排序	2017 年 指标值	排序
北京	0.0071	26	0.0065	26	0.0059	26	0.0056	26
天津	0.0105	22	0.0050	27	0.0040	28	0.0040	28
河北	0.0240	5	0.0235	7	0.0250	6	0.0275	5
山西	0.0140	16	0.0157	12	0.0152	14	0.0136	17
内蒙古	0.0114	21	0.0125	20	0.0106	21	0.0093	21
辽宁	0.0164	14	0.0125	19	0.0143	17	0.0126	18
吉林	0.0122	19	0.0108	21	0.0091	22	0.0079	24
黑龙江	0.0133	17	0.0129	18	0.0121	20	0.0104	20
上海	0.0100	23	0.0075	25	0.0064	25	0.0059	25
江苏	0.0227	10	0.0270	5	0.0302	4	0.0306	4
浙江	0.0293	3	0.0255	6	0.0211	8	0.0200	8
安徽	0.0178	12	0.0191	10	0.0193	9	0.0195	9
福建	0.0173	13	0.0132	17	0.0144	16	0.0155	14
江西	0.0231	7	0.0144	14	0.0179	11	0.0184	11
山东	0.0371	2	0.0336	3	0.0368	3	0.0380	3
河南	0.0274	4	0.0318	4	0.0391	2	0.0404	2
湖北	0.0229	8	0.0179	11	0.0185	10	0.0184	12
湖南	0.0227	9	0.0219	8	0.0222	7	0.0239	7
广东	0.0424	1	0.0540	1	0.0480	1	0.0468	1
广西	0.0157	15	0.0194	9	0.0175	12	0.0192	10
海南	0.0054	28	0.0047	28	0.0046	27	0.0042	27
重庆	0.0183	11	0.0135	16	0.0125	19	0.0121	19
四川	0.0231	6	0.0340	2	0.0276	5	0.0270	6
贵州	0.0131	18	0.0148	13	0.0146	15	0.0172	13
云南	0.0089	24	0.0144	15	0.0137	18	0.0138	16
西藏	0.0027	30	0.0015	31	0.0012	31	0.0012	31
陕西	0.0117	20	0.0102	22	0.0161	13	0.0150	15
甘肃	0.0074	25	0.0092	23	0.0082	24	0.0088	22
青海	0.0022	31	0.0020	30	0.0021	30	0.0020	30
宁夏	0.0029	29	0.0029	29	0.0030	29	0.0028	29
新疆	0.0069	27	0.0079	24	0.0086	23	0.0083	23

山西、陕西、天津、安徽、上海、福建、重庆、贵州和广西 13 个省份，四类地区包括北京、海南、宁夏、甘肃、青海、新疆、西藏和云南 8 个省份。在 2008 年我国各省份义务教育城镇化规模指数的区域类型中，一类地区包括山东、河南、四川和广东 4 个省份，二类地区包括河北、江苏、浙江和湖南 4 个省份，三类地区包括黑龙江、广西、吉林、辽宁、湖北、内蒙古、安徽、山西、陕西、重庆、贵州、云南、江西和福建 14 个省份，四类地区包括北京、海南、天津、甘肃、青海、西藏、上海、新疆和宁夏 9 个省份。在 2013 年我国各省份义务教育城镇化规模指数的区域类型中，一类地区包括山东、江苏、河南和广东 4 个省份，二类地区包括河北、浙江、湖南和四川 4 个省份，三类地区包括黑龙江、辽宁、内蒙古、陕西、山西、重庆、湖北、安徽、江西、福建、贵州、广西和云南 13 个省份，四类地区包括吉林、北京、天津、上海、海南、宁夏、甘肃、青海、西藏和新疆 10 个省份。在 2017 年我国各省份义务教育城镇化规模指数的区域类型中，一类地区包括山东、江苏、河南和广东 4 个省份，二类地区包括河北、浙江、湖南和四川 4 个省份，三类地区包括黑龙江、安徽、辽宁、湖北、江西、陕西、山西、广西、重庆、福建、贵州和云南 12 个省份，四类地区包括吉林、西藏、内蒙古、青海、宁夏、海南、甘肃、北京、新疆、天津和上海 11 个省份。

2003—2017 年，我国各省份义务教育城镇化规模指数的年增长率平均值较高的为云南、河南、陕西、江苏和重庆 5 个省份，较低的为浙江、吉林、上海、西藏和天津 5 个省份，极高值云南的义务教育城镇化规模指数年增长率平均值为 3.65%，极低值天津的义务教育城镇化规模指数年增长率平均值为 -5.82%。

（一）义务教育城镇教师数

在义务教育城镇教师数的省域差距中，2003 年，义务教育城镇教师数较高的为广东、山东、江西、浙江和江苏 5 个省份，指标值较低的为甘肃、海南、西藏、宁夏和青海 5 个省份，极高值广东的义务教育城镇教师数为 319 881 人，极低值青海的义务教育城镇教师数为 19 005 人，极差为 16.83 倍。2008 年，义务教育城镇教师数较高的为广东、山东、四川、河南和江苏 5 个省份，指标值较低的为天津、海南、宁夏、青海和西藏 5 个省份，极高值广东的义务教育城镇教师数为 472 306 人，极低值西藏的义务教育城镇教师数为 14 499 人，极差为 32.58 倍，较 2003 年有所增长。2013 年，义务教育城镇教师数较高的为广东、山东、河南、江苏和四川 5 个省份，指标值较低的为天津、海南、宁夏、青海和西藏 5 个省份，极高值广东的义务教育城镇教师数为 543 148 人，极低值西藏的义务教育城镇教师数为 15 549 人，极差为 34.93 倍，较 2008 年有所增长。2017 年，义务教育城镇教师数较高的为广东、山东、河南、江苏和河北 5 个省份，指标值较低的为天津、海南、宁夏、青海和西藏5个省份，极高值广东的义务教育城镇教师数为594 067人，极低值西藏的义务教育城镇教师数为17 544人，极差为33.86倍，较2013年有所减小（表12-18）。

表12-18　2003—2017年各省份义务教育城镇教师数　　　　　单位：人

地区	2003年 指标值	排序	2008年 指标值	排序	2013年 指标值	排序	2017年 指标值	排序
北京	73 457	24	73 204	26	80 590	26	85 747	26
天津	134 912	15	56 184	27	56 299	27	59 531	27
河北	177 185	9	230 478	7	302 130	6	364 711	5
山西	117 972	17	148 184	12	197 498	12	200 959	16
内蒙古	97 929	22	126 383	16	147 967	21	145 401	21
辽宁	154 193	12	125 857	18	187 446	15	189 018	17
吉林	113 253	18	113 553	21	125 268	22	123 977	23
黑龙江	119 376	16	134 596	13	167 786	17	161 284	20
上海	107 703	19	82 630	24	81 910	25	88 458	25
江苏	209 613	5	267 556	5	384 837	4	416 123	4
浙江	220 741	4	235 649	6	248 643	8	268 438	8
安徽	143 343	14	164 435	11	226 884	10	251 199	9
福建	146 501	13	127 152	15	175 037	16	205 843	15
江西	230 857	3	126 243	17	195 470	14	222 175	13
山东	304 615	2	335 573	2	463 896	2	523 260	2
河南	201 117	7	282 324	4	445 345	3	512 277	3
湖北	207 158	6	170 629	10	234 527	9	250 434	10
湖南	195 540	8	210 679	8	253 056	7	299 511	7
广东	319 881	1	472 306	1	543 148	1	594 067	1
广西	101 446	21	177 186	9	197 265	13	246 786	11
海南	53 112	28	42 113	28	54 301	28	54 630	28
重庆	173 949	10	122 973	20	150 863	20	164 929	19
四川	167 518	11	300 437	3	320 333	5	355 482	6
贵州	104 641	20	125 297	19	159 600	19	225 111	12
云南	58 846	25	130 117	14	162 236	18	186 230	18
西藏	34 801	29	14 499	31	15 549	31	17 544	31
陕西	89 555	23	90 795	22	211 037	11	212 495	14
甘肃	53 361	27	82 845	23	102 221	24	126 498	22
青海	19 005	31	17 693	30	23 764	30	26 392	30
宁夏	27 433	30	24 714	29	34 485	29	37 545	29
新疆	57 284	26	77 106	25	106 357	23	114 771	24

2003年，义务教育城镇教师数高于全国平均水平的有广东、山东、江西、浙江、江苏、湖北、河南、湖南、河北、重庆、四川、辽宁、福建和安徽14个省份，其余省份均低于全国平均水平；2008年，义务教育城镇教师数高于全国平均水平的有广东、山东、河南、四川、浙江、江苏、湖北、湖南、河北、广西和安徽11个省份，其余省份均低于全国平均水平；2013年，义务教育城镇教师数高于全国平均水平的有广东、山东、江西、浙江、江苏、湖北、河南、湖南、河北、陕西、山西、四川、广西和安徽14个省份，其余省份均低于全国平均水平；2017年，义务教育城镇教师数高于全国平均水平的有广东、山东、江西、浙江、江苏、湖北、河南、湖南、河北、四川、贵州、广西和安徽13个省份，其余省份均低于全国平均水平。

根据义务教育城镇教师数指标的阈值[一类地区≥200 000人，二类地区100 000（含）—200 000人，三类地区50 000—100 000人，四类地区<50 000人]，本书将我国31个省份划分为4类区域类型。在2003年我国各省份义务教育城镇教师数的区域类型中，一类地区包括山东、河南、湖北、江苏、浙江、江西和广东7个省份，二类地区包括黑龙江、吉林、辽宁、河北、山西、四川、重庆、贵州、广西、湖南、安徽、上海、天津和福建14个省份，三类地区包括内蒙古、新疆、甘肃、陕西、北京、云南和海南7个省份，四类地区包括西藏、青海和宁夏3个省份。在2008年我国各省份义务教育城镇教师数的区域类型中，一类地区包括河北、河南、山东、江苏、浙江、湖南、四川和广东8个省份，二类地区包括黑龙江、吉林、辽宁、内蒙古、山西、云南、重庆、贵州、广西、湖北、安徽、江西和福建13个省份，三类地区包括新疆、甘肃、陕西、北京、天津和上海6个省份，四类地区包括西藏、青海、宁夏和海南4个省份。在2013年我国各省份义务教育城镇教师数的区域类型中，一类地区包括河北、河南、山东、江苏、浙江、陕西、湖北、湖南、四川、安徽和广东11个省份，二类地区包括黑龙江、吉林、辽宁、内蒙古、山西、云南、重庆、贵州、广西、甘肃、新疆、江西和福建13个省份，三类地区包括北京、天津、上海和海南4个省份，四类地区包括西藏、青海和宁夏3个省份。在2017年我国各省份义务教育城镇教师数的区域类型中，一类地区包括河北、河南、陕西、山西、山东、江苏、浙江、福建、贵州、广西、湖北、湖南、江西、四川、安徽和广东16个省份，二类地区包括黑龙江、吉林、辽宁、内蒙古、新疆、甘肃、云南和重庆8个省份，三类地区包括北京、上海、海南和天津4个省份，四类地区包括西藏、青海和宁夏3个省份。

2003—2017年，我国各省份义务教育城镇教师数的年增长率平均值较高的为云南、陕西、河南、广西和重庆5个省份，较低的为海南、吉林、上海、西藏和天津5个省份，极高值云南的义务教育城镇教师数年增长率平均值为9.66%，极低值天津的义务教育城镇教师数年增长率平均值为-3.42%。

(二) 义务教育城镇在校生数

在义务教育城镇在校生数的省域差距中，2003 年，义务教育城镇在校生数较高的为广东、山东、浙江、河南和河北 5 个省份，指标值较低的为天津、海南、宁夏、青海和西藏 5 个省份，极高值广东的义务教育城镇在校生数为 7 000 463 人，极低值西藏的义务教育城镇在校生数为 175 716 人，极差为 39.84 倍。2008 年，义务教育城镇在校生数较高的为广东、四川、河南、山东和浙江 5 个省份，指标值较低的为海南、天津、宁夏、青海和西藏 5 个省份，极高值广东的义务教育城镇在校生数为 9 137 452 人，极低值西藏的义务教育城镇在校生数为 234 573 人，极差为 38.95 倍，较 2003 年有所缩减。2013 年，义务教育城镇在校生数较高的为广东、河南、山东、四川和江苏 5 个省份，指标值较低的为海南、天津、宁夏、青海和西藏 5 个省份，极高值广东的义务教育城镇在校生数为 10 003 228 人，极低值西藏的义务教育城镇在校生数为 22 0345 人，极差为 45.40 倍，较 2008 年有所增大。2017 年，义务教育城镇在校生数较高的为广东、河南、山东、江苏和河北 5 个省份，指标值较低的为海南、天津、宁夏、青海和西藏 5 个省份，极高值广东的义务教育城镇在校生数为 10 987 389 人，极低值西藏的义务教育城镇在校生数为 243 188 人，极差为 45.18 倍，较 2013 年有所减小（表 12-19）。

2003 年，义务教育城镇在校生数高于全国平均水平的有广东、山东、浙江、河南、河北、四川、湖南、湖北、江苏、广西、江西、安徽和福建 13 个省份，其余省份均低于全国平均水平；2008 年，义务教育城镇在校生数高于全国平均水平的有广东、山东、浙江、河南、河北、四川、湖南、湖北、贵州、江苏、广西和安徽 12 个省份，其余省份均低于全国平均水平；2013 年，义务教育城镇在校生数高于全国平均水平的有广东、山东、浙江、河南、河北、四川、湖南、湖北、江西、江苏、广西和安徽 12 个省份，其余省份均低于全国平均水平；2017 年，义务教育城镇在校生数高于全国平均水平的有广东、山东、浙江、河南、河北、四川、湖南、湖北、江苏、广西、江西、安徽和贵州 13 个省份，其余省份均低于全国平均水平。

根据义务教育城镇在校生数指标的阈值[一类地区≥3 000 000 人，二类地区为 2 000 000（含）—3 000 000 人，三类地区为 1 000 000—2 000 000 人，四类地区＜1 000 000 人]，本书将我国 31 个省份划分为 4 类区域类型。在 2003 年我国各省份义务教育城镇在校生数的区域类型中，一类地区包括河北、河南、山东、湖北、湖南、江苏、浙江、四川和广东 9 个省份，二类地区包括辽宁、山西、安徽、江

表 12-19 2003—2017 年各省份义务教育城镇在校生数　　单位：人

地区	2003 年 指标值	排序	2008 年 指标值	排序	2013 年 指标值	排序	2017 年 指标值	排序
北京	822 278	26	837 827	26	1 018 973	26	1 062 165	26
天津	745 296	27	643 241	28	667 871	28	780 081	28
河北	4 030 707	5	3 547 571	7	4 901 336	6	6 186 114	5
山西	2 082 657	16	2 466 343	13	2 761 991	16	2 750 235	17
内蒙古	1 668 977	20	1 816 643	20	1 774 062	21	1 744 563	23
辽宁	2 157 623	15	1 829 474	18	2 553 985	18	2 490 013	19
吉林	1 633 319	21	1 492 302	23	1 518 524	24	1 484 209	24
黑龙江	1 861 089	19	1 820 701	19	2 024 243	20	1 977 556	20
上海	1 081 693	24	994 374	25	1 169 170	25	1 162 994	25
江苏	3 053 255	9	4 033 143	6	5 575 094	5	6 755 116	4
浙江	4 834 429	3	4 092 270	5	4 241 565	8	4 469 828	10
安徽	2 789 310	12	3 258 876	9	3 895 080	9	4 501 563	9
福建	2 568 582	13	2 043 520	17	2 816 895	15	3 494 849	14
江西	2 808 437	11	2 440 232	14	3 846 538	10	4 528 636	8
山东	5 686 176	2	4 978 408	4	6 898 491	3	8 258 537	3
河南	4 621 064	4	5 316 073	3	8 080 720	2	9 490 111	2
湖北	3 153 719	8	2 790 531	11	3 457 196	12	4 045 918	12
湖南	3 319 714	7	3 380 476	8	4 593 359	7	5 669 784	7
广东	7 000 463	1	9 137 452	1	10 003 228	1	10 987 389	1
广西	2 899 394	10	3 136 746	10	3 669 469	11	4 466 135	11
海南	674 044	28	783 531	27	902 191	27	963 885	27
重庆	2 376 737	14	2 212 940	16	2 439 116	19	2 656 447	18
四川	3 936 123	6	5 694 617	2	5 598 176	4	6 130 178	6
贵州	2 067 346	17	2 578 501	12	3 149 948	13	3 907 673	13
云南	1 605 363	22	2 366 165	15	2 746 655	17	3 068 936	16
西藏	175 716	31	234 573	31	220 345	31	243 188	31
陕西	1 917 605	18	1 681 732	21	2 903 525	14	3 138 461	15
甘肃	1 276 060	23	1 528 357	22	1 564 023	23	1 829 759	21
青海	322 596	30	333 895	30	446 301	30	474 065	30
宁夏	371 586	29	493 072	29	619 092	29	640 208	29
新疆	1 044 721	25	1 201 832	24	1 633 832	22	1 791 294	22

西、重庆、福建、贵州和广西 8 个省份，三类地区包括黑龙江、吉林、内蒙古、新疆、甘肃、陕西、云南和上海 8 个省份，四类地区包括北京、天津、海南、青海、西藏和宁夏 6 个省份。在 2008 年我国各省份义务教育城镇在校生数的区域类型中，一类地区包括河北、山东、河南、安徽、江苏、浙江、四川、湖南、广西和广东 10 个省份，二类地区包括山西、云南、重庆、贵州、湖北、江西和福建 7 个省份，三类地区包括黑龙江、吉林、辽宁、内蒙古、新疆、陕西和甘肃 7 个省份，四类地区包括西藏、青海、宁夏、北京、天津、上海和海南 7 个省份。在 2013 年我国各省份义务教育城镇在校生数的区域类型中，一类地区包括河北、山东、河南、安徽、江苏、浙江、四川、湖南、湖北、贵州、江西、广西和广东 13 个省份，二类地区包括黑龙江、辽宁、陕西、山西、重庆、云南和福建 7 个省份，三类地区包括吉林、内蒙古、新疆、甘肃、北京和上海 6 个省份，四类地区包括西藏、青海、宁夏、海南和天津 5 个省份。在 2017 年我国各省份义务教育城镇在校生数的区域类型中，一类地区包括河北、山东、河南、安徽、江苏、浙江、陕西、四川、湖南、湖北、云南、贵州、江西、福建、广西和广东 16 个省份，二类地区包括辽宁、山西和重庆 3 个省份，三类地区包括黑龙江、吉林、内蒙古、新疆、甘肃、北京和上海 7 个省份，四类地区包括西藏、青海、宁夏、海南和天津 5 个省份。

2003—2017 年，我国各省份义务教育城镇在校生数的年增长率平均值较高的为江苏、重庆、河南、云南和贵州 5 个省份，较低的为上海、天津、内蒙古、浙江和吉林 5 个省份，极高值江苏的义务教育城镇在校生数年增长率平均值为 6.19%，极低值吉林的义务教育城镇在校生数年增长率平均值为 -0.61%。

二、各省份义务教育城镇化结构指数的基本态势与结构特征

在义务教育城镇化结构指数的省域差距中，2003 年，义务教育城镇化结构指数较高的为上海、浙江、北京、天津和重庆 5 个省份，指标值较低的为陕西、甘肃、安徽、河南和云南 5 个省份，极高值上海的义务教育城镇化结构指数为 0.0319，极低值云南的义务教育城镇化结构指数为 0.0093，极差为 3.43 倍。2008 年，义务教育城镇化结构指数较高的为上海、北京、天津、浙江和内蒙古 5 个省份，指标值较低的为云南、新疆、甘肃、河南和陕西 5 个省份，极高值上海的义务教育城镇化结构指数为 0.0302，极低值陕西的义务教育城镇化结构指数为 0.0097，极差为 3.11 倍，较 2003 年有所减小。2013 年，义务教育城镇化结构指数较高的为上海、北京、江苏、内蒙古和天津 5 个省份，指标值较低的为西藏、贵州、新疆、

甘肃和云南5个省份，极高值上海的义务教育城镇化结构指数为0.0214，极低值云南的义务教育城镇化结构指数为0.0111，极差为1.93倍，较2008年明显减小。2017年，义务教育城镇化结构指数较高的为上海、内蒙古、江苏、北京和重庆5个省份，指标值较低的为青海、甘肃、西藏、云南和新疆5个省份，极高值上海的义务教育城镇化结构指数为0.0203，极低值新疆的义务教育城镇化结构指数为0.0110，极差为1.85倍，较2013年有所减小（表12-20）。

2003年，义务教育城镇化结构指数高于全国平均水平的有上海、浙江、北京、天津、重庆、内蒙古、吉林、福建、山东、广东、西藏和海南12个省份，其余省份均低于全国平均水平；2008年，义务教育城镇化结构指数高于全国平均水平的有上海、北京、天津、浙江、内蒙古、广东、重庆、吉林、四川、江苏、海南和西藏12个省份，其余省份均低于全国平均水平；2013年，义务教育城镇化结构指数高于全国平均水平的有上海、北京、江苏、内蒙古、天津、浙江、重庆、陕西、辽宁、广东、海南、黑龙江、福建、吉林、山东、山西和湖北17个省份，其余省份均低于全国平均水平；2017年，义务教育城镇化结构指数高于全国平均水平的有上海、内蒙古、江苏、北京、重庆、天津、陕西、浙江、黑龙江、福建、辽宁、广东、湖北、海南、山东、山西和吉林17个省份，其余省份均低于全国平均水平。

根据义务教育城镇化结构指数指标的阈值[一类地区≥0.020，二类地区为0.015（含）—0.020，三类地区为0.010—0.015，四类地区＜0.010]，本书将我国31个省份划分为4类区域类型。在2003年我国各省份义务教育城镇化结构指数的区域类型中，一类地区包括北京、天津、浙江、上海和重庆5个省份，二类地区包括吉林、辽宁、内蒙古、山东、青海、西藏、江西、福建、广东和海南10个省份，三类地区包括黑龙江、新疆、甘肃、宁夏、陕西、山西、河北、河南、湖北、湖南、四川、贵州、广西、安徽和江苏15个省份，四类地区包括云南1个省份。在2008年我国各省份义务教育城镇化结构指数的区域类型中，一类地区包括内蒙古、北京、上海、天津和浙江5个省份，二类地区包括黑龙江、吉林、山东、江苏、西藏、四川、重庆、广西、广东和海南10个省份，三类地区包括辽宁、河北、山西、宁夏、甘肃、青海、新疆、河南、安徽、湖北、湖南、江西、福建、贵州和云南15个省份，四类地区包括陕西1个省份。在2013年我国各省份义务教育城镇化结构指数的区域类型中，一类地区包括北京、上海和江苏3个省份，二类地区包括黑龙江、吉林、宁夏、辽宁、内蒙古、山西、陕西、广东、湖北、重庆、天津、山东、浙江、福建和海南15个省份，三类地区包括河北、河南、安徽、江西、湖南、贵州、云南、广西、甘肃、青海、西藏、四川和新疆13个省份，无四类地区。在2017年我国各省份义务教育城镇化结构指数的区域类型中，一类地区

表 12-20 2003—2017 年各省份义务教育城镇化结构指数

地区	2003 年 指标值	排序	2008 年 指标值	排序	2013 年 指标值	排序	2017 年 指标值	排序
北京	0.0270	3	0.0255	2	0.0206	2	0.0189	4
天津	0.0252	4	0.0237	3	0.0192	5	0.0183	6
河北	0.0136	19	0.0138	21	0.0148	20	0.0148	24
山西	0.0130	22	0.0144	20	0.0163	16	0.0164	16
内蒙古	0.0189	6	0.0216	5	0.0199	4	0.0194	2
辽宁	0.0158	13	0.0145	19	0.0178	9	0.0173	11
吉林	0.0178	7	0.0180	8	0.0167	14	0.0164	17
黑龙江	0.0145	17	0.0158	13	0.0175	12	0.0176	9
上海	0.0319	1	0.0302	1	0.0214	1	0.0203	1
江苏	0.0116	25	0.0173	10	0.0201	3	0.0189	3
浙江	0.0304	2	0.0236	4	0.0189	6	0.0180	8
安徽	0.0103	29	0.0119	26	0.0139	25	0.0142	26
福建	0.0174	8	0.0147	18	0.0167	13	0.0173	10
江西	0.0157	14	0.0121	25	0.0146	22	0.0150	22
山东	0.0173	9	0.0153	14	0.0166	15	0.0167	15
河南	0.0102	30	0.0109	30	0.0140	24	0.0143	25
湖北	0.0133	21	0.0135	22	0.0163	17	0.0168	13
湖南	0.0134	20	0.0148	17	0.0147	21	0.0156	18
广东	0.0172	10	0.0199	6	0.0178	10	0.0169	12
广西	0.0148	16	0.0152	15	0.0140	23	0.0148	23
海南	0.0167	12	0.0170	11	0.0177	11	0.0168	14
重庆	0.0214	5	0.0187	7	0.0184	7	0.0183	5
四川	0.0127	23	0.0173	9	0.0149	19	0.0152	21
贵州	0.0119	24	0.0121	24	0.0125	28	0.0153	20
云南	0.0093	31	0.0114	27	0.0111	31	0.0119	30
西藏	0.0170	11	0.0164	12	0.0129	27	0.0126	29
陕西	0.0108	27	0.0097	31	0.0183	8	0.0182	7
甘肃	0.0104	28	0.0111	29	0.0114	30	0.0133	28
青海	0.0154	15	0.0130	23	0.0135	26	0.0138	27
宁夏	0.0139	18	0.0149	16	0.0155	18	0.0156	19
新疆	0.0109	26	0.0113	28	0.0118	29	0.0110	31

包括上海 1 个直辖市，二类地区包括黑龙江、吉林、辽宁、内蒙古、江西、陕西、山西、宁夏、山东、江苏、浙江、四川、重庆、贵州、湖北、湖南、广东、海南、北京、天津和福建 21 个省份，三类地区包括河北、河南、广西、云南、安徽、西藏、青海、新疆和甘肃 9 个省份，无四类地区。

2003—2017 年，我国各省份义务教育城镇化结构指数的年增长率平均值较高的为陕西、江苏、重庆、河南和安徽 5 个省份，较低的为西藏、北京、天津、上海和浙江 5 个省份，极高值陕西的义务教育城镇化结构指数年增长率平均值为 4.73%，极低值浙江的义务教育城镇化结构指数年增长率平均值为 -3.60%。

（一）城镇义务教育教师占比

在城镇义务教育教师占比的省域差距中，2003 年，城镇义务教育教师占比较高的为上海、浙江、北京、天津和重庆 5 个省份，指标值较低的为甘肃、安徽、陕西、河南和云南 5 个省份，极高值上海的城镇义务教育教师占比为 0.7819，极低值云南的城镇义务教育教师占比为 0.2542，极差为 3.08 倍。2008 年，城镇义务教育教师占比较高的为上海、北京、天津、浙江和广东 5 个省份，指标值较低的为云南、河南、甘肃、新疆和陕西 5 个省份，极高值上海的城镇义务教育教师占比为 0.9052，极低值陕西的城镇义务教育教师占比为 0.2594，极差为 3.49 倍，较 2003 年有所增长。2013 年，城镇义务教育教师占比较高的为上海、北京、江苏、天津和内蒙古 5 个省份，指标值较低的为贵州、青海、云南、甘肃和新疆 5 个省份，极高值上海的城镇义务教育教师占比为 0.7391，极低值新疆的城镇义务教育教师占比为 0.3666，极差为 2.02 倍，较 2008 年有所减小。2017 年，城镇义务教育教师占比较高的为上海、内蒙古、江苏、天津和重庆 5 个省份，指标值较低的为西藏、青海、甘肃、云南和新疆 5 个省份，极高值上海的城镇义务教育教师占比为 0.7219，极低值新疆的城镇义务教育教师占比为 0.3684，极差为 1.96 倍，较 2013 年有所减小（表 12-21）。

2003 年，城镇义务教育教师占比高于全国平均水平的有上海、北京、天津、浙江、重庆、西藏、广东、内蒙古、山东、海南、福建和吉林 12 个省份，其余省份均低于全国平均水平；2008 年，城镇义务教育教师占比高于全国平均水平的有上海、浙江、北京、天津、重庆、西藏、广东、内蒙古、四川、海南、广西、江苏和吉林 13 个省份，其余省份均低于全国平均水平；2013 年，城镇义务教育教师占比高于全国平均水平的有上海、浙江、北京、天津、黑龙江、重庆、山东、广东、内蒙古、陕西、辽宁、江苏、海南、湖北、福建和吉林 16 个省份，其余省份均低于全国平均水平；2017 年，城镇义务教育教师占比高于全国平均水平的有上

表 12-21 2003—2017 年各省份城镇义务教育教师占比

地区	2003 年 指标值	排序	2008 年 指标值	排序	2013 年 指标值	排序	2017 年 指标值	排序
北京	0.6573	3	0.7426	2	0.7073	2	0.6538	6
天津	0.6451	4	0.7015	3	0.6913	4	0.6692	4
河北	0.3544	20	0.3900	22	0.5199	19	0.5431	22
山西	0.3351	24	0.4090	19	0.5315	17	0.5631	17
内蒙古	0.4522	8	0.6019	6	0.6869	5	0.7179	2
辽宁	0.4053	15	0.4267	17	0.5952	9	0.5969	12
吉林	0.4361	12	0.5085	9	0.5653	15	0.5711	15
黑龙江	0.3670	17	0.4480	14	0.5747	13	0.6083	10
上海	0.7819	1	0.9052	1	0.7391	1	0.7219	1
江苏	0.3118	25	0.4943	11	0.6923	3	0.6779	3
浙江	0.7588	2	0.6822	4	0.6466	6	0.6279	8
安徽	0.2847	28	0.3493	26	0.4647	26	0.4935	26
福建	0.4381	11	0.4080	20	0.5659	14	0.6268	9
江西	0.4067	14	0.3504	25	0.4959	21	0.5198	23
山东	0.4442	9	0.4441	15	0.5830	11	0.5967	13
河南	0.2772	30	0.3267	28	0.4933	23	0.5179	24
湖北	0.3614	19	0.3920	21	0.5650	16	0.6005	11
湖南	0.3435	21	0.4243	18	0.4935	22	0.5434	21
广东	0.4572	7	0.6097	5	0.5927	10	0.5778	14
广西	0.4144	13	0.4708	13	0.5120	20	0.5581	18
海南	0.4422	10	0.4924	12	0.5825	12	0.5677	16
重庆	0.5801	5	0.5533	7	0.6413	7	0.6677	5
四川	0.3421	22	0.5169	8	0.4877	24	0.5157	25
贵州	0.3415	23	0.3736	23	0.4353	27	0.5540	20
云南	0.2542	31	0.3466	27	0.3993	29	0.4418	30
西藏	0.4991	6	0.5028	10	0.4871	25	0.4881	27
陕西	0.2828	29	0.2594	31	0.6182	8	0.6413	7
甘肃	0.2877	27	0.3232	29	0.3687	30	0.4487	29
青海	0.3959	16	0.3647	24	0.4279	28	0.4560	28
宁夏	0.3635	18	0.4293	16	0.5297	18	0.5564	19
新疆	0.2887	26	0.3192	30	0.3666	31	0.3684	31

海、浙江、北京、天津、黑龙江、重庆、江苏、广东、内蒙古、陕西、辽宁、山东、湖北、福建和吉林15个省份，其余省份均低于全国平均水平。

根据城镇义务教育教师占比指标的阈值[一类地区≥0.6，二类地区为0.5（含）—0.6，三类地区为0.4—0.5，四类地区<0.4]，本书将我国31个省份划分为4类区域类型。在2003年我国各省份城镇义务教育教师占比的区域类型中，一类地区包括北京、上海、天津和浙江4个省份，二类地区包括重庆1个直辖市，三类地区包括吉林、辽宁、内蒙古、西藏、山东、江西、福建、广西、广东和海南10个省份，四类地区包括黑龙江、新疆、青海、甘肃、宁夏、陕西、山西、河北、河南、四川、云南、贵州、湖北、湖南、安徽和江苏16个省份。在2008年我国各省份城镇义务教育教师占比的区域类型中，一类地区包括北京、上海、天津、内蒙古、广东和浙江6个省份，二类地区包括吉林、西藏、四川和重庆4个省份，三类地区包括黑龙江、辽宁、山西、江苏、山东、宁夏、湖南、广西、海南和福建10个省份，四类地区包括新疆、河北、青海、甘肃、陕西、河南、湖北、安徽、江西、云南和贵州11个省份。在2013年我国各省份城镇义务教育教师占比的区域类型中，一类地区包括内蒙古、北京、天津、重庆、江苏、上海、陕西和浙江8个省份，二类地区包括黑龙江、河北、吉林、山西、辽宁、山东、湖北、福建、广西、广东、宁夏和海南12个省份，三类地区包括河南、安徽、湖南、江西、四川、贵州、青海和西藏8个省份，四类地区包括新疆、甘肃和云南3个省份。在2017年我国各省份城镇义务教育教师占比的区域类型中，一类地区包括内蒙古、黑龙江、浙江、福建、湖北、陕西、天津、上海、江苏、重庆和北京11个省份，二类地区包括吉林、辽宁、河北、山西、宁夏、四川、贵州、广西、海南、湖南、河南、山东、江西和广东14个省份，三类地区包括西藏、青海、甘肃、云南和安徽5个省份，四类地区包括新疆1个自治区。

2003—2017年，我国各省份城镇义务教育教师占比的年增长率平均值较高的为陕西、江苏、重庆、河南和云南5个省份，较低的为青海、天津、西藏、上海和浙江5个省份，极高值陕西的城镇义务教育教师占比年增长率平均值为7.97%，极低值浙江的城镇义务教育教师占比年增长率平均值为-1.10%。

（二）城镇义务教育在校生占比

在城镇义务教育在校生占比的省域差距中，2003年，城镇义务教育在校生占比较高的为上海、浙江、北京、天津和重庆5个省份，指标值较低的为新疆、甘肃、安徽、河南和云南5个省份，极高值上海的城镇义务教育在校生占比为0.9674，极低值云南的城镇义务教育在校生占比为0.2532，极差为3.82倍。2008年，城镇义务教育在校生占比较高的为上海、北京、浙江、天津和内蒙古 5 个省份，指标值较低的为贵州、甘肃、云南、陕西和河南 5 个省份，极高值上海的城镇义务教育在校生占比为 0.9790，极低值河南的城镇义务教育在校生占比为 0.3496，极差为 2.80 倍，较 2003 年有所减小。2013 年，城镇义务教育在校生占比较高的为上海、北京、江苏、内蒙古和浙江 5 个省份，指标值较低的为新疆、贵州、甘肃、西藏和云南 5 个省份，极高值上海的城镇义务教育在校生占比为 0.9512，极低值云南的城镇义务教育在校生占比为 0.4740，极差为 2.01 倍，较 2008 年有所减小。2017 年，城镇义务教育在校生占比较高的为上海、北京、江苏、内蒙古和陕西 5 个省份，指标值较低的为河南、广西、新疆、西藏和云南 5 个省份，极高值上海的城镇义务教育在校生占比为 0.9719，极低值云南的城镇义务教育在校生占比为 0.5456，极差为 1.79 倍，较 2013 年有所减小（表 12-22）。

2003 年，城镇义务教育在校生占比高于全国平均水平的有北京、上海、浙江、海南、吉林、福建、广东、天津、重庆、内蒙古和山东 11 个省份，其余省份均低于全国平均水平；2008 年，城镇义务教育在校生占比高于全国平均水平的有上海、北京、浙江、江苏、天津、内蒙古、广东、海南、四川、重庆、吉林和黑龙江 12 个省份，其余省份均低于全国平均水平；2013 年，城镇义务教育在校生占比高于全国平均水平的有上海、北京、浙江、江苏、内蒙古、天津、辽宁、福建、山西、广东、海南、陕西、重庆、吉林和黑龙江 15 个省份，其余省份均低于全国平均水平；2017 年，城镇义务教育在校生占比高于全国平均水平的有上海、北京、浙江、江苏、内蒙古、天津、辽宁、福建、广东、海南、山西、湖北、陕西、重庆、吉林和黑龙江 16 个省份，其余省份均低于全国平均水平。

根据城镇义务教育在校生占比指标的阈值[一类地区≥0.9，二类地区为 0.7（含）—0.9，三类地区为 0.5—0.7，四类地区<0.5]，本书将我国 31 个省份划分为 4 类区域类型。在 2003 年我国各省份城镇义务教育在校生占比的区域类型中，一类地区包括上海和浙江 2 个省份，二类地区包括北京和天津 2 个直辖市，三类地区包括内蒙古、吉林、山东、重庆和福建 5 个省份，四类地区包括黑龙江、广东、云南、海南、江西、江苏、辽宁、广西、四川、山西、陕西、河北、河南、青海、宁夏、新疆、西藏、安徽、甘肃、湖北、湖南和贵州 22 个省份。在 2008 年我国各省份城镇义务教育在校生占比的区域类型中，一类地区包括上海 1 个直辖市，二类地区包括内蒙古、北京、天津和浙江 4 个省份，三类地区包括黑龙江、吉林、山东、江苏、福建、广东、海南、湖南、重庆、四川、宁夏和西藏 12 个省份，四类地区包括辽宁、河北、山西、陕西、甘肃、青海、新疆、湖北、河南、安徽、江西、云南、贵州和广西 14 个省份。在 2013 年我国各省份城镇义务教育在校生占比的区域类型中，一类地区包括北京和上海 2 个直辖市，二类地区包括

表 12-22　2003—2017 年各省份城镇义务教育在校生占比

地区	2003 年 指标值	排序	2008 年 指标值	排序	2013 年 指标值	排序	2017 年 指标值	排序
北京	0.8223	3	0.8509	2	0.9265	2	0.9299	2
天津	0.7322	4	0.7802	4	0.8217	10	0.8570	9
河北	0.3890	20	0.4731	21	0.6491	23	0.6894	25
山西	0.3740	21	0.4946	18	0.7698	13	0.8176	13
内蒙古	0.5841	6	0.7522	5	0.8874	4	0.8974	4
辽宁	0.4590	12	0.4808	19	0.8235	9	0.8558	10
吉林	0.5392	7	0.6201	7	0.7567	15	0.8036	16
黑龙江	0.4240	16	0.5393	12	0.8186	11	0.8672	7
上海	0.9674	1	0.9790	1	0.9512	1	0.9719	1
江苏	0.3215	24	0.5876	9	0.8976	3	0.9020	3
浙江	0.9083	2	0.7911	3	0.8520	5	0.8767	6
安徽	0.2791	29	0.3925	25	0.6397	24	0.7004	24
福建	0.5120	8	0.5129	15	0.7600	14	0.8153	14
江西	0.4536	13	0.4078	24	0.6592	21	0.7376	21
山东	0.5041	9	0.5150	14	0.7308	16	0.7957	17
河南	0.2779	30	0.3496	31	0.6099	25	0.6725	27
湖北	0.3657	22	0.4486	22	0.7253	17	0.8039	15
湖南	0.3901	19	0.5024	17	0.6734	20	0.7649	19
广东	0.4803	10	0.6283	6	0.8249	8	0.8464	11
广西	0.3935	18	0.4776	20	0.5906	26	0.6694	28
海南	0.4721	11	0.5719	10	0.8300	7	0.8434	12
重庆	0.5890	5	0.6157	8	0.8112	12	0.8597	8
四川	0.3504	23	0.5636	11	0.7018	18	0.7653	18
贵州	0.3068	26	0.3818	27	0.5567	28	0.7169	22
云南	0.2532	31	0.3634	29	0.4740	31	0.5456	31
西藏	0.4243	15	0.5193	13	0.5235	30	0.5531	30
陕西	0.3079	25	0.3499	30	0.8355	6	0.8784	5
甘肃	0.2815	28	0.3719	28	0.5387	29	0.6747	26
青海	0.4474	14	0.4479	23	0.6537	22	0.7066	23
宁夏	0.3960	17	0.5028	16	0.6966	19	0.7440	20
新疆	0.3053	27	0.3906	26	0.5808	27	0.5619	29

黑龙江、吉林、辽宁、内蒙古、山西、陕西、天津、山东、江苏、浙江、福建、广东、海南、四川、重庆和湖北16个省份，三类地区包括河北、安徽、江西、河南、湖南、贵州、宁夏、青海、广西、甘肃、西藏和新疆12个省份，四类地区包括云南1个省份。在2017年我国各省份城镇义务教育在校生占比的区域类型中，一类地区包括北京、上海和江苏3个省份，二类地区包括黑龙江、吉林、辽宁、内蒙古、青海、四川、陕西、山西、宁夏、重庆、贵州、湖北、湖南、江西、广东、海南、山东、浙江、安徽、福建和天津21个省份，三类地区包括新疆、西藏、云南、甘肃、河南、河北和广西7个省份，无四类地区。

2003—2017年，我国各省份城镇义务教育在校生占比的年增长率平均值较高的为陕西、江苏、重庆、安徽和河南5个省份，较低的为西藏、天津、北京、上海和浙江5个省份，极高值陕西的城镇义务教育在校生占比年增长率平均值为8.90%，极低值浙江的城镇义务教育在校生占比年增长率平均值为-0.12%。

第三节　各省份义务教育城镇化与区域城镇化关系指数的基本态势与结构特征

在义务教育城镇化与区域城镇化关系指数的省域差距中，2003年，义务教育城镇化与区域城镇化关系指数较高的为重庆、江西、海南、浙江和广西5个省份，指标值较低的为新疆、辽宁、云南、北京和江苏5个省份，极高值重庆的义务教育城镇化与区域城镇化关系指数为1.5151，极低值江苏的义务教育城镇化与区域城镇化关系指数为0.6362，极差为2.38倍。2008年，义务教育城镇化与区域城镇化关系指数较高的为四川、广西、贵州、内蒙古和重庆5个省份，指标值较低的为天津、陕西、北京、辽宁和上海5个省份，极高值四川的义务教育城镇化与区域城镇化关系指数为1.5836，极低值上海的义务教育城镇化与区域城镇化关系指数为0.6946，极差为2.28倍，较2003年有所减小。2013年，义务教育城镇化与区域城镇化关系指数较高的为河南、陕西、四川、贵州和广西5个省份，指标值较低的为辽宁、青海、天津、北京和上海5个省份，极高值河南的义务教育城镇化与区域城镇化关系指数为1.3858，极低值上海的义务教育城镇化与区域城镇化关系指数为0.5486，极差为2.53倍，较2008年有所增长。2017年，义务教育城镇化与区域城镇化关系指数较高的为河南、贵州、广西、四川和河北5个省份，指标值较低的为新疆、青海、天津、北京和上海 5 个省份，极高值河南的义务教育城镇化与区域城镇化关系指数为 1.3906，极低值上海的义务教育城镇化与区域城镇化关系指数为 0.5496，极差为 2.53 倍，与 2013 年持平（表 12-23）。

表 12-23　2003—2017 年各省份义务教育城镇化与区域城镇化关系指数

地区	2003 年 指标值	排序	2008 年 指标值	排序	2013 年 指标值	排序	2017 年 指标值	排序
北京	0.7297	30	0.7279	29	0.6452	30	0.5943	30
天津	1.0760	11	0.8175	27	0.6602	29	0.6204	29
河北	1.0067	17	1.0251	15	1.1275	8	1.1871	5
山西	0.9797	18	1.0840	13	1.1266	9	1.0944	10
内蒙古	1.1836	6	1.2537	4	1.0988	12	1.1162	9
辽宁	0.8021	28	0.7242	30	0.8605	27	0.8980	23
吉林	1.1101	9	1.0442	14	0.9570	20	0.9447	21
黑龙江	0.8047	26	0.9417	20	1.0583	14	1.0617	12
上海	0.8527	24	0.6946	31	0.5486	31	0.5496	31
江苏	0.6362	31	0.8205	26	0.9126	25	0.8860	24
浙江	1.2965	4	1.0974	11	0.9239	23	0.8781	25
安徽	0.9316	20	1.0129	16	1.0530	15	1.0435	14
福建	1.0574	13	0.9053	22	0.9644	19	1.0095	19
江西	1.4815	2	1.0082	17	1.1727	6	1.1797	6
山东	1.0230	15	0.9114	21	1.0257	16	1.0378	15
河南	1.0093	16	1.1017	10	1.3858	1	1.3906	1
湖北	0.9785	19	0.9609	19	1.0218	17	1.0141	18
湖南	1.1185	8	1.1565	7	1.1160	10	1.1581	8
广东	1.0467	14	1.1449	9	1.0590	13	1.0306	17
广西	1.1975	5	1.3158	2	1.1823	5	1.2906	3
海南	1.3248	3	1.1525	8	1.1546	7	1.0807	11
重庆	1.5151	1	1.2173	5	1.1009	11	1.0560	13
四川	1.0673	12	1.5836	1	1.2397	3	1.1897	4
贵州	1.1682	7	1.2758	3	1.2040	4	1.3791	2
云南	0.7656	29	1.0906	12	0.9986	18	1.0088	20
西藏	1.1033	10	1.1609	6	0.9213	24	0.8742	26
陕西	0.8637	23	0.7518	28	1.2513	2	1.1795	7
甘肃	0.8430	25	0.9723	18	0.9306	22	1.0327	16
青海	0.9234	21	0.8255	25	0.8524	28	0.8496	28
宁夏	0.8707	22	0.8909	23	0.9109	26	0.9000	22
新疆	0.8028	27	0.8766	24	0.9355	21	0.8597	27

2003年，义务教育城镇化与区域城镇化关系指数高于全国平均水平的有重庆、江西、海南、浙江、广西、内蒙古、贵州、湖南、吉林、西藏、天津、四川、福建、广东和山东15个省份，其余省份均低于全国平均水平；2008年，义务教育城镇化与区域城镇化关系指数高于全国平均水平的有四川、广西、贵州、内蒙古、重庆、西藏、湖南、海南、广东、河南、浙江、云南、山西、吉林和河北15个省份，其余省份均低于全国平均水平；2013年，义务教育城镇化与区域城镇化关系指数高于全国平均水平的有河南、陕西、四川、贵州、广西、江西、海南、河北、山西、湖南、重庆、内蒙古、广东、黑龙江、安徽、山东和湖北17个省份，其余省份均低于全国平均水平；2017年，义务教育城镇化与区域城镇化关系指数高于全国平均水平的有河南、贵州、广西、四川、河北、江西、陕西、湖南、内蒙古、山西、海南、黑龙江、重庆、安徽、山东、甘肃、广东和湖北18个省份，其余省份均低于全国平均水平。

根据义务教育城镇化与区域城镇化关系指数指标的阈值[一类地区≥1.2，二类地区为0.9（含）—1.2，三类地区为0.6—0.9，四类地区<0.6]，本书将我国31个省份划分为4类区域类型。在2003年我国各省份义务教育城镇化与区域城镇化关系指数的区域类型中，一类地区包括重庆、江西、浙江和海南4个省份，二类地区包括吉林、内蒙古、山西、河北、天津、青海、西藏、四川、贵州、广西、湖南、广东、福建、湖北、河南、安徽和山东17个省份，三类地区包括黑龙江、江苏、辽宁、北京、新疆、甘肃、宁夏、陕西、上海和云南10个省份，无四类地区。在2008年我国各省份义务教育城镇化与区域城镇化关系指数的区域类型中，一类地区包括四川、内蒙古、重庆、贵州和广西5个省份，二类地区包括黑龙江、吉林、山西、甘肃、西藏、云南、海南、广东、山东、河北、河南、湖北、湖南、江西、安徽、浙江和福建17个省份，三类地区包括上海、辽宁、北京、天津、陕西、宁夏、青海、新疆和江苏9个省份，无四类地区。在2013年我国各省份义务教育城镇化与区域城镇化关系指数的区域类型中，一类地区包括四川、河南、贵州和陕西4个省份，二类地区包括黑龙江、吉林、内蒙古、甘肃、新疆、宁夏、西藏、云南、重庆、山西、河北、山东、江苏、安徽、湖北、湖南、浙江、福建、江西、广西、广东和海南22个省份，三类地区包括辽宁、北京、天津和青海4个省份，四类地区包括上海1个直辖市。在2017年我国各省份义务教育城镇化与区域城镇化关系指数的区域类型中，一类地区包括河南、贵州和广西3个省份，二类地区包括黑龙江、内蒙古、甘肃、山西、陕西、河北、山东、安徽、四川、云南、吉林、重庆、湖北、宁夏、湖南、江西、福建、广东和海南19个省份，三类地区包括辽宁、新疆、青海、天津、西藏、江苏和浙江7个省份，四类地区包括北京和上海2个直辖市。

2003—2017 年，我国各省份义务教育城镇化与区域城镇化关系指数的年增长率平均值较高的为陕西、江苏、河南、云南和重庆 5 个省份，较低的为海南、西藏、浙江、上海和天津 5 个省份，极高值陕西的义务教育城镇化与区域城镇化关系指数年增长率平均值为 3.04%，极低值天津的义务教育城镇化与区域城镇化关系指数的年增长率平均值为 −3.78%。

根据各省份某一年份义务教育城镇化与区域城镇化关系指数的分指数，即区域城镇化指数和义务教育城镇化指数高于或低于各省份平均水平的情况，将该年份各省份义务教育发展指数划分为 4 种类型。在 2003 年我国各省份义务教育城镇化与区域城镇化关系指数的区域类型中，一类地区包括北京、天津、河北、上海、江苏、浙江、福建、山东、河南、湖北、湖南、广东和四川 13 个省份，二类地区包括辽宁、黑龙江 2 个省份，三类地区包括江西、重庆 2 个省份，四类地区包括山西、内蒙古、吉林、安徽、广西、海南、贵州、云南、西藏、陕西、甘肃、青海、宁夏和新疆 14 个省份。在 2008 年我国各省份义务教育城镇化与区域城镇化关系指数的区域类型中，一类地区包括河北、上海、江苏、浙江、山东、河南、广东和四川 8 个省份，二类地区包括北京、天津、辽宁和湖北 4 个省份，三类地区包括内蒙古、湖南和广西 3 个省份，四类地区包括山西、吉林、黑龙江、安徽、福建、江西、海南、重庆、贵州、云南、西藏、陕西、甘肃、青海、宁夏和新疆 16 个省份。在 2013 年我国各省份义务教育城镇化与区域城镇化关系指数的区域类型中，一类地区包括河北、江苏、浙江、山东、河南、湖北、湖南、广东和四川 9 个省份，二类地区包括北京、天津、辽宁、上海和福建 5 个省份，三类地区包括安徽、江西和陕西 3 个省份，四类地区包括山西、内蒙古、吉林、黑龙江、广西、海南、重庆、贵州、云南、西藏、甘肃、青海、宁夏和新疆 14 个省份。在 2017 年我国各省份义务教育城镇化与区域城镇化关系指数的区域类型中，一类地区包括河北、江苏、浙江、安徽、福建、山东、河南、湖北、湖南、广东和四川 11 个省份，二类地区包括北京、天津、辽宁和上海 4 个省份，三类地区包括江西、广西、贵州和陕西 4 个省份，四类地区包括山西、内蒙古、吉林、黑龙江、海南、重庆、云南、西藏、甘肃、青海、宁夏和新疆 12 个省份。

第十三章　全国、各地区、各省份义务教育综合发展指数的基本态势与结构特征

我国各地区、各省份义务教育的发展，不仅与区域内义务教育资源配置水平和配置结构紧密相关，还与区域义务教育发展的基本条件相关，区域义务教育的发展是基于发展水平与发展条件的综合发展。

第一节　全国义务教育综合发展指数的基本态势与结构特征

义务教育综合发展指数是一个集成指数，综合考虑了区域（国家尺度、地区尺度和省域尺度）经济社会等空间布局因素对义务教育发展的影响，同时将义务教育与它前后学段（学前教育学段和高中教育学段）教育的规模和结构相比较，反映了区域义务教育相对的、综合的发展状态。

我国义务教育综合发展指数波动较大，2003—2005 年呈上升趋势，其指标值从 2003 年的 0.9617 上升至 2005 年的 1.0134，2005—2006 年呈下降趋势，下降至 0.9921，2006—2008 年则又呈现上升趋势，上升至 1.0138，2008—2010 年则呈现大幅度下降态势，其指标值直接跌至所研究时间段的最低值 0.9437，2013 年则又以较快的速度上升，达到峰值（1.0323），2013 年以后呈现缓慢下降的态势，

其指标值下降至 2017 年的 0.9916。总体来看，我国义务教育综合发展指数呈上升状态，其总增长率为 3.11%，年增长率平均值为 0.25%（表 13-1，图 13-1）。影响我国 2003—2017 年义务教育综合发展指数的有多个基础数据，其中包括空间布局影响指数、前后学段关系指数、义务教育发展指数三部分，而空间布局影响指数则又包括义务教育个人需求度、义务教育区域需求度、义务教育国家支持度；前后学段关系指数则包括学前教育发展指数、高中教育发展指数；义务教育发展指数包括义务教育资源供给指数、义务教育资源质量指数，以上均在前几章有详细描述。显然，2013—2017 年，全国义务教育综合发展指数受多方面的影响，但整体来看我国义务教育朝着良好的方向发展。

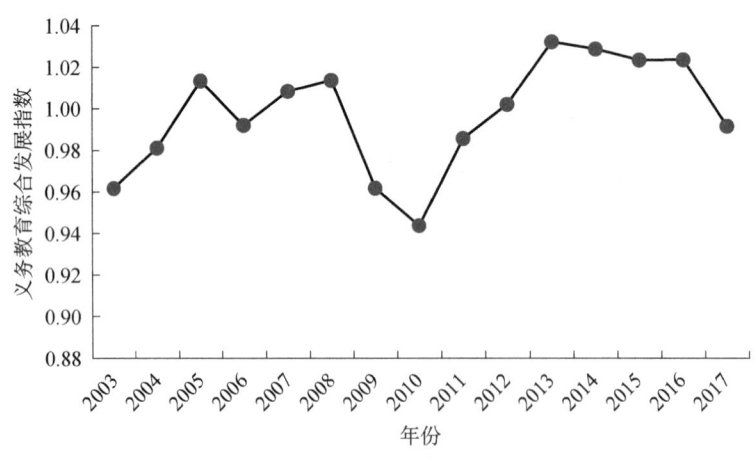

表 13-1　2003—2017 年全国义务教育综合发展指数

年份	2003	2004	2005	2006	2007	2008	2009	2010
指标值	0.9617	0.9812	1.0134	0.9921	1.0084	1.0138	0.9619	0.9437
年份	2011	2012	2013	2014	2015	2016	2017	
指标值	0.9857	1.0022	1.0323	1.0288	1.0236	1.0236	0.9916	

图 13-1　2003—2017 年全国义务教育综合发展指数的变化趋势

根据全国义务教育综合发展指数的 3 个分指数的指标值相对大小，本书将全国义务教育综合发展指数划分为 3 种基本类型，即空间布局影响主导型、前后学段关系主导型和义务教育发展主导型。全国义务教育综合发展指数在不同时段呈有差异的指数类型，以研究所监测的 4 个时间截面来看，2003 年全国义务教育综合发展指数的类型为空间布局影响主导型，2008 年该指数类型为空间布局影响主导型，2013 年该指数类型为义务教育发展主导型，2017 年该指数类型为前后学段关系主导型。全国义务教育综合发展指数整体从空间布局影响主导型向义务教育发展主导型，再向前后学段关系主导型转变。

第二节 各地区义务教育综合发展指数的基本态势与结构特征

我国不同地区义务教育综合发展指数存在差异。在我国义务教育综合发展指数的东部地区、中部地区和西部地区差异中，2003年，中部地区义务教育综合发展指数最高，东部地区次之，西部地区最低，中部地区义务教育综合发展指数为1.0361，东部地区义务教育综合发展指数为0.9893，西部地区义务教育综合发展指数为0.9781，均高于全国平均水平（0.9617）。2017年，中部地区义务教育综合发展指数最高，西部地区次之，东部地区最低，中部地区义务教育综合发展指数为1.0407，东部地区义务教育综合发展指数为0.9440，西部地区义务教育综合发展指数为1.0242，中部和西部地区高于全国平均水平（0.9916）。2003—2017年，我国东部地区、中部地区、西部地区义务教育综合发展指数的年增长率平均值分别为-0.33%、0.04%和0.33%。从发展态势来看，东部地区、中部地区、西部地区义务教育综合发展指数呈波动状态（表13-2，图13-2）。

表 13-2 2003—2017 年各地区义务教育综合发展指数

年份	2003	2004	2005	2006	2007	2008	2009	2010
东部地区	0.9893	0.9874	0.9908	0.9795	0.9986	0.9879	0.9992	0.9994
中部地区	1.0361	1.0386	1.0356	1.0492	1.0378	1.0453	1.0273	0.9937
西部地区	0.9781	0.9783	0.9767	0.9772	0.9652	0.9716	0.9756	1.0066
民族地区	1.0246	1.0285	1.0319	1.0258	1.0334	1.0398	1.0245	1.0522
非民族地区	0.9770	0.9735	0.9706	0.9763	0.9690	0.9624	0.9767	0.9512
年份	2011	2012	2013	2014	2015	2016	2017	
东部地区	1.0006	0.9882	0.9736	0.9660	0.9661	0.9551	0.9440	
中部地区	0.9879	1.0087	1.0244	1.0290	1.0265	1.0341	1.0407	
西部地区	1.0109	1.0052	1.0069	1.0113	1.0132	1.0183	1.0242	
民族地区	1.0597	1.0525	1.0465	1.0393	1.0461	1.0572	1.0734	
非民族地区	0.9453	0.9522	0.9575	0.9636	0.9566	0.9460	0.9305	

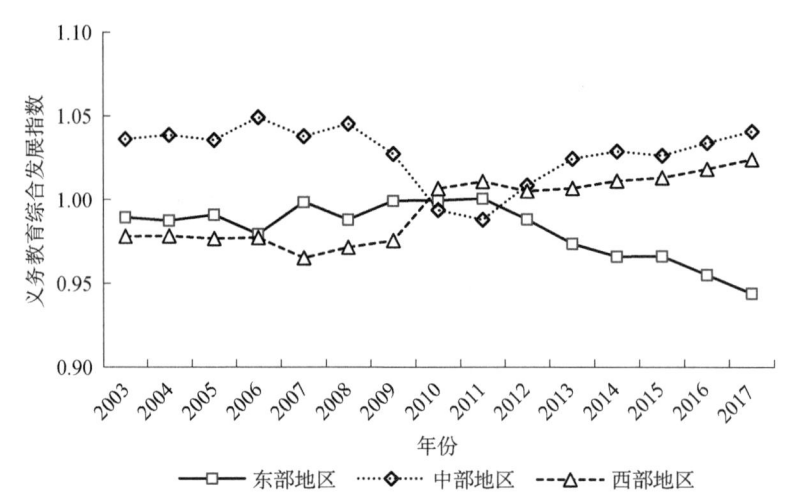

图 13-2　2003—2017 年全国东、中、西部地区义务教育综合发展指数的变化趋势

在义务教育综合发展指数的民族地区和非民族地区差异中，2003 年，非民族地区义务教育综合发展指数的指标值低于民族地区，民族地区义务教育综合发展指数为 1.0246，高于全国平均水平，非民族地区义务教育综合发展指数为 0.9770。2017 年，民族地区义务教育综合发展指数高于非民族地区，民族地区义务教育综合发展指数为 1.0734，非民族地区义务教育综合发展指数为 0.9305。2003—2017 年，我国民族地区和非民族地区义务教育综合发展指数的年增长率平均值分别为 0.34% 和 -0.34%。民族地区和非民族地区该指标呈现出波动变化（表 13-2，图 13-3）。

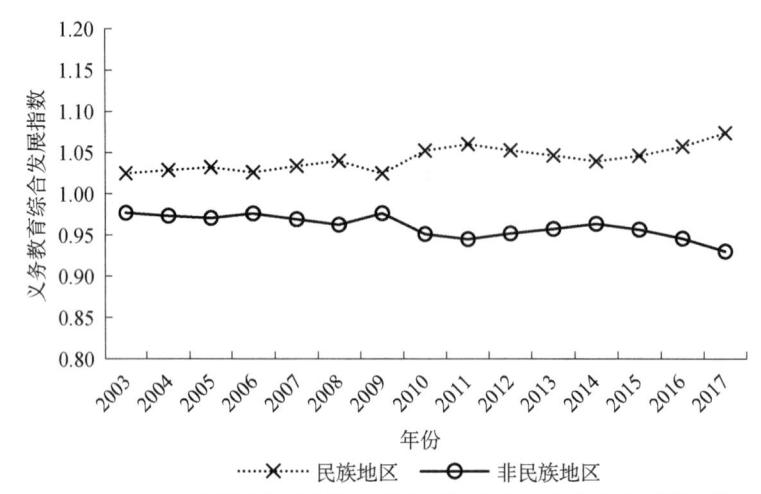

图 13-3　2003—2017 年全国民族地区与非民族地区义务教育综合发展指数的变化趋势

根据各地区义务教育空间布局影响指数的 3 个分指数的指标值相对大小，本书将全国东、中、西部地区义务教育空间布局影响指数划分为 3 种基本类型，即义务教育个人需求主导型、义务教育区域需求主导型和义务教育国家支持主导型。全国东、中、西部地区义务教育空间布局影响指数在不同时段呈有差异的指数类型。以研究所监测的 4 个时间截面来看，2003 年，东部地区义务教育空间布局影响指数的类型为义务教育区域需求主导型，中部地区义务教育空间布局影响指数的类型为义务教育国家支持主导型，西部地区义务教育空间布局影响指数的类型为义务教育区域需求主导型；2008 年，东部地区该指数类型为义务教育区域需求主导型，中部地区该指数类型为义务教育国家支持主导型，西部地区该指数类型为义务教育区域需求主导型；2013 年，东部地区该指数类型为义务教育区域需求主导型，中部地区该指数类型为义务教育国家支持主导型，西部地区该指数类型为义务教育国家支持主导型；2017 年，东部地区该指数类型为义务教育区域需求主导型，中部地区该指数类型为义务教育国家支持主导型，西部地区该指数类型为义务教育国家支持主导型。东部地区义务教育空间布局影响指数整体均为义务教育区域需求主导型，中部地区义务教育空间布局影响指数均为义务教育国家支持主导型，西部地区义务教育空间布局影响指数整体从义务教育区域需求主导型向义务教育国家支持主导型转变。

全国民族与非民族地区义务教育空间布局影响指数在不同时段呈有差异的指数类型。以研究所监测的 4 个时间截面来看，2003 年，民族地区义务教育空间布局影响指数的类型为义务教育国家支持主导型，非民族地区该指数类型为义务教育个人需求主导型；2008 年，民族地区该指数类型为义务教育国家支持主导型，非民族地区该指数类型为义务教育个人需求主导型；2013 年，民族地区该指数类型为义务教育国家支持主导型，非民族地区该指数类型为义务教育个人需求主导型；2017 年，民族地区该指数类型为义务教育国家支持主导型，非民族地区该指数类型为义务教育区域需求主导型。从整体来看，民族地区义务教育空间布局影响指数整体均为义务教育国家支持主导型，非民族地区义务教育空间布局影响指数整体从义务教育个人需求主导型向义务教育区域需求主导型转变。

第三节　各省份义务教育综合发展指数的基本态势与结构特征

在我国义务教育综合发展指数的省域差距中，2003 年，义务教育综合发展指数较高的为湖南、河北、黑龙江、辽宁和吉林 5 个省份，指标值较低的为天津、甘肃、安徽、陕西和上海 5 个省份，极高值湖南的义务教育综合发展指数为 1.1789，极低值上海的义务教育综合发展指数为 0.8651，极差为 1.36 倍。2008 年，义务教育综合发展指数较高的为黑龙江、湖南、辽宁、吉林和河北 5 个省份，指标值较低的为天津、广东、云南、甘肃和上海 5 个省份，极高值黑龙江的义务教育综合发展指数为 1.1934，极低值上海的义务教育综合发展指数为 0.7656，极差为 1.56 倍，较 2003 年有所扩大。2013 年，义务教育综合发展指数较高的为黑龙江、内蒙古、辽宁、湖北和新疆 5 个省份，指标值较低的为浙江、天津、广东、北京和上海 5 个省份，极高值黑龙江的义务教育综合发展指数为 1.1788，极低值上海的义务教育综合发展指数为 0.7455，极差为 1.58 倍，较 2008 年略微扩大。2017 年，义务教育综合发展指数较高的为黑龙江、吉林、辽宁、青海和内蒙古 5 个省份，指标值较低的为江苏、广东、北京、天津和上海 5 个省份，极高值黑龙江的义务教育综合发展指数为 1.1951，极低值上海的义务教育综合发展指数为 0.7892，极差为 1.51 倍，较 2013 年有所减小（表 13-3）。

2003 年，义务教育综合发展指数高于全国平均水平的有湖南、河北、黑龙江、吉林、辽宁、江西、四川、山东、浙江、青海、福建、北京、广西、河南、重庆、内蒙古、湖北、江苏、山西和贵州 20 个省份，其余省份均低于全国平均水平；2008 年，义务教育综合发展指数高于全国平均水平的有湖南、河北、黑龙江、吉林、辽宁、湖北、内蒙古、青海、西藏、福建、陕西、广西、山东、江西、江苏和重庆 16 个省份，其余省份均低于全国平均水平；2013 年，义务教育综合发展指数高于全国平均水平的有黑龙江、内蒙古、辽宁、湖北、新疆、吉林、陕西、青海、四川、西藏和山西 11 个省份，其余省份均低于全国平均水平；2017 年，义务教育综合发展指数高于全国平均水平的有黑龙江、吉林、辽宁、青海、内蒙古、广西、宁夏、四川、新疆、湖北、山西、西藏、安徽、陕西、云南、贵州和重庆 17 个省份，其余省份均低于全国平均水平。

表 13-3 2003—2017 年各省份义务教育综合发展指数

地区	2003 年 指标值	排序	2008 年 指标值	排序	2013 年 指标值	排序	2017 年 指标值	排序
北京	1.0524	12	0.9405	23	0.8907	30	0.8841	29
天津	0.8991	27	0.9208	27	0.9372	28	0.8575	30
河北	1.1440	2	1.0820	5	0.9745	21	0.9541	24
山西	0.9638	19	0.9304	25	1.0378	11	1.0378	11
内蒙古	1.0337	16	1.0805	7	1.1548	2	1.1348	5
辽宁	1.1357	4	1.1523	3	1.1355	3	1.1596	3
吉林	1.1285	5	1.1413	4	1.0955	6	1.1846	2
黑龙江	1.1414	3	1.1934	1	1.1788	1	1.1951	1
上海	0.8651	31	0.7656	31	0.7455	31	0.7892	31
江苏	0.9713	18	1.0445	15	0.9762	20	0.8990	27
浙江	1.0779	9	1.0035	17	0.9441	27	0.9555	23
安徽	0.8777	29	0.9728	22	1.0252	12	1.0229	13
福建	1.0545	11	1.0655	10	1.0047	16	0.9703	22
江西	1.0978	6	1.0447	14	0.9509	26	0.9815	19
山东	1.0807	8	1.0480	13	0.9567	24	0.9483	25
河南	1.0376	14	0.9865	21	0.9519	25	0.9716	21
湖北	1.0278	17	1.0808	6	1.0998	4	1.0439	10
湖南	1.1789	1	1.1617	2	1.0116	13	0.9804	20
广东	0.9372	22	0.9181	28	0.9233	29	0.8913	28
广西	1.0392	13	1.0527	12	0.9956	18	1.0797	6
海南	0.9301	24	0.9880	20	0.9717	22	0.9443	26
重庆	1.0353	15	1.0262	16	1.0083	15	1.0076	17
四川	1.0814	7	0.9984	18	1.0869	9	1.0782	7
贵州	0.9629	20	0.9943	19	0.9814	19	1.0099	15
云南	0.9188	25	0.9180	29	0.9641	23	1.0081	16
西藏	0.9186	26	1.0694	9	1.0456	10	1.0340	12
陕西	0.8728	30	1.0616	11	1.0944	7	1.0189	14
甘肃	0.8969	28	0.8848	30	0.9996	17	0.9990	18
青海	1.0632	10	1.0772	8	1.0943	8	1.1518	4
宁夏	0.9448	21	0.9319	24	1.0090	14	1.0547	9
新疆	0.9338	23	0.9283	26	1.0988	5	1.0684	8

根据义务教育综合发展指数的阈值[一类地区≥1.1，二类地区为1.0（含）—1.1，三类地区为0.9—1.0，四类地区<0.9]，本书将我国31个省份划分为4类区域类型。在2003年我国各省份义务教育综合发展指数的区域类型中，一类地区包括河北、黑龙江、吉林、辽宁和湖南5个省份，二类地区包括江西、四川、山东、浙江、青海、福建、北京、广西、河南、重庆、内蒙古和湖北12个省份，三类地区包括江苏、山西、贵州、宁夏、广东、新疆、海南、云南和西藏9个省份，四类地区包括甘肃、天津、安徽、陕西和上海5个省份。在2008年我国各省份义务教育综合发展指数的区域类型中，一类地区包括黑龙江、吉林、辽宁和湖南4个省份，二类地区包括湖北、河北、内蒙古、青海、西藏、陕西、广西、山东、江西、福建、江苏、重庆和浙江13个省份，三类地区包括四川、贵州、海南、河南、安徽、北京、宁夏、山西、新疆、天津、广东和云南12个省份，四类地区包括甘肃和上海2个省份。在2013年我国各省份义务教育综合发展指数的区域类型中，一类地区包括黑龙江、内蒙古和辽宁3个省份，二类地区包括湖北、新疆、吉林、陕西、青海、四川、西藏、山西、安徽、湖南、宁夏、重庆和福建13个省份，三类地区包括甘肃、广西、贵州、江苏、河北、海南、云南、山东、河南、江西、浙江、天津和广东13个省份，四类地区包括上海和北京2个直辖市。在2017年我国各省份义务教育综合发展指数的区域类型中，一类地区包括黑龙江、吉林、辽宁、内蒙古和青海5个省份，二类地区包括广西、四川、新疆、宁夏、湖北、山西、西藏、安徽、陕西、云南、贵州和重庆12个省份，三类地区包括甘肃、江西、湖南、海南、福建、浙江、河北、山东和河南9个省份，四类地区包括江苏、广东、北京、天津和上海5个省份。

2003—2017年，我国各省份义务教育综合发展指数的年增长率平均值较高的为陕西、安徽、新疆、西藏和宁夏5个省份，较低的为浙江、山东、北京、湖北和湖南5个省份，极高值陕西的义务教育综合发展指数年增长率平均值为1.20%，极低值湖南的义务教育综合发展指数年增长率平均值为-1.28%。

根据各省份某一年份义务教育综合发展指数的分指数，即空间布局影响指数、前后学段关系指数和义务教育发展指数的指数值相对大小，笔者将2003年各省份义务教育综合发展指数划分为8种类型。具体区域类型如下：一类地区，即空间布局影响指数、前后学段关系指数和义务教育发展指数均高于平均水平的省份，有北京、天津、上海、浙江、广东和西藏6个；二类地区，即空间布局影响指数、前后学段关系指数高于平均水平，义务教育发展指数低于平均水平的省份，有江苏1个；六类地区，即前后学段关系指数高于平均水平，空间布局影响指数、义务教育发展指数低于平均水平的省份，有云南、宁夏和新疆3个；七类地区，即义务教育发展指数高于平均水平，空间布局影响指数、前后学段关系指数低于平均水平的省份，有辽宁、吉林、福建和湖南4个；八类地区，即空间布局影响指数、前后学段关系指数和义务教育发展指数均低于平均水平的省份，有河北、山西、内蒙古、黑龙江、安徽、江西、山东、河南、湖北、广西、海南、重庆、四川、贵州、陕西、甘肃、青海17个。笔者将2008年各省份义务教育综合发展指数划分为8种类型，具体区域类型如下：一类地区，即空间布局影响指数、前后学段关系指数和义务教育发展指数均高于平均水平的省份，有北京、天津、上海、江苏、浙江、西藏和新疆7个；二类地区，即空间布局影响指数、前后学段关系指数高于平均水平，义务教育发展指数低于平均水平的省份，仅有宁夏1个；五类地区，即空间布局影响指数高于平均水平，前后学段关系指数、义务教育发展指数低于平均水平的省份，有广东、海南和贵州3个；七类地区，即义务教育发展指数高于平均水平，空间布局影响指数、前后学段关系指数低于平均水平的省份，有辽宁和吉林2个；八类地区，即空间布局影响指数、前后学段关系指数和义务教育发展指数均低于平均水平的省份，有河北、山西、内蒙古、黑龙江、安徽、福建、江西、山东、河南、湖北、广西、湖南、重庆、四川、云南、陕西、甘肃、青海18个。笔者将2013年各省份义务教育综合发展指数划分为8种类型，具体区域类型如下：一类地区，即空间布局影响指数、前后学段关系指数和义务教育发展指数均高于平均水平的省份，有北京、天津、上海、江苏、浙江、西藏和海南7个；三类地区，即空间布局影响指数、义务教育发展指数高于平均水平，前后学段关系指数低于平均水平的省份，仅有新疆1个；四类地区，即前后学段关系指数、义务教育发展指数高于平均水平，空间布局影响指数低于平均水平的省份，仅有青海1个；五类地区，即空间布局影响指数高于平均水平，前后学段关系指数、义务教育发展指数低于平均水平的省份，仅有贵州1个；七类地区，即义务教育发展指数高于平均水平，空间布局影响指数、前后学段关系指数低于平均水平的省份，有内蒙古、辽宁、黑龙江和陕西4个；八类地区，即空间布局影响指数、前后学段关系指数和义务教育发展指数均低于平均水平的省份，有河北、山西、吉林、安徽、福建、江西、山东、河南、湖北、广西、湖南、重庆、四川、云南、宁夏、甘肃、青海17个。笔者将2017年各省份义务教育综合发展指数划分为8种类型，具体区域类型如下：一类地区，即空间布局影响指数、前后学段关系指数和义务教育发展指数均高于平均水平的省份，有北京、天津、上海、浙江、西藏和甘肃6个；二类地区，即空间布局影响指数、前后学段关系指数高于平均水平，义务教育发展指数低于平均水平的省份，有江苏和海南2个；三类地区，即空间布局影响指数、义务教育发展指数高于平均水平，前后学段关系指数低于平均水平的省份，有贵州、青海和新疆3个；四类地区，即前后学段关系指数、义务教育发展指数高于平均水平，空间布局影响指数低于平均水平的省份，仅有内蒙古 1 个；五类地区，即空间布局影响指数高于平均水平，前后学段关系指数、义务教育发展指数低于平均水平的省份，仅有云南 1 个；六类地区，即前后学段关系指数高于平均水平，空间布局影响指数、义务教育发展指数低于平均水平的省份，仅有广东 1 个；七类地区，即义务教育发展指数高于平均水平，空间布局影响指数、前后学段关系指数低于平均水平的省份，有辽宁、吉林、黑龙江和宁夏 4 个；八类地区，即空间布局影响指数、前后学段关系指数和义务教育发展指数均低于平均水平的省份，有河北、山西、安徽、福建、江西、山东、河南、湖北、湖南、广西、重庆、四川和陕西 13 个。在这些具体类型中，一类地区义务教育综合发展指数状态最优，八类地区义务教育综合发展指数状态最劣；二、三和四类地区分别有两个分指数高于平均水平，五、六和七类地区分别有一个分指数高于平均水平，所以二、三和四类地区的义务教育综合发展状态优于五、六和七类地区。

第十四章 我国省域义务教育发展差距预警

我国各省份义务教育发展水平与义务教育影响因素之间存在耦合协调关系，根据耦合协调模型对各省份耦合协调关系的分析，既是各省份义务教育发展类型之间差异的体现，也是对各省份义务教育发展水平与义务教育发展条件之间协调关系的科学判断。

第一节 2003年我国省域义务教育发展差距的时空结构

2003年，在我国省域义务教育发展协调度的相关测度指标的相对发展度中，义务教育发展指数高于义务教育影响指数的有湖南、辽宁、吉林、河北、黑龙江、北京、浙江、江西、四川、山东、青海、福建、广西、重庆、内蒙古、河南和湖北17个省份，其中湖南的差值最大，为0.0049。义务教育发展指数低于义务教育影响指数的有江苏、贵州、山西、宁夏、海南、新疆、广东、云南、甘肃、安徽、西藏、陕西、天津和上海14个省份，其中上海的差值最大，为-0.0091。在耦合度方面，天津、山西、上海、广东、海南、云南、西藏、宁夏和新疆9个省份的指标值为1，其余省份均小于1，河南的耦合度最小，仅为0.67。在协调指数方面，上海、北京、西藏、天津、浙江、广东和江苏7个省份的指标值均高于0.2，在指标值低于0.2的省份中，河南和安徽两省份的指标值最低，仅为0.04。在耦合协调度方面，上海、北京、西藏、天津、浙江和广东6个省份的指标值较高，均在0.50

以上，河南和安徽两省份的指标值最低，仅为 0.16。

2003 年，在各省份的耦合协调类型中，北京、上海为优质协调类型，西藏和天津为初级协调类型，浙江和广东为勉强协调类型，江苏、吉林、宁夏、福建、新疆和辽宁 6 个省份为濒临失调类型，云南、山西、湖南、湖北、内蒙古、青海、广西、海南、陕西、重庆和贵州 11 个省份为轻度失调类型，黑龙江、山东、江西、甘肃、河北和四川 6 个省份为中度失调类型，安徽和河南 2 个省份为严重失调类型（表 14-1）。

表 14-1　2003 年我国省域义务教育发展协调度的空间结构

地区	E 值	耦合度（C）	协调指数（T）	耦合协调度（D）	协调等级	耦合协调程度
北京	0.0029	0.99	0.84	0.91	10	优质协调
天津	-0.0043	1.00	0.41	0.64	7	初级协调
河北	0.0038	0.73	0.11	0.28	3	中度失调
山西	-0.0011	1.00	0.14	0.37	4	轻度失调
内蒙古	0.0010	0.95	0.13	0.35	4	轻度失调
辽宁	0.0040	0.90	0.19	0.41	5	濒临失调
吉林	0.0038	0.91	0.20	0.43	5	濒临失调
黑龙江	0.0037	0.76	0.11	0.29	3	中度失调
上海	-0.0091	1.00	0.99	1.00	10	优质协调
江苏	-0.0009	0.99	0.22	0.46	5	濒临失调
浙江	0.0028	0.97	0.36	0.59	6	勉强协调
安徽	-0.0033	0.70	0.04	0.16	2	严重失调
福建	0.0017	0.96	0.19	0.43	5	濒临失调
江西	0.0026	0.82	0.10	0.29	3	中度失调
山东	0.0022	0.85	0.10	0.29	3	中度失调
河南	0.0009	0.67	0.04	0.16	2	严重失调
湖北	0.0008	0.96	0.13	0.35	4	轻度失调
湖南	0.0049	0.81	0.16	0.36	4	轻度失调
广东	-0.0022	1.00	0.26	0.51	6	勉强协调
广西	0.0011	0.93	0.11	0.32	4	轻度失调
海南	-0.0020	1.00	0.10	0.32	4	轻度失调
重庆	0.0010	0.93	0.10	0.30	4	轻度失调
四川	0.0022	0.85	0.10	0.28	3	中度失调
贵州	-0.0010	0.99	0.09	0.30	4	轻度失调
云南	-0.0026	1.00	0.15	0.39	4	轻度失调
西藏	-0.0037	1.00	0.49	0.70	7	初级协调
陕西	-0.0038	0.97	0.10	0.30	4	轻度失调

续表

地区	E值	耦合度（C）	协调指数（T）	耦合协调度（D）	协调等级	耦合协调程度
甘肃	-0.0030	0.98	0.09	0.29	3	中度失调
青海	0.0018	0.92	0.12	0.34	4	轻度失调
宁夏	-0.0018	1.00	0.19	0.43	5	濒临失调
新疆	-0.0021	1.00	0.18	0.43	5	濒临失调

第二节 2008年我国省域义务教育发展差距的时空结构

在2008年我国省域义务教育发展协调度的相关测度指标的相对发展度中，义务教育发展指数高于义务教育影响指数的有黑龙江、湖南、辽宁、吉林、西藏、内蒙古、河北、青海、湖北、福建、陕西、江苏、广西、山东、江西、重庆、浙江和四川18个省份，其中黑龙江的差值最大，为0.0051。义务教育发展指数低于义务教育影响指数的有贵州、河南、海南、安徽、山西、宁夏、云南、新疆、广东、北京、天津、甘肃和上海13个省份，其中上海的差值最大，为-0.0161。在耦合度方面，河南、安徽、山西、宁夏、云南、新疆、广东和上海8个省份的指标值为1，其余省份均小于1，黑龙江的耦合度最小，仅为0.65。在协调指数方面，上海、北京、西藏、天津、浙江、新疆、江苏和宁夏8个省份的指标值均高于0.2，在指标值低于0.2的省份中，四川、江西、安徽、广西和河南5个省份的指标值较低，不足0.10。在耦合协调度方面，上海、北京、西藏、天津、浙江、新疆和江苏7个省份的指标值较高，均在0.50及以上，河南的指标值最低，仅为0.10。

在2008年各省份的耦合协调类型中，上海为优质协调类型，北京为良好协调类型，西藏为中级协调类型，天津为初级协调类型，浙江和新疆2个省份为勉强协调类型，江苏、福建、广东、青海和宁夏5个省份为濒临失调类型，河北、山西、内蒙古、辽宁、吉林、湖北、湖南、海南、重庆、贵州、云南、陕西和甘肃13个省份为轻度失调类型，黑龙江、安徽、江西、山东、广西和四川6个省份为中度失调类型，河南为严重失调类型（表14-2）。

表 14-2　2008 年我国省域义务教育发展协调度的空间结构

地区	E 值	耦合度（C）	协调指数（T）	耦合协调度（D）	协调等级	耦合协调程度
北京	−0.0032	0.99	0.78	0.88	9	良好协调
天津	−0.0033	0.99	0.44	0.66	7	初级协调
河北	0.0023	0.86	0.12	0.32	4	轻度失调
山西	−0.0021	1.00	0.12	0.35	4	轻度失调
内蒙古	0.0024	0.90	0.17	0.39	4	轻度失调
辽宁	0.0043	0.83	0.18	0.39	4	轻度失调
吉林	0.0041	0.84	0.19	0.40	4	轻度失调
黑龙江	0.0051	0.65	0.14	0.30	3	中度失调
上海	−0.0161	1.00	0.99	1.00	10	优质协调
江苏	0.0015	0.95	0.26	0.50	5	濒临失调
浙江	0.0001	0.97	0.32	0.56	6	勉强协调
安徽	−0.0007	1.00	0.06	0.24	3	中度失调
福建	0.0020	0.92	0.19	0.41	5	濒临失调
江西	0.0012	0.85	0.07	0.23	3	中度失调
山东	0.0013	0.90	0.10	0.29	3	中度失调
河南	−0.0003	1.00	0.01	0.10	2	严重失调
湖北	0.0022	0.86	0.11	0.31	4	轻度失调
湖南	0.0044	0.75	0.15	0.33	4	轻度失调
广东	−0.0027	1.00	0.17	0.42	5	濒临失调
广西	0.0014	0.81	0.06	0.22	3	中度失调
海南	−0.0004	0.98	0.15	0.38	4	轻度失调
重庆	0.0008	0.95	0.15	0.37	4	轻度失调
四川	0.0000	0.97	0.09	0.30	3	中度失调
贵州	−0.0002	0.97	0.13	0.36	4	轻度失调
云南	−0.0025	1.00	0.11	0.33	4	轻度失调
西藏	0.0029	0.95	0.55	0.72	8	中级协调
陕西	0.0018	0.91	0.14	0.36	4	轻度失调
甘肃	−0.0036	0.98	0.11	0.33	4	轻度失调
青海	0.0023	0.91	0.19	0.42	5	濒临失调
宁夏	−0.0023	1.00	0.21	0.46	5	濒临失调
新疆	−0.0025	1.00	0.26	0.51	6	勉强协调

第三节 2013年我国省域义务教育发展差距的时空结构

2013年，在我国省域义务教育发展协调度的相关测度指标的相对发展度中，义务教育发展指数高于义务教育影响指数的有黑龙江、内蒙古、辽宁、新疆、青海、陕西、吉林、湖北、四川、西藏、山西、安徽、湖南、宁夏、重庆、福建和甘肃17个省份，其中黑龙江的差值最大，为0.0049。义务教育发展指数低于义务教育影响指数的有广西、贵州、河北、江苏、海南、云南、山东、河南、江西、浙江、天津、广东、北京和上海14个省份，其中上海的差值最大，为−0.0139。在耦合度方面，海南、云南、山东、江西、浙江、天津、广东和北京8个省份的指标值为1，其余省份均小于1，黑龙江的耦合度最小，仅为0.59。在协调指数方面，北京、上海、西藏、天津、江苏、青海、新疆、浙江、海南、内蒙古、陕西、辽宁、贵州和宁夏14个省份的指标值均高于或等于0.2，在低于0.2的省份中，河南和广西2个省份的指标值最低，仅为0.02。在耦合协调度方面，北京、上海、西藏、天津、江苏、青海、浙江、新疆和海南9个省份的指标值较高，均在0.50以上，河南的指标值最低，仅为0.13。

2013年，在各省份的耦合协调类型中，北京和上海为优质协调类型，西藏为良好协调类型，天津为中级协调类型，江苏、青海、浙江、新疆和海南5个省份为勉强协调类型，贵州、宁夏、内蒙古、陕西、广东、福建、辽宁和甘肃8个省份为濒临失调类型，云南、山西、重庆、四川、安徽、黑龙江、山东和吉林8个省份为轻度失调类型，湖北、江西和湖南3个省份为中度失调类型，河北、广西和河南3个省份为严重失调类型（表14-3）。

表14-3 2013年我国省域义务教育发展协调度的空间结构

地区	E值	耦合度（C）	协调指数（T）	耦合协调度（D）	协调等级	耦合协调程度
北京	−0.0059	1.00	0.98	0.99	10	优质协调
天津	−0.0025	1.00	0.52	0.72	8	中级协调
河北	−0.0007	0.99	0.04	0.20	2	严重失调
山西	0.0011	0.93	0.14	0.37	4	轻度失调
内蒙古	0.0045	0.82	0.22	0.43	5	濒临失调
辽宁	0.0039	0.83	0.21	0.41	5	濒临失调

续表

地区	E值	耦合度（C）	协调指数（T）	耦合协调度（D）	协调等级	耦合协调程度
吉林	0.0027	0.75	0.12	0.30	4	轻度失调
黑龙江	0.0049	0.59	0.16	0.31	4	轻度失调
上海	−0.0139	0.98	0.83	0.90	10	优质协调
江苏	−0.0008	0.99	0.35	0.59	6	勉强协调
浙江	−0.0019	1.00	0.31	0.55	6	勉强协调
安徽	0.0007	0.92	0.11	0.32	4	轻度失调
福建	0.0001	0.98	0.18	0.42	5	濒临失调
江西	−0.0014	1.00	0.08	0.27	3	中度失调
山东	−0.0013	1.00	0.10	0.31	4	轻度失调
河南	−0.0013	0.86	0.02	0.13	2	严重失调
湖北	0.0027	0.71	0.12	0.29	3	中度失调
湖南	0.0003	0.91	0.07	0.24	3	中度失调
广东	−0.0025	1.00	0.18	0.42	5	濒临失调
广西	−0.0001	0.82	0.02	0.14	2	严重失调
海南	−0.0009	1.00	0.27	0.51	6	勉强协调
重庆	0.0002	0.97	0.13	0.36	4	轻度失调
四川	0.0024	0.81	0.13	0.33	4	轻度失调
贵州	−0.0006	0.99	0.20	0.45	5	濒临失调
云南	−0.0011	1.00	0.15	0.39	4	轻度失调
西藏	0.0020	0.98	0.72	0.84	9	良好协调
陕西	0.0028	0.89	0.21	0.43	5	濒临失调
甘肃	0.0000	0.98	0.17	0.41	5	濒临失调
青海	0.0031	0.94	0.34	0.56	6	勉强协调
宁夏	0.0003	0.98	0.20	0.44	5	濒临失调
新疆	0.0032	0.93	0.32	0.54	6	勉强协调

第四节 2017年我国省域义务教育发展差距的时空结构

2017年，在我国省域义务教育发展协调度的相关测度指标的相对发展度中，义务教育发展指数高于义务教育影响指数的有黑龙江、吉林、青海、辽宁、内蒙古、广西、四川、新疆、宁夏、西藏、湖北、山西、安徽、陕西、贵州、云南、重庆和甘肃18个省份，其中黑龙江的差值最大，为0.0054。义务教育发展指数低于义务教育影响指数的有江西、湖南、河南、福建、河北、浙江、山东、海南、江苏、广东、天津、北京和上海13个省份，其中上海的差值最大，为-0.0109。在耦合度中，江西、河南、福建、河北、浙江、山东、海南和北京8个省份的指标值为1，其余省份均小于1，吉林的耦合度最小，仅为0.77。在协调指数中，北京、西藏、上海、天津、青海、浙江、甘肃、内蒙古、海南、新疆、贵州、江苏、云南、宁夏、辽宁、黑龙江和吉林17个省份的指标值均高于或等于0.2，在指标值低于0.2的省份中，河南的指标值最低，仅为0.01。在耦合协调度中，北京、西藏、上海、天津、青海、浙江、甘肃、海南、内蒙古、新疆、贵州和江苏12个省份的指标值较高，均在0.50及以上，河南的指标值最低，仅为0.10。

在2017年各省份的耦合协调类型中，北京和西藏为优质协调类型，上海为良好协调类型，天津和青海为初级协调类型，浙江、甘肃、海南、内蒙古、新疆和贵州6个省份为勉强协调类型，江苏、云南、宁夏、辽宁、广东、重庆和黑龙江7个省份为濒临失调类型，陕西、吉林、四川、山西、福建、湖北、江西、广西、山东和安徽10个省份为轻度失调类型，河北和湖南2个省份为中度失调类型，河南为严重失调类型（表14-4）。

表14-4　2017年我国省域义务教育发展协调度的空间结构

地区	E值	耦合度（C）	协调指数（T）	耦合协调度（D）	协调等级	耦合协调程度
北京	-0.0062	1.00	0.95	0.98	10	优质协调
天津	-0.0056	0.99	0.42	0.64	7	初级协调
河北	-0.0013	1.00	0.06	0.25	3	中度失调
山西	0.0011	0.95	0.14	0.37	4	轻度失调
内蒙古	0.0042	0.93	0.31	0.53	6	勉强协调
辽宁	0.0046	0.87	0.24	0.45	5	濒临失调
吉林	0.0051	0.77	0.20	0.39	4	轻度失调
黑龙江	0.0054	0.78	0.21	0.40	5	濒临失调
上海	-0.0109	0.98	0.79	0.88	9	良好协调
江苏	-0.0034	0.99	0.25	0.50	5	濒临失调
浙江	-0.0015	1.00	0.32	0.57	6	勉强协调
安徽	0.0006	0.94	0.10	0.30	4	轻度失调
福建	-0.0009	1.00	0.12	0.35	4	轻度失调
江西	-0.0005	1.00	0.11	0.34	4	轻度失调
山东	-0.0015	1.00	0.11	0.33	4	轻度失调

续表

地区	E 值	耦合度（C）	协调指数（T）	耦合协调度（D）	协调等级	耦合协调程度
河南	−0.0007	1.00	0.01	0.10	2	严重失调
湖北	0.0012	0.93	0.12	0.34	4	轻度失调
湖南	−0.0005	0.99	0.08	0.27	3	中度失调
广东	−0.0035	0.98	0.19	0.43	5	濒临失调
广西	0.0022	0.86	0.12	0.33	4	轻度失调
海南	−0.0019	1.00	0.29	0.54	6	勉强协调
重庆	0.0002	0.99	0.18	0.42	5	濒临失调
四川	0.0022	0.90	0.15	0.37	4	轻度失调
贵州	0.0003	0.99	0.27	0.52	6	勉强协调
云南	0.0003	0.99	0.24	0.49	5	濒临失调
西藏	0.0016	0.99	0.88	0.94	10	优质协调
陕西	0.0006	0.98	0.16	0.40	4	轻度失调
甘肃	0.0000	0.99	0.31	0.55	6	勉强协调
青海	0.0050	0.94	0.39	0.60	7	初级协调
宁夏	0.0017	0.97	0.24	0.49	5	濒临失调
新疆	0.0021	0.97	0.28	0.52	6	勉强协调

第十五章　中国义务教育区域均衡发展的因子关系

中国义务教育的区域发展差距既是义务教育资源配置结构的差异，也受区域义务教育发展的条件因素——空间布局影响因素和前后学段影响因素的共同影响，具体表现为发展水平的差距、发展条件的差距，以及基于区域发展条件的义务教育综合发展水平的差距。对区域义务教育及其发展条件构成的综合系统内的要素及要素关系的科学研判，是监测和调控中国义务教育区域均衡发展的重要基础。

第一节　中国义务教育发展的因子反馈关系

从资源视角出发，区域义务教育发展水平与发展条件的关系主要包含区域义务教育资源及其构成的因子关系、区域义务教育发展的教育内部协调关系、区域义务教育发展的教育外部协调关系以及区域义务教育综合协调关系。

区域义务教育资源的构成要素主要依据基本属性进行划分，同样，以区域义务教育资源水平为评价内容的区域义务教育发展水平也由这些构成要素的水平共同决定。义务教育资源经典的"人、财、物"分类方法将区域义务教育资源系统构建成三元一体的系统结构，这一结构内的因子关系可以梳理为供给水平和供给质量两组关系。其中，区域义务教育资源供给水平是指教育人员、教育设施和教育经费的总量及单位量水平，常以生均水平、师均水平、校均水平和地均水平等进行度量，区域义务教育供给水平与义务教育发展水平之间呈相关关系，义务教育资源构成要素水平指标的正负决定了其相关关系的正负属性。区域义务教育资源供给质量是指教育人员、教育设施和教育经费自身的结构水平，即各要素构成结构中较好属性的部分所占比例，供给质量与义务教育发展水平之间呈相关关系，义务教育资源构成要素结构指标的正负决定了其相关关系的正负属性。

义务教育本身的构成结构，以及义务教育与其前后学段之间、义务教育与其空间布局影响因素之间形成了多组协调关系。其中，义务教育的内部协调既是义务教育资源构成要素之间比例关系的协调，也是多区域之间教育人员、教育设施和教育经费在供给水平和供给质量方面的协调。教育内部协调既是各学段（义务教育与学前教育、义务教育与高中教育）教育资源供给构成要素之间适应关系的协调，也是多区域之间义务教育与学前教育、高中教育学段在教育人员、教育设施和教育经费的供给水平及供给质量上的协调。义务教育外部协调既是义务教育资源构成要素与义务教育空间布局影响因素之间适应关系的协调，也是多区域之间教育人员、教育设施、教育经费与义务教育个人需求度、义务教育区域需求度和义务教育国家支持度之间关系的协调。区域义务教育的内部协调关系、教育内部协调关系和义务教育外部协调关系共同构成了区域义务教育的综合协调关系（图 15-1）。

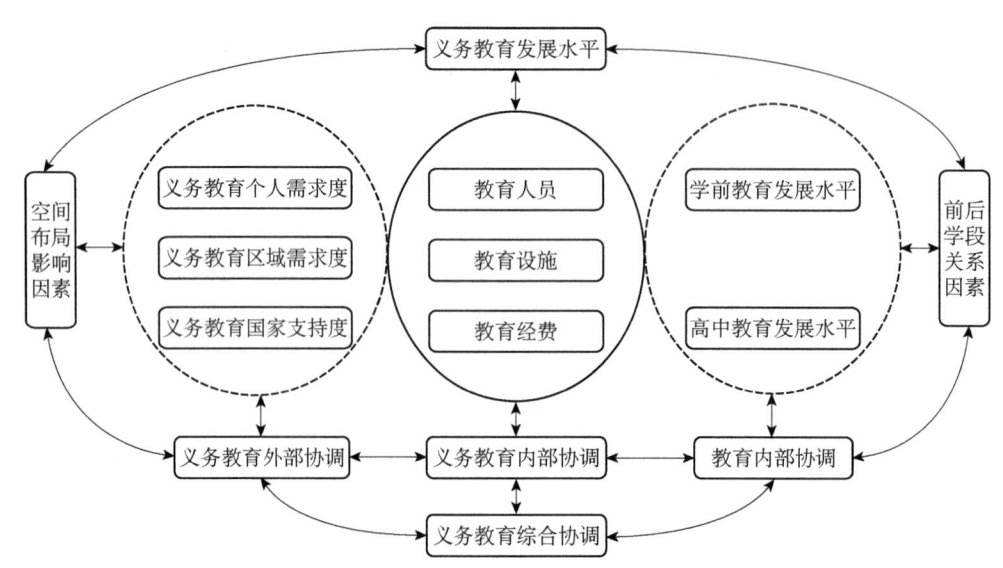

图 15-1 中国义务教育发展水平与发展条件的因子反馈关系

第二节　中国义务教育发展的因子实证关系

遵循地理时空耦合公理，一切地理事物既包括空间属性，又包括时间属性，只有同时把时间及空间这两种属性纳入某种统一的范畴之中，才能真正认识地理事物的基本规律。对我国省域义务教育发展而言，其义务教育发展水平和发展条件具体在某一省份之内包含时间属性与空间属性，即某年份某省份的义务教育发展水平与发展条件。同时，因处在同一背景区域，我国多省份之间义务教育发展水平与发展条件的对应关系存在相似性，这决定了区域义务教育发展水平与发展条件的对应关系必将从低水平形态向高水平形态演进。我国义务教育发展的因子关系主要包括义务教育发展水平与空间布局影响因素的关系、义务教育发展水平与前后学段影响因素的关系，以及建立在二者之上的义务教育发展水平与发展条件的关系。

根据我国省域的时空耦合关系，本书分别将2003—2017年各省份义务教育发展水平和义务教育空间布局影响指数进行数据排列，并对已形成的义务教育发展水平和义务教育空间布局影响指数的数据列进行线性拟合分析，得出463个区域样本义务教育发展水平与空间布局影响指数的线性关系，其中 $R^2=0.7835$，$y=0.8265x+0.0056$（图15-2）。

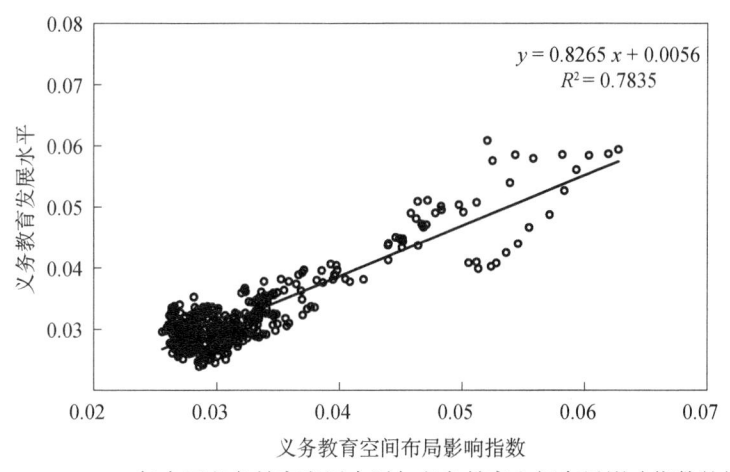

图15-2　2003—2017年全国义务教育发展水平与义务教育空间布局影响指数的线性关系

根据我国省域的时空耦合关系，本书分别将 2003—2017 年各省份义务教育发展水平和义务教育前后学段关系指数进行数据排列，并对已形成的义务教育发展水平和义务教育前后学段关系指数的数据列进行线性拟合分析，得出 463 个区域样本义务教育发展水平与前后学段关系指数的线性关系，其中 R^2=0.7976，y=0.5943x+0.0131（图 15-3）。

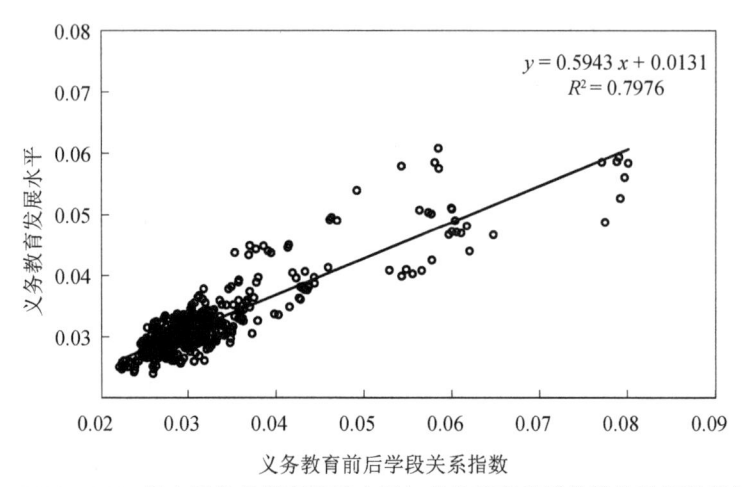

图 15-3　2003—2017 年全国义务教育发展水平与义务教育前后学段关系指数的线性关系

根据我国省域的时空耦合关系，本书分别将 2003—2017 年各省份义务教育发展水平和义务教育发展条件指数进行数据排列，并对已形成的义务教育发展水平和义务教育发展条件数据列进行线性拟合分析，得出 463 个区域样本义务教育发展水平与义务教育发展条件的线性关系，其中 R^2=0.8278，y=0.7229x+0.0089（图 15-4）。

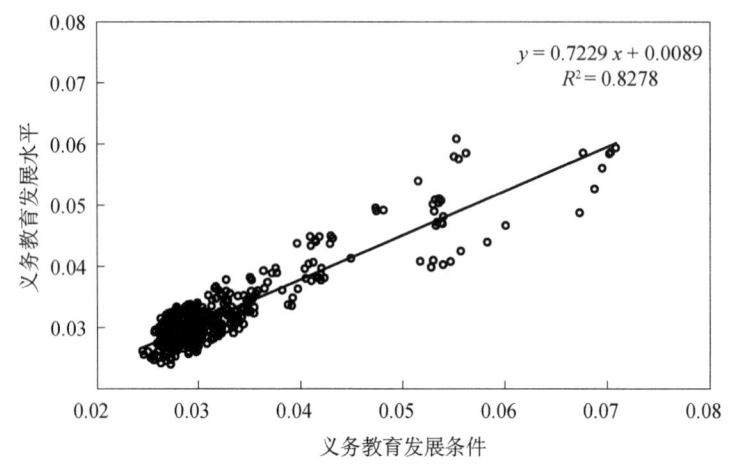

图 15-4　2003—2017 年全国义务教育发展水平与义务教育发展条件的线性关系

第十六章 中国义务教育区域均衡发展的思路与举措

在厘清义务教育区域均衡状态与问题之后，需要对义务教育的发展进行科学调控。我国义务教育区域均衡发展的科学调控需要确立发展的价值导向、明晰决策的流程，以及提出适当的推进举措。

第一节 中国义务教育区域均衡发展的价值导向

从区域义务教育的均衡判定、均衡调控和结果预期三个环节出发，笔者在此提出中国义务教育区域均衡发展的相对协调导向、教育先行导向和预期收束导向。

一、相对协调导向

义务教育区域协调发展存在参照标准，其标准值的选择一般概括为3种，分别为最优值评价标准、均值评价标准和固定值评价标准。最优值评价标准以程度评价为核心思想，根据义务教育发展水平的基础指标，以指标的正负及指向程度进行优劣评价，若指标为正向指标，则指标值越大，评价结果越好。均值评价标准的实质是比较评价，它以多个研究对象（区域）为样本，评价多个样本的义务教育发展水平指标相对平均值的分布状态，一般评价结果为"高于平均水平""等于平均水平""低于平均水平"3种。固定值评价标准是判定评价，即选定的基础指标存在最优值或最优区间，指标值接近（等于）最优值或处在最优区间的指标判定为最优。

在此，我国义务教育区域协调的评判是相对的，即区域义务教育的发展向相对协调状态演进。在义务教育相对协调发展的导向中，既要考虑义务教育不同学段之间的协调发展问题，又要考虑义务教育相对外部条件的协调发展问题。义务教育相对不同学段的协调发展是指区域义务教育学段的发展状态，包括资源配置水平、教育机会、教育过程和教育结果等与义务教育的其他学段——学前教育学段、高中教育学段乃至高等教育学段协调发展，在区域内实现从学前教育到高等教育整个教育体系的协调发展，保障义务教育发展水平和质量不低于其他学段，在区域间实现义务教育学段与其他学段之间发展水平差异的相对均衡。义务教育相对外部条件协调发展是指区域义务教育的规模、结构、质量和效益与区域义务教育发展的外部条件——义务教育个人需求度、义务教育区域需求度和义务教育国家支持度协调发展，在区域内实现义务教育发展水平和义务教育发展条件的相对协调，在区域间实现义务教育发展水平与发展条件之间差异的相对均衡。

二、教育先行导向

教育是培养人的社会活动，包括教育促进人的发展和教育促进人的社会化发展两层含义。既然教育具备促进区域经济社会发展的功能，那么教育先行导向的价值基础就在于教育对区域经济社会的调控作用。

我国义务教育发展条件和发展水平的区域差距显著，在地区、城乡尺度和省域等尺度上都有不同形态的差距表征。教育先行价值导向中需要明确先行的区域。就地区而言，我国东、中、西部地区经济社会发展存在显著差距，东部地区经济社会发展水平高于中部和西部地区，同样，我国民族地区与非民族地区经济社会发展差距也较大，非民族地区经济社会发展状态较好。在此基础上，要实现地区间经济社会发展差距的科学调控，需要教育先行，即通过提高中、西部地区和民族地区的教育投入特别是义务教育投入，增强教育对区域经济社会发展的促进作用，进而实现区域间从非均衡发展状态向均衡发展状态的演进。教育先行价值导向中还需要明确先行的要素。在我国各地区、各省份的义务教育非均衡态势中，义务教育构成要素的差距状态有所不同。其中，就义务教育的教育设施而言，我国义务教育的均衡发展政策已实施多年，各地区、各省份之间义务教育的教育设施差距已显著缩减。但是，我国各地区、各省份之间义务教育质量上的差距较大，诸如师资队伍质量、教育教学质量、教育管理质量等的区域差距仍未得到有效调控。因此，在教育先行价值导向中，应注重调控差距较大的教育构成要素，在差距较大的教育构成要素差距缩减的基础上，逐步实现区域义务教育均衡发展。

三、预期收束导向

国家对义务教育区域均衡发展的目标应当有预期的收束导向，即在义务教育区域均衡发展目标实现的过程和时间阶段等方面进行合理规划、制度约束，在义务教育区域均衡发展目标实现的结果和调控程度等方面进行情境预判、差距收敛。

预期收束过程是实现义务教育区域均衡发展目标的"时间详表"，预期收束过程拟定的意义在于将我国义务教育区域均衡的发展目标进行分解，有步骤、分阶段地逐步实现义务教育各项构成要素的均衡。现阶段，我国义务教育的区域发展状态已从协调"量"的均衡转向追求"质"的均衡，这里的"量"和"质"均为评判区域义务教育发展状态的基本维度，也是义务教育区域均衡发展目标"时间详表"中的阶段目标与长远目标。预期收束结果是实现义务教育区域均衡发展目标的"成果清单"，预期收束结果拟定的意义在于厘定我国义务教育均衡态势的未来情境，即综合解决在何种程度上实现义务教育区域均衡，以及哪些区域之间的义务教育需要均衡发展的伦理问题。

第二节　中国义务教育区域均衡发展的决策流程

我国义务教育区域均衡的监测预警总体决策流程包括建立一个国家级义务教育均衡发展研究平台，设置预警系统对各地区、各省份义务教育发展的警级、警态等进行监测预警，同时制定各地区、各省份义务教育发展的警情发布预案。

一、建立国家义务教育均衡发展研究平台

我国义务教育区域非均衡发展态势的长期存在已成为区域间协调发展面临的

现实困境，这一困境的破解，关键在于如何行之有效地对区域义务教育发展状态进行科学度量以及常态化监测预警，由此建立国家级义务教育均衡发展研究平台的现实需求显得尤为迫切。国家义务教育均衡发展研究平台的建立，其核心内容在于科学研判区域义务教育发展状态，以及区域义务教育发展状态与区域经济社会发展之间的互动关系。

区域义务教育发展状态及其与区域经济社会发展关系的科学测度、常态监测与预警工作的主体责任在于教育部，但受部门权限的限制，这一工作的责任还将涉及国家发展和改革委员会、国家统计局、自然资源部等各职能部委，需要形成多部委联合的责任分担机制。首先应明确权责划分，确定一条线的纵向垂直领导关系，工作责任分层但不分散，同时在此项工作中赋予主体责任机构的主体领导或组织权力，保障工作的顺利开展和工作的实效性。在运行过程中，以科研院所为主体形成研究平台，作为区域义务教育发展状态及其与区域经济社会发展关系的科学测度、常态监测与预警工作的核心。科研院所在完成政府机构委托的研究任务的基础上，为政府机构提供区域义务教育发展状态及其与区域经济社会发展关系的决策咨询报告，并在区域内义务教育发展状态达到警态时向政府机构提交预警报告。

二、设置监测预警系统

区域义务教育发展状态及其与区域经济社会发展关系是通过对区域义务教育和经济社会的量化状态进行集成运算分析来完成的，因此这一过程离不开基础数据的支撑。国家义务教育均衡发展研究平台至少包含区域义务教育发展和区域经济社会发展两个基础数据库，从时间序列和空间秩序维度对区域义务教育均衡态势、区域义务教育与经济社会发展的协调态势进行综合监测。

区域义务教育发展状态及其与区域经济社会发展关系监测的常态预警系统主要是针对各地区进行周期性监测，其系统运行过程主要如下：①数据提取。依据区域义务教育发展状态及其与区域经济社会发展关系的监测需求，主体责任机构组织协调，集成建立区域义务教育发展状态及其与区域经济社会发展关系状态数据台账。②预警分析。国家义务教育均衡发展研究平台受区域义务教育均衡监测主体责任机构的委托，使用区域义务教育发展状态及其与区域经济社会发展关系状态数据台账，依据既定技术方法对区域义务教育发展状态及其与区域经济社会发展关系进行要素评价和区域评价，最终形成区域义务教育发展状态及其与区域经济社会发展关系的常态预警报告。③警情报告。国家义务教育均衡发展研究平台按周期向主体责任机构上报区域义务教育发展状态及其与区域经济社会发展关系常态监测警情警态。

三、制定警情发布预案

国家义务教育均衡发展研究平台完成区域义务教育发展状态及其与区域经济社会发展关系过程评价和警态预警，将评价和预警结果报送区域义务教育均衡监测主体责任机构，由主体责任机构负责向相应的地区职能部门发布。

另外，监测周期内国家义务教育均衡发展研究平台筛选义务教育发展状态预警等级较高的地区、要素以及评估专案，经区域义务教育均衡状态监测主体责任机构同意和其他相关政府部门审议批准后，通过公众平台向公众发布。

第三节　中国义务教育区域均衡发展的推进举措

《国家中长期教育改革和发展规划纲要（2010—2020年）》提出了巩固九年义务教育水平和推进义务教育均衡发展的总体要求，其实质在于深化义务教育发展和缩小义务教育区域差距。从义务教育资源要素投入角度而言，义务教育的深化发展的目标实现需要采取以下基本举措。

一、义务教育调控注重区域整体性和多目标性

大多数既有的对区域义务教育布局及教育资源配置的调控仅是关于义务教育发展水平的单一调控，而在多目标调控导向下，应将义务教育资源及其空间调控置于整个社会发展大系统中，是关于社会发展基本构成要素及其要素间关系的综合调控。区域义务教育布局的均衡是区域发展的综合问题，区域义务教育的投入水平、投入模式和教育结构的选择须以区域发展的基本状态为主要参照，对其教育规模、教育结构、教育质量和区域差距进行主动优化，以实现区域教育遵循协调原则适应性发展的调控目标。

二、义务教育要素投入从粗放式向集约式发展

《中华人民共和国义务教育法》明确规定"国家将义务教育全面纳入财政保障范围，义务教育经费由国务院和地方各级人民政府依照本法规定予以保障"，完成了"人民教育人民办"到"义务教育政府办"的真正转变。义务教育实施以来，国家和地方政府投入了大量的人力、物力和财力，成效显著。在调控措施的干预下，义务教育生均资源投入已经向经济社会环境较差、区域整体欠发达地区转移，市场经济状态下的经济发展与义务教育资源对等格局已经被打破。但是，经济社会欠发达地区义务教育质量和水平与发达地区仍存在显著差异，即经济社会欠发达地区已具备义务教育发展的基本条件，但未达到基本条件下义务教育发展的相应水平。在此前提下，区域义务教育资源要素投入应从粗放式向集约式发展，提高义务教育资源要素的使用效率，提升义务教育发展的质量和水平。

三、义务教育优化政策实施有类型和区域差别

近年来，为积极促进区域义务教育的均衡发展，国家出台了一系列推进政策，对区域义务教育的均衡发展进行宏观调控和优化。这些具体的政策中不乏对义务教育资源的区域针对性配置，为区域义务教育均衡发展特别是区域均衡发展提供了有力保障，但在政策制定和实施过程中也存在一定的问题，缺乏对义务教育发展区域差异的系统认知。就目前的研究现状而言，义务教育区域差异研究的系统性尚不完备，没有形成义务教育区域差异"测量-评价-监测-调控"的常态化机制。在这种机制缺失的情况下，对义务教育的区域差异的现状和趋势无法准确把握与预测，差异的时序性和空间性规律不明确，义务教育区域均衡的判别标准不清晰，给义务教育区域均衡调控政策的制定和实施带来了很大困难。义务教育区域差异从不均衡到均衡的调控过程中，其均衡和不均衡状态的判定缺乏区域适应性。在义务教育未来发展中，我们需要考虑如何科学地确定义务教育发展的区域均衡或不均衡标准，且需要持续关注这一标准的选择如何与区域义务教育发展条件的特殊性保持一致。总体而言，义务教育均衡政策的区域适用性和调控性不强，缺乏针对特殊区域的差异性调控策略，政策的区域尺度选择、区域力度把握和区域后效评价等都有待完善。

四、义务教育均衡策略须整体进行且关注后效

区域义务教育均衡的调控政策缺乏相应的后效关注，这无疑会使义务教育深化发展和区域均衡目标更加模糊。在义务教育资源要素配置中，在实施相应的干预和调整之后，对教师的流动与安置，学生的就学适应，资产处理的争议，经费的核准和划拨，校点、班点的布局等问题，应有更多的后效关注，即关注在这些要素构成的结构系统中，某要素或多要素的变动是否会对结构系统产生积极或消极的影响。以学校撤并为例，撤并生源较少的校点（状态要素）、统筹和整合义务教育资源之后，区域内义务教育生源（生本要素）是否存在流失和减少？教师是否得到合理安置并继续实现其岗位职能（教育人员）？原有学校资产如何转移，是否达到了优化使用的目标（基础设施）？教育经费（财政经费）相应缩减或者增加，是否满足了教育活动的需求？在此基础上，区域义务教育均衡策略的实施必须是整体进行的，并在进行过程中建立和完善相应的督导及后效评估机制。

参 考 文 献

安晓敏. 2012. 义务教育公平指标体系研究——基于县域内义务教育校际差距的实证分析. 北京：教育科学出版社.

财政部教科文司，教育部财务司，上海财经大学公共政策研究中心课题组. 2005. 中国农村义务教育转移支付制度研究. 上海：上海财经大学出版社.

常锡光. 2008. 农村义务教育经费保障机制改革与软预算约束——基于贫困民族边疆地区的调查研究. 云南师范大学学报（哲学社会科学版），（2）：44-49.

成巧云，施涌. 2005. 宁海模式的启示——东部地区帮助西部民族地区发展基础教育的典范. 中国教育学刊，（2）：9-11.

程广文. 2008. 西南少数民族地区基础教育研究. 北京：中央文献出版社.

地理学名词审定委员会. 2007. 地理学名词（第二版）. 北京：科学出版社.

杜育红. 2011. 教育政策的监测与评价研究：以"西部地区基础教育发展"项目影响力评价为例. 北京：人民教育出版社.

冯春林，赵治国. 1995. 云南少数民族基础教育发展的特殊背景及模式探讨. 中国民族教育，（Z1）：11-13.

傅禄建，汤林春等. 2013. 义务教育均衡发展程度测评：综合教育基尼系数方法. 上海：华东师范大学出版社.

高庆彦. 2014. 我国义务教育均衡发展预警研究. 教育导刊，（2）：39-42.

贵州省侗学研究会. 2003. 侗学研究（五）：民族地区基础教育论坛. 贵阳：贵州民族出版社.

国家教育督导团. 2006. 国家教育督导报告 2005：义务教育均衡发展：公共教育资源配置状况. 教育发展研究，（9）：1-8.

国家教育督导团. 2009. 国家教育督导报告 2008（摘要）：关注义务教育教师. 教育发展研究，（1）：1-5.

国家教育发展研究中心专题组. 2002. 实现基础教育均衡发展的现状分析及对策选择. 人民教育，（5）：8-11.

国家统计局城市社会经济调查司. 2013. 中国城市统计年鉴（2012）. 北京：中国统计出版社.

韩双林，马秀岩. 1993. 证券投资大辞典. 哈尔滨：黑龙江人民出版社.

何艳. 2006. 试析跨境民族地区发展基础教育的制约因素：以文山州为例. 中山大学学报论

丛，（4）：154-157.

黄澄. 2008. 试论民族地区基础教育中人文素质教育的问题：基于湖北恩施土家族地区基础教育发展现状的分析. 现代中小学教育，（10）：7-10.

教育部基础教育一司，中国教育科学研究院，国家教育咨询委员会义务教育均衡发展工作组. 2012a. 2010—2012 义务教育均衡发展·高端视点. 北京：教育科学出版社.

教育部基础教育一司，中国教育科学研究院，国家教育咨询委员会义务教育均衡发展工作组. 2012b. 2010—2012 义务教育均衡发展·省域统筹. 北京：教育科学出版社.

教育部基础教育一司，中国教育科学研究院，国家教育咨询委员会义务教育均衡发展工作组. 2012c. 2010—2012 义务教育均衡发展·县域实施. 北京：教育科学出版社.

教育部基础教育一司，中国教育科学研究院，国家教育咨询委员会义务教育均衡发展工作组. 2012d. 2010—2012 义务教育均衡发展·市域推进. 北京：教育科学出版社.

教育学名词审定委员会. 2013. 教育学名词. 北京：高等教育出版社.

李官，王凌. 2013. 云南民族自治县农村义务教育均衡发展的成效及经验. 学术探索，（10）：141-145.

李慧勤，刘虹. 2012. 县域间义务教育均衡发展的影响因素及对策思考——以云南省为例. 教育研究，（6）：86-90.

李文钢. 2013. 西部民族地区农村基础教育非均衡发展原因分析：基于云南省昭通市小龙洞回族彝族乡的调查. 云南农业大学学报（社会科学版），（3）：27-31.

李小建. 2006. 经济地理学. 北京：高等教育出版社.

辽宁省教育研究院. 1995. 关于辽宁省 1990—2000 年人均受教育年限的预测与分析. 辽宁高等教育研究，（5）：65-68.

刘本旺. 2014. 参政议政用语集. 北京：群言出版社.

刘芳，李劲松. 2013. 义务教育对跨境民族学生国家认同的影响研究. 学术探索，（4）：140-144.

刘明新. 2012. 散杂居少数民族基础教育现状研究. 北京：中央民族大学出版社.

刘生旺，陈鑫. 2012. 我国基础教育的地区差异及影响因素分析. 江西社会科学，（4）：243-246.

柳海民，杨兆山. 2007. 我国义务教育均衡发展问题研究. 长春：东北师范大学出版社.

柳海民，周霖. 2007. 义务教育均衡发展的理论与对策研究. 长春：东北师范大学出版社.

楼世洲. 2012. 区域教育可持续发展指标体系研究. 北京：教育科学出版社.

卢晓旭，陆玉麒，尚正永等. 2011. 学校体系规模调整和空间演化特征的测度与分析——以南京市普通高级中学为例. 地理科学，（12）：1454-1460.

卢晓旭，陆玉麒，袁宗金等. 2010. 基于可达性的城市普通高中生源区研究. 地理科学进展，（12）：1541-1547.

陆雄文. 2013. 管理学大辞典. 上海：上海辞书出版社.

罗明东. 2000. 教育研究的地理学方法论. 云南师范大学学报（自然科学版），（4）：43-47.

罗明东. 2001a. 教育地理学的研究对象与性质. 云南师范大学学报, (2): 5-7.

罗明东. 2001b. 教育地理学的研究内容与学科体系. 云南师范大学学报, (5): 21-24.

罗明东. 2003. 教育地理学. 昆明: 云南大学出版社.

罗明东. 2016. 教育地理学: 反思与前瞻. 学术探索, (1): 137-144.

罗明东, 潘玉君, 华红莲等. 2007. 义务教育发展区域均衡系统研究 第1卷: 区域教育发展及其差距市政研究. 北京: 北京大学出版社.

马丽娟. 2009. 云南边境民族地区基础教育中的主要问题和对策. 民族教育研究, (6): 71-74.

孟小军. 2007. 断裂与链接: 西南民族地区基础教育类型研究. 桂林: 广西师范大学出版社.

潘懋元, 王伟廉. 1995. 高等教育学. 福州: 福建教育出版社.

潘玉君. 2001. 地理学基础. 北京: 科学出版社.

潘玉君, 武友德. 2014. 地理科学导论(第二版). 北京: 科学出版社.

潘玉君, 姚辉. 2017. 县域义务教育资源配置结构及空间差异实证——以云南25个边境县为例. 学术探索, (4): 151-156.

潘玉君, 罗明东, 施红星. 2014. 义务教育均衡发展监测、评价与预警 第1卷: 全国义务教育省域均衡发展监测、评价与预警. 北京: 北京大学出版社.

潘玉君, 张谦舵, 肖翔等. 2015. 教育地理区划研究: 云南省义务教育地理区划实证与方案. 北京: 科学出版社.

彭世华, 伍春辉, 张晓春. 2012. 义务教育均衡发展目标与标准研究. 北京: 教育科学出版社.

彭义敏. 2014. 云南边境民族地区义务教育均衡发展研究. 昆明: 云南财经大学.

普成林, 蜂建金, 潘玉君. 2010. 云南省贫困、民族、山区县义务教育均衡发展的初步研究: 以墨江哈尼族自治县为例. 西南农业大学学报(社会科学版), (6): 218-222.

瞿瑛. 2010. 义务教育均衡发展政策问题研究: 教育公平的视角. 杭州: 浙江大学出版社.

《上海市教育地图集》编纂委员会. 2003. 上海市教育地图. 北京: 中国地图出版社.

苏德. 2013. 民族基础教育质量保障的政策研究. 北京: 教育科学出版社.

孙东琪, 张京祥, 张明斗等. 2013. 长江三角洲城市化效率与经济发展水平的耦合关系. 地理科学进展, (7): 1060-1071.

田芬. 2004. 基础教育均衡发展研究. 苏州: 苏州大学.

田琳, 于·布仁巴雅尔. 2008. 民族基础教育实践与研究. 北京: 中央民族大学出版社.

王传三. 2008. 新世纪西部少数民族地区基础教育创新型教师的培养. 桂林: 广西师范大学出版社.

王根顺, 饶慧. 2012. 中国西部地区基础教育可持续发展战略研究. 北京: 民族出版社.

王嘉毅, 吕国光. 2006. 西北少数民族基础教育发展现状与对策研究. 北京: 民族出版社.

王凌, 曹能秀. 2000. 论边疆少数民族地区基础教育与职业教育相结合的现实意义. 学术探索, (2): 73-75.

王秀云, 从春侠. 2001. 西部基础教育现状与发展研究. 北京: 民族出版社.

伍秋婵. 2014. 民族自治县义务教育城乡师资均衡发展研究——以云南新平彝族傣族自治县

为个案. 昆明：云南师范大学.

谢旭辉. 2009. 云南少数民族基础教育中的几个理论问题探索. 民族教育研究，（3）：59-63.

杨军. 2006. 西北少数民族地区基础教育均衡发展研究. 北京：民族出版社.

杨颖，孙亚玲，孙俊. 2016. 国外教育地理研究回顾与借鉴. 世界地理研究，（4）：144-155.

姚辉. 2021a. 考评规则对义务教育科任教师学历结构的影响——基于Y省县域数据的实证分析. 当代教育与文化，（3）：55-61.

姚辉. 2021b. 县域义务教育资源城乡协调配置研究——以云南省为例. 北京：科学出版社.

姚辉，苏慧. 2017. 云南义务教育区域均衡政策实施的理论分析. 学术探索，（1）：144-148.

姚辉，伊理. 2020. 义务教育均衡的城乡统筹——基于云南的市域研究. 北京：科学出版社.

于建福. 2002. 教育均衡发展：一种有待普遍确立的教育理念. 教育研究，（2）：10-13.

袁晓文. 2003. 四川民族地区基础教育现状调查分析与对策研究. 成都：四川民族出版社.

袁振国. 2003. 建立教育发展均衡系数 切实推进教育均衡发展. 人民教育，（6）：11-13.

张珏，张振助. 2011. 中国义务教育公平推进实证研究. 北京：教育科学出版社.

翟博. 2002. 教育均衡发展：现代教育发展的新境界. 教育研究，（2）：8-10.

翟博. 2006. 教育均衡发展：理论、指标及测算方法. 教育研究，（3）：16-28.

翟博. 2007. 中国基础教育均衡发展实证分析. 教育研究，（7）：22-30.

翟博. 2013. 基础教育均衡发展理论与实践：中国基础教育均衡发展研究报告. 北京：教育科学出版社.

张谦舵. 2014. 我国义务教育教师学历结构省域变动与当前策略. 教育导刊，（9）：37-40.

张谦舵，潘玉君，高庆彦. 2014a. 我国民族地区义务教育发展及其差距实证研究. 学术探索，（8）：138-143.

张谦舵，潘玉君，解继丽. 2014b. 义务教育均衡发展监测、评价与预警 第2卷：云南省义务教育区域均衡发展监测、评价与预警. 北京：北京大学出版社.

张谦舵，潘玉君，伊继东等. 2014c. 论教育空间与社会空间. 云南师范大学学报（哲学社会科学版），（6）：122-128.

赵芳，杨海波，王宗敏等. 2011. 基于MapServer的教育地理信息系统构建. 测绘科学，（1）：180-183.

赵新国，毛晓玲. 2012. 现阶段云南发展民族基础教育面临的问题及原因探析. 西南民族大学学报（人文社会科学版），（8）：221-224.

中央教育科学研究所教育督导评估研究中心. 2010. 义务教育均衡发展报告：2010. 北京：教育科学出版社.

周守军. 2013. 县域义务教育均衡发展研究. 北京：光明日报出版社.

朱益明，贺绍禹. 2000. 我国小学与初中教师学历提升问题的初步研究. 教育发展研究，（3）：31-34.

Allinson J. 2006. Over-educated, over-exuberant and over here? The impact of students on cities. Planning Practice & Research, 21（1）：79-94.

Apple M W. 2001. Comparing neo-liberal projects and inequality in education. Comparative Education, 37（4）: 409-423.

Ashton D N, Green F. 1996. Education, Training and the Global Economy. England: Edward Elgar.

Brock C. 1976. A role for geography in the service of comparative education. Compare: A Journal of Comparative and International Education, 6（1）: 35-36.

Brock C. 1984. Comparative education and the geographical factor//K. Watson, R. Wilson（Eds.）, Contemporary Issues in Comparative Education（pp.148-174）. London: Croom Helm.

Brock C. 1992. The Case for a Geography of Education. The University of Hull.

Brock C. 2010. Spatial dimensions of christianity and education in Western European history with legacies for the present. Comparative Education, 46（3）: 289-306.

Brock C. 2013a. Social and Spatial Disparity in the History of School Provision in England from the 1750s to the 1950s//D. Matheson(Ed.), The Study of Education(pp.134-151). London: Routledge.

Brock C. 2013b. The geography of education and comparative education. Comparative Education, 49（3）: 275-289.

Brooks R, Waters J. 2011. Student Mobilities, Migration and the Internationalization of Higher Education. London: Palgrave Macmillan.

Burke C. 2010. Putting education in its place: Mapping the observations of Danish and English architects on 1950s school design. Paedagogica Historica, 46（5）: 655-672.

Butler T, Hamnett C. 2007. The geography of education: Introduction. Urban Studies, 44（7）: 1161-1174.

Byrne D S, Williamson W. 1971. Some intra-regional variations in educational provision and their bearing upon educational attainment: The case of the north-east. Sociology, 6（1）: 71-87.

Collins D. 2006. Culture, religion and curriculum: Lessons from the "three books" controversy in Surrey, BC. The Canadian Geographies, 50（3）: 342-357.

Collins D, Coleman T. 2008. Social geographies of education: Looking within, and beyond, school boundaries. Geography Compass, 2（1）: 281-299.

Duncan S, Smith D. 2002. Family geographies and gender cultures. Social Policy and Society, 1（1）: 21-34.

Eisen E E. 1951. The geography of education. Journal of Geography, 50（2）: 374-382.

Epstein D, Boden R, Deem R, et al .2008. Geographies of Knowledge, Geometries of Power: Framing the Future of Higher Education. London: Routledge.

Gregory D, Johnston R J, Pratt G, et al. 2009. The Dictionary of Human Geography. 5th ed. Oxford: John Wiley & Sons.

Hemming P J. 2007. Renegotiating the primary school: Children's emotional geographies of sport, exercise and active play. Children's Geographies, 5（4）: 353-371.

Holloway S L. 1998. Local childcare cultures: Moral geographies of mothering and the social organisation of pre-school education. Gender, Place and Culture, 5 (1): 29-53.

Holloway S L, Brown G, Pimlott-Wilson H. 2011. Editorial introduction: Geographies of education and aspiration. Children's Geographies, 9 (1): 1-5.

Holloway S L, Jöns H. 2007. Geographies of education and learning. Transactions of the Institute of British Geographers, 37 (4): 482-488.

Johnston R, Burgess S, Wilson D, et al. 2006. School and residential ethnic segregation: An analysis of variations across England's local education authorities. Regional studies, 40 (9): 973-990.

Kenway J, Youdell D. 2011. The emotional geographies of education: Beginning a conversation. Emotion, Space and Society, 4 (3): 131-136.

Kraftl P. 2013. Towards geographies of "alternative" education: A case study of UK home schooling families. Transactions of the Institute of British Geographers, 38 (3): 436-450.

Lee M, Seashore L K, Anderson S. 2012. Local education authorities and student learning: The effects of policies and practices. School Effectiveness and School Improvement, 23 (2): 133-158.

Lees L, Slater T, Wyly E. 2007. Gentrification. London: Routledge.

Lingard B, Rawolle S, Taylor S. 2005. Globalizing policy sociology in education: Working with Bourdieu. Journal of Education Policy, 20 (6): 759-777.

McCreary T, Basu R, Godlewska A. 2013. Critical geographies of education: Introduction to the special issue. The Canadian Geographer, 57 (3): 255-259.

McNee R B. 1966. The structure of geography and its potential contribution go generalist education for planning. The Professional Geographer, 18 (2): 63-68.

Phillips R. 2003. Education policy, comprehensive schooling and devolution in the disUnited Kingdom: An historical "home international" analysis. Journal of Education Policy, 18 (1): 1-17.

Radnor H A, Ball S J. 1996. Local Education Authorities: Accountability and Control. London: Trentham Books.

Reay D. 2007. "Unruly places": Inner-city comprehensives, middle-class imaginaries and working-class children. Urban Studies, 44 (7): 1191-1201.

Rees G. 2005. Democratic devolution and education policy in Wales: The emergence of a national system?. Contemporary Wales, 17 (1): 28-43.

Rugg J, Ford J, Burrows R. 2004. Housing advantage? The role of student renting in the constitution of housing biographies in the United Kingdom. Journal of Youth Studies, 7 (1): 19-34.

Ryba R. 1968. The geography of education: A neglected field? University of Manchester School of Education Gazette, 12: 21-23.

Smith D. 2008. The politics of studentification and "(un)balanced" urban populations: Lessons for gentrification and sustainable communities. Urban Studies, 45 (12): 2541-2564.

Smith F, Barker J. 2004. Inclusive environments? The expansion of out-of-school child care in the UK. Children, Youth and Environments, 14（2）: 1-20.

Taylor C. 2001. The geography of choice and diversity in the "new" secondary education market of England. Area, 33（4）: 368-381.

Taylor C. 2009. Towards a Geography of Education. Oxford Review of Education, 35（5）: 651-669.

Taylor C, Rees G, Davies R. 2013. Devolution and geographies of education: The use of the Millennium Cohort Study for "home international" comparisons across the UK. Comparative Education, 49（3）: 290-316.

Thomas M E. 2005. "I think it's just natural": The spatiality of racial segregation at a US high school. Environment and Planning A:Economy and Space, 37（7）: 1233-1248.

Valentine G, Holloway S, Bingham N. 2002. The digital generation: Children, ICT and the everyday nature of social exclusion. Antipode, 34（2）: 296-315.

Vanderbeck R M. 2005. Anti-nomadism, institutions, and the geographies of childhood. Environment and Planning D: Society and Space, 23（1）: 71-94.

Waters J L. 2006. Emergent geographies of international education and social exclusion. Antipode: A Radical Journal of Geography, 38（5）: 1046-1068.

Witten K, McCreanor T, Kearns R, et al. 2001. The impacts of a school closure on neighbourhood social cohesion: Narratives from Invercargill, New Zealand. Health &Place, 7（4）: 307-317.